场外市场掘金三部曲之2

新三板掘金800问

新规实操、投融资详解与案例集萃

王　骥◎著

全方位深度理解、操作新三板挂牌运筹与资本投融知识工具的百宝箱

中国经济出版社
CHINA ECONOMIC PUBLISHING HOUSE
北京

图书在版编目(CIP)数据

新三板掘金800问/王骥著.
北京:中国经济出版社,2014.10
ISBN978-7-5136-3340-6

Ⅰ.①新… Ⅱ.①王… Ⅲ.①证券交易—中国—问题解答 Ⅳ.①F832.51-44

中国版本图书馆CIP数据核字(2014)第150937号

责任编辑 李煜萍 代 欣
责任审读 霍宏涛
责任印制 马小宾

出版发行 中国经济出版社
印 刷 者 三河市佳星印装有限公司
经 销 者 各地新华书店
开　　本 710mm×1000mm 1/16
印　　张 28.5
字　　数 420千字
版　　次 2014年10月第1版
印　　次 2014年10月第1次
定　　价 78.00元
广告经营许可证 京西工商广字第8179号

中国经济出版社网址 www.economyph.com **社址**北京市西城区百万庄北街3号**邮编**100037
本版图书如存在印装质量问题,请与本社发行中心联系调换(联系电话:010-68330607)

序

深化场外市场建设，推进经济平稳转型

张汉亚　研究员
中国投资协会会长
国家发展和改革委员会投资研究所原所长

在全球经济经历长期震荡、寻求再平衡的背景下，中国正通过深化改革和加快经济结构调整推进实质性的转型之路。在过去的两年里，面对错综复杂的国内外经济形势，国务院采取了一系列调控措施，在实施积极的财政政策和稳健的货币政策的同时，坚持创新驱动、稳中求进的思路，通过释放改革红利、激发市场活力、促进民营经济发展、发挥社会创造力、切实帮助企业降低运营成本等方式，努力推进我国经济向预期的方向平稳转型。

在这一背景下，通过多元化金融结构转换，实现企业，特别是中小微企业，融资途径的拓展和成本的降低，打造能够契合解决“两多两难”问题的资本链接平台，是一项重要的举措。这一平台的搭建和发展较为重要的工作就是加快多层次资本市场体系的建设。在这一建设的过程中，特别需要凸显场外市场基础性、关键性和层次性的重要地位。只有打造改革实践驱动的金融排头兵，才能够在一定程度上切实激发市场活力和社会创造力、加快企业转变成长方式、推动整体经济转型的进程。

近两年来，中国的场外市场得到了如火如荼的发展。2012 年 8 月 3 日，中国证监会宣布新三板试点范围从北京中关村扩大到上海、武汉、天津三地的国家级高新区；9 月 20 日，全国中小企业股份转让系统有限责任公司正式登记注册，“北交所”诞生；11 月 8 日，党的“十八大”报告中明确提出“要加快发展多层次资本市场”，强调由新三板、区域性股权市场组成的场外交易市场将与场内交易市场一起，通过多样化的投资机构、投资工具，为处于不同发展阶段的企业提供服务。2013 年 3 月，国务院常务会议提出金融改革要在发展多层次资本市场方面推出新举措，并于 5 月 6 日将“出台扩大中小企业股份转让系统试点范围

方案”列入2013年我国深化经济体制改革的重点工作。随后，在新三板三大高新区还没有进入实质性扩容的情况下，6月19日，国务院常务会议决定再次将新三板扩容，而且是一步到位地扩容到全国各地，更不限企业的类型和范围。在新三板试点近7年都未有突破的情况下，这一扩容决定的确让业界人士受宠若惊、始料不及。半年后的12月14日，国务院发布《关于全国中小企业股份转让系统有关问题的决定》，标志着新三板正式扩容至全国。2014年1月24日，266家公司集中挂牌开启了新三板的大扩容时代。截至2014年7月31日，新三板各类制度已经初步建立，自建的电子化交易系统已于2014年5月19日正式上线运行，挂牌公司已近1000家，总股本405亿股，2014年1—7月累计成交金额超过32.3亿元。

区域性股权交易市场也呈现快速发展的态势。2008年9月天津股权交易所开业，在之后的近4年里，区域性股权市场发展一直比较缓慢，相继只成立了重庆、上海、齐鲁几家市场（有些虽成立了，但一直没有运行）。到了2013年，区域股权交易市场迎来了爆发式增长。新年过后，辽宁、福建、山西、江苏、安徽、新疆、北京、青海等地的12家区域股权交易市场相继成立并营业。2014年又陆续有4家区域市场成立。目前，全国已有30家区域性股权交易中心挂牌运营，几乎涵盖了我国所有省级行政区。这30家区域市场在运营过程中，普遍表现出股权结构多元化的态势，有超过37家券商参股了22家区域市场，而且至少有5家区域性市场由券商绝对控股。沪深交易所也积极参与，两交易所一共参股了15家区域市场。从跨区域运营来说，比较突出的天津股权交易所在山西、广东、福建、江苏和天津等地成立了7大运营分中心，有来自全国29个省市的企业挂牌；上海股权托管交易中心的挂牌企业来自长三角、华东等地区的绝大部分市场。截至2014年7月31日，区域性股权市场挂牌（含展示）企业超过12000家，比2012年底的600家增长了20倍，数量总和与增速都远远超过交易所市场的主板、中小板、创业板和新三板，燎原之势已经形成。

在当前场外市场处于高速发展的时期，中国经济出版社适时推出了“场外市场掘金三部曲”，这套书籍较为全面地反映了这一市场的现状并提供了较为重要的研究和实践指导。该套书分三册，第一部《场外财富360问：场外市场战略、历程与转型经济资本梦》结合我国及海外场外市场演进历程与经验，分析国家、企业转型现状，通过对过往经验、创新与成败的回顾来获得对我国场外市场各层次顶层设计、体系架构、机制创新、制度建设以及市场参与者投融资行为引导的逻辑思路，以规避政策缺陷与盲目性导致的损失。该书在层次和战略布局上都具备一定的高度和实践指导意义。第二部《新三板掘金800问：新规实操、投融资详解与案例集萃》和第三部《四板掘金600问：区域股权市场运营操作与投融资途径》，是在第一部的思想统领下，凸显实际操作的经验和技能。两书不仅涉及最新政策、规则的解读，操作方式方法及实战经验的归纳描述，而且从国家方针政策、市场运行模式、实战中可能遇到的问题和解决途径等方面做出了更高更深层次的探讨，是两部可读性和实用性均较强的书籍。

“场外市场掘金三部曲”契合当今快节奏时代下读者在短时间内获取大量信息的需求，将知识、经验、操作方法以问答的形式编排成“词条”，更有利于读者快速查阅和捕获重点信息。这也是很有特色的。

2014年5月8日，国务院出台的“新国九条”进一步提出要“发展多层次的股票市场”，“加快完善全国中小企业股份转让系统，建立小额、便捷、灵活、多元的投融资机制。在清理整顿的基础上，将区域性股权市场纳入多层次资本市场体系。完善集中统一的登记结算制度”。这些政策无疑将为新三板、区域性股权交易市场的定位、监管与发展带来更大的利好，进而为解决中小微企业融资难的问题拓展更为广阔的途径，场外市场必然会得到更广泛的关注，更深层次的发展和实践。期望在这巨大的市场需求的推动下，能够涌现出更多有价值和深富实践经验的研究成果，共同推动我国场外市场的建设和转型经济的发展。

2014年8月12日

前言

开篇第一问

这一问内容很多很杂，就捡几个较重要的来说吧！

关于"掘金"概念的定位 "掘金"一词有广义和狭义之分，本套丛书是从广义的角度来谈的，主要包含三层意思：第一，数据显示，到2013年底我国在册的中小企业已接近1400万，占国内企业总数的99%。这么多的企业，如能通过场外市场体系等构建起来的多层次资本市场，为其提供差异化服务，其生存、发展和转型所需资金与广大民间或机构投资实现对接的几率就会大大增强，如此，则"两多两难"问题就会得到缓解。在这一过程中，众多中小微企业能够掘得持续发展的资金、信心和动力。第二，目前，我国正处于经济转型的关键时期，通过结构调整、启动场外市场引擎等方式换来传统产业的改良、国民支柱性产业的升级和新兴战略性产业的发展，是化解30多年经济粗放式增长所积聚下来的严重经济、社会问题，转变国家发展方式的重要途径之一。这一途径本身即可视为国家在"掘金"。第三，产业或证券投资基金、资产或财务管理公司、券商、风投、私募、信托、银行等机构投资者和广大符合条件的个人投资者，面对多层次场外市场的发展和规模性扩容，财富的掘金之路必然会更加丰富。

关于丛书的立意 "场外市场掘金三部曲"之一，名《场外财富360问：场外市场战略、历程与转型经济资本梦》，从国家、企业转型的战略层面对场外市场进行了历史性、历程性的解读，力求既实现国际借鉴的"登高览小"又达成国内追溯的"俯首反思"，同时希冀企业、机构、投资者能够从中获取透析政策趋势和过往经验、创新与成败的逻辑模式。该书在层次和布局上都具备一定的高度和经验价值，不论投资者、制度设计者还是企业的运营者，在理解、操作场外市场投融资运营的过程中都可在提升思想、境界方面得到某些满足。三部曲之二、之三分别为《新三板掘金800问：新规实操、投融资详解与案例集萃》《四板掘金600问：区域股权市场运营操作与投融资途径》，此两部书在第一部的思想统领下，进入实际操作层面，不仅直接给各类受众带来制度理解、经验借鉴、投资指向、途径引导等方面的实惠，而且还对大局方针，市场发展模式、方向，目前存在的问题和解决之道等做出了更高层次的探讨。两书的内容设计注重覆盖全面、轻重得宜、深浅兼顾。总之，这三部书力求涵盖目前国内包括新三板、区域性股权市场等在内的场外市场所及最新政策、法规和制度，以及现存问题、解决途径与未来模式等，并对这些庞杂的事项进行了详略兼顾、很有设计感的体现。

关于问答架构 这一构架更多地是站在读者的角度来设计的。原因主要有五点：一是问答方式可以有效避免"凑字数"的繁杂和废话；二是只要读者一看目录，便能找到自己所需要的内容，避免长篇累牍、搞不清重点和方向；三是在如今快节奏的时代下，更能符合读者在短时间内获取大量信息的需求；四是将思想、操作等编排成具有"词条"属性的问题，重点突出、方式新颖，更有利于读者持续利用；五是这样构架，能够让图书的信息量大增。不过，为避免问答编排方式可能造成的枯燥之感，笔者尽量展示充满激情和偶杂幽默的语言风格，让读者能够获得轻松活泼、益趣多多的阅读体验。

致　谢 本套丛书参考了新三板、30 家区域性股权交易中心（由于字数限制，有些在书中特别指出，有些未加标注，在此特统一说明和感谢）披露的最新政策、制度、规范和案例、运营等各类有关的信息。美国、我国台湾地区等地有关场外市场官网，国内沪深交易所官网，相关经济金融证券媒体和过往有关文献也都是较重要的参考渠道，这里一并致谢，不再单列。另外，对业界有关朋友的实战技能和经验资料的提供深表感谢！笔者更对中国投资协会会长张汉亚先生的慷慨赐序深表感谢！对笔者家属所付出的劳苦，以及所有支持该套书编撰、出版的单位及众多朋友们致以深切的谢意！同时，书中的纰漏、不当与谬误，敬望业界同人不吝批评、指正！

王　骥

2014 年 8 月 12 日

总目录

第一章　新三板概述 1

以60余问阐述了三板、新三板的内涵、定位、影响及挂牌理由和利弊等

第二章　新三板制度解读 39

以30余问简析了新三板国家、证监会及业务层面的制度规则体系

第三章　新三板挂牌条件解读 59

以70余问剖析了挂牌条件中涉及公司设立与存续、业务与持续经营、治理与运营、股权与出资等各类条件因素及实践的详情

第四章　新三板挂牌流程解读 100

以100余问解读了流程所及中介、内核、申报、财务等方面事项

第五章　公司挂牌前的股份制改造 150

以70余问阐述了股改流程中各环节所及事项、注意要点及实操详情等

第六章　公司挂牌流程中的尽职调查 186

以70余问解析了尽职调查所及内控、财务、经营与治理等实操经验

第七章　新三板挂牌股票的转让交易 212

以100余问详尽分析了股权转让所及投资者、制度及监管等内容

第八章　股权融资及其他融资工具 259

以近100问解析了股票发行融资的流程及要点、优先股要点、股权质押回购及质押融资、互联网金融、众筹融资以及其他融资工具的探索

第九章　债券融资及其工具 306

以80问详尽解读了私募债的发行流程、投资者、征信担保、信息披露、转让、模式创新,以及可转债、融资转让等债券工具的相关内容

第十章　挂牌公司的治理并购、督导监管与信息披露 343

以近100问解析了公司治理与并购、督导与自律、监管与信披等内容

第十一章　新三板的分层、转板与介绍上市 391

以30余问解读了市场分层与创新、转板与通道、介绍上市与制度革新等内容

案例分目录

案例 01　湘财证券为何青睐新三板而成为挂牌的首家金融机构？ ………… 36
案例 02　双杰电气挂牌前后在治理和经营方面的对比情况如何？ ………… 37
案例 03　京鹏科技挂牌新三板对企业形象和品牌的影响如何？ ………… 38
案例 04　首例挂牌融资的蓝天环保是如何促进价值发现的？ ………… 56
案例 05　挂牌新三板能促进公司股份定价市场化和财富增值吗？ ………… 57
案例 06　日望电子挂牌前如何处理产品对特定细分市场依赖过高的问题？ … 57
案例 07　东软慧聚如何处理公司挂牌前无实际控制人的问题？ ………… 96
案例 08　公司挂牌前如何厘清股权代持的问题？ ………… 97
案例 09　天房科技挂牌前如何处理国有股权变更程序的问题？ ………… 97
案例 10　东升股份挂牌前如何处理关联方代缴出资的问题？ ………… 99
案例 11　网动科技挂牌前如何处理公司有外籍股东的问题？ ………… 145
案例 12　信诺达挂牌前如何处理公司对主要客户存在销售依赖的问题？…… 147
案例 13　日望电子挂牌前如何处理公司依赖非经常性损益风险的问题？…… 148
案例 14　网动科技挂牌前如何解决公司报告期内未缴纳员工住房公积金的问题？ ………… 149
案例 15　永瀚星港股改后，原有限公司资产未能变更到股份公司该怎么办？ … 182
案例 16　普华科技整体变更时涉及股东缴纳个人所得税，该如何折股？ … 183
案例 17　拟挂牌公司翼捷股份没有实际控制人影响挂牌吗？ ………… 184
案例 18　威林科技如何处理盈余公积转增股本的问题？ ………… 184
案例 19　尽职调查如何注意国企税收返还及土地权属陷阱？ ………… 208
案例 20　尽职调查如何关注应收账款危机及隐藏利润避税问题？ ………… 208
案例 21　天房科技如何通过变更经营范围消除同业竞争？ ………… 209
案例 22　翼捷公司股东持股平均导致公司无实际控制人，挂牌前该如何处理？ ………… 210

案例 23　新三板股份转让限制具体怎么操作？ …………………… 254
案例 24　奥尔斯如何处理股东缺席股东会表决的股权转让问题？ ……… 256
案例 25　新网程如何处理股权转让同股不同价的问题？ …………… 257
案例 26　盈光科技如何处理股权质押纠纷嫌疑的反馈事宜？ ………… 301
案例 27　新三板定向融资的速度到底有多快？ …………………… 302
案例 28　众合医药为何巨亏千万仍能定向融资 1.2 亿？ ……………… 303
案例 29　首家挂牌的担保公司均信担保为何能定增 1.78 亿？ ………… 304
案例 30　新三板定向融资是否显著体现“小额快速”的特点？ …………… 305
案例 31　联飞翔发行私募债是如何巧用资产打包模式的？ ………… 340
案例 32　中小企业私募债首现 QFII 认购的情况如何？ ……………… 341
案例 33　九恒星是如何通过挂牌新三板增加公司贷款信用额度的？ …… 341
案例 34　长江财富借助新三板能否敲开私募债发行的创新之门？ ……… 342
案例 35　拓川股份该如何处理“董监高”人员亲属在公司任职的问题？ …… 387
案例 36　挂牌公司九恒星是如何通过定向增资并购的？ ……………… 388
案例 37　公司被罚款 30 万元，影响公司挂牌吗？ …………………… 388
案例 38　挂牌新三板能促成公司的兼并重组吗？ …………………… 389
案例 39　华宿电气如何处理控股股东、实际控制人占用公司资金问题？ …… 389
案例 40　金和软件和紫光华宇是如何促进公司股权激励并吸引人才的？…… 410
案例 41　佳星慧盟挂牌新三板是如何处理关联方借款问题的？ ……… 410

问答分目录

第一章　新三板概述 ………………………………………………………… 1
第一节　三板的产生 ………………………………………………………… 1
001. 什么是三板？三板股票类型有哪些？ ……………………………… 1
002. 三板产生的背景及原因是什么？ …………………………………… 2
003. 三板建立的3大目的是什么？ ………………………………………… 3
004. 什么是"两网"系统？其与三板的关系是怎样的？ …………………… 3
005. "两网"系统产生的原因是什么？ …………………………………… 4
006. "两网"市场短暂兴盛的原因是什么？ ……………………………… 5
007. "两网"市场快速衰败的原因是什么？ ……………………………… 5
008. 三板与全国股转系统的关系是什么？ ……………………………… 6
009. 三板的演变历程如何？ ……………………………………………… 7
010. 代办股份转让系统、三板和全国股转系统的称谓怎样界定？ ……… 8
第二节　新三板的形成 ……………………………………………………… 9
011. 为什么全国股转系统也俗称"新三板"？如何厘清其与内设的"两网"和退市股份转让板块的关系？ …………………………………………… 9
012. 什么是新三板？其"原始版"与"升级版"的概念怎么界定？ …… 10
013. 如何从事物的连贯性和成长性上来理解新三板的概念？ ………… 11
014. 新三板2006年中关村试点的背景和原因是什么？ ………………… 11
015. 新三板中关村7年试点反映出什么问题？ …………………………… 12
016. 新三板2013年向全国扩容的直接原因是什么？ …………………… 12
017. 新三板2013年向全国扩容的背景和基础是什么？ ………………… 13
018. 新三板与老三板的关系是怎样的？ ………………………………… 13
019. 新三板的演进历程是怎样的？ ……………………………………… 14
020. 新三板发展的4大重要阶段是什么？ ……………………………… 16

021. 全国股转系统公司揭牌运营的意义是什么？ …………………………… 17
022. 全国股转系统公司的经营范围是什么？ ………………………………… 17
023. 截至2014年6月30日，新三板史上最大规模的挂牌扩容是哪次？
…………………………………………………………………………………… 17
第三节 新三板的定位及特点 …………………………………………………… 18
024. 我国证券市场的多层次结构体系是什么？ ……………………………… 18
025. 新三板与我国资本市场的关系及市场定位是什么？ …………………… 18
026. 2013版新三板的市场特点是什么？ ……………………………………… 19
027. 新三板的功能定位是什么？ ……………………………………………… 20
028. 新三板与交易所、区域性股权交易市场的主要区别是什么？ ……… 20
029. 新三板、中小板、创业板挂牌(上市)条件对比情况如何？ ………… 21
030. 新三板、中小板、创业板交易制度对比情况如何？ …………………… 22
031. 新三板、中小板、创业板信息披露对比情况如何？ …………………… 22
032. 新三板、中小板、创业板监管制度对比情况如何？ …………………… 23
033. 新三板与区域性股权交易市场的相似性及其影响是什么？ ………… 23
034. 新三板与区域性股权交易市场在交易制度等方面有何差别？ …… 23
035. 已在区域性股权交易市场挂牌的公司如何申请在新三板挂牌
转让？ ……………………………………………………………………………… 25
第四节 公司为何要挂牌新三板 ………………………………………………… 25
036. “两多两难”现象指什么？中小企业的巨大作用和困境是什么？ …… 25
037. 为什么说新三板就是为中小企业而生的？ ……………………………… 26
038. 挂牌与上市的区别是什么？ ……………………………………………… 26
039. 什么是非上市公众公司？明确其定义的重大意义是什么？ ………… 27
040. 非上市公众公司和新三板是什么关系？ ………………………………… 28
041. 非上市公众公司股东可超出200人有何意义？ ………………………… 28
042. 公司挂牌成功和新三板市场健康发展的关键要点是什么？ ………… 28
043. 新三板现阶段国家鼓励推荐的行业有哪些？ …………………………… 29
044. 新三板现阶段国家鼓励推荐的企业类型有哪些？ ……………………… 29
045. 实践中，新三板拟挂牌公司的规模有什么问题？ ……………………… 29
046. 什么样的公司适合进入新三板？ ………………………………………… 29

047. 工程和建筑施工类企业可以上新三板吗？ …………………… 30
048. 企业进入新三板市场的10大好处是什么？ …………………… 31
049. 2013版新三板对不同主体的作用和意义是什么？ ………… 32
050. 新三板对我国资本市场建设的作用和影响怎样？ ………… 32
051. 新三板对企业的作用和影响怎样？ ………………………… 33
052. 新三板对投资者的作用和影响怎样？ ……………………… 33
053. 如何客观看待企业挂牌新三板？ …………………………… 34
054. 新三板挂牌公司的规范成本有哪些？ ……………………… 35
055. 公司挂牌新三板可能存在哪些风险？ ……………………… 36

第二章　新三板制度解读 ……………………………………………… 39

第一节　新三板制度规则体系 ………………………………………… 39
056. 新三板法律法规体系由哪几大部分构成？ ………………… 39
057. 新三板国家层面的政策法规有哪些？ ……………………… 39
058. 新三板证监会层面的政策法规有哪些？ …………………… 40
059. 新三板服务指南有哪些规定细则？ ………………………… 40
060. 新三板2006年发布的业务规则有哪些？ ………………… 42
061. 新三板2009年发布的业务规则有哪些？ ………………… 42
062. 新三板2013年和2014年上半年发布的业务规则有哪些？ ……… 43
063. 从2014年下半年开始，新三板还将逐步落实哪些新制度？ ……… 44

第二节　国家及证监会层面制度简析 ………………………………… 45
064.《国务院全国股转系统决定》主要有哪些内容？ …………… 45
065.《国务院全国股转系统决定》填补了《证券法》的什么空白？ …… 46
066. 如何理解《国务院全国股转系统决定》提到的“转变监管方式”？ … 46
067. 如何理解《国务院全国股转系统决定》的市场定位及投资者适当性制度？ …………………………………………………………… 47
068. 如何理解《国务院全国股转系统决定》有关国资、外资、税收的政策？ …………………………………………………………… 47
069.《国务院全国股转系统决定》的作用和意义是什么？ ……… 48
070.《非上市公众公司监督管理办法》明确了哪些内容？ ……… 48
071. 2013年12月证监会对《非公监管办法》做了哪些修订？ ……… 49

072.《非公监管办法》颁布的作用和意义是什么？ …… 51
073.《全国股转系统公司管理办法》主要明确了哪些问题？ …… 52
第三节 新三板业务规则简析 …… 52
074.2009 年新三板业务规则主要有哪些缺陷？ …… 52
075.2013 年新三板业务规则制定的原则是什么？ …… 53
076.2013 年新三板新规有哪些调整和创新？ …… 53
077. 新三板挂牌准入要点是什么？ …… 54
078. 定向融资制度的要点是什么？ …… 54
079. 交易结算制度的要点是什么？ …… 54
080. 挂牌公司监管制度的要点是什么？ …… 55
081. 主办券商管理制度的要点是什么？ …… 55
082. 投资者适当性管理的要点是什么？ …… 55
083. 退市公司及三板公司的处理办法是什么？ …… 55
084.2014 年 5 月后新三板交易平台及功能有哪些重大变化？ …… 56

第三章 新三板挂牌条件解读 …… 59
第一节 挂牌条件概述 …… 59
085. 股份公司申请新三板股票挂牌的条件是什么？ …… 59
086. 如何理解股份公司申请新三板股票挂牌的条件？ …… 60
087.2013 版新三板对拟挂牌公司要求的 10 大新突破是什么？ …… 60
088. 低门槛是否会使新三板挂牌公司数量庞大、鱼龙混杂？ …… 61
089. 经营美容、造纸、教育等业务的公司都可以挂牌新三板吗？ …… 61
090. 目前新三板挂牌公司的主要特征是什么？ …… 61
091. 国有企业或者外资企业是否可以申请挂牌？ …… 62
092. 高新园区的企业申请挂牌是否有行业限制？ …… 62
093. 区域性股权交易市场挂牌公司申请新三板挂牌的前提条件是什么？ …… 62
094. 申请挂牌企业是否需要政府出具确认函？ …… 63
095. 股东人数超过 200 人的企业如何申请挂牌？分哪两种情况？ …… 63
096. 如何了解各地支持企业到新三板挂牌的政策？ …… 64
第二节 依法设立，存续期满两年 …… 64

097. 如何理解拟挂牌公司依法设立且存续满两年? …… 64
098. 对"依法设立且存续满2年"条件判断的依据是什么? …… 65
099. 怎样确认完整的会计年度? …… 65
100. 有限责任公司怎样变更方可连续计算存续期? …… 66
101. 有限公司整体变更时,是以合并会计报表净资产折股还是以母公司会计报表净资产折股? …… 66
102. 如何理解公司出资到位的问题? …… 66
103. 如何处理无形资产出资属于职务发明的问题? …… 67
104. 如何处理无形资产出资与主营业务相关的问题? …… 67
105. 如何解决无形资产出资未到位的问题? …… 68
106. 其他有关历史上出资不规范的情形有哪些? …… 68
107. 某公司股东出资的机器设备未过户影响挂牌吗? …… 68
108. 如何解决公司存在中介代验资的问题? …… 68
109. 对公务员、事业单位人员兴办企业或在企业任职有何规定? …… 69
110. 如何确认国有资金投资公司的程序合规合法? …… 70
111. 国有资产折股应符合什么要求? …… 70
第三节 业务明确,能持续经营 …… 71
112. 如何理解业务明确,具有持续经营能力? …… 71
113. 关于"持续经营能力",公司在实践中需要注意什么? …… 72
114. 公司不能持续经营条款中的解散情形包括哪些内容? …… 72
115. 拟挂牌公司可能存在不具备持续经营能力的情形有哪些? …… 72
116. 某公司既做汽车配件又搞网络游戏能上新三板吗? …… 73
117. 拟挂牌公司在征税方面一般存在什么问题? …… 73
118. 拟挂牌公司在补税方面一般存在什么问题? …… 73
119. 对持续处于亏损状态的公司拟挂牌新三板有何建议? …… 74
120. 拟挂牌公司为控股集团公司,没有实际业务可否挂牌? …… 74
第四节 治理健全,经营合法有效 …… 75
121. 如何理解"公司治理机制健全,合法规范经营"? …… 75
122. 如何认定拟挂牌公司"公司治理机制健全,合法规范经营"? …… 76
123. 实践中拟挂牌公司的治理情况怎样? …… 77

124. 实践中拟挂牌公司对治理等制度的理解和重视程度怎样? ……… 77
125. 公司董事、高管最近1年发生变动,影响挂牌吗? ……………… 77
126. 拟挂牌公司“合法规范经营”在实践中常出现什么问题? ……… 77
127. 公司“两块牌子、一套人马”违背了规范经营的什么原则? …… 78
128. 新三板拟挂牌公司董事长可以兼总经理吗? ………………… 78
129. 公司与其他公司相互拆借,是否属于违规经营? …………… 78
130. 什么是控股股东及实际控制人? ……………………………… 78
131. 公司实际控制人和控股股东近1年来发生变更,影响挂牌吗? … 79
132. 会计师事务所出具的审计意见有哪些类型? ………………… 79
133. “带强调事项段的无保留审计意见”影响公司挂牌吗? ……… 80
134. 如何判断拟挂牌新三板公司是否有重大违法违规行为? …… 80
135. 公司高层因交通肇事被拘留或判刑,影响公司挂牌吗? ……… 80
136. 拟挂牌公司实际控制人正在坐牢怎么办? …………………… 81
137. 怎样理解公司被吊销营业执照与“董监高”人员的关系? …… 81
138. 控股股东占用公司资金、资产等影响挂牌该怎么处理? ……… 82
139. 拟挂牌公司应该做到的“五独立”是什么? ………………… 82
140. 判断公司是否合法合规经营,应重点关注哪些问题? ……… 83
141. 新三板有关拟挂牌公司“同业竞争、关联交易”的尺度怎样? …… 84
142. 什么是同业竞争? 新三板挂牌条件对其有何规定? ………… 84
143. 如何分析同业竞争是否影响公司新三板挂牌的问题? ……… 85
144. 如何判断公司与控股股东的业务是否为同业竞争? ………… 85
145. 拟挂牌公司如何解决同业竞争问题? ……………………… 86
146. 什么是关联关系、关联方和关联交易? …………………… 86
147. 公司常见的关联方有哪些? ………………………………… 87
148. 如何规范关联交易? ………………………………………… 87
149. 处理关联交易的办法是什么? ……………………………… 88
150. 实践中如何甄别哪些行为和事件可能存在关联交易? ……… 88
151. 拟挂牌企业对存在的关联交易如何处理和解释? ………… 88
152. 拟挂牌公司是否关注竞业禁止? 其概念是什么? ………… 89
153. 竞业禁止的内涵是什么? 如何认定其有效性? ………… 89

第五节　股权明晰,股票转让合法合规 …………………………………… 90
154. 如何理解股权明晰,股票发行和转让行为合法合规? ………… 90
155. 拟挂牌公司“股权持有”在实践中常有些什么问题? ………… 91
156. 未成年人可否成为拟挂牌新三板公司的股东? ………………… 91
157. 如何核查拟挂牌新三板公司股权代持的现象? ………………… 91
158. 国有资产(股权)转让给个人应当注意什么问题? …………… 92
159. 新三板制度解决股东超过 200 人问题的依据是什么? ………… 93
160. 可能影响“股票发行转让合法合规”的对赌协议的内涵是什么? ……
…………………………………………………………………………… 93
161. 从《合同法》的角度怎么看待对赌协议? …………………………… 94
162. 2013 年开始新三板不绝对禁止对赌协议的原因是什么? ……… 94
163. 未纳入合并报表的子公司 2 年前有非法发行证券行为,影响母公司挂牌吗? ……………………………………………………………… 95
164. B 公司已纳入 A 公司的合并报表,B 公司 2 年前有非法证券交易行为影响 A 公司挂牌吗? ……………………………………………… 95

第四章　新三板挂牌流程解读 ………………………………………… 100
第一节　流程概述及中介机构 ………………………………………… 100
165. 企业如何申请到新三板挂牌? ……………………………………… 100
166. 如何图解股份公司挂牌新三板的流程? …………………………… 101
167. 公司挂牌新三板的步骤有哪些? …………………………………… 101
168. 挂牌流程中公司需要做的准备工作是什么? ……………………… 102
169. 挂牌流程中公司的主要职责是什么? ……………………………… 102
170. 新三板挂牌各环节所需时间如何? ………………………………… 102
171. 新三板挂牌收费及企业年度费用的情况如何? …………………… 103
172. 2014 年后企业申请新三板挂牌费用飙升的原因是什么? ……… 104
173. “两网”及退市公司股票挂牌收费标准是什么? ………………… 105
174. 2014 年起,地方政府对新三板挂牌企业补贴缩水是否成为必然? … 105
175. 新三板挂牌需要哪些中介机构? 它们的分工是怎样的? ……… 106
176. 主办券商推荐业务规定的主要内容有哪些? ……………………… 106
177. 券商申请备案需要提供的材料及程序是什么? …………………… 107

178. 主办券商办理名称变更备案需要提供的材料和程序是什么? …… 108
179. 主办券商申请新业务需要提供的材料和程序是什么? …… 108
180. 主办券商申请终止业务的程序是什么? …… 108
181. 主办券商在新三板能够开展哪些业务? …… 109
182. 券商在新三板从事推荐业务需要具备哪些条件? …… 109
183. 全国股转系统公司对主办券商推荐业务的要求有哪些? …… 110
184. 挂牌流程中主办券商的主要职责是什么? …… 110
185. 主办券商推荐股份公司挂牌进度计划表模板什么样? …… 111
186. 2013 版新三板设有副主办券商吗? …… 112
187. 拟挂牌公司或已挂牌公司更换主办券商的操作流程是什么? …… 112
188. 挂牌流程中会计师事务所主要职责是什么? …… 112
189. 挂牌流程中律师事务所的主要职责是什么? …… 113
190. 挂牌流程中评估机构的主要职责是什么? …… 113
191. 新三板的资产评估应注意哪些事项? …… 113
192. 为拟挂牌公司服务的会计师、律师事务所需要核准或备案吗? …… 114
193. 拟挂牌公司股改的会计师事务所是否必须取得证券、期货相关业务资格? …… 114
194. 挂牌公司变更会计师事务所是否要经全国股转系统公司同意? …… 114
第二节 项目小组、内核与推荐规程 …… 114
195. 对推荐挂牌项目小组成员的要求是什么? …… 114
196. 对项目小组负责人的要求是什么? 对其"主持发行新股或债券承销"该如何界定? …… 115
197. 什么样的人不能成为项目小组成员? …… 115
198. 对项目组中的律师、注册会计师的资格有何要求? …… 115
199. 项目小组负责人或者"三师"发生变动,应如何进行报备? …… 116
200. 主办券商的内核机构成员发生变动,应如何进行报备? …… 116
201. 对项目小组行业分析师"相关专业知识"和"发表研究报告"如何认定? …… 116
202. 对内核机构有什么要求? …… 117
203. 内核机构成员应具备什么条件? …… 117

204. 内核专员有哪些职责？ …… 117
205. 内核机构成员存在哪些情况不能参与某项目的内核？ …… 117
206. 内核机构对哪些事项发表审核意见？ …… 118
207. 主办券商在内核时主要做哪些工作？ …… 118
208. 内核会议有哪些要求？ …… 118
209. 公司存在哪些情况不得推荐申请股票挂牌？ …… 119
210. 主办券商推荐公司挂牌的推荐报告应包括哪些内容？ …… 120
211. 主办券商在配合公司申请挂牌审查的过程中有哪些工作需要承担？ …… 120
212. 尽调、内核工作底稿及相关记录意见等应保存多久？ …… 120
第三节　申报文件制作与审查反馈 …… 121
213. 拟挂牌公司申请文件目录在2013年底业务规则修订后发生了哪些变化？ …… 121
214. 股东人数不足200人的公司新三板挂牌申请文件有哪些？ …… 121
215. 股东人数超200人的公司新三板挂牌申请文件有哪些？ …… 122
216. 申请挂牌公司《董事(监事、高级管理人员)声明及承诺书》应在何时提供？ …… 123
217. “申请文件目录”是对公司申报挂牌所需资料的最低要求吗？另外还有什么要求？ …… 123
218. 挂牌申报文件的格式有何要求？以公司股东200人为界有何不同？ …… 124
219. 挂牌业务申请提交的电子版中WORD文档需要全套吗？ …… 124
220. 申请挂牌的文件已经报送，还可撤回、增加或更换吗？ …… 124
221. 新三板对公司申请挂牌文件补充材料的要求是什么？ …… 125
222. 在全国股转系统公司接收服务窗口办理业务时提交的授权委托书或介绍信应当包括什么内容？ …… 125
223. 公开转让说明书与招股说明书有什么区别？ …… 125
224. 2013年底新三板挂牌转让审核环节有何重大调整？ …… 126
225. 全国股份转让系统公司如何进行挂牌审查？ …… 127
226. 对拟挂牌公司申报的申请挂牌文件等材料是如何验收的？ …… 127

227. 全国股转系统公司审查申报挂牌材料的3大步骤是什么？ …… 127
228. 如果公司超过反馈回复所规定的时间，如何申请延期反馈？ …… 128
229. 中国证监会出具挂牌核准的三步流程是什么？ …… 128
230. 审核环节对公司设立、出资及股权转让主要关注哪些问题？ …… 128
231. 审核环节对公司业务情况重点关注哪些内容？ …… 128
232. 对内控、同业竞争、竞业禁止和关联交易的审核所关注的重点有哪些？ …… 129
233. 公司治理的财务审核重点注意什么？ …… 129
234. 股东超200人的拟挂牌公司审核要点是什么？ …… 130
第四节 正式挂牌 …… 130
235. 公司在获得挂牌通过后，具体挂牌的流程是什么？ …… 130
236. 如何图解公司新三板股票挂牌的操作流程？ …… 131
237. 如何申请证券简称和代码？ …… 131
238. 证券简称和代码申请书范本什么样？ …… 132
239. 公司挂牌时，如存在解除限售情况，该如何操作？ …… 132
240. 公司挂牌时，需要领取哪些与挂牌相关的文件？ …… 132
241. 申请挂牌公司首次信息披露的时间、平台是什么？ …… 133
242. 申请挂牌公司首次信息披露文件包括哪些？ …… 133
243. 挂牌公司信息披露业务流转表模板什么样？ …… 134
244. 申请挂牌公司如何进行股份初始登记？ …… 134
245. 公司挂牌前的第二次信息披露如何操作？ …… 135
246. 公司挂牌前的第二次信息披露的时间和文件是什么？ …… 135
247. 申请挂牌同时发行股票融资的流程是什么？ …… 135
248. 挂牌时发行股票有哪些注意事项？ …… 136
249. 新三板在各项挂牌手续办结后，挂牌日期应如何确定？ …… 137
250. 新三板挂牌公司举行挂牌仪式要和哪个部门联系？ …… 137
251. 挂牌公司股票公开转让记录表什么样？ …… 137
252. 股票挂牌提示性公告范文什么样？ …… 138
253. 挂牌同时发行股票公开转让公告模板什么样？ …… 139

第五节 财务要求及重点 …… 139
254. 新三板执行的会计制度是什么? …… 139
255. 拟挂牌公司报送财务报告有何要求? …… 140
256. 挂牌申报的财务报表最近一期是否必须以季报、半年报或者年报为准? …… 140
257. 会计政策、会计估计的合规性、稳健性问题主要有哪些? …… 141
258. 如何处理"以少缴税为目的设置账外账"的问题? …… 141
259. 如何处理公司"会计主体不明确"的问题? …… 141
260. 如何处理公司"账实不符"的问题? …… 142
261. 如何处理公司"存在大量的银行未达账"的问题? …… 142
262. 如何处理公司"存在大量的跨期费用"的问题? …… 142
263. 收入数据的真实、准确和完整问题主要包括什么内容? …… 142
264. 成本费用数据的真实、准确和完整问题主要指什么? …… 143
265. 资产质量财务数据的真实、准确和完整问题主要指什么? …… 143
266. 关联交易常出现哪些问题? …… 144
267. 税务常出现哪些问题? …… 144
268. 关联资金占用问题主要包括哪些内容? …… 144
269. 一些公司的补税成本会不会成为挂牌的主要障碍? …… 145
270. 对传统行业来说,怎样的财务指标才具备挂牌的优势? …… 145

第五章 公司挂牌前的股份制改造 …… 150
第一节 股改概述 …… 150
271. 新《公司法》的亮点有哪些?实施后对拟挂牌公司的改制有哪些影响? …… 150
272. 股份公司的类型有哪些? …… 151
273. 企业改制有哪些方式? …… 151
274. 股份有限公司设立有哪些方式? …… 152
275. 目前新三板拟挂牌企业涉及的股改方式主要有哪两种? …… 152
276. 整体变更改制和重新设立两种股改方式有何区别? …… 153
277. 企业改制需要遵循什么原则? …… 153
278. 改制设立股份有限公司应达到什么要求? …… 154

279. 股份有限公司设立需要具备哪些条件？ …………………… 154
280. 设立股份有限公司需要经过哪些程序？ …………………… 155
281. 合伙企业、个人独资企业能否改制成有限(或股份)公司？ ……… 155
282. 外商投资企业改制为股份有限公司应满足哪些要求？ ……… 156
283. 民营企业改制为股份有限公司应特别注意哪些事项？ ……… 157
284. 公司处于亏损状态,还可以改制到新三板挂牌吗？ ………… 157
第二节　股改流程 ……………………………………………… 158
285. 新三板拟挂牌公司改制重组一般可分为哪几个阶段？ ……… 158
286. 拟挂牌公司在改制重组预备阶段主要有哪些工作？ ……… 158
287. 拟挂牌公司在改制重组实施阶段主要有哪些工作？ ……… 158
288. 拟挂牌公司在改制重组申报设立阶段有哪些工作？ ……… 159
289. 拟挂牌公司在改制重组设立后的阶段有哪些工作？ ……… 159
290. 股改方案中对挂牌主体通常关注哪些因素？ ……………… 160
291. 股改方案中的重组要关注哪些要点？ ……………………… 160
292. 新三板拟挂牌公司改制重组工作时间表范本什么样？ ……… 161
293. 股改工作推进中需特别注意哪些时间节点？ ……………… 162
294. 拟挂牌公司申报财务报表最近一期截止日可以是改制基准日吗？ ……
………………………………………………………………… 162
第三节　整体变更的股改 ……………………………………… 163
295. 整体变更方式股改的法律条件是什么？ …………………… 163
296. 整体变更方式股改应注意哪些事项？ ……………………… 163
297. 整体变更方式股改按照评估结果验资有什么结果？ ……… 164
298. 整体变更方式股改按照审计结果来验资有什么结果？ ……… 164
399. 整体变更股改后股东的责任有什么改变？ ………………… 165
300. 整体变更股改后公司债权、债务的继承有什么不同？ ……… 165
301. 整体变更方式股改在股权、股东与出资方面应注意什么？ ……… 165
302. 整体变更方式股改引进新的投资者应注意什么问题？ ……… 166
第四节　发起人、股东和机构设置 …………………………… 166
303. 哪些人可以成为股份有限公司的发起人？ ………………… 166
304. 股份公司发起人的权利和义务有哪些？ …………………… 167

305. 发起人出资有哪些方式? …………………………………………… 167
306. 发起人以实物资产出资应注意哪些问题? ………………………… 167
307. 发起人以股权出资应注意哪些问题? ……………………………… 168
308. 发起人以无形资产出资应注意哪些问题? ………………………… 168
309. 发起人是否能够以债权方式出资? ………………………………… 169
310. 历史沿革中股东出资常出现哪些问题? …………………………… 169
311. 股改中股东出资常出现哪些问题? ………………………………… 169
312. 改制时临时股东大会的会议内容有哪些? ………………………… 170
313. 股份公司创立大会的特征、召开程序与职权分别是什么? ……… 170
314. 股份有限公司应设立哪些组织机构? ……………………………… 171
315. "董监高"人员的任职资格限制有哪些? ………………………… 172
316. 什么是控股股东? …………………………………………………… 172
317. 控股股东哪些行为需要规范? ……………………………………… 173
318. 什么是实际控制人? 怎样确认股份公司的实际控制人? ………… 173
第五节 股改中的财税问题 ……………………………………………… 174
319. 会计师事务所在公司股改与设立阶段提供哪些服务? …………… 174
320. 如何处理公司改制动用资本公积的问题? ………………………… 174
321. 有限公司整体变更时,是以合并会计报表净资产折股还是以母公司会计报表净资产折股? ……………………………………………… 174
322. 评估基准日至股份有限公司设立日期间已实现利润应如何处理? …… 174
323. 公司股改重组的存续期问题需要注意些什么? …………………… 175
324. 如何处理公司改制时所得税缴纳问题? …………………………… 175
325. 整体变更的股改,税务方面需要重点注意些什么? ……………… 175
326. 公司改制设立时,其资产评估增值部分需要缴纳所得税吗? …… 176
327. 有限责任公司整体变更时,净资产折股如何纳税? ……………… 176
328. 改制时企业将产权量化成个人股份,该如何缴纳所得税? ……… 177
329. 企业高级管理人员获得股票认购权时如何缴纳个人所得税? … 177
330. 机构高校的个人在转化职务科技成果时获得股份或出资比例奖励的,该如何缴纳所得税? …………………………………………… 178
331. 企业改制设立时如何缴纳增值税和营业税? ……………………… 178

332. 公司改制设立时哪些资产需要进行评估？ …………………… 178
333. 资产评估应注意哪些事项？ ………………………………… 179
334. 企业改制时如何根据资产评估结果调账？ ………………… 179
335. 拟挂牌公司改制过程中辅业资产处置有何建议？ ………… 180
336. 拟挂牌公司设立时的商标权应当如何处理？ ……………… 180
337. 拟挂牌公司改制过程中土地使用权处置方式有哪些？ …… 180
338. 实践中，拟挂牌公司土地使用权取得存在哪些问题？ …… 181
339. 拟挂牌公司租赁大股东房产影响挂牌吗？ ………………… 181
340. 公司在挂牌前存在股权质押情况影响挂牌吗？ …………… 181
341. 拟挂牌公司改制后要注意业绩连续计算问题吗？ ………… 181
342. 非合规担保的公司是否能挂牌新三板？ …………………… 182

第六章　公司挂牌流程中的尽职调查 ……………………… 186

第一节　尽职调查概述和内控机制 ………………………… 186

343. 什么是尽职调查？ ………………………………………… 186
344. 拟挂牌公司尽职调查对项目小组最基本的要求是什么？ … 187
345. 尽职调查遵循的基本原则是什么？ ……………………… 187
346. 全国股转系统公司对券商的尽职调查有哪些要求？ …… 187
347. 主办券商对拟挂牌公司的尽职调查主要包括哪些内容？ … 188
348. 公司内控环境调查的内容和方式有哪些？ ……………… 188
349. 风险识别与评估调查的内容和方式有哪些？ …………… 189
350. 流程内控体系包括哪些内容，该如何调查？ …………… 189
351. 公司信息沟通与反馈包括哪些内容，该如何调查？ …… 190
352. 公司监督与评价调查的内容和方式有哪些？ …………… 190
353. 何为内控制度的充分性？该如何调查？ ………………… 190

第二节　公司财务风险 ……………………………………… 190

354. 公司的运营能力与盈利能力该怎么判断？ ……………… 190
355. 公司获取现金与长短期偿债的能力该如何调查？ ……… 191
356. 应收账款风险及其防范调查的内容和方式主要有哪些？ … 191
357. 财务指标偏离与变动较大是否需要重点调查？ ………… 191
358. 存货财务指标调查的内容与方式有哪些？ ……………… 191

359. 如何调查公司的关联方及关联交易? …… 192
360. 如何调查关联交易的合规性? …… 192
361. 如何判断关联交易价格的公允性? …… 192
362. 如何调查关联交易收入、利润及应收应付余额的占比高低? …… 192
363. 如何调查关联方交易大额销售或退回的影响? …… 193
364. 如何调查关联交易的必要性、持续性和非关联化情况? …… 193
365. 如何调查收入、成本、费用与资产的配比性? …… 193
366. 如何判断非经常性损益的真实准确性及其影响? …… 193
367. 是否需要重点关注财务报告审计意见的落实情况? …… 193
368. 需要调查最近两年公司更换会计师事务所的原因吗? 如何调查? …… 194
第三节 公司会计政策稳健性 …… 194
369. 资产减值准备财务调查的内容和方式主要有哪些? …… 194
370. 如何调查公司投资机制及理财项目问题? …… 194
371. 如何调查公司长短期投资计价、收益及差额摊销等方法的合规性? …… 195
372. 如何判断纳入合并报表子公司投资的真实性与核算的恰当性? …… 195
373. 如何调查公司收入的确认政策? …… 195
374. 是否应关注收入的较大变动及销售模式对其的影响? …… 195
375. 公司固定资产和折旧调查包括哪些内容和方法? …… 196
376. 如何确认公司无形资产入账、摊销政策的合规合理性? …… 196
377. 如何核查公司研发、购买及股东投入无形资产的情况? …… 196
378. 如何核查公司无形资产处置、转销等问题? …… 196
379. 如何核查公司广告费、研发费的会计政策? …… 197
380. 如何核查公司利息费的真实、完整性及资本化的合规性? …… 197
381. 公司合并会计报表政策调查的内容和方式有哪些? …… 197
第四节 公司持续经营能力 …… 198
382. 如何调查主营业务在公司业务结构中的地位? …… 198
383. 如何调查公司的经营模式? …… 198
384. 是否要重点核查公司经营模式的转型? …… 198
385. 如何调查业务目标及其对公司持续经营的影响? …… 198

386. 如何调查公司所属行业及市场竞争状况? …… 199
387. 如何调查公司对客户和供应商的依赖度? …… 199
388. 如何判断公司的技术优势和研发能力? …… 199
第五节 公司治理调查 …… 199
389. 对公司治理机制调查的主要方式是什么? …… 199
390. 公司治理机制的执行情况该调查哪些内容? 方式是什么? …… 200
391. 如何调查股东的出资情况? …… 200
392. 对公司控股股东及实际控制人的调查方式主要有哪些? …… 201
393. 如何确认公司与控股股东、实际控制人及其所控企业是否存在同业竞争? …… 201
394. 如何调查公司的业务独立性? …… 201
395. 如何调查公司的资产独立性? …… 201
396. 如何调查公司的人员独立性? …… 202
397. 如何调查公司的财务独立性? …… 202
398. 如何调查公司的机构独立性? …… 202
399. 如何调查管理层、核心技术人员的持股和稳定性情况? …… 203
400. 如何调查公司管理层的诚信情况? …… 203
401. 公司管理层签字的《诚信状况书面声明》主要内容有哪些? …… 203
402. 如何调查公司担保理财、关联交易及投资的决策和执行情况? …… 204
第六节 公司合法合规事项 …… 204
403. 对公司设立及存续情况的调查主要有哪些内容? …… 204
404. 在新规下,是否还有核查公司高新技术企业资格的必要? …… 205
405. 如何核查公司最近2年是否存在重大违法违规行为? …… 205
406. 如何核查最近2年公司股本、股权变动情况和合法合规性? …… 205
407. 如何核查公司股份是否存在转让限制? …… 205
408. 如何调查公司是否具备完整、合法的财产权属凭证? …… 206
409. 如何调查公司商标权、专利权、特许经营权等的权利期限? …… 206
410. 如何核查公司主要财产是否存在或潜在法律纠纷? …… 206
411. 如何调查公司的重大债务问题? …… 206
412. 如何调查公司的纳税情况? …… 207

413. 如何调查公司的环境保护、产品质量和技术等是否符合要求? …… 207
414. 如何调查公司是否存在重大诉讼、仲裁风险等问题? ………… 207

第七章 新三板挂牌股票的转让交易 …………………………… 212
第一节 解除限售和股票转让概述 ……………………………… 212
415. 什么是股权转让?股权转让包括股东哪些权利的转让? ……… 212
416. 现行新三板关于股份转让限制的规定是什么? ……………… 213
417. 2013 版新三板与 2009 版新三板在股份转让限制上有何区别? …… 213
418. 新三板市场股份转让限制与主板有何区别? ………………… 213
419. 限售股份的限售期届满时,如何办理解除限售手续? ………… 214
420. 大股东解除限售有什么相关规定?挂牌前 12 个月以内的除控股股东及实际控制人之外的股东买卖的股票是否受限制? ……… 214
421. 公司股份限售、解除限售是否都需要以临时公告的形式进行信息披露? ………………………………………………………… 214
422. 新三板的交易场所及股票代码是什么? ……………………… 215
423. 新三板的转让设施与转让参与人指什么? …………………… 215
424. 新三板的交易方式及要求有哪些? …………………………… 215
425. 在实际操作中,目前新三板以哪种交易方式为主? ………… 216
426. 过渡期全国股份转让系统有什么委托类型,如何成交? ……… 216
427. 新三板新规交易制度主要特点是什么? ……………………… 217
428. 新三板全新交易技术系统上线有何重大意义? ……………… 217
429.《全国中小企业股份转让系统股票转让细则(试行)》何时开始实施? ………………………………………………………… 217
430. 如何查询全国股转系统的相关交易数据? …………………… 218
431. 新三板投资的企业机遇是什么? ……………………………… 218
432. 新三板的投资风险主要表现为什么? ………………………… 218
433. 如果公司有信托、PE 等持股的情况怎么算股东人数? ……… 219
434. 券商在新三板从事经纪业务需要具备哪些条件? …………… 219
435. 全国股转系统公司对主办券商经纪业务的要求有哪些? ……… 219
436. 为做好投资者适当性管理工作,主办券商须做好哪些基础工作? … 220
437. 主办券商应该如何管理投资者的交易权限,以确保各类投资者

能够在权限范围内正常交易？ …………………………………… 220
438. 如何理解和执行“主办券商应当妥善保存业务办理、投资者服务过程中风险揭示的语音或影像留痕”？ …………………………… 221
439. 全国股转系统公司网站委托成交栏目下市场总貌中成交金额数据的统计口径是什么？ ………………………………………… 221
第二节 投资者管理与股票转让一般规定 ……………………………… 222
440. 什么是投资者适当性管理？其制度建立有何意义？ ……………… 222
441. 投资者如何参与投资者适当性管理？证券公司如何评估？ …… 223
442. 投资者适当性管理对投资者信息有何要求？ ……………………… 223
443. 对投资者有针对性的适当性管理有哪些规定？ …………………… 223
444. 对投资者的材料、业务痕迹、投诉等适当性管理有何规定？ ……… 224
445. 对投资者异常、违法交易该如何处理？ …………………………… 224
446. 符合新三板投资者适当性的个人或机构有哪些？ ………………… 225
447. 如何理解新三板投资者的个人开户门槛？ ………………………… 225
448. 对不足500万元证券类资产且在2014年之前参与股票发行业务的自然人该如何处理？ ……………………………………… 226
449. 如何理解新三板的机构参与门槛？ ………………………………… 226
450. 法人机构实缴注册资本不到500万元人民币的公司能否参与新三板投资？ ………………………………………………… 227
451. 怎样认定合伙拟投资新三板企业实缴出资总额达500万元人民币？ ………………………………………………………… 227
452. “个人投资者的会计、金融、投资、财经等相关专业背景或培训经历”具体如何把握？ ………………………………………… 227
453. 不符合新三板机构、自然人条件的特殊投资者具体指哪些情形？其交易权限如何管理？ …………………………………… 227
454. 原新三板投资者如不符合现行投资者适当性规定，如何参与交易？ … 228
455. 新三板特殊的投资者门槛和交易制度带来什么市场效果？ …… 228
456. 投资者如何参与新三板交易？ ……………………………………… 229
457. 新三板投资者开户有什么规定？ …………………………………… 229
458. 新三板投资者如何委托？主办券商如何申报？ …………………… 229

459. 新三板对股票转让申报及其数量单位等有何规定？ …………… 230
460. 新三板具体的交易时间是什么？ …………………………………… 230
461. 新三板挂牌股票转让交易有涨跌幅限制吗？ ……………………… 231
462. 新三板对股票转让的成交有何规定？ ……………………………… 231
463. 新三板对挂牌股票买卖委托出现异常价格及撤单有何规定？ … 231
464. 新三板对股票行情及转让信息发布有何规定？ …………………… 232
465. 投资者如何才能完成新三板一笔交易？ …………………………… 232
466. 除了参与股权交易，个人还有什么方式参与新三板？ …………… 233
467. 境外机构和外国人是否可以直接参与定向增发及交易？外资股东如何办理开具股票交易账户？ …………………………………… 233
第三节 做市商与做市制度 ……………………………………………… 233
468. 什么是做市商？新三板实施怎样的做市商制度？ ………………… 233
469. 新三板做市商的条件是什么？ ……………………………………… 234
470. 全国股转系统公司对主办券商做市业务的要求有哪些？ ……… 234
471. 做市商备案、报备及证券账户如何管理？ ………………………… 235
472. 对做市商做市的初始库存股票有何规定？ ………………………… 235
473. 做市商做市库存股票可通过哪些方式取得？ ……………………… 235
474. 对做市商加入或退出某只股票做市的时间有何限制？ ………… 235
475. 出现哪些情形时，做市商自动终止为相关股票做市？ ………… 236
476. 做市商转让方式下怎样委托与申报？ ……………………………… 236
477. 做市商转让方式下对股票交易的时间有何规定？ ……………… 237
478. 做市申报的交易价差及计算公式是什么？ ………………………… 237
479. 做市申报的库存股数与交易报价之间的关系如何配比协调？ … 237
480. 做市商转让方式下的交易如何成交？ ……………………………… 237
481. 做市商之间的股票如何转让？ ……………………………………… 238
482. 做市商之间股票转让的时间及价格有何限制？ …………………… 238
483. 做市商转让方式下的开盘价和收盘价如何规定？ ……………… 239
484. 新三板为股票做市所提供的信息服务主要有哪些？ …………… 239
第四节 协议、竞价转让及其他转让事项 ……………………………… 239
485. 意向委托、定价委托和成交确认委托的概念是什么？ ………… 239

486. 意向申报、定价申报和成交确认申报的概念是什么？ …………… 240
487. 申报时间是什么？成交如何确认？ ………………………………… 240
488. 协议转让方式下的交易如何成交？ ………………………………… 240
489. 协议转让方式下股票交易的开盘价与收盘价是什么？ ………… 241
490. 协议转让的即时行情内容及信息是什么？ ………………………… 241
491. 股票竞价转让的概念和时间是什么？ ……………………………… 241
492. 什么是限价委托？ ……………………………………………………… 242
493. 股票竞价转让方式下转让如何委托与申报？ ……………………… 242
494. 集合竞价成交价确定的原则是什么？ ……………………………… 243
495. 连续竞价成交价确定的原则是什么？ ……………………………… 243
496. 股票竞价转让的开盘价和收盘价是什么？ ………………………… 243
497. 竞价转让的即时行情内容及信息是什么？ ………………………… 243
498. 哪些情况下新三板将公布当日交易前5家主办券商相关数据？ … 244
499. 转托管转让交易方式的含义是什么？ ……………………………… 244
500. 挂牌、摘牌、暂停与恢复转让的含义是什么？ …………………… 244
501. 新三板对拟挂牌转让股票的结算登记有哪些规定？ ……………… 245
502. 新三板股票的除权与除息有何规定，如何计算？ ………………… 245
第五节　转让监管、异常纠纷及暂停、终止挂牌 ……………………… 246
503. 新三板股票转让出现哪些事项时需要重点监控？ ………………… 246
504. 可能影响股票转让价格、成交量异常转让的行为有哪些？ ……… 246
505. 股票转让价格或者股票成交量明显异常的情形有哪些？ ………… 247
506. 系统公司对做市商股票在转让过程中的哪些行为进行重点监控？ …… 247
507. 系统公司对股票转让过程中出现的哪些事项须重点监控？ ……… 247
508. 新三板日常监管可能要求市场参与者提供的资料有哪些？ ……… 248
509. 新三板的监管措施有哪些？ ………………………………………… 248
510. 如何处理新三板股票的转让纠纷？ ………………………………… 248
511. 新三板股票转让的费用如何计算？ ………………………………… 248
512. 什么情况下会导致盘中临时停止股票转让？ ……………………… 249
513. 什么情况会导致暂缓清算、技术性停牌或临时停市？ …………… 249
514. 什么情况下恢复转让？ ……………………………………………… 250

515. 挂牌公司在什么情况下应当申请暂停转让？ …………………… 250
516. 挂牌公司股票暂停与恢复转让业务办理程序是什么？ ………… 251
517. 新三板挂牌公司暂停(恢复)转让申请表什么样？ ……………… 252
518. 什么情况下全国股转公司可以终止挂牌公司的股票挂牌？ …… 252
519. 新三板是在什么时候出现ST股的？ ……………………………… 253
520. ST羊业被终止新三板挂牌的意义是什么？ ……………………… 253
521. 终止股票挂牌的公司怎样重新挂牌？ …………………………… 254
522. 挂牌公司召开股东大会是否需要暂停转让？ …………………… 254

第八章　股权融资及其他融资工具 ………………………………… 259

第一节　挂牌公司定向发行的内容及流程 …………………………… 259

523. 什么是新三板定向发行？其与股票发行的概念如何界定？ …… 259
524. 新三板定向发行的特定对象有哪些？ …………………………… 260
525. 新三板定向发行融资的6大特点是什么？ ……………………… 260
526. 新三板定向发行在什么情况下豁免核准或需要核准？ ………… 261
527. 新三板定向发行融资“一次核准、分期发行”该如何理解？ …… 261
528. 新三板“按需发行,小额多次”的储架发行制度是指什么？ ……… 261
529. 新三板定向发行融资“小额豁免审批”是什么意思？ …………… 262
530. 新三板定向发行股份不锁定是什么意思？实际如何操作？ …… 262
531. 新三板定向发行中多次发行无间隔是指什么？ ………………… 262
532. 新三板公司挂牌的同时能定向发行吗？有什么好处？ ………… 263
533. 如何图解新三板挂牌公司股票发行流程？ ……………………… 263
534. 挂牌公司的股票发行需要董事会、股东大会做什么？ ………… 264
535. 股东超过200人的公司定向发行,董事会和股东大会还应对哪些内容做出决议？ ……………………………………………………… 265
536. 挂牌公司董事会做出股票发行决议应当符合哪些规定？ ……… 265
537. 挂牌公司股票的发行与认购程序是什么？ ……………………… 266
538. 挂牌公司股票发行的要求与认购的规定是什么？ ……………… 266
539. 以非现金资产认购公司定向发行的股份有何特别规定？ ……… 267
540. 挂牌公司申请股票发行对提交的文件有何要求？ ……………… 267
541. 挂牌公司豁免核准的股票发行备案登记表什么样？ …………… 268

542. 挂牌公司经证监会核准的股票发行登记表有什么内容？ ……… 269
543. 全国股转公司对挂牌企业申请股票发行如何审查？ ……………… 270
544. 挂牌公司如何披露股票发行公告并办理股份登记？ ……………… 271
第二节 挂牌公司定向发行及融资 …………………………………… 271
545. 新三板定向发行的对象及要求有哪些？ ……………………………… 271
546. 新三板定向发行的自然人和机构等组织包括哪些？ ……………… 271
547. 投资者为什么要参与新三板定向发行？ ……………………………… 272
548. 新三板投资者适当性管理规定 2014 年是否有再度调整的可能？ …… 272
549. 新三板挂牌公司历年定向发行融资对比情况如何？ ……………… 273
550. 2006—2012 年新三板挂牌公司定向融资变化情况如何？ ……… 273
551. 2013、2014 年新三板定增与之前相比是爆发式增长吗？ ……… 274
552. 全国股转系统公司正式运营后第一家定向融资的公司是谁？ … 274
553. PE/VC 是不是参与新三板定向发行的主力军？ …………………… 274
554. 新三板募集的资金一般投向何处？ …………………………………… 275
555. 挂牌公司向外部投资者和原股东定向增资，是否可以价格不一？ … 275
556. 定向发行存在签对赌协议的情况，是否影响公司新三板挂牌？ …… 275
557. 挂牌公司是否可以开展股权激励？ …………………………………… 275
第三节 融资工具及优先股概述 ……………………………………… 276
558. 新三板探索和发展多种融资工具的现实背景是什么？ ………… 276
559. 新三板探索和发展多种融资工具的内在优势是什么？ ………… 276
560. 新三板可以在哪些融资工具上做出探索？其意义如何？ ……… 277
561. 优先股的含义是什么？ ………………………………………………… 277
562. 优先股有哪些优先权？ ………………………………………………… 277
563. 优先股股东除优先权外，还有哪些权利？ …………………………… 278
564. 如何理解优先股表决权的限制和恢复？ ……………………………… 278
565. 公司发行优先股就利润分配事项，公开发行与非公开发行有何区别？ ………………………………………………………………… 279
566. 优先股的 4 大特点是什么？ …………………………………………… 280
567. 优先股主要有哪些分类？目前证监会对此有何规定？ ………… 280
568. 优先股回购的方式有哪些？ …………………………………………… 281

569. 优先股可能存在的风险有哪些？ …… 281
570. 优先股相对普通股的利弊有哪些？ …… 281
571. 优先股对债券和股市有何影响？ …… 282
第四节　优先股发行的要求、条件、发行程序及转让监管 …… 283
572. 优先股试点政策如何？新三板何时试点？ …… 283
573.《国务院关于开展优先股试点的指导意见》有哪些内容要点？ …… 283
574.《国务院关于开展优先股试点的指导意见》的作用和意义是什么？ …… 284
575. 证监会发布的《优先股试点管理办法》涵盖哪些内容？ …… 284
576. 优先股发行人的范围及发行条件是什么？ …… 285
577. 哪些行业愿意发行优先股？ …… 285
578. 非上市公众公司发行优先股的基本要求和条件是什么？ …… 285
579. 非上市公司发行优先股遵守的办法是什么？ …… 286
580. 哪些情况下的非上市公众公司不得发行优先股？ …… 286
581. 优先股发行对公司“董监高”三级人员有哪些规定？ …… 287
582. 非上市公众公司发行优先股，董事会须履行哪些职责？ …… 287
583. 非上市公众公司发行优先股，股东大会审议程序与表决要求是什么？ …… 287
584. 与股份种类和持股数额相关的计算有哪些事项？ …… 288
585. 对非上市公众公司优先股交易转让、登记结算及并购重组有哪些规定？ …… 289
586. 优先股对哪些投资者有吸引力？ …… 289
587. 非上市公众公司能向哪些合格投资者发行优先股？ …… 289
588.《优先股试点管理办法》在保护中小投资者权益方面有哪些规定？ …… 290
589. 什么是强制分红，《优先股试点管理办法》对此有什么规定？ …… 290
590. 非上市公众公司发行优先股信息披露有哪些规定？ …… 290
591. 优先股发行的监管措施和法律责任有哪些规定？ …… 291
第五节　股权质押回购及质押融资 …… 292
592. 什么是股权质押？ …… 292
593. 什么是股权质押回购？ …… 292
594. 股权质押与股权质押回购有什么区别？ …… 292

595. 什么是新三板股权质押？它是否属于股权质押回购业务？ …… 293
596. 什么是出质人与质权人？签订股权质押回购业务合同须注意什么？ …… 293
597. 约定式回购、股票质押回购与融资融券主要区别在哪儿？ …… 294
598. 股权质押贷款的概念是什么？ …… 294
599. 股权质押贷款的风险主要是什么，银行对此主要关注什么？ …… 294
600. 针对上问风险，新三板挂牌对公司股权质押贷款有何好处？ …… 295
601. 股权质押贷款影响公司挂牌吗？如何办理相关手续？ …… 296
602. 实际操作中，银行对挂牌公司股份质押贷款估值的依据是什么？ …… 296
第六节 互联网金融与众筹融资 …… 296
603. 众筹的概念及三要素是什么？ …… 296
604. 互联网如何催生众筹融资新模式？ …… 297
605. 我国众筹有何本土特色？ …… 297
606. 众筹有哪些模式？ …… 297
607. 面对互联网金融，新三板该做些什么？ …… 298
608. 众筹模式与新三板承销能否结合？ …… 298
609. 新三板推动互联网金融工具是否更具创新活力？ …… 299
610. 对众筹的合法性有哪些质疑？ …… 300
611. 美国对众筹监管做了哪些探路？ …… 300

第九章 债券融资及其工具 …… 306
第一节 私募债概述、发行条件与程序 …… 306
612. 中小企业私募债的定义是什么？ …… 306
613. 中小企业私募债在我国是什么时候开始试点的？ …… 306
614. 新三板试点中小企业私募债的制度何时出台？ …… 306
615. 中小企业私募债有什么特点？ …… 307
616. 中小企业私募债与公司债、企业债相比融资有何优势？ …… 307
617. 中小企业私募债有哪些优势，在制度设计上有哪些灵活性？ …… 308
618. 中小企业私募债试点的范围是什么？ …… 309
619. 私募债发行人的行业标准如何认定？哪些行业受限？ …… 309
620. 地方融资平台、城投公司及有大额资金拆出经历的公司能否

发行私募债券？ …………………………………………………… 309
621. 沪深港交所等上市公司控股子公司能否发行私募债券？ ……… 310
622. 目前私募债券备案申请是否接受附转股权条款的情况？ ……… 310
623. 中小企业私募债的发行条件有哪些？ ……………………………… 310
624. 私募债发行期限中的“1 年(含)以上”如何理解？ ………………… 311
625. 中小企业私募债办理的要求有哪些？募资用途有什么规定？ … 311
626. 为何说中小企业私募债的发行能够提升企业的市场影响？ …… 311
627. 中小企业私募债试点有何意义？ …………………………………… 311
628. 中小企业私募债发行流程是什么？ ………………………………… 312
629. 中小企业私募债备案程序是什么？ ………………………………… 312
630. 私募债备案流程中补充材料通知书的有效期是多久？ ………… 313
631. 交易所对《转让服务推荐书》的内容有什么要求？ ……………… 314
632. 如何理解对备案资料进行完备性核对？ …………………………… 314
第二节 私募债的投资者、征信担保及信息披露 ………………………… 315
633. 中小企业私募债机构投资者的门槛是什么？ ……………………… 315
634. 中小企业私募债个人投资者有哪些？条件是什么？ …………… 315
635. 私募债券中合格金融机构投资者主要有哪些？ ………………… 315
636. 私募债承销商应当如何履行尽职调查义务？ …………………… 316
637. 私募债在募集说明书签署日至发行结束期间,发行人及中介机构
应如何履行会后义务？ ………………………………………………… 316
638. 试点初期私募债券的增信措施有哪些？需要避免什么？ ……… 317
639. 采用应收款项或未来现金流滚动报备增信措施应注意什么？ … 317
640. 中小企业私募债担保和评级有什么要求？ ………………………… 318
641. 以动产抵押的增信措施应注意什么？ ……………………………… 318
642. 以应收账款质押的增信措施应注意什么？ ………………………… 319
643. 仅由私募债券发行人关联方提供连带保证担保的,其主动补款
责任如何体现？ ………………………………………………………… 320
644. 如何调查并披露发行人、发行人控股股东或实际控制人以及非
专业担保公司保证人的信用情况？ ………………………………… 321
645. 如何披露私募债券的评级报告内容？ ……………………………… 321

646. 私募债券以土地、房产、采矿权及股权等已完成评估的资产抵押式质押进行增信的，其评估报告内容应如何披露？ …………………… 322
647. 提供保证担保的，如何披露保证人的财务情况？ ………………… 322
648. 如何披露受托管理人与发行人存在的债权债务等利害关系？ … 322
649. 发行人应如何披露应收账款、货币资金等受限资产的情况？ …… 322
650. 在募集说明书中除披露流动比率、速动比率外还可以披露哪些最近两年的主要财务指标？ ………………………………… 323
651. 私募债发行对年度财务报告的披露有何要求？ ………………… 323
652. 何时披露募集说明书中约定披露的年度报告？ ………………… 323
653. 私募债受托管理人出具的年度《受托管理人事务报告》包括哪些内容？ ……………………………………………………… 323
654.《受托管理人事务报告》有哪两种，如何披露？ ………………… 324
第三节　私募债现状问题、转让及模式创新 ……………………… 324
655. 中小企业私募债试点区域扩展情况如何？ ……………………… 324
656. 中小企业私募债发行情况如何？ ………………………………… 324
657. 我国什么时候开始允许 QFII 参与国内中小企业私募债的？ …… 325
658. 试点近两年来，私募债是否体现出中小微企业融资的优势？ …… 325
659. 私募债存在的难题及原因是什么？对新三板政策有何期待？ … 326
660. 怎样理解私募债一度沦为城投企业募资的工具？ ……………… 327
661. 私募债通道业务为何大行其道？ ………………………………… 327
662. 中小企业私募债面临的风险有哪些？ …………………………… 328
663. 为何说目前中小企业私募债须引入质押以提振需求？ ………… 328
664. 中小企业私募债未来发展的建议有哪些？ ……………………… 329
665. 私募债分期发行最多几期？应注意什么？ ……………………… 330
666. 中小企业私募债如何转让交易？ ………………………………… 330
667. 私募债券持有账户数 200 人限制是如何控制的？ ……………… 330
668. 中小企业私募债目前可以回购吗？ ……………………………… 330
第四节　可转债及其融资转让 ……………………………………… 331
669. 什么是可转债？ …………………………………………………… 331
670. 我国是什么时候开始推行可转债的？新三板何时试点或推出

可转债？ ………………………………………………………… 331
671. 可转债的特征是什么？如何理解其股债双重性？ ………… 331
672. 如何理解可转债的可转换性？ …………………………… 332
673. 可转债对发行企业来说有什么好处？ …………………… 332
674. 可转债对投资者来说有什么益处？ ……………………… 333
675. 投资可转债的风险有哪些？适合于哪类投资者？ ……… 334
676. 新三板的主要投资者是谁？实操中哪种方式最有潜力？ ……… 334
677. 什么是可转债的有效期限和转换期限？ ………………… 334
678. 什么是可转债的票面利率或股息率？ …………………… 334
679. 什么是可转债的转换比例或转换价格？ ………………… 335
680. 什么是可转债的赎回条款与回售条款？ ………………… 335
681. 什么是可转债的转换价格修正条款？ …………………… 335
682. 可转债的基本收益是什么？ ……………………………… 335
683. 什么是可转债的纯债价值？ ……………………………… 336
684. 可转债的转股价值如何体现？ …………………………… 336
685. 可转债的售价是怎样组成的？ …………………………… 337
686. 可转债发行的两种会计方法是什么？ …………………… 337
687. 可转债转换的会计处理方法有哪些？ …………………… 337
688. 可转债如何进行初始确认？ ……………………………… 337
689. 可转债交易如何定价？ …………………………………… 338
690. 可转债是如何转股的？ …………………………………… 338
691. 如何交易可转债？ ………………………………………… 339
692. 可转债的购买途径有哪些？ ……………………………… 339

第十章　挂牌公司的治理并购、督导监管与信息披露 ……………… 343

第一节　挂牌公司的治理 ………………………………………… 343

693. 章程对公司来说为何很重要？ …………………………… 343
694. 中国证监会对公众公司章程有何规定？ ………………… 343
695. 现行新三板制度对公司章程规定了哪些必备条款？ …… 344
696. 公司章程制定和修改的重点是什么？ …………………… 345
697. 对公众公司的股东大会、董事会、监事会有何规定？ ……… 346

698. 公司股东大会有哪些职责？召开通知的时间有何规定？ ……… 346
699. 何种情况应该召开股东大会？ ……………………………… 346
700. 什么是股东大会的普通决议和特别决议？ ………………… 347
701. 挂牌公司董事会成员及选举有哪些规定？其职责有哪些？ …… 347
702. 累积投票制的好处是什么？挂牌公司选举董监事一定要采取累积投票制吗？ ……………………………………………… 348
703. 拟挂牌公司是否要设独立董事？ …………………………… 348
704. 谁能提议召开临时董事会？ ………………………………… 348
705. 董事会举行及决议通过对董事人数有何要求？ …………… 348
706. 董事长一定是公司的法定代表人吗？ ……………………… 349
707. 对董事会的换届时期有何规定？已到期但未换届的董事会决议还有效吗？ ……………………………………………… 349
708. 董事会通过一项表决是以董事人数为准，还是以该董事委派股东所占的实际持股数为准？ ………………………………… 349
709. 公司监事会如何组成？其职权范围是什么？ ……………… 349
710. 挂牌公司董监事或高管人员发生变化，如何向全国股转系统报备？同时为公司股东的，是否要办理限售事宜？ ………………… 350
711. 什么是投资者关系管理？挂牌公司必须制定相关制度吗？ ……… 350
712. 投资者关系管理的基本特点是什么？ ……………………… 350
713. 提升投资者关系管理的三级层次是什么？ ………………… 351
714. 挂牌公司加强投资者关系管理有哪些措施？ ……………… 351
715. 独立董事有何作用？挂牌公司必须设立独立董事吗？ ……… 352
716. 董事会秘书有何职责？挂牌公司必须设置董事会秘书吗？ …… 353
717. 挂牌公司是否像上市公司那样要求强制分红？ …………… 354
718. 对公众公司股东的合法权有何规定？ ……………………… 354
719. 对公众公司的内部管理及关联交易有何规定？ …………… 354
第二节　挂牌公司的并购与督导 ………………………………… 355
720. 证监会出台的关于新三板并购重组的政策简况是怎样的？ …… 355
721. 目前新三板的并购资源与机会有多大？ …………………… 356
722. 行业老大为何认为新三板正在酝酿并购重组的大机遇？ ……… 356

723. 新三板挂牌或拟挂牌企业并购重组须注意哪些事项? ………… 358
724. 什么是持续督导,主办券商持续督导有何意义? ………………… 358
725. 主办券商持续督导内容的要点有哪些? ………………………… 359
726. 主办券商持续督导的职责和义务有哪些? ……………………… 359
727. 挂牌公司能与主办券商解除持续督导协议吗? 应注意什么? … 360
728.《持续督导协议书》官方模板内容可以修改吗? ……………… 360
729. 挂牌公司接受持续督导的时间有多久? ………………………… 360
730. 新规是如何彰显主办券商对企业挂牌推荐和持续督导的重要地位的? ……………………………………………………………… 361
第三节 自律监管与监管措施 ………………………………………… 361
731. 主办券商开展新三板业务的一般性管理规定有哪些? ………… 361
732. 主办券商是否须指定一名高管和联络人负责新三板业务? 对其职责等有何要求? ………………………………………………… 362
733. 主办券商的定期报告有哪些内容? ……………………………… 363
734. 哪些情况发生之日起5个转让日内,主办券商须向全国股转系统公司报告? ………………………………………………………… 363
735. 哪些情况发生,主办券商须立即并持续向全国股转系统公司报告进展? ……………………………………………………………… 364
736. 哪些情况发生,主办券商须向全国股转系统公司报告原因、证监会措施及整改结果? ……………………………………………… 364
737. 对主办券商自查、投诉、依法托管或接管等有关报告有何规定? ……… 364
738. 对主办券商的自律监管有哪些规定? …………………………… 365
739. 全国股转系统公司监管的对象有哪些? ………………………… 365
740. 新三板采用的自律监管措施主要有哪些? ……………………… 366
741. 全国股转系统公司的纪律处分有哪些? ………………………… 366
742. 全国股转系统公司如何做出处分决定? 被处分者不服该怎么办? …… 367
743. 证监会对市场监管有权采取的措施有哪些? …………………… 367
744. 对公众公司的监督,证监会可采取的措施有哪些规定? ………… 368
745. 证监会36个月内不受理公司股票转让和定向发行申请的属于什么情况? ……………………………………………………………… 368

746. 证监会3~12个月内不接受中介出具专项文件的属于什么情形? …… 368
747. 中国证监会采取监管措施是否举行听证会? …… 369
748. 什么是诚信档案? …… 369
749. 诚信档案的诚信信息指什么? …… 369
750. 诚信档案信息采集的对象有哪些? …… 370
751. 什么是证券市场禁入?主要针对哪些人? …… 370
752. 证券市场禁入的内容及时间规定是什么? …… 371
753. 证券市场禁入的听证、诚信档案等是如何规定的? …… 372
第四节 挂牌公司信息披露概述及流程 …… 373
754. 信息披露的定义和责任要求是什么? …… 373
755. 新三板信息披露制度的基本思想、例外规定与风险警示是什么? …… 373
756. 新三板挂牌公司信息披露体系的基本要点是什么? …… 374
757. 挂牌公司信息披露的主要内容、文件及基本要求是什么? …… 374
758. 对挂牌公司的信息披露渠道相关制度有什么规定? …… 375
759. 挂牌公司信息披露的一般性制度内容有哪些? …… 375
760. 挂牌公司信息披露的形式是什么? …… 376
761. 股票转让、定向发行累计超200人股东的挂牌公司应披露哪些内容? …… 377
762. 新三板挂牌企业持续信息披露业务的流程是什么? …… 377
763. "挂牌公司准备披露文件并报主办券商审查"的内容有哪些? … 377
764. "主办券商事前审查并提交信息公司"的内容有哪些? …… 378
765. "信息公司公告处理及披露"的内容有哪些? …… 379
766. "公告披露后的事后处理"的内容有哪些? …… 379
767. 新三板信息披露业务流转表什么样? …… 380
第五节 挂牌公司定期报告与临时报告披露 …… 381
768.《非上市公众公司监督管理办法》删除了定期报告披露时间要求后,公司该怎么做? …… 381
769. 挂牌公司定期披露的报告主要有哪些? …… 381
770. 挂牌公司年度报告应包括哪些内容? …… 381
771. 挂牌公司可以不披露季度报告吗? …… 382

772. 高层及董事对定期报告有异议怎么办？ …… 382
773. 挂牌公司信息披露的临时报告主要有哪些内容？ …… 382
774. 挂牌公司怎样披露董事会决议？ …… 382
775. 挂牌公司怎样披露监事会决议？ …… 383
776. 对挂牌公司股东大会的通知及信息披露有何要求？ …… 383
777. 挂牌公司须及时报送披露哪些重大事项？ …… 383
778. 如发生《信息披露细则》第四十六条所列重大事项，已经披露了董事会决议，是否还要就此事宜发布临时公告？ …… 384
779. 挂牌公司应披露哪些权益变动？ …… 384
780. 挂牌公司如何披露股票异常波动？ …… 384
781. 公众公司如何披露并购重组事宜？ …… 385
782. 挂牌公司承诺事项未履行该如何披露？ …… 385
783. 挂牌公司需要披露哪些诉讼、仲裁？ …… 385
784. 挂牌公司如何应对市场传闻？ …… 385
785. 什么是关联交易？挂牌公司该如何披露？ …… 385
786. 哪些内容可以免于按照关联交易的方式进行审议和披露？ …… 386
787. 新三板临时公告的模板有哪些？ …… 386

第十一章　新三板的分层、转板与介绍上市 …… 391
第一节　新三板的市场分层与创新 …… 391
788. 266 家公司同时登陆新三板带来的只是结构化冲击吗？ …… 391
789. 结构化问题初显，市场对新三板分层与差异化服务的需求强烈吗？ …… 392
790. 目前新三板最大的前瞻性问题在哪里？ …… 393
791. 哪三大问题展现了新三板分层设计的难度？ …… 393
792. 目前美国纳斯达克市场分层体系是怎样的？ …… 394
793. 目前美国最大场外市场 OTC Markets 的市场分层体系是怎样的？ …… 394
794. 台湾场外市场三层次垂直构架体系和丰硕的转板成果是怎样的？ …… 395
第二节　新三板转板现状及分析 …… 396
795. 什么是转板？ …… 396
796. 转板对场外市场的作用是什么？ …… 396

797. 在新三板挂牌的公司转板上市具有哪些优势？ …………………… 397
798. 新三板挂牌公司如何向沪深交易所直接申请上市交易？ ……… 398
799. 新三板转板成功的8家公司的转板简况如何？ …………………… 398
800. 8家转板企业耗时情况如何？ …………………………………… 399
801. 新三板转板企业的行业明细情况分布如何？ ……………………… 399
802. 新三板转板审批重点关注哪些事项？ …………………………… 400
第三节　转板与绿色通道 …………………………………………… 401
803. 新三板挂牌公司如何进行转板？ ………………………………… 401
804. 全国股转系统成立以来第一家获准转板的公司是谁？ ………… 402
805. 上市公司与挂牌公司的哪些联系为转板奠定了基础？ ……… 402
806. 什么是新三板转板的绿色通道？ ………………………………… 403
807. 目前打通新三板绿色转板通道的障碍是什么？ …………………… 403
808. 新三板挂牌公司直接转板的法律障碍是否已消除？ ………… 404
809. 新三板为挂牌企业未来转板奠定了哪些基础？ …………………… 405
810. 在区域性股权交易市场挂牌的公司转板到新三板有什么要求？ …… 405
第四节　介绍上市与新三板制度革新 ………………………………… 406
811. 介绍上市的概念是什么？ ………………………………………… 406
812. 介绍上市有哪些形式？ …………………………………………… 406
813. 怎么理解分拆介绍上市？ ………………………………………… 406
814. 什么是换股介绍上市？ …………………………………………… 407
815. 换股介绍上市与分拆介绍上市有什么区别？ …………………… 407
816. 介绍上市与IPO的区别是什么？ ………………………………… 407
817. 我国有必要引入介绍上市吗？ …………………………………… 408
818. 介绍上市工具能否对新三板制度创新带来重大改变？ ……… 408
819. 注册制与介绍上市能够联系到一起吗？它对新三板建设的意义是什么？ ……………………………………………………………… 409

CHAPTER1
第一章

新三板概述

第一节　三板的产生

001. 什么是三板？三板股票类型有哪些？

在定义三板之前，先得了解什么是“代办股份转让系统”。代办股份转让系统全称为“证券公司代办股份转让系统”，是指以证券公司及相关当事人的契约为基础，依托深圳证券交易所、中国证券登记结算公司的技术系统以及证券公司的服务网络，以代理买卖非上市股份有限公司（含原“两网”公司和退市公司）股份为核心业务的股份转让平台。证券公司代办股份转让是指证券公司以其自有或租用的业务设施，为非上市股份有限公司提供的股份转让服务。2014 年 5 月 19 日，全国中小企业股份转让系统（以下简称“全国股转系统”）新的交易结算系统正式上线运行后，代办股份转让系统被替代。

所谓三板，是指在代办股份转让系统中，为原“两网”公司和退市公司提供股份代办转让服务的那部分平台或市场。按此定义，在 2006 年 1 月 16 日“新三板”产生之前的代办股份转让系统整体俗称为“三板”；而在此之后，代办股份转让系统进入了三板与新三板共存的历史时期，同时“三板”在业界又有了另一别称——“老三板”。

2001 年 6 月 12 日，经中国证监会批准，中国证券业协会发布了《证券公司代办股份转让服务业务试点办法》，代办股份转让工作开始启动，同年 7 月

16日第一家股份转让公司大自然挂牌，三板正式运行。当时，三板股份转让交易是在申银万国、国泰君安、国信证券、大鹏证券、闽发证券、辽宁证券6家被批准试点券商的300多家营业部内进行的，一直到2003年这一业务才对其他券商开放。

三板市场规模很小，挂牌交易的原STAQ、NET系统内存在法人股历史遗留问题的公司包括大自然、长白、清远建北、海国实、京中兴和华凯等公司。从2001年12月开始，水仙、粤金曼和中浩等退市企业陆续登陆三板开始挂牌交易。在此之后，三板一直都在运行。到了2013年1月16日，全国中小企业股份转让系统有限责任公司（以下简称“全国股转系统公司”）成立，整体承接、运作和管理之前的全部新三板挂牌公司及其相关业务。同年2月8日，全国股转系统公司发布的《关于原代办股份转让系统挂牌的两网公司及交易所市场退市公司相关制度过渡安排有关事项的通知》规定，在全国股转系统正式运行后，将设置单独板块整体承接原代办股份转让系统中的“两网”公司和交易所退市公司（即三板）的股份转让业务。到2014年6月底，在这一单独板块进行挂牌流通的原“两网”系统股票和A股退市股票仍有53只，B股股票6只。对上述概念关系的进一步厘清，请详见本节第010问的解读。

002. 三板产生的背景及原因是什么？

亚洲金融风暴（1998—1999年）期间，我国对场外市场进行了清理整顿，其中，产权交易市场从200多家锐减至30多家，该市场进入萧条期。到了2000年，场外市场出现了转机。这一年，许多地方恢复、规范、重建了产权交易所，地方政府也肯定了非上市股份有限公司股权登记托管等业务，于是，包括技术产权交易市场在内的场外市场在国内如上海、北京、深圳、成都、西安、重庆等地蓬勃兴起。这些市场与以前相比，表现出更大的创新能力，而且很多地方的产权交易所出现了自发性的区域联盟，整合趋势明显。场外市场的再度兴起为三板的产生创造了外部环境和条件。

这里需要说明的是，随着产权市场的兴盛，人们把非上市公司股权创新成可以拍卖的标的进行拍卖流转。2000年后股权又被创新，即可借产权之名，作为一种财产权在各地产权交易所同物权、债券、知识产权、排污权等一同挂牌交易。到了2001年7月，随着中国证监会《关于未上市股份公司股票托管问题的意见》的出台与实施，对股权托管与转让模式正式被各区域产权交易所广泛采纳。对股权托管与转让模式的探索可以说是产权市场为股权市场的孕育与发展送上的一份大礼。显然，这些易于引发风险、整顿（2006 年底开始的场外市场第三次清理整顿）的模式与运营方式创新正是深具中国特色的产权市场与三板、新三板和区域股权交易市场等存在众多交集的重要原因。

另外，“两网”系统被关闭后，停止交易的股票急需一个平台进行流通；沪深股市只进不退的机制需要改革，退市企业需要有一个场所进行股票流通以化解退市风险；完善我国证券市场的结构体系，探索场外市场模式已经成为时代需求。这三大情况为三板的产生提供了直接背景和原因。

003. 三板建立的 3 大目的是什么？

第一个目的是解决原 STAQ 和 NET 两个法人股流通市场（简称“两网”系统）的历史遗留问题，这也是三板市场创建初期的重要任务。

“两网”系统运行期间，由于监管力度不足和其他方面的原因，挂牌交易的企业只有 17 家。而原本面向法人投资者的市场，流通股份 90% 被自然人所持有，潜伏了一定的风险和危机。1999 年 9 月 9 日在国家治理整顿场外交易的背景下，STAQ 和 NET 市场被停止交易，大量资金被套其中，直到 2001 年三板开设，这些大量被套的股份才重新得以交易。可以说，如果没有“两网”系统的关闭，就不可能有三板的出现。

第二个目的是承接主板的退市股票，在特定的时期起到化解退市风险的作用，并弥补证券市场的结构性缺陷。

第三个目的是为建设我国场外交易市场以构建我国多层次的资本市场体系探路。

004. 什么是“两网”系统？其与三板的关系是怎样的？

“两网”系统是“全国证券交易自动报价系统”（简称 STAQ 系统）和“中国证券交易系统”（简称 NET 系统）两个法人股流通市场的合称，其建立的目的是为了解决股份公司法人股的转让问题。

STAQ 系统，即全国证券交易自动报价系统（Securities Trading Automated Quotations System），1990 年 4 月 25 日由中国证券市场研究设计联合办公室，即现在的中国证券市场研究设计中心设计并提交国家体改委审议试运行。同年11月实现了国内6个城市、18家公司的通信联网，12月5日在人民大会堂举行了开通典礼仪式，正式对外宣布系统开通运行。

NET系统是由中国证券交易系统有限公司开发设计，并于1993年4月28日由当时主管金融的中国人民银行批准投入试运行的。该系统中心设在北京，利用覆盖全国100多个城市的卫星数据通信网络连接起来的计算机网络系统，为证券市场提供证券的集中交易及报价、清算、交割、登记、托管、咨询等服务。NET系统由交易系统、清算交割系统和证券商业务系统三个子系统组成。

三板或老三板与“两网”系统的关系是：“两网”系统在1999年被关闭后，三板市场整体承接了原“两网”系统挂牌公司流通股的转让，解决了“两网”系统历史遗留问题。

005. “两网”系统产生的原因是什么？

20世纪80年代，我国股份制经济改革经历了定向集资、半公开发行和规范化过渡三个阶段的演化，很大一部分国有、集体性质的企业都转变为由国家股、个人股与法人股构成（外资股是在1992年才产生）的股份制企业。据统计，1993年底，我国定向募集公司约3000多家，到1994年7月1日《中华人民共和国公司法》正式生效停止批设定向募集公司时，其数量翻了一番达到6000余家。大量的股票集聚必然形成流通需求。流通交易需要市场，于是，许多自发的地下交易场所（黑市）产生，金融与社会风险积聚。为创建我国的证券交易市场，同时规范并促进股票的有序流通，20世纪90年代初，沪深证券交易所相继成立，为社会个人股的流通提供了公开交易的平台，解决了个人股流通的问题。然而，国家股与国家法人股在当时是不能在沪深股市上流通的。

法人股不能流通，企业通过发行法人股募集资金的难度因此加大，这样便会对当时的改革推进与社会经济的发展产生一定程度的影响，为进一步完善证券市场、解决法人股流通的问题，中国证券市场研究设计中心和中国证券交易系统有限公司先后在北京开办了STAQ系统（该系统建立之初，主要从事国债交易，直到1992年7月1日，法人股流通上网转让试点实行，该系统才转为以法人股流通转让为主）和NET系统，即所谓的“两网”。这是继沪深个人流通股交易市场设立后，专门为法人股转让交易设立的二级市场。

至此，形成了中国改革进程中的“两所两网”的资本市场格局。

由于“两网”系统运行时间短，因此，对法人股流通的贡献很有限。实质上，大规模地解决法人股流通问题的思路是在2000年之后出现的，与此有关的重大方案与举措便是2005年开始实施的股权分置改革。

006. “两网”市场短暂兴盛的原因是什么？

“两网”系统短暂兴盛的原因有4方面：

（1）“两网”系统属于法人股流通市场，成立之初，全国已经向社会法人和行业内部职工定向募集的股份公司有近6000家，法人股流通的强大刚性需求，让人们对“两网”市场的前景高度看好。

（2）“两网”的性质过硬，都是有组织的全国性的市场，中心都设在北京，较易连接国内证券交易比较活跃的大中城市。

（3）“两网”软硬件设施等属当时国内一流，都是基于现代计算机网络开展业务运作。如NET系统利用覆盖全国100多个城市的卫星数据通信网络连接起来的计算机网络系统，为证券市场提供证券的集中交易及报价、清算、交割、登记、托管、咨询等服务。

（4）“两网”市场的创办得到中央政府及相关部委认同并获得中央领导的重视。如NET系统成立之初的1993年6月，时任总书记江泽民在视察中国人民银行清算总中心时，同时视察了该系统的监控中心，陪同视察的中国证监会原主席刘鸿儒同志也给NET系统题词“加强合作”。这实际给全国人民一个信号，“两网”系统获得政府的高度认可，并有望成为中国第一个正式制度安排的场外交易市场。

在这些原因和信号的极大刺激下，大量企业开始将“两网”作为沪深股市之外融资选择的目标市场，机构投资者们也摩拳擦掌，纷纷准备进入，于是，在社会资金聚集的趋势下，“两网”系统出现了短暂的繁荣。

007. “两网”市场快速衰败的原因是什么？

“两网”系统的成立对中国资本市场的发展而言，其寓意价值远大于实际功能。从1992年开始，共有17家公司的法人股在“两网”系统挂牌交易。开办之初，交易并不十分活跃，成交价格与成交量都不是很高，但到1993年

4月，两个系统的成交量开始急速增大，同年5月10日，STAQ股指飙升到241点。NET系统也随之升高，5月11日达到历史最高点225点，两市所有的股票均创下历史天价。SATQ系统及NET系统法人股市场的繁荣，导致上海、深圳市场大量资金流到法人股市场。在高利润的诱导下，投资者从以法人单位为主转向了以个人投资者为主，法人股市场风险日益加大。

为了防范风险，遏制投机违法事件蔓延，1993年5月20日，中国证券业协会向两系统发出《暂缓审批新的法人股挂牌流通》的通知；6月21日，证监会公告：由于两家法人股市场先后停止了新股募集与上市，法人股转让的功能逐渐丧失。“两网”交易从此连连下跌，交易极为清淡，SATQ、NET市场步入了漫长的清理整顿时期。对全国已经实施向社会法人和行业内部职工定向募集的近6000家股份公司而言，法人股市场的半关闭状态给其盘活存量股本以推动企业更大发展造成了重大影响。

另外，邓小平南方谈话以及“十四大”以后，包括产权市场在内的场外市场进入发展的高潮时期。至1997年1月，据不完全统计，当时全国就有100多个地方场外股票交易市场。这么庞大的市场，在监管缺失甚至不知道该怎么监管的情况下，势必给中国金融系统安全带来极大挑战。

1997年11月，中央金融工作会议决定关闭非法股票交易市场。1998年在整顿金融秩序、防范金融风险的要求下，国务院办公厅转发《证监会关于清理整顿场外非法股票交易方案的通知》，将非上市公司股票、股权证交易视为“场外非法股票交易”，予以明令禁止，1999年9月9日，为整合中国证券市场多头管理以及防范亚洲金融危机，“两网”停止运行。

008. 三板与全国股转系统的关系是什么？

全国股转系统公司2013年2月8日发文规定：根据中国证监会的相关安排，全国股转系统正式运行后，将设置单独交易板块，整体承接原证券公司代办股份转让系统挂牌的“两网”公司、沪深证券交易所退市公司及今后新增退市公司的股份转让业务。

“两网”公司和退市公司已被纳入中国证监会非上市公众公司监管范围和全国股转系统公司自律监管范围。

鉴于全国股转系统管理办法、暂行办法、业务规则等规章、规则及中国证监会上市公司退市政策实施后，“两网”公司和退市公司监管依据发生了变化，全国股份转让系统公司将根据相关规章、政策的调整情况和公司实际情况，统筹研究“两网”公司和退市公司市场相关规则调整方案，并做好相应的技术系统准备。

在相关准备工作完成前，“两网”公司和退市公司的股票转让及信息披露制度原则上维持不变。

同时，全国股转系统公司比照原代办股份转让系统相关制度，拟定了有关转让业务、信息披露等的暂行管理办法，并陆续制定了相关服务指南等，为有关市场主体办理相关事宜提供了依据。

009. 三板的演变历程如何？

1992 年 7 月，国家体改委批准全国证券交易自动报价系统 STAQ 为指定的法人股流通市场。

1993 年 4 月 28 日，NET 法人股市场正式在北京开通，该市场是由央行联合五家银行、人保公司以及华夏、国泰、南方三大证券公司共同出资组建的。STAQ 与 NET 系统一起，构成了当时我国由部委级政府部门批准或主导设立的全国性场外交易市场（虽然规模很小，存续时间很短，但是级别高），被称为“两网”。

1998 年，在我国场外市场的清理整顿中，“两网”被取缔。1999 年 9 月 9 日，“两网”正式停止运行。

2001 年 6 月，中国证券业协会发布《证券公司代办股份转让服务业务试点办法》，指定申银万国等 6 家证券公司代办原 STAQ 和 NET 系统挂牌公司的股份转让业务。2001 年 7 月 16 日，代办股份转让系统即三板正式开办。

2001 年底，从主板退市的水仙登陆三板，三板开始承担完善中国退市机制的历史重任。2002 年下半年三板市场对自然人投资者开放，2003 年初三板市场曾出现短暂的繁荣期。

2003 年，中国证券业协会对三板的业务券商进行了扩容，12 家证券公司被批准从事代办股份转让业务，这使得从事此类业务的券商从原来的 6 家增加到了 18 家。

2004 年以来，退市公司增多，三板市场扩容增速，到 2006 年初达 46 家公司。

2012年12月24日，深交所宣布上市公司*ST炎黄、*ST创智股票恢复上市申请事项未获得审议通过，将终止上市，A股再度出现了退市公司。两家退市公司股票已于2013年初，进入代办股份转让系统进行挂牌交易。

2013年2月8日，全国股转系统公司发文宣布，在全国股转系统正式运行后，将设置承接原代办股份转让系统中“两网”公司和退市公司股份转让的单独板块。

2014年5月19日，代办股份转让系统被全国股转系统新的交易结算系统取代后，正式下线。

2014年6月4日，*ST长油以0.83元的价格结束了在A股市场长达17年的历史，成为自2012年退市制度改革实施后第一家因财务指标不达标而“被动”退市的企业，也是A股市场上首家退市的央企。

010. 代办股份转让系统、三板和全国股转系统的称谓怎样界定?

现对代办股份转让系统、三板、全国股转系统在不同时间节点上的不同称谓及三者之间的关系给出界定：

2001年7月16日至2006年1月16日，代办股份转让系统只为原“两网”公司和退市公司的股份转让提供服务，此时的代办股份转让系统整体俗称“三板”或“老三板”。

2006年1月23日至2012年9月6日，中关村科技园区的非上市企业进入代办股份转让系统进行股份转让试点。在此期间，代办股份转让系统挂牌的企业不仅包括原“两网”系统的挂牌公司和沪深退市公司，还包括中关村高科技园区非上市而挂牌试点的高科技股份公司（那时还不叫非上市公众公司）。其中，中关村非上市而挂牌试点的高科技股份公司在代办股份转让系统所形成的市场俗称“新三板”；而代办股份转让系统为原“两网”公司和退市公司提供股份转让服务的那部分市场依然叫做“三板”或“老三板”。

2012年9月7日至2014年1月23日，继中关村之后，上海张江、武汉东湖和天津滨海三个国家级高新区的非上市企业也实质性地进入了代办股份转让系统进行股份转让试点。在此期间：① 新三板与三板依然并存，只是新三板扩容了。② 全国股转系统虽然在2013年1月16日正式宣布诞生，但是其交易结算还是使用原代办股份转让系统进行的。③ 2013 年 2 月 8 日，全国股转系统公司发文宣布将在其系统内设置承接原“两网”公司和交易所退市公司（即“三板”）股份转让的单独板块。④ 2013 年 5 月 16 日，中国证券业协会正式在其官网上发文宣布已与全国股转系统公司移交相关职责，“鉴于全国股份转让系统公司将陆续发布相关业务规则，经中国证券业协会第五届理事会第八次会议审议通过，决定对《证券公司代办股份转让服务业务试点办法》等 30 项自律规则及文件予以废止”。从此时起，“三板”正式被全国股转系统中设置的“两网”公司和交易所退市公司股份转让的单独板块所替代。为了明确关系，不混淆概念，本书将全国股转系统中为承接原“三板”所设置的单独板块称为“全国股转系统两网和退市股份转让板块”。

2014 年 1 月 24 日至 2014 年 5 月 18 日，全国符合条件的非上市中小企业正式开始进入代办股份转让系统进行股份挂牌转让，新三板实质性地面向全国大扩容。此期间全国股转系统的交易结算业务依然是通过原代办股份转让系统进行的。2014 年 5 月 19 日，全国股转系统新的交易结算系统切换上线后，代办股份转让系统便完成了它的历史使命，正式下线。

第二节　新三板的形成

011. 为什么全国股转系统也俗称“新三板”？如何厘清其与内设的“两网”和退市股份转让板块的关系？

2013 年 12 月 14 日，国务院发布《关于全国中小企业股份转让系统有关问题的决定》后，全国股转系统扩容至全国的实质性运行拉开了序幕。

从全国股转系统的性质以及在多层次资本市场体系中的位置和功能来看，其与 2006 年产生的“新三板”实际上并没有本质上的不同，完全可以看作是 2006 年以来试点 7 年的“新三板”在企业来源方面的全国性扩容。全国股转系统的形成是对挂牌企业类型放开、要求降低以及运行模式、制度等方面极大完善、规范和扩充的结果，故业界及人们也将全国股转系统称为“新三板”。

实际上，全国股转系统包含两部分内容，其中一部分是“两网”和退市股份转让板块。从严格意义上来说，现行俗称的“新三板”应该指的是全国股转系统除去“两网”和退市股份转让板块的那部分市场。就目前挂牌企业数量比较来说，“两网”和退市股份转让板块要小很多，见第010问。

不过，也有人认为全国股转系统（包括“两网”和退市股份转让板块在内）整体上就叫作“新三板”，只不过其中设立的“两网”和退市股份转让板块专门用来承接原老三板的“两网”和退市股份的转让而已。理由：一是“两网”和退市股份转让板块虽然被人们称为“垃圾市场”，但是，这里的公司可以通过并购重组等方式转变成较高成长性的新兴业态类企业，这种可能是存在的；二是以后转板通道打开后，不同层次市场的企业流通将成为常态，同在一个层次不仅符合相应的要求，也应获得相应的称谓待遇，我们总不可能再将目前全国股转系统内的“两网”和退市股份转让板块叫作“老三板”了吧。

为了方便起见，本书将“全国股转系统”简便地称为“新三板”。不过，不管怎么称谓，我们都应该明白其中的来龙去脉。

012. 什么是新三板？其“原始版”与“升级版”的概念怎么界定？

新三板，既指2006年1月16日经国务院批准的“中关村科技园区非上市股份有限公司进入证券公司代办股份转让系统进行股份转让试点”和“2012年8月3日起扩大到天津滨海、武汉东湖以及上海张江三个国家级高新区内进行股份转让试点”的市场，也指2013年1月揭牌的“全国中小企业股份转让系统”（见第010问有关称谓的厘清与界定）。不同的是，前者为试点时期的新三板，为“新三板的原始版”；后者为全国性扩容后的新三板（2013年12月正式向全国扩容），为“新三板的升级版”。

产生于2006年的原版新三板，一方面由于中关村挂牌转让的非上市股份制公司均为高新技术性质企业，不同于原转让系统（三板或老三板）内的退市企业及原STAQ、NET系统的挂牌企业；另一方面由于这些企业的挂牌转让行为依然利用的是代办股份转让系统的现有技术和市场体系，与老三板关系极为密切，故被形象地称为“新三板”。

现版新三板，即全国中小企业股份转让系统，是经国务院批准设立的全国性股权交易场所，为非上市股份有限公司的股份转让、融资、并购等相关业务提供服务。新三板的成立是建设我国场外交易市场、完善我国多层次资本市场体系的重要举措，也是我国场外交易市场的重要组成部分。全国中小企业股份转让系统有限责任公司是其运营管理机构，是经国务院批准设立的中国证监会直属机构。

不论是原版新三板，还是现版新三板，都被称为“新三板”。

新三板主要为处于创业中期、后期，成长初期的高成长型、创新型、科技型的中小企业提供规范治理、股份转让、融资兼并等服务，因其运营场所在北京，故又被称为“北交所”。

013. 如何从事物的连贯性和成长性上来理解新三板的概念?

我们换个角度，从事物连贯性和成长性的层面，以类比图解的方式再次来诠释全国股转系统的新三板与之前7年试点期新三板的关系，如图1－1所示。

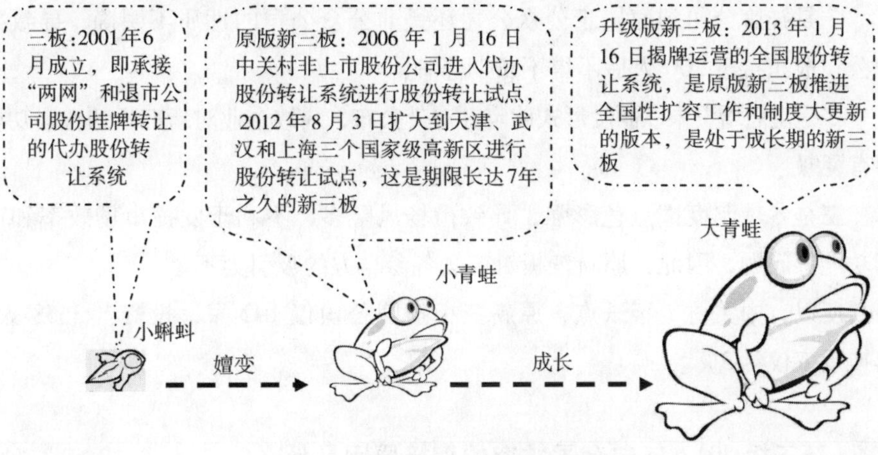

图1－1　新三板成长升级过程图

014. 新三板2006年中关村试点的背景和原因是什么?

党的十六届三中全会通过的《中共中央关于完善社会主义市场经济体制若干问题的决定》指出：“应建立多层次资本市场体系，完善资本市场结构，丰富资本市场产品。”2004年初，《国务院关于推进资本市场改革开放和稳定发展的若干意见》（业界称为“国九条”）出台，明确提出要发展多层次资本市场：“继续规范和发展主板市场，逐步改善主板市场上市公司结构。分步推进创业板市场建设，完善风险投资机制，拓展中小企业融资渠道。积极探索和完善统一监管下的股份转让制度。”“国九条”出台之后的当年5月，深圳证券交易所正式在深市主板内开辟中小企业板。2005年5月，主板市场启动股权分置改革。

为此，北京市科学技术委员会特别设立了专项资金，目的是：①促进一批优质高新技术企业到“新三板”市场的股权转让系统挂牌交易；②支持和鼓励一批境内外投资机构和券商围绕即将产生的“新三板”市场形成交易活跃的投融资平台；③积极促进拓展市场的融资功能，为建立多层次资本市场体系做好充分准备。

正是在这样的背景下，2006年1月16日新三板市场在北京中关村拉开了序幕。

015. 新三板中关村7年试点反映出什么问题？

总体归纳，新三板中关村7年试点反映出如下3方面的问题：

一是挂牌公司到底属于公众公司还是非公众公司的性质不明确，导致挂牌公司股东接近200人后不得不长期停牌。

二是定向增资未以制度形式确定并对外公布，导致企业对新三板的融资功能存有疑虑。

三是各项制度试点色彩强，导致市场风险多、不利于发挥市场效率和市场功能等问题，因此，原新三板对市场各参与方的吸引力不足。

所以，中关村7年试点，原新三板挂牌公司仅102家，投资者3658人，年换手率仅约3%。

016. 新三板2013年向全国扩容的直接原因是什么？

（1）客观现实：中小微型企业，特别是创新型和科技型的小微企业是中国经济转变发展方式、可持续增长的基础，是保持活力的源泉。中小微型企业的状况和贡献主要表现在：一是占中国企业总数的99%；二是创造了我国GDP总量中65%以上的价值；三是承载着中国最大的就业人口和消费主体（大于70%）；四是创造74%以上的技术创新和82%以上的新产品开发，是我国自主创新的主要来源。

（2）存在的问题：我国中小企业融资难的问题越来越突出，必须加快建设一个有利于中小企业融资的资本市场。主要表现在：一是主板、创业板市场财务门槛高；二是主板、创业板市场采用审批制，审批流程复杂、周期长、成本高；三是债券融资不畅，运用全国不到35%的信贷总额；四是天使投资、风险投资缺乏早期退出渠道，缺乏投资热情。

如上客观现实和存在的问题构成了新三板向全国扩容的直接原因。

017. 新三板2013年向全国扩容的背景和基础是什么？

（1）在中国经济转型的大趋势下，要建设创新型国家，必须发展场外市场，推动中小企业成长已成为资本市场服务自主创新国家战略的关键。

（2）场外市场是多层次资本市场的重要组成部分。新三板全国性的扩容正是大力建设场外市场的重大举措，这也是完善我国资本市场结构体系的必由之路。

（3）新三板经过7年的试点，已具备了向全国扩容的条件和基础。

（4）新三板是投行经纪人等中介运营机构价值发现与培养的重要场所。

（5）现有海外场外市场建设的成功经验为我国场外市场建设提供了借鉴。

（6）新三板突发全国性的扩容体现了高层推动改革的急迫感和决心。

018. 新三板与老三板的关系是怎样的？

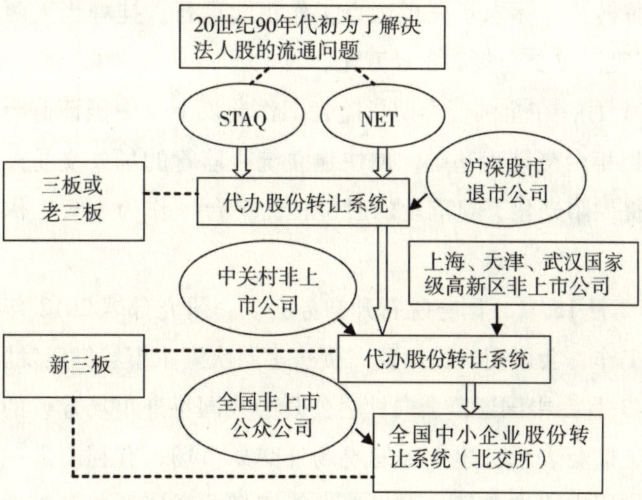

图1－2　老三板与新三板的关系图

019. 新三板的演进历程是怎样的?

2003年底，北京市政府与科技部联合向国务院上报了《关于中关村科技园区非上市股份有限公司进入证券公司代办股份转让系统进行试点的请示》。

2004年2月，国务院有关领导对上述请示作出批复，要求中国证监会与有关方面抓紧研究具体的可操作性方案报国务院审批。5月，中国证监会召集北京市政府、科技部、证券业协会、深圳证券交易所等相关单位，研究并协调相关工作。

2005年10月，证监会会同北京市和科技部向国务院上报了“中关村科技园区非上市股份有限公司进入证券公司代办股份转让系统进行股份转让试点实施方案”，得到国务院批准。

2006年1月16日，证监会市场部、科技部条财司、中关村科技园区管委会联合举办了新闻发布会，中关村园区非上市公司开始进入证券公司代办股份转让系统进行股份转让试点，新三板诞生。同日，中国证券业协会发布了《证券公司代办股份转让系统中关村科技园区非上市股份有限公司股份报价转让试点办法》等规则和相关协议文本公告。

2006年1月23日，首批两家公司世纪瑞尔、中科软件正式进入代办股份转让系统挂牌转让，标志新三板试点工作正式运行。挂牌当天两公司股份共成交57.7万股，成交金额213.6万元。

2012年1月，在全国证券期货监管工作会议上，中国证监会主席郭树清明确把“要以柜台交易为基础，加快建立统一监管的场外交易市场，为非上市股份公司提供阳光化、规范化的股份转让平台”作为五大工作部署的首要内容。

2012年2月15日，国务院召开常务会议，研究部署2012年深化经济体制改革重点工作，会议明确提出要“促进多层次资本市场健康发展”。

2012年3月，中国证监会向社会公开了我国场外市场建设的总体规划及思路。中国证监会表示，建立和发展场外交易市场，有利于进一步完善直接融资体系和多层次资本市场，更好地发挥市场配置资源的基础性作用，促进中小企业发展壮大。我国场外市场建设将从市场需求出发，总体设计、分步实施，贯彻统一监管和防范风险的原则，把自上而下与自下而上结合起来，逐渐实现分层构建。

2012 年 8 月 3 日，中国证监会宣布扩大非上市股份公司股份转让试点，试点范围从中关村扩大到上海张江、武汉东湖和天津滨海 3 个国家级高新区。

2012 年 9 月 7 日，中国证监会与四地政府签署扩大试点合作备忘录，首批 8 家企业集体挂牌。

2012 年 9 月 20 日，全国中小企业股份转让系统有限责任公司正式登记注册。

2012 年 11 月 8 日，党的十八大报告中明确提出："要加快发展多层次资本市场。"报告将发展多层次资本市场放在重要地位，意味着由新三板、区域性股权市场组成的场外交易市场将与场内交易市场一起，通过多样化的投资机构、投资工具，为处于不同发展阶段的企业提供服务。

2013 年 1 月 16 日，全国中小企业股份转让系统有限责任公司正式揭牌运营。

2013 年 1 月 31 日，中国证监会《全国中小企业股份转让系统有限责任公司管理暂行办法》发布施行。

2013 年 2 月 8 日，全国股份转让系统公司发布 5 个通知、4 个细则、4 个暂行办法及 4 个指引。

2013 年 3 月，国务院召开国务院常务会议，针对 2013 年政府重点工作的部门分工提出"金融改革要在发展多层次资本市场方面推出新的举措"。

2013 年 4 月 26 日，新规则下新一批企业通过审核并于 5 月 28 日挂牌。

2013 年 5 月 6 日，国务院常务会议将"出台扩大中小企业股份转让系统试点范围方案"列入 2013 年我国深化经济体制改革的重点工作。

2013 年 6 月 19 日，国务院常务会议决定全国中小股转系统扩容将不限高新区，9 月 1 日开始接受全国各地申报材料电子版（初审）。

2013 年 12 月 14 日，国务院发布《关于全国中小企业股份转让系统有关问题的决定》，标志着新三板正式扩容至全国。

2013 年 12 月 30 日，全国中小企业股份转让系统（北交所）集中修订和发布了一批规则和制度。

2014 年 1 月 24 日，新三板迎来一次史无前例的大扩容，266 家公司集中挂牌。

2014年5月8日，国务院印发了《关于进一步促进资本市场健康发展的若干意见》（国发〔2014〕17号），即业界称的“新国九条”。

2014年5月19日，新三板证券交易和登记结算系统切换上线，这标志着全国股转系统基础设施进一步完善，交易结算制度也进一步优化。同时，在新三板新交易平台上线之际，ST羊业被新三板退市移除，成为新三板第一家被移除的挂牌企业。

2014年6月27日，中国证监会发布了《非上市公众公司收购管理办法》和《非上市公众公司重大资产重组管理办法》，明确要突出市场化约束机制，以市场化为导向，进一步放松管制，构建有别于交易所和上市公司的并购重组体系。

020. 新三板发展的4大重要阶段是什么？

第一阶段：2006年1月23日，两家中关村高新技术企业世纪瑞尔和北京中科软件进入代办股份转让系统（俗称三板）挂牌交易，这是三板市场首次出现两家非公开发行股份的公司，这一重大事件标志着新三板的正式运行。从此“代办股份转让系统”开始向中关村高新技术企业开放。

第二阶段：2012年9月7日，来自北京中关村、天津滨海、上海张江和武汉东湖四家高新技术园区的8家公司的挂牌，开启了新三板走出中关村，向上述三家高新区的扩容阶段。这个阶段很短，扩容范围有限，但对试点6年，几乎停滞不前的新三板市场来说，意义重大。

第三阶段：2012年9月20日，全国中小企业股份转让系统有限责任公司在国家工商总局注册成立，注册资本30亿元，注册地为北京市西城区金融大街丁26号。2013年1月16日，全国中小企业股份转让系统有限责任公司正式揭牌运营。这标志着我国“全国统一监管下的场外市场——北交所”的诞生，开启了与沪、深场内证券交易市场对应的“三足鼎立”时代，这在中国资本市场史上具有重大的意义。

第四阶段：2013年12月14日，国务院发布《关于全国中小企业股份转让系统有关问题的决定》，开启了新三板向全国中小企业正式扩容与开放的全新时代。

021. 全国股转系统公司揭牌运营的意义是什么?

2012 年 9 月 20 日，全国中小企业股份转让系统有限责任公司（以下简称全国股转系统公司）登记注册并于 2013 年 1 月 16 日正式揭牌运营，其意义有 4 个方面：

一是非上市公司股份转让从小范围、区域性试点开始逐渐面向全国正式运行。

二是市场运作平台将由证券公司代办股份转让系统转为国务院批准设立的全国中小企业股份转让系统。

三是市场挂牌公司的准入和持续监管被纳入中国证监会非上市公众公司管理范围。

四是市场运行制度由中国证券业协会发布的试点办法转为全国中小企业股份转让系统业务规则。

022. 全国股转系统公司的经营范围是什么?

经营范围：组织安排非上市股份公司股份的公开转让；为非上市股份公司融资、并购等相关业务提供服务；为市场参与人提供信息、技术和培训服务。

经营宗旨：坚持公开、公平、公正的原则，完善市场功能，加强市场服务，维护市场秩序，推动市场创新，保护投资者及其他市场参与主体的合法权益，推动场外交易市场健康发展，促进民间投资和中小企业发展，有效服务实体经济。

023. 截至 2014 年 6 月 30 日，新三板史上最大规模的挂牌扩容是哪次?

2014 年 1 月 24 日，新三板迎来了一次史无前例的大扩容，266 家公司集中挂牌，这 266 家公司 2012 年共计实现营业收入 221.29 亿元，截至 2013 年 11 月初，按新三板目前的平均市盈率 20 倍左右计算，这 266 家新三板企业的估值高达 377 亿元。另外，这 266 家公司中，信息技术和计算机类共计 95 家，占比超过 1/3。这与新三板扶持改革创新、转型升级类企业的宗旨一致。而另外171家公司有从事环保产业的星火环境、晓沃环保，也有券商湘财证券，甚至有从事体育行业的欧迅体育、从事茶叶种植的谢裕大等。

第三节 新三板的定位及特点

024. 我国证券市场的多层次结构体系是什么？

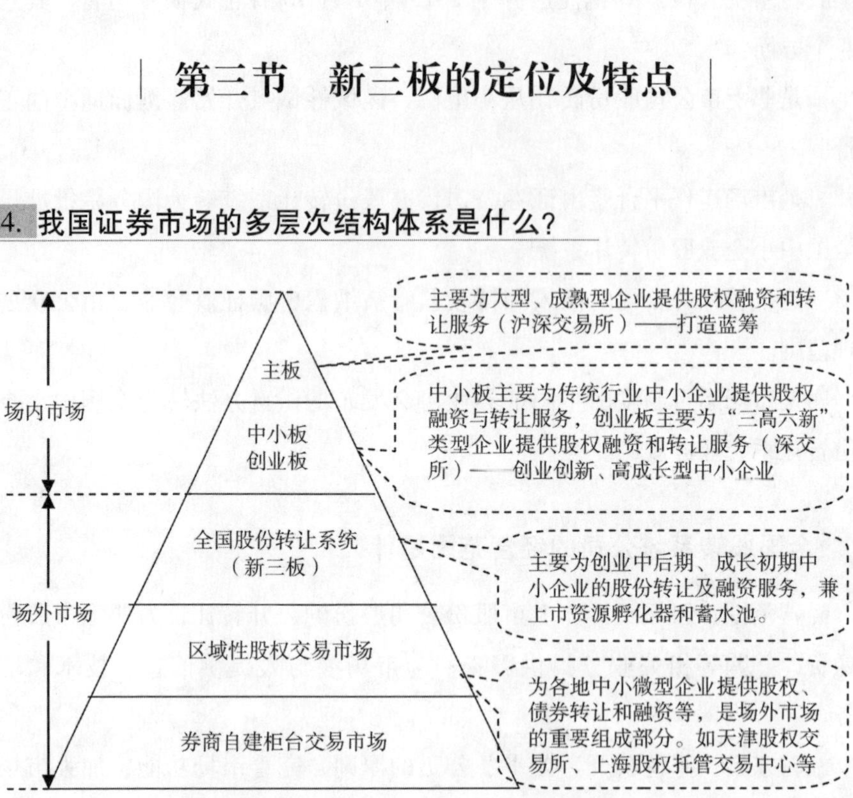

图1-3 我国证券市场结构体系图

025. 新三板与我国资本市场的关系及市场定位是什么？

从发展目标看，我国资本市场（主要指的是证券市场）架构的设计应分为主板市场、二板市场（包括中小企业板市场和创业板市场）、新三板市场、区域性股权交易市场和券商柜台交易市场等五个层次。目前，“新三板”的市场定位是为非上市公众公司提供股权交易平台，从而形成一个高效、便捷的企业投融资平台。

多层次资本市场中的创业板与新三板，都服务于高成长型、创新型、科技型的中小企业，这两个市场在服务对象上虽然有交叉，但也有差异。按生命周期来划分，企业可分为初创期、成长期和成熟期。创业板面向成长后期、接近成熟期的中小企业；新三板针对初创后期有产品、有技术、有持续经营能力、有一定盈利模式，接近于成长初期的中小企业，注重企业的经营模式、成长空间和发展前景。

026. 2013 版新三板的市场特点是什么？

通过归纳，2013 版新三板的市场主要有包容度高，以信息披露为核心，业务体系灵活、高效、便捷和挂牌公司综合成本低等特点，具体如下：

（1）包容度高，包括5 点：

一是风险包容度高，实行“高投资门槛、低准入门槛”的制度；二是兼包并蓄，不限所有制形式、不限高科技企业；三是市场化的摘牌制度，亏损无须摘牌；四是较高的投资者门槛，确保投资者具备足够的风险识别和承受能力；五是较低的挂牌准入门槛，不设财务门槛，包容中小企业的各类风险。

（2）以信息披露为核心，有3 点：

一是不设财务指标，对企业经营及财务情况的客观描述不做实质性判断；二是要求充分的信息披露，以供投资者做出价值判断和投资决策；三是除重大违法违规外，对过往问题只要进行规范并充分披露即可。

（3）业务体系灵活、高效、便捷，包括4 点：

一是周期短，从改制到挂牌，只需 6 个月左右时间；二是步骤少，无须辅导、无须排队、流程简单、速度快；三是机制活，小额发行豁免、储架发行、小额快速按需融资制度；四是产品多，有定向增发、公司债、可转债、中小企业私募债等多种融资工具。

（4）挂牌公司综合成本低，有4 点内容：

一是挂牌费用低，大大低于上市成本，并且享有政府补贴；二是披露成本低，采取电子化信息披露方式，降低信息披露成本；三是审计成本低，不要求披露季报，半年报无须审计；四是合规成本低，无须聘请独立董事，无须设置专职董秘。

027. 新三板的功能定位是什么？

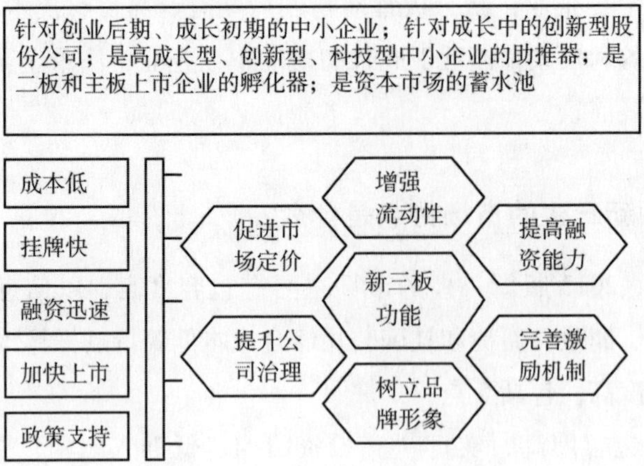

图1-4　新三板功能定位简图

028. 新三板与交易所、区域性股权交易市场的主要区别是什么？

表1-1　新三板与其他市场的主要区别

项目	区域性股权交易市场	全国中小企业股份转让系统（新三板）	交易所市场（主板、中小板、创业板）
功能定位	为企业解决股份转让难的问题和部分解决融资问题	企业价值发现、投资、整合、转让的综合平台	融资与股票交易平台
挂牌条件	宽松，无实质要求	宽松，存续满2年且业务明确，无财务指标要求	严格
挂牌/上市成本	比较低	比较低	较高
监管机构	地方政府	全国中小企业股份转让系统及证监会	证监会
审核制度	接近备案	形式审查	严格审查，等待时间长
公司定位	非上市非公众公司	非上市公众公司	上市公司
挂牌/上市流程	6个月内	一般需要6个月	一般至少2年辅导期
交易制度	协议转让	协议、竞价、做市商（可选择）	竞价
融资方式	私募	自行选择融资对象及时点	上市即稀释股权，再融资审批严格

续表

项目	区域性股权交易市场	全国中小企业股份转让系统（新三板）	交易所市场（主板、中小板、创业板）
服务内容	中小微企业与产业资本的服务媒介，主要是为企业发展、资本投入与退出服务	中小微企业与产业资本的服务媒介，主要是为企业发展、资本投入与退出服务	企业融资、投资者股票交易以分红等回报
投资群体	投资者适当性制度，方向是以机构投资者为主	投资者适当性制度，方向是以机构投资者为主	中小投资者为主
涨跌幅	各区域规定不同	不设限制	10%
信息披露要求	适度信息披露	适度信息披露，不要求报纸披露	强制信息披露
权益持有人要求	200人之内	可以超过200人	可以超过200人
权益交易	权益不能标准化，不能持续交易，T+5	权益能够标准化，1000股为单位持续交易，做市商T+0，其他T+1	权益标准化，以1股为单位持续交易，T+1

029. 新三板、中小板、创业板挂牌（上市）条件对比情况如何？

表1-2　新三板与中小板、创业板挂牌（上市）条件对比

指标	新三板	中小板	创业板
经营年限	存续满2年	持续经营满3年	持续经营满3年
盈利能力	具有持续经营能力	最近3个会计年度净利润均为正且累计超过3000万元；最近3个会计年度经营活动产生的现金流量净额累计超过5000万元或最近3个会计年度营业收入累计超过3亿元	最近2年连续盈利，最近2年净利润累计不少于1000万元；或最近1年盈利，且净利润不少于500万元，最近1年营业收入不少于5000万元
资产要求	净资产不少于500万元	最近一期末无形资产占净资产比例不超过20%，且不存在未弥补亏损	最近一期末净资产不少于2000万元，且不存在未弥补亏损
股本要求	发行前不少于500万元	发行前股本总额不少于3000万元	发行后股本总额不少于3000万元
主营业务	明确；可变更，但对公司有利	最近3年没有发生重大变化	最近2年没有发生重大变化
公司治理	公司治理结构健全，运作规范	具有完善的公司治理结构，依法建立健全股东大会、董事会、监事会以及独立董事、董事会秘书、审计委员会制度，相关机构和人员能够依法履行职责	具有完善的公司治理结构，依法建立健全股东大会、董事会、监事会以及独立董事、董事会秘书、审计委员会制度，相关机构和人员能够依法履行职责
重大变化	最近两年管理层、控制人可变更，证明对公司有利	最近3年管理层、控制人不得变更	最近2年管理层、控制人不得变更

030. 新三板、中小板、创业板交易制度对比情况如何?

表 1-3 新三板与中小板、创业板交易制度对比

指标	新三板	中小板	创业板
交易主体	符合要求的机构和自然人投资者	合格投资者	合格投资者
交易模式	协议、做市和竞价方式，电子化交易	连续竞价	连续竞价
交易单位	1000股	100股	100股
交易时间	周一至周五上午9：30~11：30，下午13：00~15：00	周一至周五上午9：30~11：30，下午13：00~15：00	周一至周五上午9：30~11：30，下午13：00~15：00
涨跌幅	不设限制	±10%	±10%
结算方式	T+1交收，双边净额结算，货银对付，无担保交收	T+1交收，多边净额结算，货银对付，担保交收	T+1交收，多边净额结算，货银对付，担保交收
证券账户	深交所证券账户（未来或将实行全国股转系统账户）	深、沪交所证券账户	深、沪交所证券账户
资金账户	第三方存管资金账户	第三方存管资金账户	第三方存管资金账户

031. 新三板、中小板、创业板信息披露对比情况如何?

表 1-4 新三板与中小板、创业板信息披露对比

指标	新三板	中小板	创业板
性质	最低披露要求，鼓励自愿披露	强制性	强制性
年/中/季报	要求/要求/鼓励	要求/要求/要求	要求/要求/要求
临时报告	要求（14项基本披露）	要求	要求
财务报告审计	要求	要求	要求
披露场所	指定网站	证监会指定媒体	证监会指定媒体
信息披露监管	主办券商督导	交易所自律监管、证监会行政监管	交易所自律监管、证监会行政监管

032. 新三板、中小板、创业板监管制度对比情况如何？

表 1-5　新三板与中小板、创业板监管制度对比

指标	新三板	中小板	创业板
发行批准	备案制	核准制	核准制
审批机构	证监会（股东超过 200 人）	证监会	证监会
保荐期	主办券商终身督导	3 年	2 年

033. 新三板与区域性股权交易市场的相似性及其影响是什么？

主要有如下 5 个方面的相似处：① 挂牌条件上，都体现宽松的要求，新三板条件要高一些，严格一些；②挂牌流程一般都在 6 个月左右或之内；③交易制度上都包含协议转让，除此之外，新三板有更多的交易方式；④ 融资方式上有很多交集；⑤ 信息披露上都体现适度信息披露原则。

新三板对其他区域性股权交易市场是有影响的，一些在区域性股权交易市场挂牌的企业往新三板上转的现象是存在的。这正是国家所提倡的多层次资本市场性质和功能的集中体现，在这个市场上，资源通过转板机制在市场的各大层次中流动，创造出竞争优势和对实体经济的有效配置。另外，我国中小微型企业数以千万，每一个市场都有其项目来源。

034. 新三板与区域性股权交易市场在交易制度等方面有何差别？

新三板与区域股权转让市场均是多层次资本市场的有机组成部分。新三板是经国务院批准，依据《证券法》设立的全国性证券交易场所，主要为创新型、创业型、成长型中小微企业发展服务。境内符合条件的股份公司均可通过主办券商申请在全国股份转让系统挂牌，公开转让股份，进行股权融资、债权融资、资产重组等。新三板挂牌公司依法被纳入非上市公众公司监管，股东人数可以超过 200 人，股份可以按照标准化交易单位持续挂牌交易，且不设 T+5 规定。区域性股权交易市场是由地方人民政府批准设立、自行监管的股权转让市场。根据《国务院关于清理整顿各类交易场所切实防范金融风

险的决定》(国发〔2011〕38号，以下简称“38号文”)，区域性股权交易市场必须严格执行“非公众、非标准、非连续”的原则，即挂牌公司股东人数不允许超过200人；不得将股份按照标准化交易单位持续挂牌交易；任何投资者买入后卖出或卖出后买入同一交易品种的时间间隔不得少于5个交易日。根据国务院和国务院办公厅下发的38号文和37号文的规定，新三板与区域性股权交易市场的差别很大，具体来说：

一是在交易制度上是否能进行集中交易。除经国务院或国务院期货监管机构批准设立从事期货交易的场所外，任何单位不得采取集中交易方式进行交易。所谓集中交易方式包括集合竞价、连续竞价、电子撮合、匿名交易、做市商等交易方式。新三板允许以集中交易方式进行，而区域性股权交易市场主要以协议为主，交易方式被限定在一定的范围之内。

二是能否持续挂牌交易。区域性股权交易市场不能将权益按照标准化交易单位持续挂牌交易。此处的“标准化交易单位”是指将股权以外的其他权益设定最小交易单位，并以最小单位或其整数倍进行交易；“持续挂牌交易”是指在买入后5个交易日内挂牌卖出同一交易品种或在卖出后5个交易日内挂牌买入同一交易品种。新三板无此限制，其最小交易单位是1000股，且新三板交收日为T+1日制度，只要有足够的股份和资金就可以持续交易。

三是权益持有人累计人数是否可以超过200人。按规定，除法律、行政法规另有规定外，区域性股权交易市场的任何权益在其存续期间，无论在发行还是转让环节，其实际持有人累计不得超过200人，以信托、委托代理方式持有的，按实际持有人计算。而新三板挂牌公司一经中国证监会核准，股东人数可以超过200人。

除以上三大主要区别外，新三板和区域性股权交易市场还有如下4个方面的不同：

(1) 定位不同：前者是面向全国，偏向企业价值发现、投资、整合、转让的综合平台，而后者更多地是定位于为企业解决股份转让难的问题和部分解决融资问题的交易场所。

(2) 挂牌条件不同：前者在宽松的前提下，还要求企业存续满两年且业务明确，比后者要更严格一些。

(3) 审核制度不同：前者属于形式审核制，后者接近备案制。

（4）监管机构不同：前者是全国中小企业股份转让系统及证监会，后者是地方政府。

035. 已在区域性股权交易市场挂牌的公司如何申请在新三板挂牌转让？

按照全国股转系统公司发布的《常见问答五》：根据国务院发布的《关于全国中小企业股份转让系统有关问题的决定》（国发〔2013〕49 号）的规定，在符合《国务院关于清理整顿各类交易场所切实防范金融风险的决定》（国发〔2011〕38 号）要求的区域性股权交易市场进行股权非公开转让的公司，符合挂牌条件的，可以申请在全国股份转让系统挂牌公开转让股份。

对在已通过国务院清理整顿各类交易场所部际联席会议检查验收的区域性股权交易市场挂牌的公司，申请在全国股转系统挂牌前须暂停其股份转让（或摘牌）；取得全国股转系统公司出具的同意挂牌的函后，必须在办理股份初始登记前完成在区域性股权交易市场的摘牌手续。

对在国发〔2013〕49 号文发布之前，已在尚未通过国务院清理整顿各类交易场所部际联席会议检查验收的区域性股权交易市场挂牌的公司，须在申请挂牌前完成摘牌手续，由主办券商和律师核查其在区域性股权交易市场挂牌期间是否符合国发〔2011〕38 号文的规定，并发布明确意见。

对在国发〔2013〕49 号文发布之后，申请在尚未通过国务院清理整顿各类交易场所部际联席会议检查验收的区域性股权交易市场挂牌的公司，全国股转系统公司将在该区域性股权交易市场通过国务院清理整顿各类交易场所部际联席会议检查验收后受理其挂牌公开转让的申请。

第四节　公司为何要挂牌新三板

036. “两多两难”现象指什么？中小企业的巨大作用和困境是什么？

我国通过 30 多年的发展，在取得成就的同时也遗留下了很多制约未来经济持续健康发展的重大问题，“两多两难”便是其中之一。“两多两难”是指民间资金多、投资难，中小企业多、融资难。

于现今社会，中小企业起到了巨大的作用。据有关数据统计：到2013年底，我国工商注册的中小企业约1400万家，占全国企业总数的99%。我国中小企业创造了国内生产总值的50%，解决了城镇就业的80%，完成了创新成果的70%，贡献了税收的60%。

而占全国企业总数99%的中小企业所获银行贷款资源仅占总数的22%左右。另外，截至2013年，沪深交易所上市企业约为2500家，在20年的时间里，平均每年上市的企业只有100多家，我国企业直接融资与间接融资的比重约为1∶3。

中小企业面临的困境主要有5个方面：融资难、股权流动性差、基础管理薄弱、难以形成品牌优势、难以吸引优秀人才等。

037. 为什么说新三板就是为中小企业而生的?

新三板，即全国股份转让系统，它是为解决中小企业的一系列发展瓶颈问题而产生的。

中小企业的特点：① 资产规模较小；②资金需求旺盛；③收益与风险等较高。

对应中小企业的特点新三板的特点分别为：① 挂牌门槛低；② 融资便利；③ 包括证券公司、风投、私募等专业金融机构等。

新三板对中小企业来说，能够展现如下优势：

（1）挂牌快：近似于备案制，不同于主板、创业板的审核制；从券商进场股改算起，公司进入新三板挂牌一般只需要3~6个月，而在中小板或者创业板上市一般需要2~3年。

（2）门槛低：无财务指标要求，市场更为关注企业的创新性和成长性；中小板、创业板则有最低要求，并在实际发审过程中门槛会更高。

（3）成本低：企业挂牌、转让、融资等业务流程中的费用较低；大部分地方政府与高新科技园区都已出台新三板企业补贴政策，虽然未来这些补贴可能降低或被取消，但是就目前来看，政府补贴还是能够覆盖大部分中介机构费用的。

038. 挂牌与上市的区别是什么?

这得从我国的《公司法》说起，其中关于上市公司的定义是这样的：上市公司是指股票在证券交易所上市交易的股份有限公司。证券交易所是场内市场，也就是说，不在场内市场上交易的股份公司只能叫作挂牌公司。由此，一切在场外市场（包括新三板、区域股权市场等）上挂牌的公司，都不能叫作“上市公司”，而只能叫作“挂牌公司”，除非修改《公司法》的相关内容。

所以，我们这样定义上市：上市即首次公开募股（Initial Public Offerings，简称 IPO），是指企业通过证券交易所首次公开向投资者增发股票。这些股票在一定的条件下在交易所进行交易和流动。在中国，上市分为中国公司在境内沪深证券交易所上市（A 股或 B 股）、中国公司直接到香港或境外证券交易所上市（如国企在香港上市的 H 股，中国各省市、中央机关在香港注册的窗口企业在香港上市的红筹股）以及中国公司间接通过在海外设立的离岸公司并以该离岸公司的名义在境外证券交易所“红筹上市”三种方式。综上，上市是针对场内交易所市场行为的概念。因此，股份公司在场外市场挂牌就不叫上市了，而只能叫做挂牌。

这与很多国外的资本市场是不同的，如在美国，企业无论是登陆场内市场还是场外市场，都统称为“list”，直译为“上市”或“挂牌”。但是，上市和挂牌是截然不同的两个概念，上市是指已经发行或拥有外部股票的公司把自己变成一个公众公司，其股票可以在公开的市场上进行交易，这个市场可以是 NYSE 、AMEX 和 NASDAQ 等主板市场，也可以是 OTCBB、OTC Link 等更低层次的场外交易市场；而挂牌是指公司符合一定条件后，通过美国证券交易委员会（SEC）的审核批准，在提供挂牌服务的机构如 NYSE 、AMEX 和 NASDAQ 等挂牌。这也是一些在美国通过“反向收购拟实现上市”的国内公司混淆“list”概念“忽悠”国内投资者或股东的一大原因。

为了有所区别，本系列书将登陆美国 OTCBB、OTC Link 等场外交易市场上的公司统一称为“quoted company”，译为“报价公司”。这是因为这些场外市场其实只是交易商之间为实现买卖而进行相互报价的一种信息系统，都不与公司发生直接联系，做市商（交易商）是公司与这些系统市场之间的中介。

039. 什么是非上市公众公司？明确其定义的重大意义是什么？

2012 年 10 月 11 日，证监会发布了酝酿 6 年之久的《非上市公众公司监督管理办法》，对非上市公众公司给出了明确定义，非上市公众公司是指有下列情形之一且其股票未在证券交易所上市交易的股份有限公司：

（1）股票向特定对象发行或者转让导致股东累计超过200人。

（2）股票公开转让。

这一定义，让新三板挂牌公司从此有了一个新的专属名称，即“非上市公众公司”或“公众公司”。这一定义的确认及其《办法》的相关规定被业界认为是对新三板挂牌公司的正名以及对接《公司法》、《证券法》最重要的文件。

040. 非上市公众公司和新三板是什么关系？

非上市公众公司包括“股东超过200人”和“公开转让”两类情形。非上市公众公司与新三板挂牌公司是包含关系，非上市公众公司可以分为挂牌公司和不在新三板挂牌的公司。股票公开转让的非上市公众公司必须在新三板挂牌，如果没有公开转让需求，也可以不挂牌。

041. 非上市公众公司股东可超出200人有何意义？

股份公司股东200人上限的问题一直是我国场外市场发展的一大障碍，这是因为，如果一个公司的股本最多只能分成200份，那么每一份所需的资金都比较大，交易极其不活跃。

《非上市公众公司监督管理办法》突破了股东200人的上限后，拆分了每手交易量，就可以刺激交易频率和量能，提升市场融资功能。

根据《非上市公众公司监督管理办法》第三十八条的规定：本办法施行前股东人数超过200人的股份有限公司，符合条件的，可以申请在全国中小企业股份转让系统挂牌公开转让股票、首次公开发行并在证券交易所上市”。因此，这类公司可以申请在新三板挂牌公开转让。

042. 公司挂牌成功和新三板市场健康发展的关键要点是什么？

公司新三板挂牌成功的关键要点主要有：

（1）全国股份转让系统公司同意挂牌的审查意见和中国证监会核准的文件。

（2）主办券商持续督导制度。

新三板市场健康发展的关键要点主要有：

（1）“成熟投资人＋机构投资者”的结构将有助于市场健康发展。

（2）全国股转系统将充分展示机制先进、市场容量大、资源丰富的特性。

（3）更多社会资本将进入市场，活跃的股票交易市场值得期待。

（4）市场建设的核心理念就是建立一个公平、高效和保护投资者的市场环境，强调充分的信息披露，把选择权留给市场。

043. 新三板现阶段国家鼓励推荐的行业有哪些？

新三板新规规定拟挂牌企业不受行业限制，但是符合国家鼓励推荐行业的企业更具有挂牌优势，这些行业主要包括：①符合国家战略性新兴产业方向的行业；② 新能源、新材料；③ 信息技术；④ 生物与新医药；⑤ 节能环保、航空航天；⑥ 海洋、先进制造等；⑦高技术服务等。

044. 新三板现阶段国家鼓励推荐的企业类型有哪些？

新三板新规规定拟挂牌企业不受行业、性质、类型的限制，但是符合国家鼓励推荐的企业类型更具有挂牌优势，这些企业类型主要包括：①具有自主知识产权；②知识产权已经转化为产品、实现了产业化；③公司已经形成一定的经营模式和盈利模式；④公司处于创业快速增长期。

045. 实践中，新三板拟挂牌公司的规模有什么问题？

全国股转系统公司对拟挂牌公司的企业类型并无限制，高新技术企业的限制条件已经被打破，各种类型的企业均可以申请挂牌。

后备企业与创业板后备企业之间仍然存在“断层”。从园区推荐和券商储备的项目看，销售收入 1 亿元以上的规模企业仍然不多，销售收入 5000 万元以下的小微企业占主流。从交易的角度看，券商将优先选择规模以上企业或创业板后备企业合作。

046. 什么样的公司适合进入新三板？

下列特征的中小企业适合进入新三板：

（1）有进入资本市场的意愿但暂不符合主板、中小企业板或创业板条件的，或虽符合条件但不愿意漫长等待的公司。

（2）完成产品研发和小规模生产，需要融资实现规模化生产同时拓宽市场渠道的公司。

（3）发展遇到瓶颈，虽然有一定的生产能力、市场份额和盈利能力，但是缺乏资金、市场份额不足、人才和管理难以提升，企业希望提高声誉度、实现快速发展。

（4）尚未形成稳定的盈利模式，希望通过新三板这一服务媒介谋得与企业运营有关的附加值。

（5）具有创新业务模式，需要提升品牌、提高公司估值水平的公司。

（6）拟上市企业，但在财务、业务、治理等方面存在一定的障碍，需要时间规范，以熟悉并适应资本市场的环境和诸多要求。

（7）希望借助资本市场力量做大做强，实现跨越式发展的公司。

（8）企业家有很强的开拓进取精神，企业有较强烈做大做强的意愿。

（9）财务投资者持股比例较大，且财务投资者有较大的退出意愿等。

047. 工程和建筑施工类企业可以上新三板吗？

虽然新三板对企业性质、行业没有限制，但是，对券商来说，随着市场的成长以及新三板魅力的提升，他们寻找企业的观念也在发生转变，一是，他们在把企业往新三板上推的时候，也在考虑会不会成为这家企业的投资者；二是，手中好的企业越多，那么未来做市的收益就越大；三是，企业老总的诚信度和个人能力也很重要，有些企业老总对借助新三板平台要做什么事、到某个时间点要实现企业什么样的发展，目标非常明晰，但是有一些企业收入盈利平平，所有者都不知道要借助这个平台做什么，这样的企业或许上新三板就没什么意义了，因为为了挂牌而挂牌，其各种隐性成本和显性成本都会增加。

上新三板的企业，最好是一些创新型的企业。对于传统企业，挂牌新三板是需要上规模的，这个规模怎么算，是需要考量的。建筑施工类企业属于传统行业，受大环境影响特别大，持续经营能力不大好衡量，一般来说，是不建议到新三板挂牌的。对于质地特别优良、有创新模式的一些建筑施工类公司来说，如确有上新三板的需求，也是需要全方位考量的。

048. 企业进入新三板市场的10大好处是什么?

非上市公众公司在新三板市场挂牌，给公司带来的直接变化是：第一，形成了有序的股份退出机制；第二，企业的运作将在证券监管部门、主办券商的监管之下，在公众投资者的监督下进行。具体而言主要归纳为10点：

(1) 树立企业品牌，提升企业形象。公司的相关信息通过各种媒介不断向社会发布，可以扩大公司的知名度，提高公司的市场地位和影响力。

(2) 增强了股份的流动性，方便了创业资本的退出。挂牌公司的股票可以在全国股份转让系统公开转让，为公司股东、离职高管以及创投、风投和PE等机构提供了退出渠道，同时也为看好公司发展的外部投资者提供了进入的渠道。

(3) 拓展直接融资渠道，解决企业资金瓶颈。全国股份转让系统“小额、快速、按需”的融资模式符合中小企业需求特征。挂牌公司可以实施股票发行融资，随着市场功能的逐渐完善和相关细则的出台，未来挂牌公司还可通过公司债券、优先股等多种工具进行融资。

(4) 信用增进。挂牌公司作为公众公司被纳入证监会统一监管，履行了充分、及时、完整的信息披露义务，信用增进效应十分明显。在获取直接融资的同时，也可通过信用评级以及市场化定价进行股权质押，获取商业银行贷款。公司挂牌后，新老客户对公司的信赖度明显提升，在新市场开拓中对销售业绩的提升效应也比较明显。

(5) 实现了股份市场化定价，体现股东财富价值。

(6) 实施股份激励，增强核心团队凝聚力。挂牌后股份可以自由流动，公司业绩与核心团队自身利益息息相关，公司利益与个人利益一致。融资是一方面，融人融队伍才是更重要的事，通过挂牌能够吸引优秀的管理和技术人才加盟公司、共同发展。

(7) 有利于企业进行资产并购与重组等资本运作。挂牌后企业可以进一步拓展融资渠道，从而大幅度提高企业对外投资能力，有利于做大做强。并购别人是实力，被别人并购也是实力的体现。

(8) 有利于完善企业的资本结构，促进企业规范发展。规范的公司治理是中小企业获取金融服务的基础前提，也是实现可持续发展、基业长青的根本保障。主办券商、律师事务所、会计师事务所等专业中介机构将帮助公司建立起以“三会”为基础的现代企业法人治理结构，梳理规范业务流程和内部控制制度，大大提升企业经营决策的有效性和风险防控能力。挂牌后，主办券商还将对公司进行持续督导，保障公司持续性规范治理。

(9) 提前介入资本市场，便利转板，有效缩短上市历程。作为非上市公众公司，比照上市公司运行，当公司财务指标达到上市要求时，上市水到渠成；转板不存在法律障碍，未来可能会推出绿色转板制度。

(10) 价值发现。挂牌后，二级市场将充分挖掘公司股权价值，有效提升公司股权的估值水平，充分体现公司的成长性。实践中，企业挂牌后，创投公司和 PE 对公司的估值水平较挂牌前有明显提升。

049. 2013 版新三板对不同主体的作用和意义是什么？

对地方政府的意义：支持地方经济，解决“两多两难”问题；规范企业经营，便于政府监督管理；扶持地方企业，增加地方税收。

对企业的意义：促进规范治理；发现公司价值；增强融资能力；提升品牌信誉度。

对投资者的意义：为价值投资提供平台；降低股权投资的风险和成本；成为机构投资者退出的新渠道；推动产品创新。

对券商的意义：获得新的收入增长点；促进业务创新与融合；大幅提升客户服务深度与客户黏性。

050. 新三板对我国资本市场建设的作用和影响怎样？

主要体现在以下 4 方面：

第一，新三板的试点为建设全国统一监管下的场外交易市场进行了积极的探索，并积累了一定的经验。

第二，新三板丰富完善了我国的资本市场结构体系。我国资本市场还处于初级发展阶段，正是新三板的设立、探索和全国性的扩容为我国场外市场的建设明确了方向、勾画了框架，为我国资本市场向着多层次方面发展奠定了基础、指明了方向。

第三，围绕新三板而建设的多层次场外市场体系，有益于对社会资源进行更有效配置，以便更好地服务实体经济的发展，推进我国经济体制改革和转型，建设创新型国家。

第四，新三板为场内市场退市公司提供了一个场所，有利于推进资本市场各板块挂牌公司“转板”的实现，通过市场机制实现资源流转和企业优胜劣汰，是对资本市场互动机制的有力开拓。

051. 新三板对企业的作用和影响怎样?

主要有 7 个方面的作用和影响：

一是新三板通过为企业提供挂牌平台，引导市场对企业的价值估值，有利于提高股份的流动性，完善企业的资本结构，提高企业自身抗风险的能力，增强企业的发展后劲。

二是使企业实现股份融资（股权买卖、股权溢价及股权质押等融资）、债券融资，另外，由于公司挂牌新三板后，综合实力增强，也可以提升银行的授信额度，提高流动贷款融资金额等。

三是有利于建立现代企业制度、规范企业运作、完善法人治理结构、促进企业健康发展。

四是有利于建立归属明晰、权责明确、保护严格、流转顺畅的现代产权制度，增强自主创新能力。

五是有利于企业转型为公众公司，树立企业品牌、改善企业形象，更有效地开拓市场。

六是有利于企业吸收风险资本投入，引入战略投资者，进行资本并购与重组等资本运作。

七是通过主办券商对企业的持续督导，使挂牌企业逐步了解和适应资本市场的监管法规和运作规则，对今后进入中小板、创业板上市起到热身的作用，这将大大缩短上市进程。

052. 新三板对投资者的作用和影响怎样?

新三板对投资者的作用主要有 3 个方面：

首先，是投资者价值投资的平台。在国内，股票往往成为许多投资者的首选投资方式，但是我国上市公司的股票价格波动较大，并不真正代表上市公司的实际价值，而且大多数的投资者更倾向于市场投机，而不喜欢长期持有公司股权。但新三板却不同，无论是个人还是机构投资者，投入新三板公司的资金在短期内不可能收回，即便收回，投资回报率也不会太高。因此，新三板的投资更适合于价值投资，当然这种价值投资还可以在日后借助公司的上市实现更高的投资回报。

其次，投资者可通过监管降低股权投资风险。新三板制度的确立，使得挂牌公司的股权投融资行为被纳入交易系统，同时受到主办券商的督导、全国股转系统公司与证监会的监管，自然比投资者单方力量更能抵御风险。主办券商的推荐行为本身就是对引资公司的第一次筛选；其后的监督行为，也会影响挂牌公司的内部治理结构，降低公司的运营风险。全国股转系统公司或证监会的监管则使得股权投资在充分的信息披露之下做出，降低了交易风险。所以说，第三方主体的引入，起到了降低股权投资风险的作用，极大地保护了投资者利益。

最后，为创投、私募等机构拓展了退出的渠道。PE/VC 在投资公司股权时就已经将资金将来的退出机制考虑进去，目前常见的退出方式包括上市、并购、回购、清算等。通常情况下，并购、回购、清算的周期都较长，相应的风险也较大，而通过 IPO 的方式退出是私募股权基金获利最大，也最乐意接受的方式。新三板的搭建，实现了挂牌公司股份的价值发现和流动性，有利于投资者所持股份的市场定价和流动。对 PE/VC 来说，投资新三板拓展了退出渠道，所以，新三板挂牌公司也因此成为 PE/VC 投资的热点。

053. 如何客观看待企业挂牌新三板？

就实际情况看，目前很多企业热衷于去新三板挂牌，主要出于两点考虑：一是挂牌后融资，二是未来转板上市。

企业在新三板挂牌，可以通过定向增发、债券发行等方式进行融资，这是很多企业去新三板挂牌的第一个主要目的。

新三板的场外交易市场融资功能有两大特点：一是对有潜质的“热门”公司，易于融资；二是对大多数“普通”企业来说，就目前的情况，更多的是拓展了融资渠道。所以，新三板市场融资功能更具针对性，这是由其市场定位决定的，其融资效果是不能与交易所市场相比较的。其实，其他国家和地区的场外交易市场的情况亦是如此，无论是美国的场外交易市场 OTCBB 和 OTC Link，还是中国台湾的兴柜市场，融资功能都是有限的。

目前为止，新三板转板成功的有 8 家企业，其转板效能还是受到了一定的限制。从国外成熟市场来看，场外交易市场在一定程度上是交易所市场的“上市预备市场”，企业满足一定条件以后，就能转板到更高层次的证券市场，如美国场外柜台交易系统（OTCBB）以及中国台湾的证券市场都是如此。中国台湾更是强制规定，在台交所上市，必须要在兴柜市场挂牌 6 个月。

不过，有 4 个方面内容应该注意：

一是新三板挂牌最重要的一个功能是提高企业的股权流动性，这也是所有场外交易市场的首要功能。新三板为不能上市的企业提供了一个股权转让的平台，为风险投资和私募股权投资提供了一个退出渠道，也为获得股权激励的员工提供了一个股权变现的渠道。通过提高股权流动性，还进一步实现了价格发现，为新三板挂牌企业做股权抵押贷款等其他形式的融资提供了评估依据。

二是 2013 年 12 月 16 日修订的《非上市公众公司监督管理办法》增加一条作为第五条规定：“公众公司可以依法进行股权融资、债权融资、资产重组等。公众公司发行优先股等证券品种，应当遵守法律、行政法规和中国证券监督管理委员会（以下简称中国证监会）的相关规定。”这一条的增加，对未来新三板融资状况的改善留下了很大的想象空间。

三是未来随着新三板转板制度的建设和完善，以及与证券交易所对接机制如“绿色通道”的打开等，转板或许会成为常规化。

四是新三板完全可以借鉴美国 NASDAQ 市场模式，市场内设置 3 大层次，无须转板，留下了更大的市场想象空间。

054. 新三板挂牌公司的规范成本有哪些？

新三板挂牌使公司存在一定的规范成本：

公司在新三板挂牌前需对过去两年的财务进行规范梳理，从而可能产生一定的补税规范成本；公司在员工社保、公积金方面也需要按照国家及地方的有关要求进行缴纳；同时，公司须满足资产独立性、完整性等挂牌要求，如进行资产重组及补办相关资产证明等，也可能产生一定的规范成本。

新三板挂牌的中介机构费用及挂牌后年费。相关费用参见第 171 ~ 174 问。

企业挂牌后，应按照有关规定进行信息披露，这使企业完全暴露在公众的监督之下，从而增加了公司维护商业秘密的费用。

055. 公司挂牌新三板可能存在哪些风险？

（1）信息披露风险。企业在新三板挂牌后，将需要定期披露公司经营发展及财务信息（包括年报与半年报），可能会使公司的相关经营信息为竞争对手所掌握。需要指出的是，公司的商业机密不在强制信息披露范围内。

（2）补缴税款风险。若公司在上市前存在未依法纳税事项，则有可能存在依法补缴税款的风险。

（3）公司在新三板挂牌后将成为公众公司，其在提升公司知名度与品牌的同时，也需要承担一定的外界监督压力。

（4）挂牌失败风险。这个风险主要来自两个方面：一是企业自身，如果企业存在上市工作准备不足、股份运作不规范等问题，很可能造成企业挂牌失败的风险。二是中介机构，如果中介机构选择不当，中介机构的直接负责人和项目承做人员责任心不强，服务跟不上、不专业，很可能会造成企业痛失最佳挂牌时机。

案例分享

案例01 湘财证券为何青睐新三板而成为挂牌的首家金融机构？

在各大券商纷纷备战IPO的时候，湘财证券却另辟蹊径，于2014年1月24日伴随着266家庞大的公司集群，集体登陆新三板，成为第一家挂牌新三板的金融机构。从公司经营情况来看，主要有3个方面的特点：

一是转型初见成效。公司从2010年开始进行经济业务全面转型，并筹划资产管理业务，加上股市大环境低迷，业绩曾在2011年落入低谷，但2012年迅速回升，该年净利润增幅高达699%，主要原因是公司在证券承销业务、受托资产管理业务，以及自营业务方面表现出色。目前公司向“大投行”运作模式的转型已初见成效。

二是证券资产管理业务成为公司近年业务新亮点。2012 年 2 月 14 日，湘财证券在北京设立资产管理分公司，负责经营全国范围内的证券资产管理业务。截至 2013 年 9 月 30 日，资产管理分公司受托管理产品规模达 185.24 亿元，已成立运作的集合资产管理计划 5 只；管理定向资产管理计划产品 24 只，实现资产管理营业收入 2304.75 万元。这为公司向综合财富管理转型奠定了基础。

三是资产负债率及收益率需合理调配。经计算，湘财证券 2012 年净资产收益率 ROE 为 5.35%，2011 年仅为 0.71%，2010 年高达 14.91%。但从另一方面来看，公司资产负债率却在逐年下降：2010 年、2011 年、2012 年三年资产负债率分别为 80.69%、72.25% 以及 68.73%。由此可见，逐年下滑的资产负债率预示着湘财证券债务风险逐年下降，这也将有利于今后的可持续经营及高杠杆创新型业务的开展。

公司需要提升创新业务以实现整体转型，就目前的现实来看，登陆新三板是一个很好的选择，原因有 4 个方面：

（1）新三板必将成为优质公司的孵化器。据湘财证券相关人士透露，多年来湘财证券对新三板进行了比较深入的研究并认为，新三板将成为众多中小型企业规范运作、信息披露的演练场和优质公司的孵化器。所以，湘财证券结缘新三板绝非偶然。

（2）拓展融资渠道与规范运营的相互促进。一方面，湘财证券需要大规模开展各项业务，尤其是创新业务，这需要强大的资金作为后盾；另一方面，券商合规管理和风险防范保障的要求日益增高，进一步提升公司管理水平和核心竞争力势在必行。在新三板，这两方面的目的都能实现，从而将进一步拓宽公司融资渠道，促进创新业务长期持续发展，提升公司盈利能力。

（3）股权流动性促成股票合理估值。新三板交易平台的价值发现功能有利于增强公司股份的流动性和股票合理估值，有利于股东实现其投资价值并充分反映公司的市场价值。

（4）移动金融与财富管理平台的诱惑。通过新三板上市融资，湘财证券也将在互联网金融风生水起的大环境下打造综合财富管理及移动互联网金融服务平台。

案例 02 双杰电气挂牌前后在治理和经营方面的对比情况如何？

挂牌新三板的公司必须是治理健全，经营规范的公司，这是有一定的标准和条件考量的。在挂牌后，经主办券商的持续督导以及全国股转系统的各类制度法规的规范和锤炼，公司的经营会更加规范。

以双杰电气（430049）为例，其主营业务为配电及控制设备的研发、生产和销售，主要产品包括环网柜、箱式发电站等。

挂牌前，重技术、轻管理，管理理念、治理结构、规范意识滞后。

挂牌后，健全了股东会、董事会、监事会，形成了制衡机制，聘请了独立董事，制定了关联交易、内控体系等管理制度。

案例03 京鹏科技挂牌新三板对企业形象和品牌的影响如何？

公司挂牌新三板后，相关信息通过各种媒介不断向社会发布，形成广告效应，扩大公司的知名度，提高公司的市场地位和影响力。

京鹏科技（430028），主要从事温室研究、设计、生产、销售、安装和服务。

在“新三板”挂牌庆典会上，来自国务院政策研究室、农业部、科技部各部门相关领导纷纷到会祝贺，使得“京鹏科技”品牌在政府部门中的品牌形象和知名度大为提升。自2008年新三板挂牌以来，京鹏科技在国内高端温室市场的份额超过了30%。由于国外客户对国内市场缺乏一定程度的了解，十分重视企业品牌和信誉度，因此在“新三板”挂牌恰恰成了国外客户考量的指标。

2009年京鹏科技即得到了投资机构的广泛关注，同年，京鹏科技荣获北京中关村高新技术企业协会、中关村高新技术企业协会投融资分会颁发的“中关村最值得PE关注企业”证书。2010年，数十家投资机构先后主动联系公司洽谈合作。

登陆新三板的公司，知名度和影响力明显得到提升，百度搜索结果可以从某一侧面反映这一现象。

图1－5

2014年5月20日晚搜索的结果

CHAPTER2
第二章

新三板制度解读

第一节　新三板制度规则体系

056. 新三板法律法规体系由哪几大部分构成？

主要由 5 大部分构成：

一是国家层面的法规，全国股转系统网站上把它列为“法律法规”项。

二是中国证监会相关的政策制度，全国股转系统网站上把它列为“部门规章”项。

三是业务规则，这是全国股转系统公司根据国家及中国证监会相关制度、政策制定的有关全国股转系统运行要求、规范及操作方面的规则、细则等制度。

四是服务指南，由全国股转系统公司制定，主要涉及为全国股转系统业务参与者业务操作等方面提供引导和服务的规则、细则等内容。

五是技术规范，为系统运行、业务操作等提供技术支持。目前暂包括《全国中小企业股份转让系统交易支持平台技术指引》和《全国中小企业股份转让系统交易支持平台数据接口规范》两项内容。

057. 新三板国家层面的政策法规有哪些？

（1）2013 年 6 月 29 日修订并通过的《中华人民共和国证券法》。

(2) 2013年12月28日修订并通过的《中华人民共和国公司法》。

(3) 国务院2013年12月14日发布的《国务院关于全国中小企业股份转让系统有关问题的决定》(以下简称《国务院全国股转系统决定》)。

058. 新三板证监会层面的政策法规有哪些?

为了规范和鼓励新三板市场的建设与发展,中国证监会从2013年1月31日起,陆续发布了如下政策法规(截至2014年6月30日):

(1)《全国中小企业股份转让系统有限责任公司管理暂行办法》(以下简称《全国股转系统公司管理办法》);

(2)《非上市公众公司监督管理办法》;

(3)《非上市公众公司监管指引第1号——信息披露》;

(4)《非上市公众公司监管指引第2号——申请文件》;

(5)《非上市公众公司监管指引第3号——章程必备条款》;

(6)《非上市公众公司监管指引第4号——股东人数超过200人的未上市股份有限公司申请行政许可有关问题的审核指引》;

(7)《非上市公众公司信息披露内容与格式准则第1号——公开转让说明书》;

(8)《非上市公众公司信息披露内容与格式准则第2号——公开转让股票申请文件》;

(9)《非上市公众公司信息披露内容与格式准则第3号——定向发行说明书和发行情况报告书》;

(10)《非上市公众公司信息披露内容与格式准则第4号——定向发行申请文件》;

(11)《中国证券监督管理委员会公告〔2013〕49号》。

059. 新三板服务指南有哪些规定细则?

截至2014年6月30日,主要有7大类33项,具体包括:

(1) 综合类:①《股份公司申请在全国中小企业股份转让系统公开转让、定向发行股票的审查工作流程》;②《关于收取挂牌公司挂牌年费的通知》;③《全国中小企业股份转让系统申请材料接收须知》;④《全国中小企业股份转让系统关于做好申请材料接收工作有关注意事项的通知》；⑤《原深交所园区公司股份转让试点服务指引》。

（2）挂牌业务类：①《全国中小企业股份转让系统股票挂牌业务操作指南（试行）》；②《已挂牌公司申请书及主办券商推荐意见模板》；③《全国中小企业股份转让系统挂牌协议》；④《董事（监事、高级管理人员）声明及承诺书》；⑤《推荐挂牌并持续督导协议书》；⑥《持续督导协议书》。

（3）公司业务类：①《全国中小企业股份转让系统股票发行业务指南》；②《全国中小企业股份转让系统挂牌公司持续信息披露业务指南（试行）》；③《全国中小企业股份转让系统挂牌公司暂停与恢复转让业务指南（试行）》；④《全国中小企业股份转让系统挂牌公司证券简称或公司全称变更业务指南（试行）》；⑤《全国中小企业股份转让系统临时公告格式模板》；⑥《全国中小企业股份转让系统挂牌公司权益分派业务指南（试行）》。

（4）机构业务类：①《全国中小企业股份转让系统主办券商相关业务备案申请文件内容与格式指南》；②《关于做好主办券商相关信息在指定平台披露工作的通知》；③《证券公司基本情况申报表》；④《证券公司参与全国中小企业股份转让系统业务协议书》；⑤《证券公司从事推荐业务自律承诺书》；⑥《证券公司从事经纪业务自律承诺书》；⑦《全国中小企业股份转让系统做市业务备案申请文件内容与格式指南》；⑧《全国中小企业股份转让系统投资者适当性管理证券账户信息报送业务指南》；⑨《全国中小企业股份转让系统主办券商和挂牌公司协商一致解除持续督导协议操作指南》。

（5）投资者服务类：①《买卖挂牌公司股票委托代理协议》；②《全国中小企业股份转让系统挂牌公司股票公开转让特别风险揭示书》必备条款。

（6）两网及退市公司类：①《全国中小企业股份转让系统两网公司及退市公司股票分类转让变更业务指南（试行）》；②《两网公司及退市公司股票转让委托协议书》；③《两网公司及退市公司股票转让风险揭示书》；④《全国中小企业股份转让系统退市公司股票挂牌业务指南（试行）》。

（7）交易监察类：《全国中小企业股份转让系统交易单元业务办理指南（试行）》。

060. 新三板2006年发布的业务规则有哪些？

共有2大类14项，具体见下表：

表2-1 2006年新三板业务规则体系表

主要规则文件		1.《证券公司代办股份转让系统中关村科技园区非上市股份有限公司股份报价转让试点办法（暂行）》（2006年1月16日）
		2.《主办券商推荐中关村科技园区非上市股份有限公司进入证券公司代办股份转让系统报价转让挂牌业务规则》（2006年1月16日）
		3.《股份进入证券公司代办股份转让系统报价转让的中关村科技园区非上市股份有限公司信息披露细则》（2006年1月16日）
		4.《中国证券登记结算有限责任公司深圳分公司中关村科技园区非上市公司股份报价转让登记结算业务实施细则》（2006年1月16日）
操作性文件	公司行为类	1.《中关村科技园区非上市股份有限公司如何申请股份到代办股份转让系统挂牌报价转让》（2006年1月16日）
		2.《中关村科技园区非上市股份有限公司申请股份报价转让试点资格确认办法》（2006年1月16日）
		3.《股份报价转让说明书必备内容》（2006年1月16日）
	主办券商类	1.《主办券商推荐园区公司股份进入代办股份转让系统挂牌报价转让协议书》（2006年1月16日）
		2.《主办券商尽职调查工作指引》（2006年1月16日）
		3.《证券公司从事报价转让业务自律承诺书》（2006年1月16日）
		4.《主办券商业务指引》（2006年1月16日）
	投资者行为类	1.《报价转让特别风险揭示书》（2006年1月16日）
		2.《股份报价转让委托协议书》（2006年1月16日）
		3.《投资者如何参与股份报价转让》（2006年1月16日）

注：文件皆由中国证券业协会发布。

061. 新三板2009年发布的业务规则有哪些？

共有2大类15项，具体见下表：

表2-2 2009年新三板业务规则体系表

框架性文件	1.《证券公司代办股份转让系统中关村科技园区非上市股份有限公司股份报价转让试点办法（暂行）》（2009年6月12日）
	2.《股份进入证券公司代办股份转让系统报价转让的中关村科技园区非上市股份有限公司信息披露规则》（2009年6月12日）
	3.《中国证券登记结算有限公司证券公司代办股份转让系统中关村科技园区非上市股份有限公司股份报价转让登记结算业务实施细则》（2009年6月12日）

续表

操作性文件	公司行为类	1.《中关村科技园区非上市股份有限公司申请股份报价转让试点资格确认办法》（2009 年 6 月中关村管委会发布） 2.《股份报价转让说明书必备内容（2009 年修订稿）》（2009 年 6 月 29 日）
	主办券商类	1.《主办券商推荐中关村科技园区非上市股份公司股份进入证券公司代办股份转让系统挂牌报价转让协议书（2009 年修订稿）》（2009 年 6 月 17 日） 2.《主办券商推荐中关村科技园区非上市股份有限公司股份进入证券公司代办股份转让系统挂牌业务规则》（2009 年 6 月 17 日） 3.《主办券商尽职调查工作指引（2009 年修订稿）》（2009 年 6 月 17 日） 4.《主办券商推荐中关村科技园区非上市股份有限公司股份进入证券公司代办股份转让系统挂牌备案文件内容与格式指引》（2009 年 6 月 17 日） 5.《证券公司从事报价转让业务自律承诺书（2009 年修订稿）》（2009 年 6 月 17 日） 6.《证券公司关于加强报价转让业务投资者管理自律承诺书（2009 年修订稿）》（2009 年 6 月 17 日） 7.《报价转让委托协议书（2009 年修订稿）》（2009 年 6 月 17 日）
	投资者行为类	1.《报价转让特别风险揭示书（2009 年修订稿）》（2009 年 6 月 17 日） 2.《关于自然人投资者买卖中关村科技园区非上市股份有限公司挂牌股份的通知》（2009 年 6 月 27 日）
	交易结算类	1.《证券公司代办股份转让系统中关村科技园区非上市公司股份报价转让登记结算业务指南》（2009 年 6 月 30 日中国证券登记结算有限责任公司发布）

注：除注明外，其余的文件皆由中国证券业协会发布。

062. 新三板 2013 年和 2014 年上半年发布的业务规则有哪些？

截至 2014 年 6 月 30 日，共发布 7 大类 30 项，涉及新三板业务操作的方方面面，具体见下表：

表 2－3　2013 年新三板业务规则

综合类	1.《全国中小企业股份转让系统业务规则（试行）》（2013 年 12 月 30 日） 2.《关于境内企业挂牌全国中小企业股份转让系统有关事项的公告》（2013 年 12 月 30 日） 3.《关于全国中小企业股份转让系统有限责任公司有关收费事宜的通知》（2013 年 2 月 8 日） 4.《关于发布实施〈全国中小企业股份转让系统业务规则（试行）〉有关事项的通知》（2013 年 2 月 8 日）
挂牌业务类	1.《全国中小企业股份转让系统主办券商推荐业务规定（试行）》（2013 年 2 月 8 日） 2.《全国中小企业股份转让系统股票挂牌条件适用基本标准指引（试行）》（2013 年 6 月 20 日） 3.《全国中小企业股份转让系统公开转让说明书内容与格式指引（试行）》（2013 年 12 月 30 日） 4.《全国中小企业股份转让系统挂牌申请文件内容与格式指引（试行）》（2013 年 12 月 30 日） 5.《全国中小企业股份转让系统主办券商尽职调查工作指引（试行）》（2013 年 2 月 8 日）

续表

公司业务类	1.《全国中小企业股份转让系统股票发行业务细则（试行）》（2013 年 12 月 30 日） 2.《全国中小企业股份转让系统股票发行业务指引第 1 号——备案文件的内容与格式（试行）》（2013 年 12 月 30 日） 3.《全国中小企业股份转让系统股票发行业务指引第 2 号——股票发行方案及发行情况报告书的内容与格式（试行）》（2013 年 12 月 30 日） 4.《全国中小企业股份转让系统股票发行业务指引第 3 号——主办券商关于股票发行合法合规性意见的内容与格式（试行）》（2013 年 12 月 30 日） 5.《全国中小企业股份转让系统股票发行业务指引第 4 号——法律意见书的内容与格式（试行）》（2013 年 12 月 30 日） 6.《全国中小企业股份转让系统挂牌公司信息披露细则（试行）》（2013 年 2 月 8 日） 7.《全国中小企业股份转让系统挂牌公司年度报告内容与格式指引（试行）》（2013 年 2 月 8 日） 8.《全国中小企业股份转让系统挂牌公司半年度报告内容与格式指引（试行）》（2013 年 7 月 11 日）
交易监察类	1.《关于发布全国中小企业股份转让系统过渡期交易结算暂行办法的通知》（2013 年 2 月 8 日） 2.《全国中小企业股份转让系统过渡期股票转让暂行办法》（2013 年 2 月 8 日发布，2014 年 5 月 19 日后失效） 3.《全国中小企业股份转让系统过渡期登记结算暂行办法》（2013 年 2 月 8 日发布，2014 年 5 月 19 日后失效） 4.《全国中小企业股份转让系统股票转让细则（试行）》（2013 年 12 月 30 日） 5.《全国中小企业股份转让系统证券代码、证券简称编制管理暂行办法》（2013 年 12 月 30 日） 6.《全国中小企业股份转让系统股票异常转让实时监控指引》（2014 年 6 月 9 日） 7.《全国中小企业股份转让系统交易单元管理办法（试行）》（2014 年 4 月 28 日）
机构业务类	1.《全国中小企业股份转让系统主办券商管理细则（试行）》（2013 年 2 月 8 日） 2.《全国中小企业股份转让系统做市商做市业务管理规定（试行）》（2014 年 6 月 5 日）
投资者服务类	1.《全国中小企业股份转让系统投资者适当性管理细则（试行）》（2013 年 12 月 30 日）
两网及退市公司类	1.《关于原代办股份转让系统挂牌的两网公司及交易所市场退市公司相关制度过渡安排有关事项的通知》（2013 年 02 月 08 日） 2.《全国中小企业股份转让系统两网公司及退市公司股票转让暂行办法》（2013 年 2 月 8 日） 3.《全国中小企业股份转让系统两网公司及退市公司信息披露暂行办法》（2013 年 2 月 8 日）

注：文件皆由全国中小企业股份转让系统有限责任公司发布。

063. 从 2014 年下半年开始，新三板还将逐步落实哪些新制度？

截至 2014 年 6 月 30 日，全国股转系统公司已经公布或更新了 30 项业务制度和 33 项服务指南。随着市场的逐渐深化，新三板将不断完善和充实制度规则体系，主要包括 6 大方面的内容：

从 2014 年下半年开始将逐步引入市场创新配套制度建设，或将重点落实如公司债、可转债、优先股等多元化新型融资工具创新、包括新三板市场如何分层等在内的市场体系创新、转板机制建设以及做市商上线的制度供给；

在此基础上，启动投资组合工具、价格发现工具、价格避险工具等新型产品的开发研究工作及其相关制度的建设；根据证监会相关规则制定发布情况，组织落实并购重组和收购配套业务规则；加强与PE/VC对接，鼓励和支持证券公司、基金公司等金融机构设计推出面向普通投资者、投资于挂牌公司证券的定向及组合产品，深化与商业银行战略合作等方面的制度创新与建设。

另外，从2014年下半年开始，或将引入新三板现行规则体系的评估机制的建设和相关制度的落实；继续完善市场监管体系，控制系统性风险，探索和采用自动化、电子化监管手段以及发挥舆论监督等方面的制度建设等。

第二节　国家及证监会层面制度简析

064.《国务院全国股转系统决定》主要有哪些内容？

《国务院全国股转系统决定》主要有6个方面的内容：

（1）充分发挥全国股转系统服务中小微企业发展的功能。全国股转系统应服务于创新型、创业型、成长型中小微企业的发展；实行主办券商制度；业务包括转让股份、股权融资、债权融资、资产重组等。申请挂牌的公司应符合一定要求，可以尚未盈利。

（2）建立不同层次市场间的有机联系。明确了新三板与沪深股市及区域股权市场之间的层次、转板关系及有机联系。

（3）简化行政许可程序。股东人数未超过200人（发行后未超过）的股份公司，证监会豁免挂牌与发行核准；股东人数超过200人的，证监会简化审核程序。

（4）建立和完善投资者适当性管理制度。严格自然人投资者的准入条件，逐步将全国股份转让系统建成以机构投资者为主体的证券交易场所。

（5）加强事中、事后监管，保障投资者合法权益。严格执法，对虚假披露、内幕交易、操纵市场等违法违规行为采取监管措施，实施行政处罚。建立市场监控、风险管理、技术信息安全体系，切实履行自律监管职责。

（6）加强协调配合，为挂牌公司健康发展创造良好环境。税收及涉外政策，比照交易所上市公司相关规则；国有股权，遵照国有资产管理的相关规定；各级政府加强协调与组织，通过建立健全挂牌公司风险处置机制，切实维护社会稳定。

065. 《国务院全国股转系统决定》填补了《证券法》的什么空白？

《国务院全国股转系统决定》填补了《证券法》没有直接针对全国股转系统和挂牌公司规定的法律空白，为挂牌公司和新三板市场监管奠定了法规基础，提升了市场建设的法律层级，将使市场步入更为规范、平稳发展的法制化运行轨道，同时，也将有利于推动市场融资工具和证券产品创新。

《证券法》没有直接针对全国股转系统和挂牌公司的条款，这在一定程度上限制了市场的发展和功能的发挥。根据国务院这一决定，证监会的监管方式将由事前准入监管转向“事中、事后”监管，并将加强对违法违规行为的稽查执法，维护投资者的合法权益和公开、公平、公正的市场秩序。

全国股转系统挂牌公司的法律属性为非上市公众公司，应当合法规范经营、健全公司治理结构、履行信息披露义务，披露的信息必须真实、准确、完整，不得有虚假记载、误导性陈述或者重大遗漏。根据《国务院全国股转系统决定》的授权，证监会也将比照《证券法》的立法精神，制定部门规章及相关规范性文件，明确监管制度框架和专项监管要求，建立健全以信息披露为核心的日常监管体系。

066. 如何理解《国务院全国股转系统决定》提到的“转变监管方式”？

“转变监管方式”主要意思是指中国证监会有关新三板拟挂牌公司豁免核准及“简化行政许可程序”等监管内容，具体来说：

对股东人数不超过200人的股份公司申请在新三板挂牌公开转让和挂牌公司向特定对象发行证券后持有人累计不超过200人两种情形，证监会豁免核准，不再进行“事前”审核，也不出具批复文件，由全国股转系统公司自律审查。经主办券商推荐，股份公司可以直接向新三板申请挂牌。对豁免核准的挂牌公司，股东通过转让导致股东人数超过200人时，也不再需要重新向证监会申请核准。

对股东人数已超200人并拟挂牌新三板的股份公司和挂牌公司定向发行后股东累计超200人的两种情形，由证监会依法履行行政许可程序，实施核准，不过，证监会将尽可能简化审核流程，提高审核效率。证监会审核后不提交发行审核委员会审核；在申报文件上，简化申请文件和信息披露要求。公司拿到核准文件后可直接向新三板申请办理挂牌手续。

当然，无论是经证监会核准的还是豁免核准的挂牌公司，都将被统一纳入证监会的非上市公众公司监管，必须遵守《证券法》、《非上市公众公司监督管理办法》及其他相关规则的规定，完善公司治理结构，履行信息披露义务。

067. 如何理解《国务院全国股转系统决定》的市场定位及投资者适当性制度？

《国务院全国股转系统决定》明确了新三板的定位是介于交易所市场与区域股权市场之间的市场，是我国多层次资本市场的重要组成部分，并要求三者之间形成上下贯通、有机联系的统一整体。所以，在新三板挂牌的公司符合一定要求条件可以直接转板至证券交易所上市，同时区域性股权市场的挂牌公司只要符合38号文（《国务院关于清理整顿各类交易场所切实防范金融风险的决定》国发〔2011〕38号）及相关条件要求也可以申请在新三板挂牌并公开转让股份。

投资者适当性制度是指新三板将定位于专业投资市场，积极培育和发展机构投资者队伍，鼓励证券公司、保险公司、证券投资基金、私募股权投资基金、风险投资基金、合格境外机构投资者、企业年金等机构投资者参与市场，逐步将新三板建成以机构投资者为主体的证券交易场所。针对自然人投资者，将从财务状况、投资经验、专业知识三个维度严格准入条件，提高投资者准入门槛，切实维护投资者的合法权益。不符合适当性要求的个人投资者可以通过专业机构发售的基金、理财产品等间接投资于挂牌公司。

当然，投资者适当性制度是保护投资者合法权益的重要制度安排，因为在新三板的挂牌公司多为中小微企业，经营不稳定，业绩波动大，投资风险相对较高，客观上要求投资者必须具备较高的风险识别和承受能力，市场交易更适合机构投资者而不是普通个人投资者参与，所以才有2013年12月将个人投资者的门槛从300万元调高到500万元的修改。

068. 如何理解《国务院全国股转系统决定》有关国资、外资、税收的政策？

《国务院全国股转系统决定》要求国资、外资、税收政策原则上比照交易所市场及上市公司相关规定处理。

在场所性质和法律定位上，新三板与交易所市场是相同的。关于国有股份交易，公司可以自由选择在产权市场或者新三板市场进行交易，但要遵守国有资产管理的相关规定；外商投资公司可以比照上市公司的相关规定申请到新三板挂牌；关于税收政策，新三板投资者比照上市公司的政策是：按照持股时间长短执行20%、10%、5%三档税率缴纳股息红利所得税；证券交易印花税单边征税，证券出让方按1‰税率征收，对证券受让方不征税。

069. 《国务院全国股转系统决定》的作用和意义是什么？

主要表现在6个方面：

（1）第一次从国家层面真正实施推动我国场外市场建设的实质性举措。

（2）《国务院全国股转系统决定》填补了《证券法》没有直接针对全国股转系统和挂牌公司规定的法律空白，为挂牌公司和新三板市场监管奠定了法规基础，提升了市场建设的法律层级，市场将步入更为规范的法制化运行轨道。

（3）现实作用：进一步拓展民间投资渠道，充分发挥新三板功能，缓解中小微企业融资难问题。

（4）战略目的：更好地发挥金融对经济结构调整和转型升级的支持作用。

（5）明确了新三板的功能、市场定位，指明了建设的方向、范畴及承载的责任。

（6）有利于保证全国股份转让系统平稳健康发展，也有利于推动市场融资工具和证券产品创新，将会为我国场外市场发展及多层次资本市场的建设带来深远和重大的影响。

070. 《非上市公众公司监督管理办法》明确了哪些内容？

《非上市公众公司监督管理办法》（以下简称《非公监管办法》）明确的内容有：

一是明确非上市公众公司股票的公开转让应在依法设立的证券交易场所进行。

二是明确了挂牌公司在全国股份转让系统转让的公开转让性质，是非上市公众公司，股东人数可以超过200人。

三是对非上市公众公司的公司治理做出原则性规定，引导公司健全公司治理机制，突出保护股东的合法权益，促进公司依法自治。

四是在信息披露上实施分层监管，区别公开转让、定向发行的公司和股票向特定对象转让导致股东累计超过200人的公司。在满足投资者信息需求的前提下，降低信息披露成本，强化公司核心竞争能力和风险因素。

五是建立非上市公众公司的定向发行制度，明确豁免核准情形以及储架发行制度。

六是明确了公众公司可以依法进行股权融资、债权融资、资产重组，以及可以发行优先股等证券品种事宜。

071. 2013年12月证监会对《非公监管办法》做了哪些修订?

2012年9月28日，中国证监会发布了《非公监管办法》，到了2013年底，证监会根据国务院有关全国股转系统问题的决定精神修订了监管办法并于12月16日发布，主要修订内容见下表：

表2－4　《非上市公众公司监督管理办法》修订前后比较

类别	2012年9月	2013年12月	增减内容	目的
总则		第五条：公众公司可以依法进行股权融资、债权融资、资产重组等。公众公司发行优先股等证券品种，应当遵守法律、行政法规和中国证券监督管理委员会的相关规定	增加内容	鼓励新三板开发多种融资工具，以拓宽挂牌公司融资渠道
信息披露	第二十一条：公开转让与定向发行的公众公司应当在每一会计年度的上半年结束之日起2个月内披露记载中国证监会规定内容的半年度报告，在每一会计年度结束之日起4个月内披露记载中国证监会规定内容的年度报告。年度报告中的财务会计报告应当经具有证券期货相关业务资格的会计师事务所审计	第二十二条：股票公开转让与定向发行的公众公司应当披露半年度报告、年度报告。年度报告中的财务会计报告应当经具有证券期货相关业务资格的会计师事务所审计。股票向特定对象转让导致股东累计超过200人的公众公司，应当披露年度报告。年度报告中的财务会计报告应当经会计师事务所审计	去掉了对半年和年度报告披露的时间限制。全国股转系统公司行使这一权力并于其《信息披露细则》中给出了这一要求	监管方式转变，权力下放

续表

类别	2012年9月	2013年12月	增减内容	目的
股份转让	第三十三条：申请其股票向社会公众公开转让的公司，应当按照中国证监会有关规定制作公开转让的申请文件	股东人数超过200人（原文件没有）的公司申请其股票公开转让，应当按照中国证监会有关规定制作公开转让的申请文件	股东人数未超过200人的公司申请其股票公开转让，中国证监会豁免核准	监管方式转变，权力下放
		第三十八条：本办法施行前股东人数超过200人的股份有限公司，符合条件的，可以申请在全国中小企业股份转让系统挂牌公开转让股票、首次公开发行并在证券交易所上市	增加内容	对股东超过200人的股份公司融资去向等给予了明确
定向发行	第四十条：中国证监会受理申请文件后，依法对公司治理和信息披露以及发行对象情况进行审核，作出是否核准的决定，并出具相关文件	第四十三条：中国证监会受理申请文件后，依法对公司治理和信息披露以及发行对象情况进行审核，在20个工作日内作出核准、中止审核、终止审核、不予核准的决定	明确了时间限制，即20个工作日；明确了内容为"核准、中止审核、终止审核、不予核准"	明确程序内容和时间限制，提高效率
	第四十二条：公众公司向特定对象发行股票后股东累计不超过200人的，或者公众公司在12个月内发行股票累计融资额低于公司净资产的20%的，豁免向中国证监会申请核准，但发行对象应当符合本办法第三十六条的规定，并在每次发行后5个工作日内将发行情况报中国证监会备案	第四十五条：在全国中小企业股份转让系统挂牌公开转让股票的公众公司向特定对象发行股票后股东累计不超过200人的，中国证监会豁免核准，由全国中小企业股份转让系统自律管理，但发行对象应当符合本办法第三十九条的规定	去掉"公众公司在12个月内发行股票累计融资额低于公司净资产的20%的"的豁免条件；去掉"在每次发行后5个工作日内将发行情况报中国证监会备案"的时间限制	监管方式转变，权力下放；提高效率

续表

类别	2012年9月	2013年12月	增减内容	目的
监督管理		第五十一条：全国中小企业股份转让系统应当发挥自律管理作用，对在全国中小企业股份转让系统公开转让股票的公众公司及相关信息披露义务人披露信息进行监督，督促其依法及时、准确地披露信息。发现公开转让股票的公众公司及相关信息披露义务人有违反法律、行政法规和中国证监会相关规定的行为，应当向中国证监会报告，并采取自律管理措施	增加内容	突出信息披露为核心的自律监管原则
附则	第六十一条：本办法施行前股东人数超过200人的股份有限公司，依照有关法律法规进行规范，并经中国证监会确认后，可以按照本办法的相关规定申请核准	第六十五条：本办法施行前股东人数超过200人的股份有限公司，不在全国中小企业股份转让系统挂牌公开转让股票或证券交易所上市的，应当按相关要求规范后申请纳入非上市公众公司监管	不挂牌不上市的非上市公众公司纳入监管	明确股东人数超过200人的股份公司纳入非上市公众公司监管范畴

072. 《非公监管办法》颁布的作用和意义是什么？

《非公监管办法》酝酿6年之久，其颁布具有重大作用和意义：

（1）是国内新三板扩容实质性推动的首部正式法规，被视为我国多层次资本市场建设获突破性支持的首部制度。

（2）为建设全国统一监管下的场外市场清扫了法律障碍，为未来场外市场的建设和发展铺平了道路，显示出证监会对资本市场改革的决心和重大进步。

（3）这意味着数量众多的非上市公众公司将被纳入证监会服务和监管的范围（之前只有上市公司），资本市场的覆盖面将大大增加。

（4）为中小微企业缓解融资难问题并促进它们的成长铺垫了制度之路，数以万计的创新型、创业型、成长型中小微企业都有机会通过统一监管平台进行股份转让、定向发行、股权融资、债权融资及资产重组等。

（5）为券商、VC/PE等众多金融机构、投资者、中介等参与者带来了实质性的利好和成长动力，从而为活跃和推动场外市场的发展奠定“人缘”基础。

(6) 对完善多层次资本市场，多渠道服务经济发展方式转变和经济结构调整具有积极而深远的影响。

073. 《全国股转系统公司管理办法》主要明确了哪些问题?

《全国股转系统公司管理办法》明确的问题有：

(1) 明确了全国股份转让系统是经国务院批准设立的全国性证券交易场所。

(2) 明确了全国股份转让系统公司的主要职能与公益优先的定位。

(3) 规定了公司的组织架构，如三会一层、专门委员会等要求。

(4) 规定了全国股份转让系统的主要制度框架，为公司制定各项业务规则、细则提供了依据。

第三节　新三板业务规则简析

074. 2009 年新三板业务规则主要有哪些缺陷?

主要有如下缺陷：

(1) 挂牌条件虽然要求不高，但仍然存在一定约束，尤其是对财务状况要求较高，将一部分有挂牌意愿的公司排除在外。

(2) 缺乏灵活、多样的融资政策和组合工具，如初始挂牌不融资、股份限售等，降低了股份公司挂牌的兴趣。

(3) 交易方式受限，只有场外撮合的协议交易模式，主办券商只是作为一般性中介，既不能参与挂牌公司股份的买卖做市，又不能发挥自身优势与潜能，更不能推进合理的市场化定价和股份交易的活跃性。

(4) 参与市场的群体受限，只允许机构和原始自然人股东参与，市场资金量和流动性受到较大限制。

（5）交易最小单位为3万股，大大限制了市场交易的活跃程度。

（6）股东不超过200人的隐性制限，阻挠了股份公司参与新三板挂牌的积极性。

（7）市场规模有限，只在中关村高新区试点，没有扩大到全国。

（8）转板途径未能打通，不仅使企业，也使投资者对该市场的兴趣大打折扣。

总之，2009年新三板的业务制度的诸多缺陷，使得市场对资金、股份公司、投资者的吸引力不足，从而没有充分发挥新三板市场应有的作用。

075. 2013年新三板业务规则制定的原则是什么？

（1）轻松灵活，凸显市场化操作。

（2）放松管制，加强幕后监管。

（3）审慎稳妥、激发活力、急用先行。

（4）针对中关村试点制度的缺陷及优点，做出大幅度调整。

076. 2013年新三板新规有哪些调整和创新？

（1）拓宽与放松挂牌条件：拟挂牌公司不受高新区限制，向全国开放；不受股东性质、人数（可以超过200人）及公司类型的限制；存续满两年的挂牌条件依然延续；“主营业务突出”改为“业务明确”；股权要求明晰；关注公司可持续发展性；强调公司治理完善；撤销地方试点资格确认函。

（2）扩大券商责任，监管以信息披露为核心：实行内核指定专业人员一票否决权；实行主办券商持续、终身督导制度；对挂牌公司信息披露做了更详尽的规定，信息披露的加强有助于形成更为规范的市场环境，降低信息不对称程度；另外，对退出制度也有了更详尽的规定。

（3）实行宽松的股票转让、定向发行豁免政策，支持小额快速融资：全国股转系统公司负责全面审查并就有关问题进行质询，中国证监会主要起到监管作用。

（4）推行能大幅活跃市场的交易制度：解除股票限售；股票转让可以采取协议方式、做市方式、竞价方式或证监会批准的其他转让方式，突破此前仅一种形式的限制；交易申报最小数量从3万股降至1000股；明确规定股票转让不设涨跌幅限制；交易时间有所微调；除股票交易之外，还可以进行可转换债及其他证券品种的交易。

(5) 实施投资者适当性管理制度，突出新三板以机构投资者为主的思想：注册资本500万元人民币以上的法人机构；实缴出资总额500万元人民币以上的合伙企业；集合信托计划、证券公司资产管理计划、银行理财产品、证券投资基金等均可参与全国股转系统挂牌公司的股票投资；个人投资者参与门槛为“500万元+2年投资经验”。

(6) 即将落地的做市商制度：新三板做市转让实施的是竞争性做市商制度，这对券商有更高挑战；关于做市商制度实施和管理规范的专项细则也正在制定过程中。

(7) 值得期待的转板机制：2013年12月16日国务院有关《全国股转系统决定》中已经明确了这一问题，只等实操制度和标准化流程出台。

077. 新三板挂牌准入要点是什么？

①适当调整挂牌准入条件；②允许申请挂牌公司存在未行权完毕的股权（期权）激励；③允许申请挂牌公司在挂牌同时定向发行融资；④有机对接证监会行政许可与全国股转系统自律审查，简化程序，提高效率；⑤明确历史遗留的股东200人以上公司经证监会规范确认，且符合挂牌条件的，可以申请挂牌。

078. 定向融资制度的要点是什么？

一是将定向增资新增股东人数限制放宽到35人（挂牌公司原股东不计算在内）；二是建立小额融资豁免制度；三是建立储架发行制度，一次核准，分批发行；四是为公司债券、可转换公司债券及其他证券品种预留了空间。

079. 交易结算制度的要点是什么？

一是丰富转让方式，股票转让可以采取协议方式、做市方式、竞价方式或证监会批准的其他转让方式；二是单笔报价委托最低股数从30000股调整为1000股；三是将逐笔全额非担保交收方式调整为多边净额担保交收模式；

四是放宽股票限售规定；五是挂牌公司股东人数可以超过 200 人。

080. 挂牌公司监管制度的要点是什么？

（1）规范挂牌公司治理和持续信息披露，突出监管以信息披露为核心。

（2）完善暂停及恢复转让制度，规范公司停牌，保障投资者交易权与知情权。

（3）实行主办券商终身督导制度。

（4）公司挂牌、股份转让、定向发行近似备案制。

081. 主办券商管理制度的要点是什么？

一是取消了对主办券商资格的事前审批，凡是具有证监会批准的相关业务资格并在人员、技术上符合有关要求的证券公司均可以向全国股转系统公司申请备案，获得通过后即可开展相关业务。

二是将主办券商从事业务分为推荐、经纪、做市三类。

082. 投资者适当性管理的要点是什么？

（1）增设机构投资者准入条件：注册资本 500 万元以上的法人机构、实缴出资 500 万元以上的合伙企业，以及集合信托计划、证券投资基金、银行理财产品、证券公司资产管理计划等由金融机构或相关监管部门认可的其他机构管理的金融产品或资产。

（2）允许自然人投资者进入：证券类资产市值 500 万元以上，具有两年以上证券投资经验，或具有会计、金融、投资、财经等相关专业背景或培训经历的个人投资者。

（3）明确定向发行投资者准入标准：《非上市公众公司监督管理办法》第三十六条规定的投资者及符合参与挂牌公司股票公开转让条件的投资者。

083. 退市公司及三板公司的处理办法是什么？

办法要点：一是由全国股份转让系统整体承接，设置单独交易板块；二是将这些公司纳入中国证监会非上市公众公司监管范围和全国股份转让系统公司自律监管范围。

084. 2014年5月后新三板交易平台及功能有哪些重大变化？

新三板交易支持平台建设共分为系统规划设计、软件开发和硬件环境建设、仿真测试、全网测试、全市场通关测试、系统上线6个主要阶段。系统上线阶段分期进行，2014年5月19日上线的第一期推出了协议转让，“两网”、退市公司股票的集合竞价转让等功能，做市转让功能预计将于2014年8月上线。交易系统成功上线后，新三板的交易平台将从深交所的交易系统正式切换到新三板交易支持平台。

一期交易支持平台上线后，单笔报价委托股数最低数量从30000股正式调整为1000股。并增加盘后自动匹配成交功能，即对价格相同、方向相反的投资者定价委托，如果投资者未在规定时间内完成人工点击成交确认，系统将在收盘时进行自动匹配成交。

结算模式调整为多边净额担保交收，即由中国结算为挂牌公司股票转让提供净额担保交收服务，当日收盘后进行清算并办理股票过户和资金簿记处理，次日完成资金交收。

针对市场关心的做市商T+0交易制度问题，新三板采用的是传统竞争性做市商制度，做市转让时间内，投资者之间不能成交。做市商当日买入的做市股票，买入当日可以卖出。此外，每个转让日15：00，即做市转让时间结束后，还有30分钟的做市商间转让时间。设立该段时间的主要目的是供做市商调剂库存，因此，该时间段内做市商买入的股票，买入当日不得卖出。

案例分享

案例04 首例挂牌同步融资的蓝天环保是如何促进价值发现的？

挂牌公司获得了流动性溢价，估值水平较挂牌前会有明显提升。同时，更容易得到风投、PE等股权投资机构的关注，促进价值发现，进一步提升公司品牌、股份等价值的估值。以新三板首例挂牌、融资同步的企业蓝天环保为例来做说明。

蓝天环保（430263），主要从事热力产品供应、供暖设备建筑安装、供暖设备代理销售、供暖设备升级维修等业务。

2013 年初，蓝天环保将挂牌新三板的信息早就被人捕获，在其企业所处的行业与城市消费需求吻合、运行规范与盈利模式前景诱人等价值因素的情况下，再凭借新三板这一平台的价值、宣传催化优势，其股份的溢价和流动性必然大大增加，所以，蓝天环保在登陆新三板的前夕，便得到北京未名雅集投资管理中心的青睐，获得了约 500 万元的投资。北京未名雅集投资管理中心又被称作“北大 PE”，是由俞敏洪和李彦宏等具有北大校友背景的企业家共同发起的 PE 基金。

案例 05 挂牌新三板能促进公司股份定价市场化和财富增值吗？

新三板挂牌公司能够促进其股票定价市场化，提升企业或个人的财富价值。

就企业来说，如紫光华宇（430008），在新三板挂牌一年后股价从 6.18 元暴涨到 13.7 元，财富效应使得股权激励效果立竿见影。

个人财富传奇如金和软件（430024）的栾润峰，2000 年他拿出 60 万元创办了金和软件。2007 年挂牌时利润才 400 万元，目前持有近 500 万股，持股比例在 93% 左右，按 15 元一股计算，已经快成亿万富豪了。不到 10 年的时间财富市值翻了 100 多倍。如果金和软件不挂牌，按私募 6 ~ 8 倍的市盈率估值最多才 3200 万元。

案例 06 日望电子挂牌前如何处理产品对特定细分市场依赖过高的问题？

株洲日望电子科技股份有限公司（简称日望电子，股票代码：430400），成立于 2005 年 12 月 16 日，2012 年 8 月 24 日整体改制为股份有限公司并于 2014 年 1 月 24 日挂牌新三板，注册资本 550 万元。公司主要经营钽电解电容器的研发、生产与销售。公司 90% 以上的主导产品钽电解电容器都销售给航天、航空等军事领域的特定细分客户，市场依赖性高。存在一旦客户大幅减少或取消订货会对公司生产经营产生较大影响的问题。

解决方案：

①分析原因，做出合理解释；②加大新产品开发的力度情况说明；③作重大事项风险提示。

披露信息内容：

目前，本公司主导产品钽电解电容器的主要销售市场分布在航天、航空等军事领域，90%以上的产品销售给这些市场领域的客户，因此，公司对现有市场存在较高的依赖度。一旦公司现有客户大幅减少或取消对公司的订货，将直接影响公司的生产和经营。

公司的现有客户往往具有订制下单、需求个性化强的特点，并且对电子元器件的高可靠性有特殊的要求，因此要求供应商具备较强的产品研发能力、较好的生产和检测装备水平以及良好的售后跟踪服务。所以这些客户希望与供应商长期合作，不会轻易放弃现有的合作关系。

目前，公司与军方的合作关系较为稳定，短期内客户变动及丧失的风险较小。公司未来在维护现有军方客户的基础上，通过积累的技术优势、资本优势以及管理优势，大力开发新产品，积极寻求扩展军品和开拓民品领域的机遇。

CHAPTER3
第三章

新三板挂牌条件解读

第一节　挂牌条件概述

085. 股份公司申请新三板股票挂牌的条件是什么？

根据《全国中小企业股份转让系统业务规则（试行）》（以下简称《业务规则》）的规定，股份有限公司申请股票在全国股份转让系统挂牌，不受股东所有制性质的限制，不限于高新技术企业，应当符合下列6项条件：

（1）依法设立且存续满两年。有限责任公司按原账面净资产值折股整体变更为股份有限公司的，存续时间可以从有限责任公司成立之日起计算。

（2）业务明确，具有持续经营能力。

（3）公司治理机制健全，合法规范经营。

（4）股权明晰，股票发行和转让行为合法合规。

（5）主办券商推荐并持续督导。

（6）全国股份转让系统公司要求的其他条件。

2013年12月13日国务院发布的《关于全国中小企业股份转让系统有关问题的决定》中明确的内容包括：业务明确、产权清晰、依法规范经营、公司治理健全，可以尚未盈利。

086. 如何理解股份公司申请新三板股票挂牌的条件?

从上述股转系统6条实质性挂牌条件来看，不设财务指标的“零门槛”，大大增加了准入企业的范围，为符合规范性要求、合法合规经营的中小民营企业敞开了资本市场的大门。

但在实务操作中，对于上述6项“软指标”的认定给中介机构的核查与判断带来了更大的挑战。作为挂牌服务机构的主办券商、律师事务所、会计师事务所等该如何来掌握核查的尺度，参照IPO的核查验证标准似乎过于严苛，但要求放得过宽似乎又加大了执业的风险。

2013年6月20日，系统公司颁布《全国中小企业股份转让系统股票挂牌条件适用基本标准指引（试行）》，明确了新三板挂牌条件细则：股份有限公司申请在新三板挂牌，不问出生、不问姓名、不问贫富、不问区域，但要“可把控、可举证、可识别”。所以，在保证真实、准确、完整、及时的信息披露要求的同时，避免虚假记载、重大遗漏、误导性陈述等原则和行事准则对中介机构更为重要。

087. 2013版新三板对拟挂牌公司要求的10大新突破是什么?

2013版新三板与2009版新三板比较起来，有着重大的创新性突破。在拟挂牌要求方面主要体现在：

一是适当调整挂牌准入条件，挂牌企业不设置财务指标要求，将条件中的“主营业务突出”调整为“业务明确”，由市场和投资者自主判断。

二是与《非上市公司监督管理办法》对接，在挂牌条件中增设“股权明晰”要求，这是股权转让的基本前提。

三是规定挂牌企业股东不受所有制性质限制，不限于高新技术企业，符合规定传统企业及新兴业态企业均可挂牌。

四是允许挂牌企业存在未行权完毕的股权（期权）激励计划。

五是强调信息披露，不做实质性判断，交由市场和投资者自主判断。

六是豁免做市商挂牌前受让的控股股东、实际控制人股票的限售要求，以解决做市初始股票来源问题。

七是允许申请挂牌公司在挂牌同时定向发行融资。

八是有机对接证监会行政许可与全国股份转让系统自律审查，简化程序，提高效率。

九是取消地方政府确认函要求。

十是明确股东人数超过200人（含历史遗留股东问题）的股份有限公司经证监会规范确认，且符合挂牌条件的，可以申请挂牌。

088. 低门槛是否会使新三板挂牌公司数量庞大、鱼龙混杂？

挂牌公司数量是一定会跨越式增加的，这正是新三板新制度的重要目标之一，但是不会出现鱼龙混杂的情况，原因如下：

（1）低门槛恰恰能造就最为丰富的市场范围和内涵。

（2）“没有盈利指标”实际上是要求最高的门槛。巨大风险的压力下，不仅使中介督导及服务更为负责和专业，而且能锤炼出一批优秀的中介队伍，使市场更趋价值化。

（3）充分发挥市场化选择机制，优胜劣汰，市场前景不可限量。

（4）未来市场有可能分层，建立精选市场和小微企业市场等。

089. 经营美容、造纸、教育等业务的公司都可以挂牌新三板吗？

新三板新规明确，挂牌新三板企业没有行业限制，没有业绩要求，没有股东所有权限制，不要求是高新技术企业。所以，这些行业的公司只要符合相关条件，都可以到新三板去挂牌。

对于这一新规，行业笑话说：“是个企业，2年，净资产超过500万，就可挂牌。”这说明了新三板挂牌的门槛是比较低的。这也是我国目前经济转型与解决中小微型企业融资难问题的制度性政策变革之一。当然，随着未来新三板的扩容，各类监管、市场化选择的制度和机制将会逐步完善。

090. 目前新三板挂牌公司的主要特征是什么？

虽然，新三板挂牌的门槛很低，从目前的情况看，其挂牌公司主要表现出如下特点：

（1）处于成长早期，有成熟的盈利模式。

(2) 具有较好的成长潜力和广阔的发展前景，高成长性。

(3) 掌握自主核心技术，且极其重视持续研发以保持技术领先优势。

(4) 集中于高科技产业或新兴业态，轻资产特征明显。

(5) 专业人才创业，创业者或创业团队往往都是本行业的专家，或是海归学者。

091. 国有企业或者外资企业是否可以申请挂牌？

根据全国股转系统公司官网披露的“常见问答一”解答，《业务规则》第2.1条规定：股份有限公司申请股票在全国股份转让系统挂牌，不受股东所有制性质的限制。因此，符合条件的境内股份公司包括民营企业、国有企业和外资企业均可申请挂牌，对国有或外资持股比例、股东背景也无特殊要求。

如申请挂牌的股份公司存在国有股东或外资股东，申请挂牌材料除常规材料以外，还需增加“国有资产管理部门出具的国有股权设置批复文件及商务主管部门出具的外资股确认文件”。

092. 高新园区的企业申请挂牌是否有行业限制？

《业务规则》第2.1条规定：股份有限公司申请股票在全国股份转让系统挂牌……不限于高新技术企业。从促进产业结构调整的角度，我们鼓励高新技术产业、现代服务产业、高端装备制造产业等战略性新兴产业及新兴业态的企业申请挂牌，同时也接收传统行业企业的挂牌申请。

093. 区域性股权交易市场挂牌公司申请新三板挂牌的前提条件是什么？

全国股转系统公司官网披露的“新三板常见问题解答”对此问题的回答是：

“根据《国务院决定》相关规定，在符合《国务院关于清理整顿各类交易场所切实防范金融风险的决定》（国发〔2011〕38号）要求的区域性股权交易市场进行股权非公开转让的公司，符合挂牌条件的，可以申请在全国股份转让系统挂牌公开转让股份。

“对于在已通过国务院清理整顿各类交易场所部际联席会议检查验收的区域性股权交易市场挂牌的公司，申请在全国股份转让系统挂牌前须暂停其股份转让（或摘牌）；取得全国股份转让系统公司出具的同意挂牌的函后，必须在办理股份初始登记前完成在区域性股权交易市场的摘牌手续。

“对于在《国务院决定》发布之前，已在尚未通过国务院清理整顿各类交易场所部际联席会议检查验收的区域性股权交易市场挂牌的公司，须在申请挂牌前完成摘牌手续，由主办券商和律师核查其在区域性股权交易市场挂牌期间是否符合国发〔2011〕38 号的规定，并发布明确意见。

“对于在《国务院决定》发布之后，在尚未通过国务院清理整顿各类交易场所部际联席会议检查验收的区域性股权交易市场挂牌的公司，全国股份转让系统公司将在该区域性股权交易市场通过国务院清理整顿各类交易场所部际联席会议检查验收后受理其挂牌公开转让的申请。”

094. 申请挂牌企业是否需要政府出具确认函？

考虑到中国证监会已与相关省级政府签署监管合作备忘录，明确了地方政府在挂牌公司后续监管和风险处置中的责任。因此，《业务规则》取消了中关村试点期间关于“申请挂牌公司应取得省级人民政府出具的非上市公司股份报价转让试点资格确认函”的规定。

095. 股东人数超过 200 人的企业如何申请挂牌？分哪两种情况？

这两种情况是指，第一种情况：非上市股份公司在未申请新三板挂牌之前股东人数就超过 200 人；第二种情况：非上市股份公司在新三板挂牌前不到 200 人，挂牌后通过转让和增资等使股东人数超过了 200 人。

对于第一种情况，公司需要经证监会核准后，方能申请在新三板挂牌转让。依据是：2013 年 12 月 16 日中国证监会修订的《非上市公众公司监督管理办法》第三十八条规定：“本办法施行前股东人数超过 200 人的股份有限公司，符合条件的，可以申请在全国中小企业股份转让系统挂牌公开转让股票、首次公开发行并在证券交易所上市。”同年 12 月 30 日全国股转系统公司依照上述办法修订《全国中小企业股份转让系统业务规则（试行）》并规定：“股东人数超过二百人的股份有限公司，公开转让申请经中国证监会核准后，可以按照本业务规则的规定向全国股份转让系统公司申请挂牌。”

第二种情况下公司申请新三板挂牌，按照相关规定，证监会豁免核准。对于豁免核准的公司，虽然证监会不出具批复文件，但是这类公司也将被纳入非上市公众公司监管，在法律属性和监管要求上与经过核准程序的挂牌公司没有差别。因此，对于豁免核准的挂牌公司，股东通过转让股份导致挂牌公司股东人数超过200人时，不再需要重新向证监会申请核准。

096. 如何了解各地支持企业到新三板挂牌的政策？

自全国股转系统公司运营以来，各地相关省市县区、高新区、经开区等均出台了支持企业到新三板挂牌的政策，以激发企业的积极性。相关政策可到企业所在地政府金融主管部门了解具体情况。

第二节　依法设立，存续期满两年

097. 如何理解拟挂牌公司依法设立且存续满两年？

依法设立，是指公司依据《公司法》等法律、法规及规章的规定向公司登记机关申请登记，并已取得《企业法人营业执照》。

一是公司设立的主体、程序合法、合规，主要内容如下：

（1）国有企业须提供相应的国有资产监督管理机构或国务院、地方政府授权的其他部门、机构关于国有股权设置的批复文件。

（2）外商投资企业须提供商务主管部门出具的设立批复文件。

（3）《公司法》修改（2006年1月1日）前设立的股份公司，须取得国务院授权部门或者省级人民政府的批准文件。

二是公司股东的出资合法、合规，出资方式及比例应符合《公司法》相关规定，主要内容如下：

（1）以实物、知识产权、土地使用权等非货币财产出资的，应当评估作价，核实财产，明确权属，财产权转移手续办理完毕。

（2）以国有资产出资的，应遵守有关国有资产评估的规定。

（3）公司注册资本缴足，不存在出资不实情形。

存续满 2 年是指存续 2 个完整的会计年度。有限责任公司按原账面净资产值折股整体变更为股份有限公司的，存续时间可以从有限责任公司成立之日起计算。整体变更不应改变历史成本计价原则，不应根据资产评估结果进行账务调整，应以改制基准日经审计的净资产额为依据折合为股份有限公司股本。申报财务报表最近一期截止日不得早于改制基准日。

特别提示：若以评估值进行调账，则业绩不能连续计算，只能从改制基准日起算 2 个完整的会计年度。

098. 对“依法设立且存续满 2 年”条件判断的依据是什么？

对“依法设立且存续满 2 年”条件判断的依据主要有：

（1）从有限责任公司设立起到挂牌申请是否已经满 2 年，是否依法注册取得了《企业法人营业执照》。

（2）从有限责任公司设立到整体变更为股份有限公司的过程中，是否取得了主管部门的批复文件。

（3）历次出资是否到位，是否按照规定进行了评估和验资。

（4）有限责任公司整体变更为股份有限公司时，是否按经审计的账面净资产折股（非评估结果），账面净资产是否大于折股后的股本。

（5）经营过程中是否存在受到工商行政处罚的情形。

（6）有限责任公司成立以来是否通过历次工商年检。

（7）在《公司章程》或其他合同、协议中是否存在可能导致公司主体资格终止的内容。

（8）公司是否存在营业期届满，股东大会决议解散，因合并或者分立而解散，不能清偿到期债务被宣告破产，违反法律、法规被依法责令关闭等需要终止的情形。

099. 怎样确认完整的会计年度？

根据《中华人民共和国会计法》（1999 年修订），会计年度自公历 1 月 1

日起至12月31日止。因此2个完整的会计年度实际上指的是2个完整的年度。

在实际操作中，存续满2年的股份公司，过了年检的一般不存在计算的障碍。

100. 有限责任公司怎样变更方可连续计算存续期?

（1）非公司制企业变更为股份公司不满足要求，有限责任公司能连续计算是因为有限公司是按照《公司法》运营的，而非公司制企业未按照《公司法》运作。

（2）有限公司必须是整体变更，必须以审计结果验资、以净资产折股的才能连续计算存续期；如有以评估结果验资、出现调账、股本与股东改变等情况都不能连续计算存续期。

（3）申报的审计报告不能早于股改基准日。

101. 有限公司整体变更时，是以合并会计报表净资产折股还是以母公司会计报表净资产折股?

按照深圳证券交易所2011年5月发布的《中小企业板、创业板股票发行上市问答》：由于存在内部利润抵消等因素，合并会计报表净资产可能不等于母公司会计报表净资产，因此应以母公司会计报表净资产折股。

《公司法》第九条：有限责任公司变更为股份有限公司，应当符合本法规定的股份有限公司的条件。股份有限公司变更为有限责任公司，应当符合本法规定的有限责任公司的条件。

102. 如何理解公司出资到位的问题?

按照深圳证券交易所2011年5月发布的《中小企业板、创业板股票发行上市问答》：根据《公司法》和《公司注册资本登记管理规定》，股东或者发起人应当按期足额缴纳公司章程中规定的各自所认缴的出资额或者所认购的股份。因此，发起人或股东应当做到以下两点：

（1）及时足额缴纳出资。注册资本中以货币出资的，股东应当将其认缴的出资足额存入新设立公司所在地银行的“专用账户”。公司成立前，任何单位和个人不得动用“专用账户”内的资金。对于注册资本中以非货币性资产出资的，公司章程应当就资产转移的方式、期限等作出规定，并按章程规定办理资产转移和产权过户手续。

（2）不得虚假出资或抽逃资本。在公司成立后，不得非法抽逃其出资或转走其出资。包括抽回其股本、转走其作为股金存入银行的资金、将已经作价出资的房屋产权、土地使用权又转移于他人等。

103. 如何处理无形资产出资属于职务发明的问题？

实践中拟挂牌转让的公司多存在股东以无形资产评估出资的情况，如果属于股东在公司任职的时候形成的，无论是否以专利技术或者非专利技术出资，股东都有可能涉嫌利用公司提供物质或者其他条件完成该等职务成果（职务发明）。该等专利技术或者非专利技术应当属于职务成果（职务发明），应当归属于公司。

因为职务成果或者职务发明已经评估、验资并过户至公司，此种情况下，一般的做法是通过减资程序规范，财务上将已经减掉的无形资产做专项处理，并将通过减资置换出来的无形资产无偿赠送给公司使用，但是此种情况下，该等无形资产研发费用不能计提。

需要注意的是，实践中有些地方工商登记部门允许企业通过现金替换无形资产出资，存在处理无形资产出资不规范问题。但是大部分工商登记部门因为法律上没有相关规定，拒绝公司通过现金置换无形资产出资的方案，但是减资是《公司法》允许的方案，工商登记部门容易接受，虽然不能进行专项减资，即专项减掉无形资产，但会计师可以在减资的验资报告中进行公司本次减资的标的是无形资产的专项说明。

104. 如何处理无形资产出资与主营业务相关的问题？

实践中，有些企业为了申报高新技术企业，存在创始股东与大学合作、购买与公司主营业务无关的无形资产通过评估出资至公司的情况，或者股东自己拥有的专利技术、非专利技术因为种种原因，虽然评估出资至公司，但是由于公司后来主营业务发生变化或者其他原因，从来没有使用过该等无形资产，则该等行为涉嫌出资不实，需要通过减资程序予以规范。

105. 如何解决无形资产出资未到位的问题？

实践中，有些企业股东以无形资产出资至公司，但是后续并未办理资产过户手续，该等情形一般根据中介机构的意见在股改前整改规范即可。

106. 其他有关历史上出资不规范的情形有哪些？

其他有关历史上出资不规范的情形：

（1）历史上增资存在代验资问题或者涉嫌抽逃出资情形。对于拟挂牌企业历史上存在代验资的问题，应当由相关股东按照出资比例补足，不应当再继续采用挂账方式处理。

（2）对于大股东出资后将注册资本挪作私用的，涉嫌抽逃出资，应当尽快归还，并适当计息。

107. 某公司股东出资的机器设备未过户影响挂牌吗？

影响。新三板挂牌条件中明确有“以实物、知识产权、土地使用权等非货币财产出资的，应当评估作价，核实财产，明确权属，财产权转移手续办理完毕”的规定。机器设备属于实物出资，未过户是存在挂牌障碍的。

108. 如何解决公司存在中介代验资的问题？

实践中，有些公司在创业初期存在找中介公司进行代验资的情形，也有一些从事特殊行业的公司，因相关法律规定注册资本达到一定的标准才可以从事某些行业或者可以参与某些项目的招投标而找中介公司进行代验资的情形。该等情形涉嫌虚假出资，大部分企业在财务上处理该等问题时，验资进来的现金很快转给中介公司提供的关联公司，而拟挂牌公司在财务报表上以应收账款长期挂账处理。

该等情况的解决方案一般是，公司股东找到相关代验资的中介，由股东将曾经代验资的款项归还给该中介，并要求中介机构将公司目前挂的应收账款收回。如果拟挂牌公司已经将代验资进来的注册资本通过虚构合同的方式支付出去，或者做坏账销掉，则构成虚假出资，该等情形，中介机构需要慎重处理，本着解决问题、规范公司历史上存在的法律瑕疵的意愿，在公司没有造成损害社会及他人利益的情况下，促使公司根据中介机构给出的意见进行补足，具体应当以审计师给出的意见做财务处理。

109. 对公务员、事业单位人员兴办企业或在企业任职有何规定？

《公务员法》规定，公务员不得从事或者参与营利性活动，在企业或者其他营利性组织中兼任职务。公务员因工作需要在机关外兼职，应当经有关机关批准，并不得领取兼职报酬。公务员辞去公职或者退休的，原系领导成员的公务员在离职3年内，其他公务员在离职2年内，不得到与原工作业务直接相关的企业或者其他营利性组织任职，不得从事与原工作业务直接相关的营利性活动。

《中国共产党党员领导干部廉洁从政若干准则》（2010年2月23日）规定：党的机关、人大机关、行政机关、政协机关、审判机关、检察机关中县（处)级以上党员领导干部；人民团体、事业单位中相当于县（处）级以上党员领导干部。国有和国有控股企业（含国有和国有控股金融企业）及其分支机构领导人员中的党员；县（市、区、旗）直属机关、审判机关、检察机关的科级党员负责人，乡镇（街道）党员负责人，基层站所的党员负责人参照执行本准则。禁止私自从事营利性活动。不准有下列行为：① 个人或者借他人名义经商、办企业；② 违反规定拥有非上市公司（企业）的股份或者证券；③ 违反规定买卖股票或者进行其他证券投资；④个人在国（境）外注册公司或者投资入股；⑤ 违反规定在经济实体、社会团体等单位中兼职或者兼职取酬，以及从事有偿中介活动；⑥ 离职或者退休后3年内，接受原任职务管辖的地区和业务范围内的民营企业、外商投资企业和中介机构的聘任，或者个人从事与原任职务管辖业务相关的营利性活动。

《中共中央纪委、教育部、监察部关于加强高等学校反腐倡廉建设的意见》（教监〔2008〕15号）规定：学校党政领导班子成员应集中精力做好本职工作，除因工作需要、经批准在学校设立的高校资产管理公司兼职外，一律不得在校内外其他经济实体中兼职。确需在高校资产管理公司兼职的，须经党委（常委）会集体研究决定，并报学校上级主管部门批准和上级纪检监察部门备案，兼职不得领取报酬。学校党政领导班子成员不得在院系等所属单位违规领取奖金、津贴等；除作为技术完成人，不得通过奖励性渠道持有高校企业的股份。要加强对领导干部遵守党的政治纪律、贯彻落实科学发展观、执行民主集中制、遵守廉洁自律规定和执行党风廉政建设责任制等情况的监督。

110. 如何确认国有资金投资公司的程序合规合法？

实践中拟上新三板的公司多为高新技术企业，一些公司曾有国有企业或者国有创业引导基金前期投资及退出情况，所以要特别关注其投资、退出时是否履行了国有股权投资、退出的法律程序：

投资时，是否经有权部门履行了决策程序，是否对拟投资的公司进行过评估、备案，是否需要国有资产监督管理部门批准；增资扩股时，是否同比例增资，如未同比例增资，是否履行评估、备案手续；国有股退出时，是否履行了评估、备案，是否在产权交易所进行了交易等。

111. 国有资产折股应符合什么要求？

按照深圳证券交易所2011年5月发布的《中小企业板、创业板股票发行上市问答》：根据《股份有限公司国有股权管理暂行办法》、《企业国有产权转让管理暂行办法》和《企业国有资产评估管理暂行办法》等规定，国有资产折股应当符合以下基本要求：

（1）国有资产作价入股必须进行资产评估。国有资产的转让方应当委托具有相关资质的资产评估机构，依照国家有关规定进行资产评估。评估报告经核准或者备案后，作为确定企业国有产权转让价格的参考依据。

（2）国有资产作价入股时，企业应当以经核准或备案的资产评估结果为作价参考依据；当交易价格低于评估结果的90%时，应当暂停交易，在获得原经济行为批准机构同意后方可继续交易。

（3）国有资产严禁低估作价折股。一般应以评估确认后的净资产折为国有股的股本。如不全部折股，则折股方案须与募股方案和预计发行价格一并考虑，但折股比率（国有股股本/发行前国有净资产）不得低于65%。

第三节　业务明确，能持续经营

112. 如何理解业务明确，具有持续经营能力？

业务明确，是指公司能够明确、具体地阐述其经营的业务、产品或服务、用途及其商业模式等信息。

公司可同时经营一种或多种业务，每种业务应具有相应的关键资源要素，该要素组成应具有投入、处理和产出能力，能够与商业合同、收入或成本费用等相匹配。

（1）公司业务如需主管部门审批，应取得相应的资质、许可或特许经营权等。

（2）公司业务须遵守法律、行政法规和规章的规定，符合国家产业政策以及环保、质量、安全等要求。

持续经营能力，是指公司基于报告期内的生产经营状况，在可预见的将来，有能力按照既定目标持续经营下去。

（1）公司业务在报告期内应有持续的营运记录，不应仅存在偶发性交易或事项。营运记录包括现金流量、营业收入、交易客户、研发费用支出等。

（2）公司应按照《企业会计准则》的规定编制并披露报告期内的财务报表，公司不存在《中国注册会计师审计准则第 1324 号——持续经营》中列举的影响其持续经营能力的相关事项，并由具有证券期货相关业务资格的会计师事务所出具标准无保留意见的审计报告。

财务报表被出具带强调事项段的无保留审计意见的，应全文披露审计报告正文以及董事会、监事会和注册会计师对强调事项的详细说明，并披露董事会和监事会对审计报告涉及事项的处理情况，说明该事项对公司的影响是否重大、影响是否已经消除、违反公允性的事项是否已予以纠正。

（3）公司不存在依据《公司法》第一百八十一条规定解散的情形，或法院依法受理重整、和解或者破产申请的情形。

113. 关于“持续经营能力”，公司在实践中需要注意什么？

“利润”是反映公司持续经营能力的一项重要指标。对很多创业型企业来说，由于规模较小，税收往往对公司的净利润形成较大的影响。

虽然新三板并未对拟挂牌公司提出利润要求，但是实践中挂牌的公司基本上都实现了盈利，且实践中有些公司为了做成盈利而虚构部分业务合同。建议公司不要为了做盈利而虚构合同，得不偿失。

实践中拟上新三板的公司多为创业型企业，部分公司在报告期存在核定征税问题。这种情况下，一是要尽快根据会计师的意见调整为查账征收；二是要规范公司财务管理制度和内控制度。

114. 公司不能持续经营条款中的解散情形包括哪些内容？

《公司法》第一百八十一条规定的解散原因有：

（1）公司章程规定的营业期限届满或者公司章程规定的其他解散事由出现。

（2）股东会或者股东大会决议解散。

（3）因公司合并或者分立需要解散。

（4）依法被吊销营业执照、责令关闭或者被撤销。

（5）人民法院依照本法第一百八十三条的规定予以解散。

115. 拟挂牌公司可能存在不具备持续经营能力的情形有哪些？

《中国注册会计师审计准则第1324号——持续经营》列举的审计单位认为公司存在的可能导致对持续经营假设产生重大疑虑的事项或情况主要包括：

（1）财务方面：无法偿还到期债务；无法偿还即将到期且难以展期的借款；无法继续履行重大借款合同中的有关条款；存在大额的逾期未缴税金；累计经营性亏损数额巨大；过度依赖短期借款筹资；无法获得供应商的正常商业信用；难以获得开发必要新产品或进行必要投资所需资金；资不抵债；营运资金出现负数；经营活动产生的现金流量净额为负数；大股东长期占用巨额资金；重要子公司无法持续经营且未进行处理；存在大量长期未作处理

的不良资产；存在因对外巨额担保等或有事项引发的或有负债。

（2）经营方面：关键管理人员离职且无人替代；主导产品不符合国家产业政策；失去主要市场、特许权或主要供应商；人力资源或重要原材料短缺。

（3）其他方面：严重违反有关法律法规或政策；异常原因导致停工、停产；有关法律法规或政策的变化可能造成重大不利影响；经营期限即将到期且无意继续经营；投资者未履行协议、合同、章程规定的义务，并有可能造成重大不利影响；因自然灾害、战争等不可抗力因素遭受严重损失。

116. 某公司既做汽车配件又搞网络游戏能上新三板吗？

能，因为新三板挂牌条件明确指出“公司可同时经营一种或多种业务”。

但是，公司需要在转让说明书中论证“每种业务应具有相应的关键资源要素，该要素组成应具有投入、处理和产出能力，能够与商业合同、收入或成本费用等相匹配”。

117. 拟挂牌公司在征税方面一般存在什么问题？

实践中，上新三板的企业多为创业型企业，部分企业在报告期存在核定征税问题，核定征税的依据是企业规模小，财务不规范，鉴于上新三板的企业只需要两个完整的会计年度，建议公司如存在该等情形，应当尽快与税务机关申请调整为查账征收，并运行两个完整的会计年度后再挂牌转让。

118. 拟挂牌公司在补税方面一般存在什么问题？

中小企业在创业阶段或者发展阶段，隐藏一部分收入问题比较常见，企业拟挂牌转让，经会计师审计后，发现了财务不规范问题，虽然可以通过财务处理解决，但是需要补增值税或者所得税。那么此种情况下，企业需要权衡挂牌转让的利弊，但是退一步讲，企业迟早要规范、诚信、守法经营，企业主动规范财务问题、补缴税收，税务机关一般不会给予行政处罚，但是如果被税务机关在核查过程中发现该等问题，轻则给予行政处罚，重则构成偷税、漏税，触犯刑法，移交司法机关处理。

119. 对持续处于亏损状态的公司拟挂牌新三板有何建议?

新三板新规对业务明确提出了细化要求，即公司可同时经营一种或多种业务，每种业务应具有相应的关键资源要素，该要素组成应具有投入、处理和产出能力，能够与商业合同、收入或成本费用等相匹配。

以上要求没有对拟挂牌公司提出利润要求，但是如果拟挂牌公司持续处于亏损状态，分两类情况来看待：

那些属于“三高六新”即高增长、高科技、高附加值以及新经济、新农村、新服务、新能源、新材料、新模式，或“七大战略新兴产业”即节能环保、新兴信息产业、生物产业、新能源、新能源汽车、高端装备制造业和新材料等产业中的企业，虽然处于亏损状态，但具备很好的发展潜力，可以考虑通过新三板扩大知名度以获得私募债等融资机会。

如果不属于上述范畴的公司，又处于很强的市场竞争状态之中并且亏损，其挂牌的意义不大，一般中介机构也不会鼓励此类企业到新三板挂牌转让。如果企业为了申请政府补贴、银行授信贷款或者存在侥幸心理去融资，是完全没有必要的，企业不但要付出一定的成本，而且随着新三板规模的扩大，投资人日益成熟，只有优质的企业才会受到投资人青睐。

120. 拟挂牌公司为控股集团公司，没有实际业务可否挂牌?

这要看这家控股母公司的收入和利润大多数是由哪些子公司贡献的，框定那些构成母公司主要收入和利润的子公司。只要这些子公司构成的控股母公司达到“业务明确，能持续经营”的要求，是可以挂牌的。只是这样的业务，对主办券商来说，做起来很辛苦，持续督导很难，风险也很大。因为对框定的子公司要像审查母公司一样一家一家进行审核，做材料。

第四节　治理健全，经营合法有效

121. 如何理解“公司治理机制健全，合法规范经营”？

公司治理机制健全，是指公司应按规定建立由股东大会、董事会、监事会和高级管理层（以下简称“三会一层”）组成的公司治理架构，制定相应的公司治理制度，并能证明治理架构有效运行，保护股东权益。

一是公司依法建立“三会一层”，并按照《公司法》、《非上市公众公司监督管理办法》及《非上市公众公司监管指引第 3 号——章程必备条款》等规定建立公司治理制度。

二是公司“三会一层”应按照公司治理制度进行规范运作。在报告期内的有限公司阶段应遵守《公司法》的相关规定。

三是公司董事会应对报告期内公司治理机制执行情况进行讨论、评估。

合法合规经营，是指公司及其控股股东、实际控制人、董事、监事、高级管理人员须依法开展经营活动，经营行为合法、合规，不存在重大违法违规行为，具体判断依据如下：

一是公司的重大违法违规行为是指公司最近 24 个月内因违犯国家法律、行政法规、规章的行为，受到刑事处罚或适用重大违法违规情形的行政处罚。

（1）行政处罚是指经济管理部门对涉及公司经营活动的违法违规行为给予的行政处罚。

（2）重大违法违规情形是指，凡被行政处罚的实施机关给予没收违法所得、没收非法财物以上行政处罚的行为，但处罚机关依法认定不属于的除外；被行政处罚的实施机关给予罚款的行为，除主办券商和律师能依法合理说明或处罚机关认定该行为不属于重大违法违规行为的外，都视为重大违法违规情形。

（3）公司最近 24 个月内不存在涉嫌犯罪被司法机关立案侦查，尚未有明确结论意见的情形。

二是控股股东、实际控制人合法合规是指最近24个月内不存在涉及以下情形的重大违法违规行为：① 控股股东、实际控制人受刑事处罚；② 受到与公司规范经营相关的行政处罚，且情节严重，情节严重的界定参照前述规定；③ 涉嫌犯罪被司法机关立案侦查，尚未有明确结论意见。

三是现任董事、监事和高级管理人员应具备和遵守《公司法》规定的任职资格和义务，不应存在最近24个月内受到中国证监会行政处罚或者被采取证券市场禁入措施的情形。

公司报告期内不应存在股东包括控股股东、实际控制人及其关联方占用公司资金、资产或其他资源的情形。如有，应在申请挂牌前予以归还或规范。

公司应设有独立财务部门进行独立的财务会计核算，相关会计政策能如实反映企业财务状况、经营成果和现金流量。

122. 如何认定拟挂牌公司“公司治理机制健全，合法规范经营”？

根据全国股转系统公司的要求，中介机构在对“公司治理机制健全，合法规范经营”的认定中主要关注以下几个方面：

一是股份公司设立时股东大会召开、董事会的选举和召开、监事会的选举和召开是否符合法律规定，以及高级管理人员是否依照《公司法》及《公司章程》选举产生。

二是公司是否建立了健全的公司治理制度，包括但不限于《股东大会议事规则》、《董事会议事规则》和《关联交易管理办法》等。

三是股东公司成立以来，公司的内控制度和各项议事规则是否得到有效执行，是否建立了与生产经营相适应的组织机构等，各自主机构是否权责清晰。

四是如有必要需要向主管部门如工商、税务等部门了解公司遵守法纪情况。

五是获取控股股东、实际控制人和管理层的无不良诚信状况的证明资料以及无违法违规行为的证明资料。

123. 实践中拟挂牌公司的治理情况怎样?

实践中拟上新三板的企业公司治理相对较弱，部分企业尚未建立董事会，或者董事会成员主要为家族成员。

（1）建议在股改的时候规范公司的“三会一层”，存在家族成员控制董事会情形的，适当引进公司管理层或者外部董事。

（2）重视公司三会治理制度，公司经营应当严格按照公司章程等公司制度执行，提早适应挂牌后的信息披露要求。

124. 实践中拟挂牌公司对治理等制度的理解和重视程度怎样?

实践中，大部分新三板挂牌企业董事会秘书由主管业务经营的高管兼任，当然，这是允许的。另外，公司也没有配备较为熟悉资本市场的证券事务代表，甚至大部分新三板企业并没有设置这个岗位。所以除了公司老板、财务负责人、董事会秘书了解一定的新三板概况外，其他人员对信息披露、制度建设并不是非常熟悉，甚至很多公司老板都没仔细看过律师为公司起草的三会议事规则、信息披露制度等文件。然而，熟悉规则的人才会利用规则，不熟悉规则的企业即便上了新三板也是形在神不在。

125. 公司董事、高管最近 1 年发生变动，影响挂牌吗?

不影响。新三板相关挂牌条件及指引中并未对此做出要求。要求公司董事和高管不能发生重大变化，是发行上市的要求，其中创业板为“最近 2 年”，主板为“最近 3 年”。

126. 拟挂牌公司“合法规范经营”在实践中常出现什么问题?

对拟挂牌公司“合法规范经营”这一项要求，实践中常出现的问题包括以下几个：

（1）处罚问题：一是关注是否存在税务、工商、环保处罚；二是凡是被罚款以上的处罚，均需要处罚机关出具不属于重大违法违规行为的证明；三是董事、监事、高管应当在中国人民银行征信系统中信用记录良好，不存在失信行为。

(2) 资金、资产占用问题：公司存在报告期内公司股东占用公司资金、资产等情形的，应当及时清理、归还，并出具规范控股股东占用公司资金的承诺函等。

(3) 其他问题：①实际控制人、董事、监事、高管人员是否设立过其他公司或者在其他公司担任法定代表人，而该公司可能存在未年检被吊销营业执照的情形；②董监高被列入黑名单而不能在拟挂牌企业担任董监高及法定代表人。

127. 公司“两块牌子、一套人马”违背了规范经营的什么原则？

违背了公司规范经营的“独立性”原则，公司自身及其控股股东都应在业务（产、供、销）、资产、机构、财务和人员等方面保持独立。

“两块牌子、一套人马”至少存在人员、机构设置的非独立情况。所谓机构独立是指公司控股股东及其职能部门与公司及其职能部门之间没有上下级关系，公司董事会、监事会及其他内部机构应独立运作。所谓公司的人员独立，是指人员公司的经理人员、财务负责人、营销负责人和董事会秘书在控股股东单位不得担任除董事以外的其他职务；控股股东高级管理人员兼任公司董事的，应保证有足够的时间和精力承担公司的工作。

128. 新三板拟挂牌公司董事长可以兼总经理吗？

可以。法规对拟挂牌公司董事长兼总经理没有限制。

129. 公司与其他公司相互拆借，是否属于违规经营？

是违规经营。根据我国相关法律法规规定，非金融企业之间不允许相互拆借资金。

130. 什么是控股股东及实际控制人？

控股股东是指：①出资额占有限责任公司资本总额50%以上或者其持有的股份占股份有限公司股本总额50%以上的股东；②出资额或者持

有股份的比例虽然不足50%，但依其出资额或者持有的股份所享有的表决权已足以对股东会、股东大会的决议产生重大影响的股东。

实际控制人是指虽不是公司的股东，但通过投资关系、协议或者其他安排，能够实际支配公司行为的自然人或法人。

131. 公司实际控制人和控股股东近1年来发生变更，影响挂牌吗？

不影响。《全国中小企业股份转让系统股票挂牌条件适用基本标准指引（试行）》及其他制度没有要求公司实际控制人和控股股东最近2年内不能发生变更。自然，公司实际控制人和股东近一年来发生变更也是不影响挂牌的。

132. 会计师事务所出具的审计意见有哪些类型？

会计师事务所对财务报表进行审计出具的审计意见分为5种类型，分别是：

（1）无保留意见。说明审计师认为被审计者编制的财务报表已按照适用的会计准则的规定编制并在所有重大方面公允反映了被审计者的财务状况、经营成果和现金流量。无保留意见包括“标准无保留意见”和“带强调事项段的无保留审计意见”等。

（2）带强调事项段的无保留意见。说明审计师认为被审计者编制的财务报表符合相关会计准则的要求并在所有重大方面公允反映了被审计者的财务状况、经营成果和现金流量，但是存在需要说明的事项，如对持续经营能力产生重大疑虑及重大不确定事项等。

(3) 保留意见。说明审计师认为财务报表整体是公允的，但是存在影响重大的错报。

(4) 否定意见。说明审计师认为财务报表整体是不公允的或没有按照适用的会计准则的规定编制。

(5) 无法表示意见。说明审计师的审计范围受到了限制，且其可能产生的影响是重大而广泛的，审计师不能获取充分的审计证据。

以上只有无保留意见这种情况不影响公司挂牌。

133. “带强调事项段的无保留审计意见”影响公司挂牌吗?

不影响，但是应该这样来处理该事项：拟挂牌公司应全文披露审计报告正文以及董事会、监事会和注册会计师对强调事项的详细说明，并披露董事会和监事会对审计报告涉及事项的处理情况，说明该事项对公司的影响是否重大、影响是否已经消除、违反公允性的事项是否已予以纠正。

134. 如何判断拟挂牌新三板公司是否有重大违法违规行为?

《行政处罚法》及相关法律中没有鉴定什么是重大违法违规行为，重大违法违规也不是一个法律概念，实践中律师需要自行判断是否属于重大违法违规行为，但是律师一般都比较谨慎，需要企业到相关行政机关开具受到的行政处罚不属于重大违法违规的证明文件。行政机关处理企业挂牌新三板比较谨慎，开具的文件也趋向规范化、格式化。

例如，企业因发票丢失、财务不规范等原因被税务部门处罚几百元或者几千元，甚至上万元，如何判断其是否属于重大处罚呢？在相关行政法规中有一个情节严重的加重处罚，一般在行政处罚中适用情节严重、造成严重后果的，一般即便是行政处罚机关出具不属于重大违法违规行为，律师也要慎重作出判断。

在相关行政处罚中，处罚金额不大，如低于 10 万元，未出现情节严重的事项，明确为一般行政处罚，或适用简易程序的处罚，如果处罚并非是针对公司主营业务做出的行政处罚，律师一般均可以自行做出判断。实践中相关行政处罚机关亦会根据相关法律法规开具属于一般行政处罚、适用简易程序处罚、情节轻微处罚的证明，该等情况下，律师基本上可以判断公司是否有重大行政处罚行为。

135. 公司高层因交通肇事被拘留或判刑，影响公司挂牌吗?

《公司法》规定，具有以下 5 种情形的不得担任公司的董事、监事、高级管理人员：一是无民事行为能力或者限制民事行为能力；二是因贪污、贿赂、侵占财产、挪用财产或者破坏社会主义市场经济秩序被判处刑罚，执行期满未逾5年，或者因犯罪被剥夺政治权利，执行期满未逾五年；三是担任破产清算的公司、企业的董事或者厂长、经理，对该公司、企业的破产负有个人责任的，自该公司、企业破产清算完结之日起未逾3年；四是担任因违法被吊销营业执照、责令关闭的公司、企业的法定代表人，并负有个人责任的，自该公司、企业被吊销营业执照之日起未逾3年；五是个人所负数额较大的债务到期未清偿。

新三板关于公司“经营合规合法”有这条规定：现任董事、监事和高级管理人员应具备和遵守《公司法》规定的任职资格和义务，不应存在最近24个月内受到中国证监会行政处罚或者被采取证券市场禁入措施的情形。

交通肇事被拘留或判刑（不被剥夺政治权利），不与《公司法》和新三板相关要求相违背，所以不影响公司的正常挂牌。

136. 拟挂牌公司实际控制人正在坐牢怎么办?

新三板关于公司“经营合规合法”有这条规定：控股股东、实际控制人合法合规，最近24个月内不存在涉及以下情形的重大违法违规行为：① 控股股东、实际控制人受刑事处罚；② 受到与公司规范经营相关的行政处罚，且情节严重，情节严重的界定参照前述规定；③ 涉嫌犯罪被司法机关立案侦查，尚未有明确结论意见。

从规定看，实际控制人正在坐牢属于重大违法违规行为，所以影响公司挂牌。解决办法是将实际控制人更换成无关联的第三方，或者等其刑满释放后申请挂牌。

137. 怎样理解公司被吊销营业执照与“董监高”人员的关系?

（1）国家工商行政管理总局《关于企业法定代表人是否负有个人责任问题的答复》（工商企字〔2002〕第123号）规定：企业年度检验是工商行政管理机关依法按年度对企业进行检查，确认企业继续经营资格的法定制度，企业应依法接受年度检验，逾期不接受年度检验是一种违法行为。企业逾期不接受年度检验，被工商行政管理机关依法吊销营业执照，该企业的法定代表人作为代表企业行使职权的负责人，未履行法定的职责，应负有个人责任，但年检期间法定代表人无法正常履行职权的除外。

(2)《公司法》第一百四十七条第一款第四项规定：担任因违法被吊销营业执照的公司的法定代表人，并负有个人责任的，自该公司、企业被吊销营业执照之日起未逾3年的，不得担任公司的董事、监事、高级管理人员；该条第二款规定，公司违反前款规定选举、委派董事、监事或者聘任高级管理人员的，该选举、委派或者聘任无效。

(3) 根据《企业法定代表人登记管理规定》第四条的规定：因违法被吊销营业执照的企业的法定代表人，并对该企业违法行为负有个人责任的，自该企业被吊销营业执照之日起未逾3年的，不得担任法定代表人。该类人员仍然在其他企业中担任法定代表人的，相关企业应按规定办理法定代表人变更登记。相关企业不按规定办理变更登记的，工商行政管理机关一经发现或经举报核实，应责令相关企业限期办理法定代表人变更登记，对逾期不办理变更登记的，工商行政管理机关应依照《企业法定代表人登记管理规定》第十二条的规定予以处理。

如“董监高”被列入工商部门企业诚信系统的黑名单，且在报告期的，不能在拟挂牌企业担任“董监高”及法定代表人。

138. 控股股东占用公司资金、资产等影响挂牌该怎么处理？

报告期内公司控股股东占用公司资金、资产等情形的，应当及时清理、归还，并加扣利息，利息可以参照同期银行贷款利息。并建议控股股东出具《规范控股股东占用公司资金的承诺函》予以规范。

139. 拟挂牌公司应该做到的“五独立”是什么？

“五独立”即资产独立、人员独立、财务独立、机构独立、业务独立。

(1) 资产独立：挂牌公司资产应独立完整、权属清晰，控股股东、实际控制人不得占用、支配公司资产或干预公司对资产的经营管理。

(2) 人员独立：挂牌公司人员应独立于控股股东。挂牌公司的经理人员、财务负责人、营销负责人和董事会秘书在控股股东单位不得担任除董事以外的其他职务。控股股东高级管理人员兼任挂牌公司董事的，应保证有足够的时间和精力承担挂牌公司的工作。

（3）财务独立：挂牌公司应按照有关法律、法规的要求建立健全的财务、会计管理制度，独立核算。控股股东应尊重公司财务的独立性，不得干预公司的财务、会计活动。

（4）机构独立：挂牌公司的董事会、监事会及其他内部机构应独立运作。控股股东及其职能部门与挂牌公司及其职能部门之间没有上下级关系。控股股东及其下属机构不得向挂牌公司及其下属机构下达任何有关挂牌公司经营的计划和指令，也不得以其他任何形式影响其经营管理的独立性。

（5）业务独立：挂牌公司业务应完全独立于控股股东。控股股东及其下属的其他单位不应从事与挂牌公司相同或相近的业务。控股股东应采取有效措施避免同业竞争。

140. 判断公司是否合法合规经营，应重点关注哪些问题？

判断拟挂牌公司是否合法合规经营，应对拟挂牌公司资产、盈利、补贴和关联交易内容中的如下问题，给予重点关注，如表3－2所示。

表3－2　判断公司合法合规经营注意事项

主要事项	关注点	注意事项
应收款项	应收款项回款是否正常	
	应收款项是否存在账龄较长的应收账款或尚未核销的呆账	如果存在，具体形成原因是什么，金额多少，是否可以收回
	是否存在控股股东或其他关联方非经营性业务占用公司资金的情形，金额多少	控股股东非经营性占用的资金应当归还
存货	存货在库时间是否过长，是否存在滞销库存	如果库存过长、存在滞销库存，具体原因是什么，是否有进一步的应对措施
	财务记载的存货数量是否与实际库存相符	如果不相符，具体原因是什么
固定资产	公司设备、房产、土地等固定资产权属是否存在纠纷，不动产的权属证明是否齐备	如果未办理产权证，具体原因是什么，能否补办
	是否存在闲置的固定资产	如果存在，资产价值多少，闲置原因是什么，闲置状况是否会持续，是否有应对措施
	财务记载的固定资产数量是否与实际相符	如果不相符，具体原因是什么

续表

主要事项	关注点	注意事项
收入	收入是否稳定	如果大幅波动，原因是什么
	收入是否完整，是否存在账外收入	如果考虑账外收入，公司真实的收入规模、利润是多少
	毛利率水平 =（营业收入 - 营业成本）/营业收入	如果公司的毛利率、利润率水平与上市公司偏离 10% 以上，应询问相关原因
	利润率水平 = 净利润/营业收入	
	同行业上市公司的毛利率、利润率水平	
补贴收入	补贴收入的内容	关注公司是否可以持续获得
	补贴收入的规模	
	补贴收入占当期利润的比重	
	剔除补贴收入，公司能否保持盈利	
关联交易	关联交易的性质	采购、销售、其他
	关联采购占总采购额比重、关联销售占总销售额比重	
	关联交易的定价方式，相对市场价格是否偏高或偏低	如果定价明显偏离市价，采取此种定价方式的具体原因
	如果按照市场价格定价，公司的盈利将会产生何种影响	

141. 新三板有关拟挂牌公司“同业竞争、关联交易”的尺度怎样？

对 IPO 的企业来讲，同业竞争是红线，不能碰；关联交易是黄线，要规范。对新三板挂牌的企业当然不能像上市公司一样严苛地要求，但公司和控股股东、实际控制人之间不能有同业竞争，其同样是禁止性的。如果有相同或相竞争的业务，就要剥离、要停止、要规范。另外，显失公平的关联交易要尽量规范和避免。但对同业竞争和显失公平的关联交易的界定，新三板的尺度要比 IPO 企业放得更宽。

142. 什么是同业竞争？新三板挂牌条件对其有何规定？

同业竞争是指公司所从事的业务与其控股股东、实际控制人及其所控制的企业从事的业务相同或近似，双方构成或可能构成直接或间接的竞争关系。

同业不竞争一般是指发行人与其控股股东、实际控制人及其所控制的企业从事的业务相同或近似，但由于销售区域、销售对象不同等多种原因而不发生业务竞争及利益冲突的状况。举例：生产女装的服装企业与其生产男装的控股股东公司，属于同业不竞争关系。

新三板挂牌条件和指引中未对同业不竞争做出限制，所以不影响公司新三板挂牌。

143. 如何分析同业竞争是否影响公司新三板挂牌的问题？

关于这一问题，我们需要做出认真分析：

2013 年 12 月 30 日修订的《全国中小企业股份转让系统公开转让说明书内容与格式指引（试行）》第二十六条明确规定：申请挂牌公司应披露是否存在与控股股东、实际控制人及其控制的其他企业从事相同、相似业务的情况。对存在相同、相似业务的，应对是否存在同业竞争做出合理解释。申请挂牌公司应披露控股股东、实际控制人为避免同业竞争采取的措施及做出的承诺。

而 2013 年 6 月 20 日发布的《全国中小企业股份转让系统股票挂牌条件适用基本标准指引（试行）》中并未涉及同业竞争的问题。

由此可以看出，新三板是可以在一定条件下容忍同业竞争的，但是同业竞争如果不能给出合理的解释，很难被新三板接受，且需要实际控制人出具为避免同业竞争采取的措施及做出的承诺，因此，应当避免存在实际控制人同业竞争的问题。

所以，一般来说，拟挂牌新三板的公司最好不要存有同业竞争关系情况，即使有也应进行梳理并整改。

144. 如何判断公司与控股股东的业务是否为同业竞争？

公司的主要业务与控股股东或实际控制人不从事相同、相似业务，则不存在同业竞争。或者，如有充分依据说明与竞争方从事的业务有不同的客户对象、不同的市场区域，存在明显细分市场差别，而且该市场细分是客观的、切实可行的，没有利益冲突的情形，则也不构成实质性同业竞争。

145. 拟挂牌公司如何解决同业竞争问题？

解决这一问题，有7种办法：

一是发行人收购竞争方拥有的竞争性业务。

二是竞争方将竞争性业务作为出资投入发行人，获得发行人的股份。

三是发行人对竞争方进行吸收合并。

四是发行人将竞争性的业务转让给竞争方。

五是竞争方将竞争性的业务转让给无关联的第三方。

六是发行人放弃与竞争方存在同业竞争的业务。

七是控股股东及实际控制人出具今后不再进行同业竞争的具有法律约束力的书面承诺等。

146. 什么是关联关系、关联方和关联交易？

关联关系是指公司控股股东、实际控制人、董事、监事、高级管理人员与其直接或者间接控制的企业之间的关系，以及可能导致公司利益转移的其他关系。国家控股的企业之间因为同受国家控股而具有关联关系。

关联方是指一方控制、共同控制另一方或对另一方施加重大影响，以及两方或两方以上受同一方控制、共同控制或重大影响的，构成关联方。其中，控制是指有权决定一个企业的财务和经营政策，并能据以从该企业的经营活动中获取利益。共同控制是指按照合同约定对某项经济活动所共同的控制，仅在该项经济活动相关的重要财务和经营决策需要分享控制权的投资方一致同意时存在。重大影响是指对一个企业的财务和经营决策有参与决策的权力，但并不能控制或者与其他方一起控制这些政策的制定。另外，仅仅同受国家控制或不存在其他关联方关系的企业，不构成关联方。

关联交易是指关联方之间转移资源、劳务或义务的行为，而不论是否收到价款。关联交易的类型主要包括：① 购销商品；② 购买或销售商品以外的其他资产；③ 提供或接受劳务；④ 提供资金（贷款或股权投资）；⑤ 担保；⑥ 租赁；⑦ 代理；⑧ 研究与开发项目的转移；⑨ 许可协议；⑩ 代表企业或由企业代表另一方进行债务结算；⑪ 关键管理人员薪酬。

147. 公司常见的关联方有哪些？

常见的关联方主要有 4 类：① 公司的控股股东，以及其控制的其他企业；② 持股 5% 以上的股东，以及其控制的其他企业；③ 公司的董事、监事及高级管理人员（包括总经理、副总经理、财务负责人等）；④ 持股 20% 以上的被投资单位等。

148. 如何规范关联交易？

综合上问的关联方，可以将关联人归纳为两大类：第一类是指对公司占有一定比例出资额或持有一定比例表决权股份而对公司具有控制权或重大影响的股东；第二类是指公司的董事、监事、经理等高级行政管理人员。

对应的关联交易有两大类，第一类是公司占有一定比例出资额或持有一定比例表决权股份而对公司具有控制权或重大影响的股东等之间转移资源、劳务或义务的行为，而不论是否收到价款。第二类关联交易又称自己交易、自利交易或自我交易，主要指公司与其董事、监事、经理等对公司有一定控制权或影响力的公司内部人之间的交易。公司的董事、监事、经理等高级管理人员因其地位或职权而对公司有一定的控制权，如果任由其与公司进行各类交易而不予干涉或限制，难免会发生滥用控制权而损害公司利益的情形。

规范的办法：建立和完善预防、救济措施以规范第一类关联交易。对关联交易可在事前采取积极措施，如规定累积投票权制度、股东表决权排除制度，以防止因资本多数决的滥用而导致不公平关联交易的产生。对因不公平关联交易而导致利益受到侵害的股东，可以规定相应的救济措施，如请求法院否认股东大会、董事会决议效力制度、股东代表诉讼制度、法人人格否认制度，在程序及实体方面使受到侵害者获得司法保护。

完善公司法人治理结构以规范第二类关联交易。对不公平自我交易进行防范的重要途径之一就是完善公司法人治理结构，加强董事、监事、经理等高级管理人员之间的互相监督和制约，限制权力的滥用。具体如：完善股东大会运作规则，健全股东大会制度；设立独立董事制度；加强监事会的监察职能；强化董事、监事、经理对公司的义务等。

总之，规范关联交易的原则是：①避免不必要的关联交易；②对必要的关联交易要保证交易价格的公允性；③股东大会和董事会表决程序的合法性，如关联股东和关联董事应回避表决等。挂牌公司的关联交易超过一定金额，还须履行信息披露义务。

149. 处理关联交易的办法是什么？

关联交易的处理主要可以通过调整关联企业和签署关联事务协议两种方式来进行。

关联企业常见的调整手段有：对关联企业的股权结构进行调整以降低其关联性，对关联企业予以收购，等等。其目的是简化企业的投资关系，减少关联企业的数量，从而达到减少关联交易的最终目的。

关联事务协议应具体明确，按照市场原则来确定关联交易的价格。履行表决回避制度。

150. 实践中如何甄别哪些行为和事件可能存在关联交易？

实践中，归纳起来，关联方可能构成关联交易的行为和事件主要有：

（1）与非正常业务关系单位或个人发生的偶发性或重大交易，如担保、租赁、代理、项目开发及购销商品（包括非主营业务或非实物类商品）等；

（2）缺乏明显商业理由的交易，如股权投资、贷款、研发项目、提供或接受劳务、许可协议等；

（3）实质与形式明显不符的交易，如租赁、担保、代理、提供资金等；

（4）交易价格、条件、形式等明显异常或显失公允的交易，如租赁、购销商品、关键人员的薪酬及代表企业（或由企业代表另一方）进行的债务结算等。

关联方如出现上述行为和事件，则应当考虑是否为虚构的交易、是否实质上是关联方交易、该交易背后是否还有其他安排，等等。

151. 拟挂牌企业对存在的关联交易如何处理和解释？

宜从以下4个方面做出合理的、让人信服的解释，只有这样才不会影响公司挂牌：

一是此关联交易是否必须发生，不发生的话会对公司造成什么影响，这是对关联交易必要性的解释。

二是在参考同时间区域市场平均价格的基础上对关联交易价格的公允性做出解释。

三是考虑关联交易是否符合公司章程及该章程的相关程序，以对此交易决定程序的合法性给予解释。

四是观察关联交易是逐年递增还是逐年递减，这是对此交易趋势的解释。

总之，以上解释分别从关联交易的历史必要性，交易价格的公允性，程序的合法性、趋势的递减性来做出解释。不过，适度的关联交易并非新三板挂牌的障碍。

152. 拟挂牌公司是否关注竞业禁止？其概念是什么？

由于新三板拟挂牌公司多属于高新技术企业，部分企业的核心技术人员或专家等都有相关行业的工作经验，都来自行业内的其他企业，所以拟挂牌公司竞业禁止也是监管层比较关注的问题。如锐创信通（430285）、达美盛（430311）等挂牌时都曾涉及是否存在竞业禁止情况的核查要求的。

竞业禁止又称竞业回避或竞业避止，是指为避免用人单位的商业秘密被侵犯，员工依法定或约定，在劳动关系存续期间或劳动关系结束后的一定时期内，不得到生产同类产品或经营同类业务且具有竞争关系的其他用人单位兼职或任职，也不得自己生产与原单位有竞争关系的同类产品或经营同类业务。中国的相关法律中没有对竞业禁止的对象做出明确限定，因此，雇佣双方自愿签订的竞业禁止条款，作为劳动合同的一部分，具有法律效力。

153. 竞业禁止的内涵是什么？如何认定其有效性？

竞业禁止最早萌芽于民法的代理人制度，而后则演化成最高代理形式的近代公司法的董事制度，有广义和狭义之分。广义的竞业禁止是指对特定营业具有竞争性的特定行为予以禁止的制度，客体是特定的行为，被禁止的主体不以特定人为限。例如，《商标法》上的商标专用权，《专利法》上的专利权，其权利归属于一人所享有，禁止他人擅自使用。狭义的竞业禁止是指禁止或限制与特定营业具有特定关系的特定人从事有竞争关系的营业活动，客体虽然也是特定的营业行为，但被禁止的主体限于特定人，而且该特定人须与该特定营业具有如雇佣、委任等特定法律关系。理论结合实践派大多主张狭义论，因为竞业禁止最初表现为资本主义国家的雇主所采取的以保护商业秘密为目的的一种法律保护措施，从目前各国有关竞业禁止的立法来看，也是主张狭义概念的，基本含义是指在企业有特定地位的人不得在企业之外从事与企业相竞争的业务活动。

不过，竞业禁止协议限制的是员工的劳动权，而劳动权属于宪法保障的公民基本权利之一，因此，是否有损员工基本生活利益是其存在的基础。作为竞业禁止协议生效的一个基本条件，就是对员工竞业禁止行为做出经济补偿，所以，竞业禁止协议中必须同时写明补偿金额和发放办法，否则就是无效协议。对于竞业禁止的补偿金数额，法律上也没有一个明确和权威的规定，深圳和珠海相关规定的补偿金额须不少于该员工年收入的2/3和1/2，如果补偿金支付的数额较少，法院通常也会判决该竞业禁止协议无效。

第五节　股权明晰，股票转让合法合规

154. 如何理解股权明晰，股票发行和转让行为合法合规？

股权明晰，是指公司的股权结构清晰、权属分明、真实确定、合法合规，股东特别是控股股东、实际控制人及其关联股东或实际支配的股东持有公司的股份不存在权属争议或潜在纠纷。

一是公司的股东不存在国家法律、法规、规章及规范性文件规定不适宜担任股东的情形。

二是申请挂牌前存在国有股权转让的情形，应遵守国资管理规定。

三是申请挂牌前外商投资企业的股权转让应遵守商务部门的规定。

股票发行和转让合法合规，是指公司的股票发行和转让应依法履行必要

的内部决议、外部审批（如有）程序，股票转让须符合限售的规定。

一是公司股票发行和转让行为合法合规，不存在下列情形：

（1）最近36个月内未经法定机关核准，擅自公开或者变相公开发行过证券。

（2）违法行为虽然发生在36个月前，目前仍处于持续状态，但《非上市公众公司监督管理办法》实施前形成的股东超200人的股份有限公司经中国证监会确认的除外。

二是公司股票限售安排应符合《公司法》和《全国中小企业股份转让系统业务规则（试行）》的有关规定。

在区域股权市场及其他交易市场进行权益转让的公司，申请股票在全国股份转让系统挂牌前的发行和转让等行为应合法合规。

公司的控股子公司或纳入合并报表的其他企业的发行和转让行为须符合本指引的规定。

155. 拟挂牌公司“股权持有”在实践中常有些什么问题？

（1）是否存在股权代持，如存在股权代持，核查股权代持的原因；是否存在股权代持协议，如存在，根据实际情况还原股权代持，并要求相关股东签署不存在股权纠纷的承诺函等。

（2）是否存在公务员、事业单位人员持股的情况。

156. 未成年人可否成为拟挂牌新三板公司的股东？

《公司法》对未成年人能否成为公司股东没有做出限制性规定，同时根据《国家工商行政管理总局关于未成年人能否成为公司股东问题的答复》（工商企字〔2007〕131号）之规定，未成年人可以成为公司股东，其股东权力可以由法定代理人代为行使。

157. 如何核查拟挂牌新三板公司股权代持的现象？

股权不明晰比较常见的有股权代持、历史上存在职工持股会、集体企业改制程序缺失、历次股权转让中可能存在的诉讼，等等。

股权代持的核查首先要从公司股东入手，中介机构应向股东说明相关法律法规的规定，明确股权代持对公司上新三板挂牌转让的法律障碍，说明信息披露的重要性，阐述虚假信息披露被处罚的风险，说明诚信在资本市场的重要性。

如果股东能够自己向中介机构说明原因，一般情况下，中介机构可以根据股东的说明进一步核查，提出股权还原的解决方案。

核查中需要落实是否签署了股权代持协议，代持股权时的资金来源，是否有银行流水，代持的原因说明。还原代持时应当由双方出具股权代持的原因、出资情况，以及还原后不存在任何其他股权纠纷、利益纠葛的说明。

如果股东未向中介机构说明，中介机构自行核查难度较高，但还是可以通过专业的判断搜索到一些蛛丝马迹，如该股东是否在公司任职，是否参加股东会，是否参与股东分红，是否有资金缴纳出资，股东出资时是否以自有资产出资，还可与公司高级管理人员访谈，了解股东参与公司管理的基本情况等。

158. 国有资产（股权）转让给个人应当注意什么问题？

涉及国有资产转让给个人时，应当注意如下问题：

（1）国有资产转让价格是否公允、合理。根据《企业国有资产监督管理暂行条例》《国有资产评估管理办法》《企业国有资产评估管理暂行办法》等做好国有资产评估确认手续，保证国有资产转让价格公允、合理。

（2）国有资产转让行为是否按照国有资产管理规定履行有权部门批准程序。

（3）收购国有资产价款的来源是否合理、合规，是否按合同约定及时、足额履行转让款项支付手续。

（4）企业国有产权转让给个人时，可以采用拍卖、招投标、协议转让以及国家法律、行政法规规定的其他方式，但应当在依法设立的产权交易机构中公开进行。同时，企业国有产权向管理层转让时，还应严格执行《企业国有产权向管理层转让暂行规定》（国资发产权〔2005〕78号）的要求，履行相应的审计、资产清核、公开挂牌交易等程序。

159. 新三板制度解决股东超过 200 人问题的依据是什么?

股东超过 200 人违规发行的问题一直是此类企业挂牌和上市的硬伤,《非上市公众公司监督管理办法》出台后及新三板相关制度跟进后,历史上超过 200 人股东的企业可以通过新三板走向资本市场,具体依据如下:

(1)《非上市公众公司监督管理办法》规定:非上市公众公司(以下简称公众公司)是指有下列情形之一且其股票未在证券交易所上市交易的股份有限公司:①股票向特定对象发行或者转让导致股东累计超过 200 人;②股票公开转让。

(2)《全国中小企业股份转让系统业务规则(试行)》规定:股东人数超过 200 人的股份有限公司,公开转让申请经中国证监会核准后,可以按照本业务规则的规定向全国股份转让系统公司申请挂牌。

(3)《全国中小企业股份转让系统股票挂牌条件适用基本标准指引(试行)》规定:股票发行和转让行为合法合规,不存在下列情形:①最近 36 个月内未经法定机关核准,擅自公开或者变相公开发行过证券;②违法行为虽然发生在 36 个月前,目前仍处于持续状态,但《非上市公众公司监督管理办法》实施前形成的股东超 200 人的股份有限公司经中国证监会确认的除外。

160. 可能影响"股票发行转让合法合规"的对赌协议的内涵是什么?

对赌协议可能违反《公司法》等规定,同时也可能因为不符合"股权明晰,股票发行和转让行为合法合规"的规定而对拟挂牌企业的经营稳定性造成影响。

对赌协议的英文称谓为"Valuation Adjustment Mechanism",最初被翻译为"对赌协议",或因符合国有文化且很形象,一直沿用至今。但其直译意思"估值调整机制"却更能体现其本质含义,所以日常我们听到的"对赌协议"所涉及问题实质上与"赌博"无关。

一般来说,对赌协议是指投融资双方在达成投资协议时,由于目标企业未来的业绩存在不确定性,约定在某种条件成就的情况下,投资者可行使某种权力或融资者必须履行某种义务,以达到控制投资风险、保护投资者权益的目的。对赌协议实际上就是期权的一种形式,目前在我国法律中还没有相关定义。

对赌协议在成熟资本市场是一种常用的有效保护机制，近年来由于境外投资机构在国内项目中的示范作用，目前已较普遍存在于公司、机构等对外投资或吸收投资的过程中，公司、机构通常以能否在规定时间内上市或者实现承诺净利润作为业绩考核指标，即对赌条件，采取的对赌措施一般为股权调整、货币补偿或股权回购等具体方式。

对赌协议目前在新三板的定向增发的过程中时有出现。

161. 从《合同法》的角度怎么看待对赌协议？

在法律性质上，对赌协议是附生效条件的合同，当约定的条件成就时，合同即发生法律效力。我国《合同法》第四十五条规定："当事人对合同的效力可以约定附条件。附生效条件的合同，自条件成就时生效。附解除条件的合同，自条件成就时失效。当事人为自己的利益不正当地阻止条件成就的，视为条件已成就；不正当地促成条件成就的，视为条件不成就。"因此，在符合合同生效条件的情况下，对赌协议是受我国法律保护的。

162. 2013年开始新三板不绝对禁止对赌协议的原因是什么？

根据新三板新的业务规则，股份有限公司申请在新三板挂牌的条件之一为"股权明晰，股票发行和转让行为合法合规"。但是，对赌协议可能违反《公司法》等规定，同时也可能对拟上市企业的经营稳定性造成影响，所以存在不符合该业务规则要求的情况。因此，之前证监会要求企业在新三板挂牌前清理对赌协议。

但是，现在证监会的态度有所松动，新三板放松限制，拟挂牌企业可以有对赌协议存在，但是绝不能与挂牌公司对赌，可以与挂牌公司实际控制人或者大股东对赌。其合理性为：

虽然对赌协议的合同违反法律、行政法规的强制性规定（《合同法》第五十二条），合同是无效的。但是，根据相关法律及《合同法司法解释（二）》第十四条，"强制性规定"分为"效力性强制性规定"和"管理性强制性规定"，只有违反法律、行政法规的"效力性强制性规定"的合同才会无效，违反“管理性强制性规定”并不当然无效。所以，即使对赌协议不符合《公司法》有关规定，也需要根据具体情况判断其效力，况且《公司法》规定多为自治性条款，违反“效力性强制性”规定的可能性也大大降低。

163. 未纳入合并报表的子公司2年前有非法发行证券行为，影响母公司挂牌吗？

分两种情况，如果是控股子公司，就会影响母公司新三板挂牌；如果是非控股子公司，则不影响母公司新三板挂牌。理论根据如下：

《全国中小企业股份转让系统股票挂牌条件适用基本标准指引（试行）》规定，股票发行和转让合法合规，是指公司的股票发行和转让依法履行必要内部决议、外部审批（如有）程序，股票转让须符合限售的规定。公司股票发行和转让行为合法合规，不存在下列情形：一是最近36个月内未经法定机关核准，擅自公开或者变相公开发行过证券；二是违法行为虽然发生在36个月前，目前仍处于持续状态，但《非上市公众公司监督管理办法》实施前形成的股东超200人的股份有限公司经中国证监会确认的除外。

规定还指出，公司股票限售安排应符合《公司法》和《全国中小企业股份转让系统业务规则（试行）》的有关规定。公司的控股子公司或纳入合并报表的其他企业的发行和转让行为须符合本指引的规定。

164. B公司已纳入A公司的合并报表，B公司2年前有非法证券交易行为影响A公司挂牌吗？

B公司可能是控股子公司，或虽不属于控股子公司但属于纳入A公司合并报表的其他企业（含非控股子公司）。这种情况是影响A公司新三板挂牌的，理论根据如上问。

案例分享

案例07 东软慧聚如何处理公司挂牌前无实际控制人的问题?

北京东软慧聚信息技术股份有限公司（简称东软慧聚，股票代码：430227），成立于2007年5月，2012年11月30日整体改制为股份有限公司并于2013年7月3日挂牌新三板，注册资本3000万元。公司主要经营技术开发、咨询、推广与转让，计算机、软件及辅助设备等。公司股东分散，无实际控制人。但是公司第一大股东为上市公司的子公司，上市公司无实际控制人。

解决方案：

披露公司第一大控股股东为上市公司的子公司，上市公司无实际控制人情况。

披露信息内容：

辽宁东软创业投资有限公司（控股股东）成立于2000年4月8日，注册资本125000000元，法定代表人刘积仁，住所为大连高新技术产业园路8－5号B2座209室，公司类型为有限责任公司，经营范围：对以信息技术为主要业务方向的中小企业投资、投资管理和服务。

东软集团股份有限公司（600718）截至本说明书出具之日持有辽宁东创60%股权，为辽宁东创控股股东。东软集团成立于1991年6月17日，注册资本1227594245元，法定代表人刘积仁，注册地址为沈阳市浑南新区新秀街2号，公司类型为股份有限公司（中外合资、上市），经营范围：计算机软、硬件，机电一体化产品开发、销售、安装，技术咨询服务，场地租赁，计算机软、硬件租赁，CT机生产，物业管理，交通及通信、监控、电子工程安装，经营本企业自产产品及技术进出口业务和本企业所需的机械设备、零配件、原辅材料及技术的进口业务，但国家限定经营或禁止进出口的商品及技术除外。

东软集团各股东持股相对分散，不存在控股股东和实际控制人。东软集团第一大股东为东北大学科技产业集团有限公司，持股比例为17.6248%。因此，公司不存在实际控制人。

案例08 公司挂牌前如何厘清股权代持的问题？

股权不明晰的情况，在现实当中比较常见的是股份代持现象，例如，张三和李四分别出资40万元和60万元成立A公司，但张三最高学历是初中毕业，为了使A公司对外树立高科技企业形象，张三借用他的表弟王五理科博士的学历背景，在工商登记材料上将A公司40万元出资登记在王五名下，另外60万元登记在李四名下，张三的股东身份在工商登记材料上没有记载。这样王五实际上是代替张三持有A公司40万元出资。如果出现A公司这种股份代持现象，就会被认定为股权结构不清晰，权属不分明。

解决办法：

A公司在申请挂牌之前，需要消除王五代替张三持有A公司40万元出资股份的代持现象。

案例09 天房科技挂牌前如何处理国有股权变更程序的问题？

天津市天房科技发展股份有限公司（简称天房科技，股票代码：430228），成立于2002年7月15日，2012年11月12日整体改制为股份有限公司并于2013年7月1日挂牌新三板，注册资本13600万元。公司主要经营建筑智能化工程设计与施工、软件开发与技术服务、三网融合的建设与运营以及钢材贸易等。公司控股股东为天津天房集团，该集团是经过合法授权的国有资产经营管理单位。公司涉及国有股权变更事宜。

解决方案：

① 控股股东出具说明，未造成国有股权流失；② 天津市国资委确认挂牌公司的股权结构；③披露相关信息。

披露信息内容：

（1）天房集团对有限公司股权转让的批复和确认。根据《关于授权房地产开发经营集团有限公司统一经营集团国有资产的批复》（津国资〔1996〕4号），天房集团是经过合法授权的国有资产经营管理单位。2012年12月5日，天房集团出具《关于控股子公司天津市天房科技发展有限公司历史沿革过程中股权转让和增资行为的说明》（以下简称《说明》），对有限公司阶段股权转让和历次增资行为确认如下：天房集团及天房物业2002年9月向腾达楼宇的股权转让行为经过天房集团国有资产管理部门批准同意，是天房集团真实意思的表示，且经过有限公司股东会审议通过，程序合法有效。本次股权转让中，天房集团与天房物业已足额收到对价支付，对有限公司、腾达楼宇均无潜在的法律纠纷。由于天房集团与天房物业向有限公司出资及股权转让的时间间隔较短，在此期间有限公司的净资产并未发生较大变化，按原始出资金额核算此次股权转让价格的定价方式公允，因此虽然上述股权转让过程未履行国有资产评估程序，但未造成国有资产流失，也未对天房集团、天房物业及其他第三方造成任何损失。

（2）天房集团对有限公司增资行为的批复和确认。天房集团在《说明》中确认：公司2003年、2005年、2011年的三次增资过程均经过天房集团国有资产投资管理的内部决策程序，是天房集团真实意思的表示，且均经过有限公司股东会审议通过，审批程序合法有效。有限公司第三次增资完成后，虽然天房集团对有限公司持股比例发生变化，但由于其持股比例的变化方向为增加，且有限公司经营状况良好、盈利能力增长较快，提高国有资产控股比例有利于国有资产的保值增值，因此增资过程虽未履行国有资产评估程序，但并未造成国有资产流失。

（3）天津市国资委对于公司整体变更的批复。2012年10月22日，天津市人民政府国有资产监督管理委员会出具《市国资委关于同意天津市天房科技发展有限公司股份制改制并进入股份报价转让系统的批复》（津国资企改〔2012〕311号），确认了天房科技的股权结构，即天房集团持股比例为68.984%，腾达楼宇持股比例为30.016%，同意天房科技整体变更为股份公司并进入股份报价转让系统，并要求公司在股份公司法人营业执照及企业国有资产产权登记证变更完毕后向天津市国资委备案。

（4）国有资产产权登记备案情况。2005年12月8日，公司取得国有资产产权占用登记证，确认公司注册资本为2000万元，也即至2005年12月8日公司的国有资产产权登记情况得到确认。2013年1月24日，有限公司2011年增资至10016万元及2012年完成整体变更为股份有限公司的行为，已完成企业国有资产产权登记备案，公司取得编号为120000201301240016的《企业国有资产产权登记表》。

案例10 乐升股份挂牌前如何处理关联方代缴出资的问题？

北京乐升科技股份有限公司（简称乐升股份，股票代码：430213），成立于2005年7月14日，2012年10月29日整体改制为股份有限公司并于2013年12月5日挂牌新三板，注册资本1600万元。公司主要经营技术开发、咨询、服务，计算机技术培训，技术进出口。

2006年9月27日，XPEC ENTERTAINMENT HOLDINGS（CAYMAN）LTD.代香港启升向有限公司汇入投资款12.5423万美元，作为香港启升投入有限公司的新增注册资本。2006年11月10日、11月17日及11月29日香港启升分别向有限公司汇出投资款12.8005万美元、10万美元及14.6587万美元，以上4笔款项共计50.0015万美元，均存入有限公司在中国工商银行北京分行海淀支行营业部开立的账户，该营业部出具了《外汇款收账通知》。2006年12月18日，北京数码会计师事务所有限公司出具开验字〔2006〕第1591号《验资报告》，确认截至2006年11月29日，香港启升对有限公司新增加的50万美元出资已全部缴纳完成。XPEC ENTERTAINMENT HOLDINGS（CAYMAN）LTD.与香港启升之间是借款12.5423万美元的债权债务关系存在股权代持嫌疑。

解决方案：

①双方签署委托支付投资款的委托协议，并出具非代持的证明书及声明书；②披露相关信息。

披露信息内容：

2006年12月31日，北京市工商行政管理局出具京《准予设立（变更、注销、撤销变更）登记（备案）通知书》（工商注册企许字〔2006〕0035812号），核准了50万美元出资已全部缴纳的变更登记事项。

公司律师认为：根据香港启升与XPEC ENTERTAINMENT HOLDINGS（CAYMAN）LTD.在2006年9月27日签署的关于委托支付投资款12.5423万美元的《委托协议》、双方出具的证明书及声明书，XPEC ENTERTAINMENT HOLDINGS（CAYMAN）LTD.与香港启升之间是借款12.5423万美元的债权债务关系，不存在股权代持关系，且香港启升已经将该借款全部归还，双方不存在任何争议和法律纠纷。

CHAPTER4
第四章

新三板挂牌流程解读

第一节　流程概述及中介机构

165. 企业如何申请到新三板挂牌?

根据全国股转系统公司发布的《常见问答五》，自全国股转系统公司发布《关于境内企业挂牌全国中小企业股份转让系统有关事项的公告》（股转系统公告〔2013〕54 号）之日起，境内符合《全国中小企业股份转让系统业务规则（试行)》规定的挂牌条件的各种所有制、各种行业的企业均可申请在全国股转系统挂牌。

全国股转系统实行主办券商推荐并持续督导制度。企业应与具有推荐业务资格的券商签订《推荐挂牌并持续督导协议》；由主办券商对企业进行初步尽职调查，确认企业是否符合挂牌准入条件以及是否愿意推荐；接着，由主办券商联合律师、会计师等中介机构协助企业完成股改（若需)、进行全面尽职调查并制作申请文件，履行各自内核程序后申报材料。

申请时股东人数未超过 200 人（含 200 人）的股份公司，直接向全国股份转让系统公司申请挂牌；申请时股东人数超过 200 人的股份公司，取得中国证监会核准文件后，向全国股份转让系统公司申请办理挂牌手续。

166. 如何图解股份公司挂牌新三板的流程？

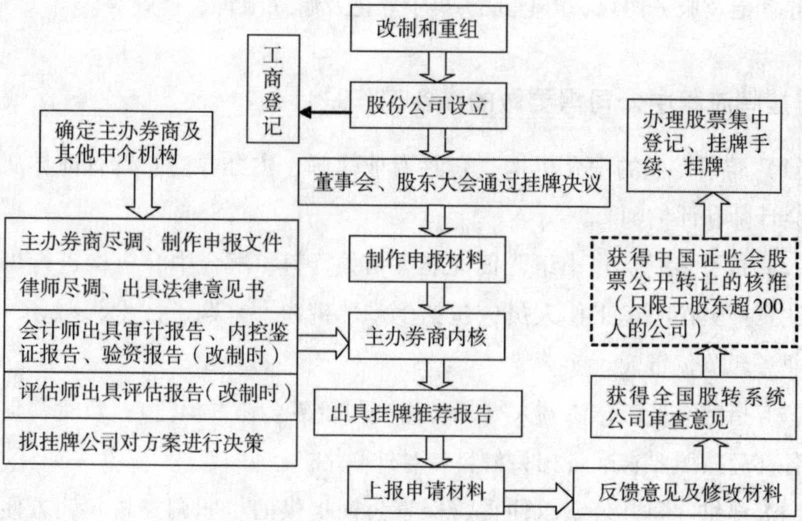

图4－1 股份公司新三板挂牌流程图

167. 公司挂牌新三板的步骤有哪些？

主要有如下步骤：

（1）聘请专业的中介机构并签订服务协议，中介包括主办券商、律师事务所、具有证券从业资格的会计师事务所和评估机构。

（2）改制为股份有限公司，依照评估、审计结果等变更或发起设立股份公司，并开始进行尽职调查等事项。

（3）公司董事会、股东大会决议通过申请挂牌事项。

（4）全面尽职调查、审计等：会计师出具《审计报告》，律师出具《法律意见书》，主办券商制定《公开转让说明书》和《推荐报告》等。

（5）主办券商向全国股转系统公司报送挂牌申请材料。

（6）全国股转系统公司受理、审查材料并反馈意见，公司落实反馈意见。

（7）全国股转系统公司通过后出具同意文件（股东超200人的公司还需证监会的核准）。

（8）公司与全国股转系统公司签署挂牌协议，明确双方的权利、义务和有关事项。

（9）公司与中国证券登记结算有限责任公司（以下简称中证登公司）签订证券登记及服务协议，办理股票集中登记及解除限售、挂牌等。

168. 挂牌流程中公司需要做的准备工作是什么？

（1）聘请专业的中介机构（包括专业律师、主办券商、具有证券从业资格的会计师和评估师）。

（2）成立专门工作小组，负责准备相关资料，配合中介机构进行尽职调查。注意：工作小组工作人员应包括生产、销售、采购、技术、财务、人事等各业务环节负责人。

（3）指定一名工作协调人（通常由公司董事会秘书担任），负责督促公司内部各部门按照要求准备相关材料和对外联络。

（4）提供一间办公室以便妥善保管公司提供的尽职调查材料，方便中介机构现场办公。

169. 挂牌流程中公司的主要职责是什么？

完成挂牌前的准备工作，选择并与主办券商、会计师事务所、律师事务所及评估机构等中介签订股改和申请挂牌的服务协议。

股份制改造阶段，完善公司治理结构，改制设立股份公司；召开董事会和股东大会就申请挂牌事项作出决议。申请挂牌阶段，配合各中介机构开展审计、评估、尽职调查，并依照中介的建议等规范公司经营等。挂牌后，按照全国股转系统公司的要求披露半年报、年报和临时报告等工作，披露工作要做到“客观、准确、完整、规范和及时”。

170. 新三板挂牌各环节所需时间如何？

表4－1　新三板挂牌各环节时间

阶段	事项	所需时间	备注
1	公司改制和重组	1～2个月	
2	尽职调查	1～2个月	与1阶段有重叠
3	撰写及制作申报材料	1个月	与2阶段有重叠
4	全国股转系统公司及证监会审核	约1个月	

续表

<table>
<tr><th>阶段</th><th>事项</th><th>所需时间</th><th>备注</th></tr>
<tr><td>5</td><td>股份登记</td><td>1 周</td><td></td></tr>
<tr><td>6</td><td>挂牌</td><td>1 个工作日</td><td></td></tr>
<tr><td colspan="2">挂牌流程总时间</td><td>约 5 ~6 个月</td><td></td></tr>
<tr><td colspan="2">挂牌同时定向融资或之后定向融资</td><td colspan="2">每次定向融资备案等工作时间 1 ~2 个月</td></tr>
</table>

171. 新三板挂牌收费及企业年度费用的情况如何？

企业申请在新三板，即全国股转系统挂牌的费用包括 3 方面：①中介机构费用。中介机构费包括主办券商推荐挂牌服务费、会计师审计及验资费用、资产费用、律师服务费用等。② 全国股转系统公司费用。如初始挂牌费、信息披露费用等。③ 中国证券登记结算有限公司股票登记费用。

企业在新三板挂牌后，每年的费用包括：①主办券商持续督导费用。根据新三板相关监管机构的要求，公司在新三板挂牌后必须由主办券商进行持续督导，以不断提升公司规范运营水平。相关费用在会计师事务所出具年度审计报告后予以支付。② 年度审计费用。挂牌后须由具备证券从业资质的会计师事务所进行年度审计，相关费用在会计师事务所出具年度审计报告后予以支付。③ 全国股转系统公司挂牌年费。

公司需要完成股票登记，才具备在新三板进行股票交易流通的资格，相关费用在公司进行股票登记时缴纳。各类费用标准见下表：

表 4 –2　新三板挂牌相关费用

<table>
<tr><th colspan="2">机构</th><th>费用项目</th><th>金额</th><th>备注</th></tr>
<tr><td rowspan="7">中介机构</td><td rowspan="2">主办券商</td><td>改制财务顾问费、推荐费</td><td rowspan="7">2014 年前报价范围为 130 万 ~150 万元，2014 年开始报价范围为 160 万 ~200 万元
（不含挂牌后的企业年度费用，即持续督导费、年度审计费和系统公司年费）</td><td>分阶段收取</td></tr>
<tr><td>持续督导费</td><td>按年收取</td></tr>
<tr><td rowspan="2">会计师</td><td>申报审计</td><td>分阶段收取</td></tr>
<tr><td>年度审计</td><td>按年收取</td></tr>
<tr><td>评估机构</td><td>资产评估</td><td>分阶段收取</td></tr>
<tr><td rowspan="2">律师</td><td>律师费</td><td>分阶段收取</td></tr>
<tr><td>股东大会见证</td><td>按年收取</td></tr>
</table>

续表

机构	费用项目	金额	备注
全国股转系统公司	挂牌初费	总股本2000万股（含）以下，3万元； 总股本2000万~5000万股（含），5万元； 总股本5000万~1亿股（含），8万元 总股本1亿股以上，10万元	一次性收取
	挂牌年费	总股本2000万股（含）以下，2万元； 总股本2000万~5000万股（含），3万元； 总股本5000万~1亿股（含），4万元； 总股本1亿股以上，5万元	按年收取
中证登公司	股票登记	5000~10000元	一次性收取

172. 2014年后企业申请新三板挂牌费用飙升的原因是什么？

2014年前企业挂牌新三板服务费市场报价在130万~140万元，但年后，市场给出的平均报价达到了180万元，最新报价范围在160万~200万元，个别企业挂牌新三板服务费报价更是突破200万元大关。此前，券商收取的费用基本在100万元左右，但是年后仅券商的报价就涨到了130万~150万元。与此同时，律师事务所和会计师事务所收取的费用也水涨船高。

拟挂牌新三板企业服务费的不同，主要是因各个企业的资质不同而制定的。资质好的服务费相对低些，资质差的服务费相对高些。新三板未来的挂牌服务费持续上涨是不可避免的，涨到300万元甚至更高也是有可能的。原因有以下4点：

一是全国股转系统交易技术系统已正式运营，且做市商做市制度也计划于2014年8月正式推出，这将大幅提升股份流通效率。二是拟挂牌企业多，新三板做服务的专业人士少，需求多，供给少。三是中介机构改变不盈利的愿望变得强烈，开始主动性提价。四是虽然不排除一部分企业因此打消了挂牌新三板的动力，但这样对券商、对市场都有益处。市场选择的结果是浑水摸鱼的减少，真正想挂牌的增多，这才符合市场的规律。

173. “两网”及退市公司股票挂牌收费标准是什么？

表 4-3　“两网”及退市公司挂牌收费标准

收费对象	收费项目	收费标准	备注
挂牌公司	挂牌初费	总股本 2000 万股（含）以下，3 万元； 总股本 2000 万~5000 万股（含），5 万元； 总股本 5000 万~1 亿股（含），8 万元； 总股本 1 亿股以上，10 万元	暂免征收
	挂牌年费	总股本 2000 万股（含）以下，2 万元； 总股本 2000 万~5000 万股（含），3 万元； 总股本 5000 万~1 亿股（含），4 万元； 总股本 1 亿股以上，5 万元	暂免征收

174. 2014 年起，地方政府对新三板挂牌企业补贴缩水是否成为必然？

随着新三板的放开和挂牌企业的增长，地方政府补贴降低是必然趋势，未来这一补贴甚至可能完全取消，新三板将凭借本身的吸引力吸引企业挂牌。

新三板的快速发展得益于政策红利，也得益于政府的相关补贴。据调查，全国各地政府之前一直都在积极响应号召配合新三板市场快速发展。高新区对新三板挂牌企业都有相关的补贴。如大连高新区对新三板挂牌企业的财政补贴高达 290 万元；北京东城区补贴 230 万元；南昌市对新三板上市的企业补贴 230 万元；武汉市政府补贴 120 万元；成都高新区最高 120 万元。当然这些补贴是有明细的，以北京中关村为例，管委会补贴的 90 万元和海淀区政府补贴的 50 万元中，给律师事务所 15 万元、会计师事务所 45 万元、券商 80 万元。

新三板制度未完善之前，企业挂牌的动力不明显，政府给予一定的补贴支持是必要的。但是，补贴并非长久之计，补贴标准下调已成必然趋势。如广东某沿海城市首批挂牌企业有 20 家左右，补贴资金已经超过政府预算，因此决定降低对后续挂牌新三板公司的补贴标准。

可以肯定，未来这些政府补贴的取消是必然趋势，新三板要靠自身的交易制度和融资功能等来吸引优质企业。

175. 新三板挂牌需要哪些中介机构？它们的分工是怎样的？

主要中介机构有：① 证券公司，作为挂牌的主办券商，有如挂牌的总导演；② 律师事务所；③ 会计师事务所；④ 评估机构。它们的分工如图 4－2 所示：

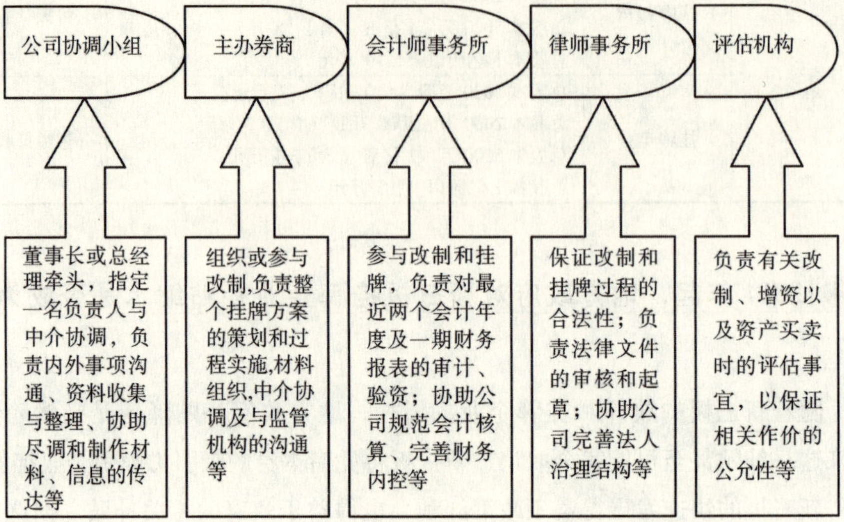

图 4－2　挂牌流程中公司及中介分工

176. 主办券商推荐业务规定的主要内容有哪些？

《全国中小企业股份转让系统主办券商推荐业务规定》（简称《主办券商推荐业务规定》）的主要内容有：

（1）项目小组人员及构成。由主办券商内部人员组成，注册会计师、律师和行业分析师各一名，须取得证券执业资格。

（2）项目负责人及资格。负责人须参与过两个以上推荐挂牌项目且负责财务、法律或行业事项的尽调；或者有 3 年以上投行从业经历且具有主持境内外首次公开发行股票或上市公司发行证券（新股、可转债）的经历。

（3）尽职调查。尽调应以形成有助于投资者做出决策的信息披露文件为目的，至少应包括公开转让说明书和推荐报告中所涉及的事项。

（4）专业人士意见。项目小组对专业人士意见有疑义，或认为专业人士发表的意见所基于的工作不够充分的，应进行独立调查。

(5) 不得担任项目内核成员的情形：担任项目组成员、持股、任职，其他情形。

(6) 内核会议表决。每次会议须七名以上内核机构成员出席，2/3 以上通过且指定注册会计师、律师和行业专家均为赞成票方为通过。

(7) 持股限制与推荐规程。存在如下三种情形之一的，主办券商不得推荐申请挂牌公司股票挂牌：一是主办券商持申请挂牌公司股份 7% 以上或为其前五名股东；二是申请挂牌公司持主办券商股份 7% 以上或为其前五名股东；三是主办券商前十名股东中任何一名为申请挂牌公司前三名股东。不过主办券商以做市为目的持有的申请挂牌公司的股份，不受本条第一款限制。

(8) 持续督导与监管处罚。主办券商应持续督导挂牌公司诚实守信、规范履行信息披露义务、完善公司治理机制。主办券商应至少配备两名具有财务或法律专业知识的专职督导人员。主办券商与挂牌公司因特殊原因确须解除持续督导协议的，应事前报告全国股份转让系统并说明合理理由。

177. 券商申请备案需要提供的材料及程序是什么？

券商在新三板开展业务前，应向全国股转系统公司申请备案，提交下列文件：① 申请书；② 公司设立的批准文件；③ 公司基本情况申报表；④《经营证券业务许可证》（副本）复印件；⑤《企业法人营业执照》（副本）复印件；⑥ 申请从事的业务及业务实施方案，包括：部门设置、人员配备与分工情况说明、内部控制体系的说明、主要业务管理制度、技术系统说明等；⑦ 最近年度经审计的财务报表和净资本计算表；⑧ 公司章程；⑨ 全国股份转让系统公司要求提交的其他文件。

券商申请文件齐备的，全国股转系统公司予以受理。全国股转系统公司同意备案的，自受理之日起十个转让日内与券商签订《证券公司参与全国中小企业股份转让系统业务协议书》（以下简称《协议书》），向其出具主办券商业务备案函（以下简称业务备案函），并予以公告。公告后，主办券商可在公告业务范围内开展业务。

主办券商应在取得业务备案函后五个转让日内，在全国股转系统指定信息披露平台（www. neeq. com. cn 或 www. neeq. cc）披露公司基本情况、主要业务人员情况及全国股转系统公司要求披露的其他信息。主办券商所披露的信息内容发生变更的，应自变更之日起5个转让日内报告全国股转系统公司并进行更新。

178. 主办券商办理名称变更备案需要提供的材料和程序是什么？

主办券商办理名称变更备案，应向全国股转系统公司提供的材料有：①申请书；②机构名称变更的批准文件；③变更后的《经营证券业务许可证》（副本）复印件和《企业法人营业执照》（副本）复印件；④变更后的公司章程；⑤原业务备案函；⑥全国股转系统公司要求提交的其他文件。

主办券商名称变更备案文件齐备的，全国股转系统公司自收到变更备案申请之日起五个转让日内与主办券商重新签订《协议书》，换发业务备案函，并予以公告。

179. 主办券商申请新业务需要提供的材料和程序是什么？

主办券商申请新增业务需要提交的材料有：①申请书；②《经营证券业务许可证》（副本）复印件；③申请从事的业务及业务实施方案，包括：部门设置、人员配备与分工情况说明、内部控制体系的说明、主要业务管理制度、技术系统说明等；④全国股份转让系统公司要求提交的其他文件。

全国股转系统公司同意主办券商新增业务备案的，自受理申请文件之日起十个转让日内与申请主办券商签订补充协议，出具业务备案函，并予以公告。

180. 主办券商申请终止业务的程序是什么？

主办券商申请终止从事新三板相关业务或不再具备相关业务备案条件的，全国股转系统公司终止其从事新三板相关业务，书面通知该主办券商并公告。

主办券商终止从事新三板相关业务的，应制定业务处置方案，做好业务终止后续处置工作，并将处置方案、处置情况及时报告全国股份转让系统公司。

181. 主办券商在新三板能够开展哪些业务？

根据《全国中小企业股份转让系统主办券商管理细则（试行）》（以下简称《主办券商管理细则》）的规定，主办券商可在新三板从事以下部分或全部业务：推荐业务、经纪业务、做市业务，以及全国股转系统公司规定的其他业务。

实际上，围绕上述三大业务，这里归纳出其相关的全业务链，主要有：

（1）管理咨询：帮助企业建立完善的内部控制制度；通过券商的资源为企业提供技术、人才、市场资源；为企业提供具体问题的咨询建议。

（2）股份制改制：以券商为主的专业团队，帮助企业完成股改；建立董事会、监事会、股东大会等。

（3）挂牌前融资：发挥券商的投行优势，为企业引进战略投资者；通过券商的专业服务，帮助企业制定合理的增发价格。

（4）挂牌服务：帮助企业梳理自身经营情况、优劣势；指导企业进行重组、剥离，从而符合挂牌条件；专业的财务、法律、研究团队帮助企业提高信息披露质量。

（5）持续督导：终身保荐并持续督导，降低投资者的风险。

（6）做市商：更深入地了解企业，做市报价更具有权威性；以自有资金购买企业股票进行做市，客观上是对企业投资价值的隐性担保。

（7）定向增发：连续多次快速增发，帮助企业按需进行融资；与交易所合作，举行增发路演等。

（8）债权融资：发行中小企业私募债；使企业更易获得信用贷款、股权质押贷款。

（9）并购重组：帮助企业通过并购重组等方式，实现快速成长与资源高效配置。

（10）转板：发挥投行优势，帮助企业通过IPO、借壳上市等方式，向主板、中小板、创业板等更高层次的资本市场转板。

182. 券商在新三板从事推荐业务需要具备哪些条件？

需要具备的条件是：

（1）具备证券承销与保荐业务资格。

（2）设立推荐业务专门部门，配备合格专业人员。

（3）建立尽职调查制度、工作底稿制度、内核工作制度、持续督导制度及其他推荐业务管理制度。

（4）全国股转系统公司规定的其他条件。

证券公司的子公司具备证券承销与保荐业务资格的，证券公司可以申请从事推荐业务，但不得与子公司同时在新三板从事推荐业务。

183. 全国股转系统公司对主办券商推荐业务的要求有哪些？

根据《主办券商管理细则》的规定，主办券商推荐股份公司股票挂牌，应与申请挂牌公司签订推荐挂牌并持续督导协议，约定双方的权利和义务，并对申请挂牌公司的董事、监事、高级管理人员及其他信息披露义务人进行培训，使其了解相关法律、法规、规则、协议所规定的权利和义务。

主办券商应对申请挂牌公司进行尽职调查，并在全面、真实、客观、准确调查的基础上出具尽职调查报告。

主办券商应设立内核机构，负责审核股份公司股票挂牌申请，并在审核基础上出具内核意见。

主办券商应根据内核意见决定是否推荐股份公司股票挂牌。同意推荐的，出具推荐报告。

主办券商可以根据申请挂牌公司的委托，组织编制申请文件。

主办券商应持续督导所推荐挂牌公司诚实守信、规范履行信息披露义务、完善公司治理机制。

主办券商应配备合格专业人员，建立健全持续督导工作制度，勤勉履行审查挂牌公司拟披露的信息披露文件、对挂牌公司进行现场检查、发布风险警示公告等督导职责。

184. 挂牌流程中主办券商的主要职责是什么？

作为推荐公司新三板挂牌的主办券商，其主要职责有：

股份制改造阶段，牵头和其他中介对有限公司设立以来的经营、财务、出资、增减资等事项进行全方位的尽职调查，提出修整意见，并据此进行改制总体方案的设计。

申请挂牌阶段，按照全国股转系统公司相关政策及文件，对企业进行全面的尽职调查，对照挂牌条件，履行内核程序；协助企业健全治理结构、规范经营活动，并对企业的经营发展进行全面客观陈述以形成《公开转让说明书》和《推荐报告》，真实完整地将公司状况展现给投资者，并对全国股转系统公司反馈的意见做出回答。

挂牌后，持续督导挂牌公司的经营，提供后续诸如公司融资、并购重组等资本性质的市场服务。

185. 主办券商推荐股份公司挂牌进度计划表模板什么样？

表 4－4 主办券商办理股份公司挂牌进度计划表

主办券商：　　　　　　　　　　　股份公司：

序号	事　项	办理时限	预计完成日期
1	申请挂牌同时进行定向发行工作的进度安排	挂牌日前（） 挂牌日后（）	
2	股份公司原股东在证券公司营业部开立深市证券账户	取得同意挂牌的函前完成	
3	挂牌时存在解除首批股份限售登记情形，向全国股转系统公司的公司业务部提交申请，取得股份解除限售登记的函	2～5 个 工作日	
4	首次信息披露文件披露日期	取得证券简称和代码 后的第 2 个工作日	
5	向中国证券登记结算公司深圳分公司申请办理股份初始登记、解除首批股份限售登记	（含预沟通） 4 个工作日	
6	向全国股转系统公司挂牌业务部递交《股票公开转让记录表》、《股份登记确认书》、《信息披露业务流转表》，确定挂牌日期	取得股份登记确认书当日	
7	挂牌前第二次信息披露日期	T－1 日	
8	股票挂牌	T 日，取得股份登记确认书后的第三至第五个工作日	
9	参加集体挂牌仪式	是（）否（）	

主办券商经办人签名：

电话：

手机：　　　　　　　　　　　　　　　　　　　　　年　月　日

资料来源：《全国中小企业股份转让系统股票发行业务指南》附件。

186. 2013 版新三板设有副主办券商吗？

根据《业务规则》，全国股份转让系统不实行副主办券商制度。

187. 拟挂牌公司或已挂牌公司更换主办券商的操作流程是什么？

根据全国股转系统公司《常见问答四》：拟挂牌公司在申请挂牌前更换主办券商的，与主办券商自行商定，无须报告全国股份转让系统公司。

全国股份转让系统实行主办券商制度，主办券商需要在推荐公司挂牌后，对其履行持续督导义务，全国股份转让系统公司鼓励挂牌公司与主办券商建立长期稳定的持续督导关系，除主办券商不再从事推荐业务或者挂牌公司股票终止挂牌两种规定情形外，双方不得随意解除持续督导协议。主办券商与挂牌公司因特殊原因确须解除持续督导协议的，双方应协商一致，且有其他主办券商愿意承接督导工作，事前报告全国股份转让系统公司并说明理由。在具体操作流程中，挂牌公司和承接督导事项的主办券商应履行相应的内部决策程序。

188. 挂牌流程中会计师事务所主要职责是什么？

股份制改造阶段，对有限责任公司改制基准日的财务情况进行全面审计（须由拟挂牌企业以改制基准日经审计的净资产额为依据将其折合为股份有限公司的股本）；在签订《发起人协议》后，须对净资产折股情况出具《验资报告》。

申请挂牌阶段，负责财务方面的尽职调查；出具两年及一期的《审计报告》，申报财务报表最近截止日不得早于改制基准日；协助企业编制申报财务报表与原始财务报表差异表及差异说明；对非经常性损益界定；协助企业和主办券商与审核员就财务问题进行审核；根据审核反馈意见协助企业进行回复，同时根据审核反馈意见出具专项（核查）意见或说明；补充和修改完善财务资料；出具相关声明。

挂牌后，审计公司披露年度财务报告等。

189. 挂牌流程中律师事务所的主要职责是什么？

股份制改造阶段，协助企业编制发起人协议、股份公司章程等一系列法律文件；协助企业完善各项制度；协助企业完成股份公司创立大会；协助企业完善公司治理，建立现代企业管理制度；指导董事会、监事会、经理层人员的选举；督导企业严格按照股份公司的要求规范企业行为；参加或列席相关会议；起草或协助起草经营过程中的法律文件。

申请挂牌阶段，负责法律方面的尽职调查，出具《法律意见书》；对《公开转让说明书》的法律陈述及风险把关，如有必要，可对相关问题提出专项法律意见，并对全国股转系统公司反馈的法律方面的意见做出问答。

挂牌后或担任挂牌公司常年法律顾问，为股东大会等出具法律意见书。

190. 挂牌流程中评估机构的主要职责是什么？

对公司改制基准日企业净资产进行评估，出具《评估报告》，确认评估后净资产价值大于经设计后的账面自查价值。

如需要，按照企业要求对其购买或出售的资产、股权进行评估，对企业用以出资的实物资产和无形资产进行评估，出具《评估报告》。

191. 新三板的资产评估应注意哪些事项？

资产评估应注意以下事项：

（1）资产评估的合规性。企业及资产评估机构应当按照国家资产评估管理部门和资产评估行业协会关于资产评估的规程进行资产评估，并按规定的资产评估报告格式制备资产评估资料。

（2）资产评估报告的有效期。资产评估报告一般自评估基准日起 1 年内有效，超过 1 年有效期的，原资产评估报告无效，须重新进行评估。

（3）资产评估机构的资质。企业在聘请资产评估机构时，应当注意其是否具有相关业务资质。

（4）资产评估机构不能与公司聘请的审计机构为同一家中介机构。

192. 为拟挂牌公司服务的会计师、律师事务所需要核准或备案吗？

不需要向全国股转系统公司申请核准或备案。但根据财政部、中国证监会相关规定，会计师事务所执行证券、期货相关业务，必须取得证券、期货业务许可证。根据司法部、中国证监会相关规定，从事证券法律业务的律师事务所及其指派律师，须按照《律师事务所从事证券法律业务管理办法》及《律师事务所证券法律业务执业规则（试行）》的要求开展查验、制作和出具法律意见书等执业活动。

193. 拟挂牌公司股改的会计师事务所是否必须取得证券、期货相关业务资格？

对拟挂牌公司股改的会计师事务所是否必须具有证券、期货相关业务资格，全国股转系统公司无强制性要求。但申请挂牌时向全国股转系统公司提交的财务报告应当经具有证券、期货相关业务资格的会计师事务所审计。

194. 挂牌公司变更会计师事务所是否要经全国股转系统公司同意？

不需要。但应履行内部决策程序并进行信息披露。根据《信息披露细则（试行）》的规定，挂牌公司不得随意变更会计师事务所，如确须变更的，应当由董事会审议后提交股东大会审议。另外，应当自事实发生之日起两个转让日内披露相关事宜。

第二节　项目小组、内核与推荐规程

195. 对推荐挂牌项目小组成员的要求是什么？

主办券商应针对每一家申请挂牌的公司都设立专门项目小组，负责尽职调查、起草尽职调查报告、制作推荐文件等。

项目小组应由主办券商内部人员组成，其成员须取得证券执业资格，其中注册会计师、律师和行业分析师至少各1名。行业分析师应具有申请挂牌公司所属行业的相关专业知识，并在最近1年内发表过有关该行业的研究报告。

196. 对项目小组负责人的要求是什么？对其“主持发行新股或债券承销”该如何界定？

主办券商还须在项目小组中指定1名负责人，其任职要求为参与过2个以上推荐挂牌项目，且负责过财务会计事项、法律事项或相关事项的尽职调查工作，或者具有3年以上投资银行从业经历，且具有主持境内首次公开发行股份或者上市公司发行新股、可转换债券的主承销项目经历。

项目负责人资格中，对“具有主持境内外首次公开发行股票或者上市公司发行新股、可转换公司债券的主承销项目经历”中“主持”的界定限于保荐项目的签字保荐代表人或者作为项目协办人参与保荐项目并签字的准保荐代表人。

197. 什么样的人不能成为项目小组成员？

存在以下情形之一的人员，不得成为项目小组成员：

（1）最近3年内受到中国证监会行政处罚或证券行业自律组织纪律处分。

（2）本人及其配偶直接或间接持有申请挂牌公司股份。

（3）在申请挂牌公司或其控股股东、实际控制人处任职。

（4）未按要求参加全国股份转让系统公司组织的业务培训。

（5）全国股份转让系统公司认定的其他情形。

198. 对项目组中的律师、注册会计师的资格有何要求？

项目组中的律师需要通过国家司法考试。注册会计师全科考试合格即可，不需要曾经在事务所执业取得执业资格证书。

199. 项目小组负责人或者“三师”发生变动，应如何进行报备？

按照全国股转系统公司《常见问答四》：根据《全国中小企业股份转让系统主办券商管理细则（试行）》第十条，主办券商所披露信息内容发生变更的，应自变更之日起五个转让日内报告全国股份转让系统公司并进行更新。主办券商可通过推荐业务联络人向全国股份转让系统公司机构业务部报告，经核对后在指定信息披露平台进行更新披露。

200. 主办券商的内核机构成员发生变动，应如何进行报备？

按照全国股转系统公司《常见问答四》：根据《全国中小企业股份转让系统主办券商推荐业务规定（试行）》第十四条，主办券商内核机构工作制度或内核成员发生变动的，主办券商应及时报全国股份转让系统公司备案，并在五个工作日内更新披露。主办券商可通过推荐业务联络人向全国股份转让系统公司机构业务部报告，经核对后在指定信息披露平台进行更新披露。

201. 对项目小组行业分析师“相关专业知识”和“发表研究报告”如何认定？

按照规定行业分析师应具有申请挂牌公司所属行业的相关专业知识，并在最近一年内发表过有关该行业的研究报告。根据全国股转系统公司《常见问答四》要求：

行业分析师是否具有相关专业知识由主办券商自行评价。发表的“研究报告”应针对拟推荐公司所属行业，行业分类应对照中国证监会发布的《上市公司行业分类指引》，具体到大类编码（为单字母加两位数字编码）。研究报告可以为行业研究报告或公司研究报告。行业研究报告应侧重于对行业特点及未来发展趋势、行业发展的影响因素、行业竞争状况、行业技术水平及技术特点、经营模式等方面的研究。公司研究报告应为对与拟推荐公司主营业务相同或相似的公司在市场、产品与技术等方面的研究报告。研究报告应在公开出版刊物或主办券商内部研究刊物上发表。研究报告应作为行业分析师任职资格的证明材料于报送推荐文件时一并提交。

202. 对内核机构有什么要求？

（1）主办券商应制定内核机构工作制度，对内核机构的职责、人员构成、审核程序、表决办法、自律要求和回避制度等事项作出规定。

（2）内核机构应独立、客观、公正地履行职责，内核机构成员中由推荐业务部门人员兼任的，不得超过内核机构总人数的1/3。

（3）内核机构应由10名以上成员组成，可以外聘。最近3年内受到中国证监会行政处罚或证券行业自律组织纪律处分的人员，不得聘请为内核机构成员。

（4）主办券商应将内核机构工作制度、成员名单及简历在全国股份转让系统指定信息披露平台上披露。内核机构工作制度或内核成员发生变动的，主办券商应及时报全国股份转让系统公司备案，并在5个工作日内更新披露。

203. 内核机构成员应具备什么条件？

内核机构成员应具备下列条件之一：

（1）具有注册会计师或律师资格并在其专业领域或投资银行领域有3年以上从业经历。

（2）具有5年以上投资银行领域从业经历。

（3）具有相关行业高级职称的专家或从事行业研究5年以上的分析人员。

204. 内核专员有哪些职责？

主办券商内核机构应针对每个项目在内核会议成员中指定一名内核专员。内核专员除承担与其他内核会议成员相同的审核工作外，还应承担以下职责：

（1）整理内核意见。

（2）跟踪审核项目小组对内核意见的落实情况。

（3）审核推荐文件和挂牌申请文件的补充或修改意见。

（4）就该项目内核工作的有关事宜接受全国股份转让系统公司质询。

205. 内核机构成员存在哪些情况不能参与某项目的内核？

内核机构成员存在以下情形之一的，不得参与该项目的内核：

（1）担任该项目小组成员。

（2）本人及其配偶直接或间接持有申请挂牌公司股份。

（3）在申请挂牌公司或其控股股东、实际控制人处任职。

（4）其他可能影响公正履行职责的情形。

206. 内核机构对哪些事项发表审核意见?

内核机构主要负责对推荐文件和挂牌申请文件的审核，并对下述事项发表审核意见：

（1）项目小组是否已按照尽职调查工作的要求对申请挂牌公司进行了尽职调查。

（2）申请挂牌公司拟披露的信息是否符合全国股份转让系统公司有关信息披露的规定。

（3）申请挂牌公司是否符合挂牌条件。

（4）是否同意推荐申请挂牌公司股票挂牌。

207. 主办券商在内核时主要做哪些工作?

内核是新三板挂牌的重要环节，主办券商内核委员会应审议拟挂牌公司的书面备案文件并决定是否向协会推荐挂牌。

主办券商新三板业务内核委员会对前述项目小组完成的《股份报价转让说明书》及《尽职调查报告》等相关备案文件进行审核，出具审核意见，关注项目小组是否已按照《尽职调查工作指引》的要求对拟推荐公司进行了勤勉尽责的尽职调查；如发现拟挂牌公司存在仍需调查或整改的问题，提出解决思路；同意推荐目标公司挂牌的，向协会出具《推荐报告》。

208. 内核会议有哪些要求?

（1）内核机构根据项目小组的申请召开内核会议。每次会议须7名以上内核机构成员出席，其中律师、注册会计师和行业专家至少各1名。

（2）内核会议成员应独立、客观、公正地对推荐文件和挂牌申请文件进行审核，制作审核工作底稿并签名。审核工作底稿应包括审核工作的起止日期、发现的问题、建议补充调查核实的事项以及对推荐挂牌的意见等内容。

（3）内核会议应在成员中指定注册会计师、律师及行业专家各1名分别对项目小组中的财务会计事项调查人员、法律事项调查人员及行业分析师出具的调查意见进行审核，分别在其工作底稿中发表独立的审核意见，提交内核会议。

（4）项目小组成员可以列席内核会议，向内核会议汇报尽职调查情况和需提请关注的事项，回答质询。

（5）内核会议可采取现场会议、电话会议或视频会议的形式召开。内核机构成员应以个人身份出席内核会议，发表独立审核意见并行使表决权。因故不能出席的内核会议成员应委托他人出席并提交授权委托书及独立制作的审核工作底稿。每次会议委托他人出席的内核会议成员，不得超过应出席成员的1/3。

（6）内核会议应对是否同意推荐申请挂牌公司股票挂牌进行表决。表决应采取记名投票方式，每人1票，2/3以上赞成且指定注册会计师、律师和行业专家均为赞成票为通过。

（7）主办券商应对内核会议过程形成记录，在内核会议表决的基础上形成内核意见。内核意见应包括以下内容：审核意见、表决结果、出席会议的内核机构成员名单和投票记录。内核会议成员均应在内核意见上签名。

（8）主办券商应根据内核意见，决定是否向全国股份转让系统公司推荐申请挂牌公司股票挂牌。决定推荐的，应出具推荐报告。

209. 公司存在哪些情况不得推荐申请股票挂牌？

主办券商应对申请挂牌公司进行风险评估，审慎推荐该公司股票挂牌。存在下列情形之一的，主办券商不得推荐申请挂牌公司股票挂牌：

（1）主办券商直接或间接合计持有申请挂牌公司7%以上的股份，或者是其前五名股东之一；

（2）申请挂牌公司直接或间接合计持有主办券商7%以上的股份，或者是其前五名股东之一；

（3）主办券商前十名股东中任何一名股东为申请挂牌公司前三名股东

之一；

（4）主办券商与申请挂牌公司之间存在其他重大影响的关联关系。

主办券商以做市目的持有的申请挂牌公司股份，不受上述第（1）条限制。

210. 主办券商推荐公司挂牌的推荐报告应包括哪些内容?

主办券商推荐申请挂牌公司股票挂牌，应当向全国股转系统公司提交推荐报告及全国股份转让系统公司要求的其他文件，推荐报告应包括下列内容：

①尽职调查情况；②逐项说明申请挂牌公司是否符合《业务规则》规定的挂牌条件；③内核程序及内核意见；④推荐意见；⑤提醒投资者注意事项；⑥全国股份转让系统公司要求的其他内容。

211. 主办券商在配合公司申请挂牌审查的过程中有哪些工作需要承担?

主办券商向全国股转系统公司报送推荐文件后，应当配合全国股转系统公司的审查，并承担下列工作：

（1）组织申请挂牌公司及证券服务机构对全国股份转让系统公司的意见进行答复。

（2）按照全国股份转让系统公司的要求对涉及本次挂牌的特定事项进行尽职调查或核查。

（3）指定项目小组成员与全国股份转让系统公司进行专业沟通。

（4）全国股份转让系统公司规定的其他工作。

212. 尽调、内核工作底稿及相关记录意见等应保存多久?

主办券商应将尽职调查工作底稿、内核会议成员审核工作底稿、内核会议记录、内核意见等妥善保存，保存期限不少于10年。

第三节　申报文件制作与审查反馈

213. 拟挂牌公司申请文件目录在2013年底业务规则修订后发生了哪些变化?

根据全国股转系统公司发布的《常见问答五》：对申请时股东人数未超过200人的股份公司，根据最新的《全国中小企业股份转让系统挂牌申请文件目录（适用于申请时股东人数未超过200人）》，申报文件目录增加了两份文件，一是“2-9申请挂牌公司全体董事、监事和高级管理人员签署的《董事（监事、高级管理人员）声明及承诺书》”，二是“4-6证券简称及证券代码申请书”。另外，减少1份文件，即“向中国证监会提交的申请股票在全国股转系统公开转让及定向发行（如有）的报告”。

对申请时股东人数超过200人的股份公司，申报文件请参照《全国中小企业股份转让系统挂牌申请文件目录（适用于申请时股东人数超过200人）》。

214. 股东人数不足200人的公司新三板挂牌申请文件有哪些?

主要分为两大部分共四章内容：

第一部分 要求披露的文件

第一章：公开转让说明书及推荐报告。内容：（1）公开转让说明书（申报稿）；（2）财务报表及审计报告；（3）法律意见书；（4）公司章程；（5）主办券商推荐报告；（6）股票发行情况报告书（如有）。

第二部分 不要求披露的文件

第二章：申请挂牌公司相关文件。内容：（1）向全国股份转让系统公司提交的申请股票在全国股份转让系统挂牌及股票发行（如有）的报告；（2）有关股票在全国股份转让系统挂牌及股票发行（如有）的董事会决议；（3）有关股票在全国股份转让系统挂牌及股票发行（如有）的股东大会决议；（4）企业法人营业执照；（5）股东名册及股东身份证明文件；（6）董事、监事、高级管理人员名单及持股情况；（7）申请挂牌公司设立时和最近两年及一期的资产评估报告；（8）申请挂牌公司最近两年原始财务报表与申报财务报表存在差异时，需要提供差异比较表；（9）申请挂牌公司全体董事、监事和高级管理人员签署的《董事（监事、高级管理人员）声明及承诺书》。

第三章：主办券商相关文件协议。（1）主办券商与申请挂牌公司签订的推荐挂牌并持续督导协议。（2）尽职调查报告。（3）尽职调查工作文件：①尽职调查工作底稿目录、相关工作记录和经归纳整理后的尽职调查工作表；②有关税收优惠、财政补贴的依据性文件；③历次验资报告；④对持续经营有重大影响的业务合同。（4）内核意见：①内核机构成员审核工作底稿；②内核会议记录；③对内核会议反馈意见的回复；④内核专员对内核会议落实情况的补充审核意见。（5）主办券商推荐挂牌内部核查表及主办券商对申请挂牌公司风险评估表。（6）主办券商自律说明书。（7）主办券商业务备案函复印件（加盖机构公章并说明用途）及项目小组成员任职资格说明文件。

第四章：其他相关文件。（1）申请挂牌公司全体董事、主办券商及相关中介机构对申请文件真实性、准确性和完整性的承诺书；（2）相关中介机构对纳入公开转让说明书等文件中由其出具的专业报告或意见无异议的函；（3）申请挂牌公司、主办券商对电子文件与书面文件保持一致的声明；（4）律师、注册会计师及所在机构的相关执业证书复印件（加盖机构公章并说明用途）；（5）国有资产管理部门出具的国有股权设置批复文件及商；商务主管部门出具的外资股确认文件；（6）证券简称及证券代码申请书。

215. 股东人数超200人的公司新三板挂牌申请文件有哪些？

主要分为两大部分共三章内容：

第一部分 要求披露的文件

第一章：公开转让说明书及推荐报告。内容：（1）公开转让说明书（申报稿，股东超200人的公司需证监会核准的最终稿）；（2）财务报表及审计报告；（3）法律意见书；（4）公司章程；（5）主办券商推荐报告；（6）股票发行情况报告书（如有）；（7）中国证监会核准文件（只限于股东超200人的公司）。

第二部分 不要求披露的文件

第二章：申请挂牌公司相关文件。内容：（1）向全国股份转让系统公司提交的申请股票在全国股份转让系统挂牌及股票发行（如有）的报告；（2）有关股票在全国股份转让系统挂牌及股票发行（如有）的董事会决议；（3）有关股票在全国股份转让系统挂牌及股票发行（如有）的股东大会决议；（4）企业法人营业执照；（5）股东名册及股东身份证明文件；（6）董事、监事、高级管理人员名单及持股情况；（7）申请挂牌公司全体董事、监事和高级管理人员签署的《董事（监事、高级管理人员）声明及承诺书》；（8）证券简称及证券代码申请书；（9）国有资产管理部门出具的国有股权设置批复文件及商务主管部门出具的外资股确认文件；（10）中国证监会核准后至申请挂牌前新增重大事项的说明文件（如有）。

第三章：主办券商相关文件协议。（1）主办券商与申请挂牌公司签订的推荐挂牌并持续督导协议；（2）主办券商业务备案函复印件（加盖机构公章并说明用途）及项目小组成员任职资格说明文件；（3）律师、注册会计师及所在机构的相关执业证书复印件（加盖机构公章并说明用途）。

216. 申请挂牌公司《董事（监事、高级管理人员）声明及承诺书》应在何时提供？

申请挂牌公司全体董事、监事和高级管理人员签署的《董事（监事、高级管理人员）声明及承诺书》应在报送申请文件时提供，承诺书内容及模板可在全国股转系统公司网站下载。

217. “申请文件目录”是对公司申报挂牌所需资料的最低要求吗？另外还有什么要求？

是的。《全国中小企业股份转让系统挂牌申请文件内容与格式指引（试行）》的规定为：“本指引规定的申请文件目录是对挂牌申请文件的最低要求。根据审查需要，全国股份转让系统公司可以要求申请挂牌公司和相关中介机构补充文件。如部分文件对申请挂牌公司不适用，可不提供，但应书面说明。

申请挂牌同时股票发行的，应按照全国股份转让系统公司规定在挂牌申请文件中增加有关内容。”

218. 挂牌申报文件的格式有何要求？以公司股东200人为界有何不同？

（1）申请文件的封面和侧面应标有“××公司股票挂牌申请文件”字样，扉页应标明申请挂牌公司法定代表人、信息披露事务负责人、主办券商主管领导、项目负责人，以及相关中介机构项目负责人的姓名和电话、传真等联系方式。

（2）申请时股东人数未超过200人的股份公司报送申请文件应提交原件一份，复印件两份；申请时股东人数超过200人的股份公司报送申请文件应提交原件一份（单行本）。

（3）每次报送书面文件的同时，应报送一份与书面文件（采用标准A4纸双面印刷，需提供原件的历史文件除外）一致的电子文件（WORD、EXCEL、PDF及全国股份转让系统公司要求的其他文件格式）。

（4）申请挂牌公司不能提供有关文件原件的，应由申请挂牌公司律师提供鉴证意见，或由出文单位盖章，以保证与原件一致。

（5）申请文件所有需要签名处，均应为签名人亲笔签名，不得以名章、签名章等代替。申请文件中需要由申请挂牌公司律师鉴证的文件，申请挂牌公司律师应在该文件首页注明“以下第××页至第××页与原件一致”，并签名和签署鉴证日期，律师事务所应在该文件首页加盖公章，并在第××页至第××页侧面以公章加盖骑缝章。

219. 挂牌业务申请提交的电子版中WORD文档需要全套吗？

全国股份转让系统公司《常见问答四》的回答是：“为了积极适应未来电子化报送的需求，挂牌申请材料请按照申请文件目录顺序，每个目录应单独制作WORD文档。”

220. 申请挂牌的文件已经报送，还可撤回、增加或更换吗？

一般来说是不允许的。除非经全国股份转让系统公司同意。

221. 新三板对公司申请挂牌文件补充材料的要求是什么？

申请挂牌公司应根据全国股份转让系统公司对申请文件的反馈意见提供补充材料。相关中介机构应对反馈意见相关问题进行尽职调查或补充出具专业意见。对公开转让说明书修改或补充的，应进行标示。

222. 在全国股转系统公司接收服务窗口办理业务时提交的授权委托书或介绍信应当包括什么内容？

全国股转系统公司《常见问答三》的回答是：“申请人在初次申报时应提交授权委托书原件，指明授权内容包括申报材料、领取书面反馈要求、报送书面反馈回复材料、领取批复文件等事项，并指定2名具体办事人员有权办理上述事项，之后指定的办事人员可以持此授权书的复印件到窗口办理后续业务。”

223. 公开转让说明书与招股说明书有什么区别？

表4－5 公开转让说明书与招股说明书的区别

新三板	主板	创业板
公开转让说明书	招股说明书	招股说明书
总则	总则	总则
基本情况	发行人基本情况	发行人基本情况
公司业务	业务和技术	业务和技术
	同业竞争与关联交易	同业竞争与关联交易
	“董监高”与核心技术人员	“董监高”与核心技术人员
公司治理	公司治理	公司治理
公司财务	财务会计信息	财务会计信息与管理层分析
	管理层讨论与分析	
	业务发展目标	未来发展与规划
定向发行（如有）	募集资金运用	募集资金运用
	股利分配政策	
	其他重要事项	其他重要事项
有关声明	有关声明	有关声明

续表

新三板	主板	创业板
附件	备查文件	附件
附则	附则	附则
	招股说明书摘要	

224. 2013 年底新三板挂牌转让审核环节有何重大调整？

调整之前的规定为：所有拟挂牌新三板的股份公司的申报材料获得全国股转系统公司出具同意挂牌的审查意见后，还须再经中国证监会的核准这一环节方能挂牌转让。现在调整为：只有股东 200 人以上的股份公司按照此程序；股东 200 人以下的公司豁免中国证监会的核准环节，只要获得全国股转系统公司出具同意挂牌转让的审查意见后便可挂牌转让。具体依据如下：

2013 年 12 月 16 日中国证监会修订的《非上市公众公司监督管理办法》对新三板挂牌公司股票转让制度做出重大调整，增加了两条内容分别作为第三十六条和第三十八条，即：

“股东人数未超过 200 人的公司申请其股票公开转让，中国证监会豁免核准，由全国中小企业股份转让系统进行审查。”

“本办法施行前股东人数超过 200 人的股份有限公司，符合条件的，可以申请在全国中小企业股份转让系统挂牌公开转让股票、首次公开发行并在证券交易所上市。”

同年 12 月 30 日全国股转系统公司依照如上办法在修订《全国中小企业股份转让系统业务规则（试行）》时，对新三板挂牌核审制度做出重大调整：

“挂牌公司是纳入中国证监会监管的非上市公众公司，股东人数可以超过二百人。”

“股东人数未超过二百人的股份有限公司，直接向全国股份转让系统公司申请挂牌。”

“股东人数超过二百人的股份有限公司，公开转让申请经中国证监会核准后，可以按照本业务规则的规定向全国股份转让系统公司申请挂牌。”

这一程序和制度的重大调整，标志着证监会通过进一步放权，为减少审核环节、搞活市场发挥了更大的作用和意义。

225. 全国股份转让系统公司如何进行挂牌审查?

《全国中小企业股份转让系统业务规则（试行)》第1.10条规定：挂牌公司是纳入中国证监会监管的非上市公众公司，股东人数可以超过200人。股东人数未超过200人的股份有限公司，直接向全国股份转让系统公司申请挂牌。股东人数超过200人的股份有限公司，公开转让申请经中国证监会核准后，可以按照本业务规则的规定向全国股份转让系统公司申请挂牌。

在这个前提条件下，全国股转系统公司进行挂牌审查时，对符合《全国中小企业股份转让系统股票挂牌条件适用基本标准指引（试行)》要求的申请挂牌的公司，原则上同意其挂牌申请。在此基础上，审查工作以信息披露为核心，重点围绕申请挂牌公司的信息披露是否满足要求和主办券商是否按照要求完成尽职调查提出审查意见，引导申请公司、主办券商及其他中介机构提高信息披露和尽职调查质量等。

226. 对拟挂牌公司申报的申请挂牌文件等材料是如何验收的?

拟挂牌公司将申报文件准备齐全后，便由公司与主办券商一起向全国股转系统公司进行申报。

申请人带上单位介绍信、身份证和复印件等验证身份的文件到全国股转系统公司接受服务大厅提交申报文件。系统公司对申请材料的齐备性、完整性进行检查。需要申请人补充申请材料的，按照规定提出补充要求，符合条件的，系统公司出具《申请材料接受确认函》。

227. 全国股转系统公司审查申报挂牌材料的3大步骤是什么?

（1）反馈。全国股转系统公司对拟挂牌公司的申报材料进行初步审查，对需要拟挂牌公司补充披露、解释说明或中介机构需要进一步核实或落实的主要问题等出具反馈意见。

（2）落实反馈意见。申请公司应在30个工作日内向窗口提交反馈回复意见。

（3）出具审查意见。申请材料和回复意见审查完毕后，系统公司出具同意或不同意挂牌或定向发行的审查意见。

228. 如果公司超过反馈回复所规定的时间，如何申请延期反馈？

根据全国股转系统公司《常见问答四》：如申请挂牌公司无法在规定的时间内提交反馈意见回复，须在截止日期前向全国股转系统公司提交延期回复申请，并由申请挂牌公司盖章。延期回复最多不能延长30个工作日。

229. 中国证监会出具挂牌核准的三步流程是什么？

拟挂牌公司获得系统公司出具同意挂牌或定向发行的审查意见后，对股东人数超过200人的公司，还要向中国证监会申请再次进行核准，其步骤为：

（1）材料提交。中国证监会在股转系统公司办公地点设有行政受理窗口，申请人通过受理窗口递交材料。

（2）受理。证监会接收材料，对材料内容要求等无异议的，出具行政许可接收凭证和受理通知。

（3）做出决定。证监会在受理申请之日起20个工作日内作出准予或不准予行政许可的决定。

230. 审核环节对公司设立、出资及股权转让主要关注哪些问题？

从大量拟挂牌公司初审反馈意见来看，主要集中在如下问题：

（1）拟挂牌公司的设立是否违反《公司法》关于出资的规定，非货币资产出资是否存在出资不实等问题。

（2）拟挂牌公司设立后的增减资原因；是否存在比例不同的增资情形；股东是否变相占用财产；如有国有资产，是否履行了国有资产出资审批程序等。

（3）股权转让是否合法合规；股权转让是否导致实际控制人的变化等。

（4）整体变更时是否如实缴纳了税收等问题。

231. 审核环节对公司业务情况重点关注哪些内容？

从大量拟挂牌公司初审反馈意见来看，主要集中在如下问题：

(1) 生产经营的合法合规问题：一是拟挂牌公司及其子公司或分公司是否在未完成营业执照办理时就进行跨区域经营；二是公司是否取得相关业务资质，特别是拟挂牌公司从事某些特定业务是否存在法律障碍；三是是否存在重大违法违规事项。

(2) 公司是否能够持续经营。

(3) 公司客户和供应商信息的披露和真实性如何。

(4) 拟挂牌公司生产经营所用资产的问题，如自身资产、租赁资产、收购取得资产等是否权属清晰，租赁卖方是否享有处理权，价格是否公允，是否存在潜在纠纷等问题。

232. 对内控、同业竞争、竞业禁止和关联交易的审核所关注的重点有哪些？

从大量拟挂牌公司初审反馈意见来看，主要集中在如下问题：

(1) 会计核算和内部控制问题：收入和成本的确认原则问题；交易真实性问题；其他应收款和其他应付款问题；与股东和员工的款项往来等问题。

(2) 监管层非常关注同业竞争这一问题，就审核申报材料的反馈意见来看，大量涉及这类问题。

(3) 关联交易则主要是关注关联交易的定价是否公允，是否存在利益输送或损害拟挂牌公司利益的情形，相关的决策审批程序是否符合公司章程及其他制度等。

(4)“三会一层”适格性问题，公司章程及相关制度的齐备性和合法性等治理问题。

另外，由于新三板拟挂牌公司很多属于高新技术企业，部分企业的核心技术人员或专家等都有相关行业的工作经验，都来自行业内的其他企业，所以竞业禁止也是比较关注的问题。

233. 公司治理的财务审核重点注意什么？

挂牌公司与控股股东、实际控制人及其控制的其他企业应实行人员、资产、财务分开，各自独立核算、独立承担责任和风险。

控股股东、实际控制人及其控制的其他企业应切实保证挂牌公司的独立性，不得利用其股东权力或者实际控制能力，通过关联交易、垫付费用、提供担保及其他方式直接或者间接侵占挂牌公司资金、资产，损害挂牌公司及其他股东的利益。

234. 股东超200人的拟挂牌公司审核要点是什么？

①依法设立、合法存续；②历次增资不存在虚假转让；③股权清晰；④股权名册、出资真实；⑤可以确权的超过80%，其他设立托管账户；⑥股权代持问题，包括信托持股；⑦职代会转为还原股东、直接持股，手续齐全；⑧通过合法金融产品代持；⑨私募基金、资管计划可以不还原。

第四节 正式挂牌

235. 公司在获得挂牌通过后，具体挂牌的流程是什么？

拟挂牌公司在取得股转系统公司出具的《同意挂牌的函》及证监会出具的《核准公开转让的批复》后，具体挂牌的流程有4步：

第一步：申请证券简称及代码并办理解除首批股份限售，内容有：

①申请证券简称、代码和解除限售（如有）；②缴费，根据全国股份转让系统公司挂牌业务部传真的《缴费通知单》，申请挂牌公司缴纳挂牌初费和当年年费；③领文。

第二步：办理信息披露及股份初始登记，内容有：

①首次信息披露；②股份初始登记；③挂牌前的第二次信息披露。

第三步：申请挂牌同时发行股票融资：

①披露发行意向；②披露公开转让说明书等文件；③报送发行备案材料；④披露发行情况报告书等文件；⑤办理股份登记；⑥披露工商变更登记公告；⑦注意事项。

第四步：挂牌仪式。

236. 如何图解公司新三板股票挂牌的操作流程？

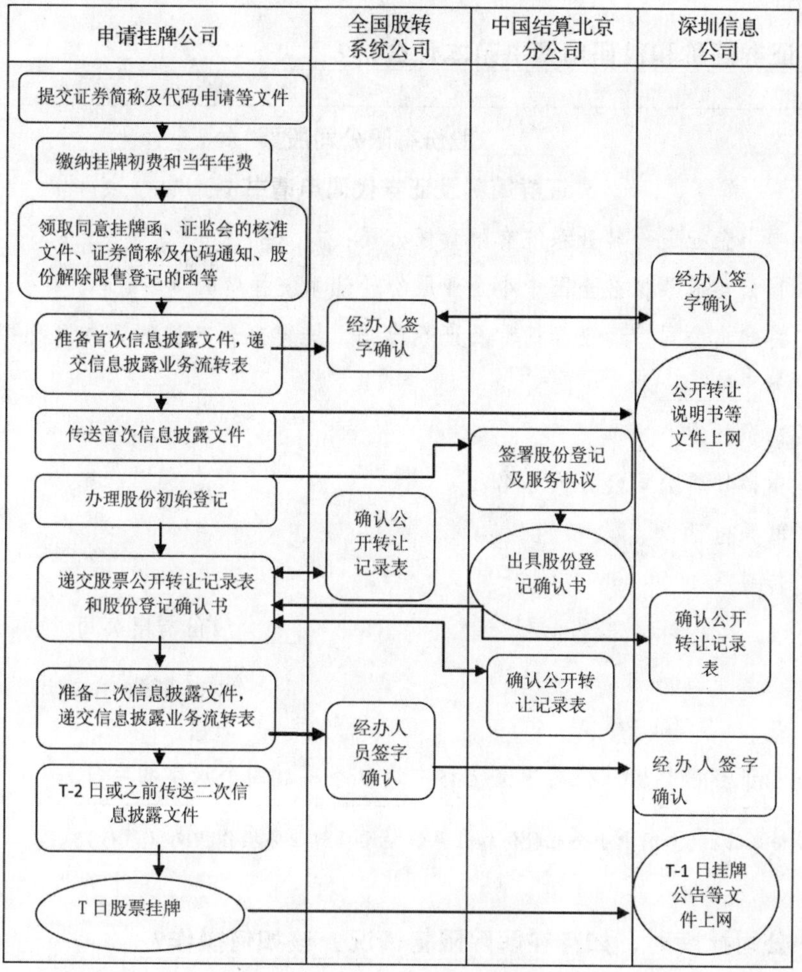

图 4－3　新三板股票挂牌操作流程图

资料来源：《全国中小企业股份转让系统股票挂牌业务操作指南（试行）》。

237. 如何申请证券简称和代码？

申请挂牌公司及主办券商在接到公司挂牌相关文件的领取通知当日，向全国股份转让系统公司挂牌业务部提交《证券简称及证券代码申请书》。为便捷高效，可先以传真或电子邮件方式发送，在领取相关文件时提交原件。

拟定的证券简称应从公司中文全称中选取不超过四个汉字字符，且不能与已挂牌公司及沪深上市公司证券简称重复。

238. 证券简称和代码申请书范本什么样？

______股份有限公司股票

证券简称及证券代码申请书

全国中小企业股份转让系统有限责任公司：

我公司股票拟在全国中小企业股份转让系统挂牌公开转让。

特向贵公司申请证券简称及证券代码，挂牌公开转让的证券简称拟定为______。

请予核定。

申请挂牌公司经办人签名：

联系电话：

传真：

______股份有限公司

（公章）

年　　月　　日

说明：证券简称应从公司中文全称中选取不超过四个汉字的字符。

资料来源：《全国中小企业股份转让系统股票挂牌业务操作指南（试行）》。

239. 公司挂牌时，如存在解除限售情况，该如何操作？

公司股票挂牌时，如存在解除首批股份限售的情形，申请挂牌公司应向主办券商提交首批解除限售申请材料，主办券商审核后出具《挂牌公司股东所持股份解除转让限制明细表》，并提交至全国股份转让系统公司的公司业务部，可先以传真或电子邮件方式发送，在领取相关文件时提交原件。

240. 公司挂牌时，需要领取哪些与挂牌相关的文件？

《全国中小企业股份转让系统股票挂牌业务操作指南（试行）》规定，申请挂牌公司接到领取相关文件的通知后前往全国股份转让系统公司领取下列文件：

（1）在服务窗口领取全国股份转让系统公司出具的同意挂牌的函。

（2）在财务管理部领取缴费发票。

（3）在挂牌业务部领取《关于证券简称及证券代码的通知》，同时提交《信息披露业务流转表》、《主办券商办理股份公司股票挂牌进度计划表》。

（4）在公司业务部领取股票初始登记明细表。公司股票办理初始登记时，无论是否存在首批解除转让限制情形，均须在全国股份转让系统公司的公司业务部领取股票初始登记明细表。

241. 申请挂牌公司首次信息披露的时间、平台是什么？

取得证券简称和代码的当日，申请挂牌公司及主办券商向深圳证券信息公司传送首次信息披露文件；次一个工作日，深圳证券信息公司为申请挂牌公司在全国股份转让系统指定信息披露平台（www. neeq. com. cn 或 www. neeq. cc）披露相关文件。

242. 申请挂牌公司首次信息披露文件包括哪些？

首次信息披露文件包括：

①公开转让说明书；②财务报表及审计报告；③补充审计期间的财务报表及审计报告（如有）；④法律意见书；⑤补充法律意见书（如有）；⑥公司章程；⑦主办券商推荐报告；⑧定向发行情况报告书（如有）；⑨全国股份转让系统公司同意挂牌的函；⑩中国证监会核准文件；⑪其他公告文件。

文件披露后，不得随意更改、替换或撤销。如有特殊原因确须修改，申请挂牌公司和主办券商应当及时向全国股份转让系统公司挂牌业务部提出申请；经挂牌业务部确认后，发布更正公告。

243. 挂牌公司信息披露业务流转表模板什么样?

表4-6 信息披露业务流转表

存档编号:

挂牌公司名称					
证券简称			证券代码		
主办券商名称					
主办券商经办人		联系电话		传真号码	
申请披露时间					
公告类别	公告编号	公告标题			
挂牌公司公告					
主办券商公告					
公告总数合计	________份				
主办券商确认			全国股份转让系统公司确认		
经办人:________(签名) 电　话:________ 手　机:________ (主办券商公章)			经办人:________(签名) 电　话:________ 手　机:________		

注:一张《信息披露业务流转表》只用于一家挂牌公司的信息披露。

资料来源:《全国中小企业股份转让系统股票挂牌业务操作指南(试行)》。

244. 申请挂牌公司如何进行股份初始登记?

取得证券简称和代码的第二日,申请挂牌公司及主办券商应前往中国证券登记结算有限责任公司北京分公司(以下简称中国结算北京分公司)办理股份初始登记和解除首批股份限售手续(如有):

(1)主办券商应协助申请挂牌公司股东在证券公司开立证券账户。

（2）申请挂牌公司与中国结算北京分公司签署《股份登记及服务协议》（适用于全国中小企业股份转让系统）。

（3）申请挂牌公司向中国结算北京分公司提交《股份初始登记申请书》。

（4）中国结算北京分公司登记存管部为申请挂牌公司办理股份初始登记，出具《股份登记确认书》。

（5）挂牌时如存在解除首批股份限售情形，须持全国股份转让系统公司出具的《股份解除限售登记的函》（原件）办理解除限售手续。

245. 公司挂牌前的第二次信息披露如何操作？

申请挂牌公司及主办券商取得中国结算北京分公司出具的《股份登记确认书》的当日，向全国股份转让系统公司挂牌业务部报送加盖主办券商公章的《股份登记确认书》、《股票公开转让记录表》、《信息披露业务流转表》等文件的原件或扫描件、传真件。确定公司挂牌日期（挂牌日最早为取得《股份登记确认书》后的第三个工作日），并办理挂牌前的第二次信息披露事宜。

246. 公司挂牌前的第二次信息披露的时间和文件是什么？

（1）披露时间：

T－2 日或之前（T 日为挂牌日，下同），申请挂牌公司及主办券商向深圳证券信息公司传送第二次信息披露文件。

T－1 日，深圳证券信息公司为申请挂牌公司在全国股转系统指定信息披露平台（www. neeq. com. cn 或 www. neeq. cc）披露相关文件。

（2）披露文件：

① 关于公司股票将在全国股份转让系统挂牌公开转让的提示性公告；② 关于公司定向发行股票将在全国股份转让系统挂牌公开转让的公告（如有）；③ 其他公告文件。

247. 申请挂牌同时发行股票融资的流程是什么？

根据 2014 年 5 月 6 日修订的《全国中小企业股份转让系统股票挂牌业务操作指南（试行）》，该流程具体为：

(1) 披露发行意向。

申请挂牌同时发行股票且尚未确定认购对象的，可在报送申请挂牌材料后向全国股份转让系统公司挂牌业务部申请在 www. neeq. com. cn 或 www. neeq. cc 披露股票发行意向。

(2) 披露公开转让说明书等文件。

取得证券简称和代码后，申请挂牌公司按照“挂牌前首次信息披露”流程办理《公开转让说明书》等文件的信息披露事宜。

(3) 报送备案材料。

在完成股票认购、验资后，参照《全国中小企业股份转让系统股票发行业务细则（试行）》及其指引的有关规定，申请挂牌公司向全国股份转让系统公司挂牌业务部报送备案材料单行本一份（原件）及电子文件（含 Word 和 PDF 文件各一套）；取得全国股份转让系统公司出具的股份登记函。

(4) 披露股票发行情况报告书等文件。

在取得股份登记函后的第二个工作日，申请挂牌公司披露《股票发行情况报告书》、《关于公司挂牌同时发行的股票将在全国股份转让系统挂牌公开转让的公告》等文件。

(5) 办理股份登记。

《股票发行情况报告书》等文件披露后，申请挂牌公司、主办券商持股份登记函及其他材料前往中国结算北京分公司办理股份初始登记或新增股份登记。

(6) 披露工商变更登记公告。

申请挂牌公司完成工商变更登记后，发布《关于完成工商变更登记的公告》。

248. 挂牌时发行股票有哪些注意事项？

(1) 在股份初始登记前完成股票发行的：申请挂牌公司股票在股份初始登记前取得《股份登记函》的，初始登记的股份为股票发行后的全部股份。

(2) 在挂牌日前完成股票发行的：申请挂牌公司股票在股份初始登记后、挂牌日前取得《股份登记函》的，持股份登记的函及其他材料前往中国结算北京分公司办理新增股份登记。

（3）挂牌日后完成股票发行的：申请挂牌公司股票拟于挂牌日后完成股票发行的，其发行程序按照已挂牌公司发行的规定办理。

249. 新三板在各项挂牌手续办结后，挂牌日期应如何确定？

申请挂牌公司在取得全国股转系统公司出具的《同意挂牌的函》后，应按照全国股转系统公司于 2014 年 5 月 6 日修订的《全国中小企业股份转让系统股票挂牌业务操作指南（试行）》中的要求办理挂牌业务。

挂牌日为取得《股份登记确认书》后的第三个工作日。

250. 新三板挂牌公司举行挂牌仪式要和哪个部门联系？

申请挂牌公司在向全国股份转让系统公司挂牌业务部报送挂牌进度计划时说明是否参加集体挂牌仪式及关于挂牌仪式的其他需求；于仪式举办前与全国股份转让系统公司综合事务部沟通确定具体的股票挂牌仪式事宜。

251. 挂牌公司股票公开转让记录表什么样？

表 4－7　挂牌公司股票公开转让记录表

股票信息	公司全称*			
	证券代码*		证券简称*	
	证券类别*	□挂牌公司协议转让股票 □挂牌公司做市转让股票		
	证券级别	挂牌公司股票		
	英文简称		ISIN 编码	
	转让单位（倍）	1	每股面值	1元
	行业种类及代码*			
	货币种类*	人民币	上年每股收益（元）	
	总股本（股）*		非限售股本（股）*	
	挂牌日期*			
转让状态		首日挂牌		

注：1. 挂牌日期确定后不可更改；
2. 带有*的为必填项，编号无需填写；
3. 所属行业及代码依据中国证监会《上市公司行业分类指引（2012 年修订）》填写。

本公司对以上资料的真实性、准确性负责，以上资料如有不实和遗漏，本公司负担由此产生的一切责任。

（挂牌公司公章）　　　　　　　　　　（主办券商公章）
年　月　日　　　　　　　　　　　　　年　月　日

资料来源：《全国中小企业股份转让系统股票挂牌业务操作指南（试行）》。

252. 股票挂牌提示性公告范文什么样?

________股份有限公司

关于公司股票将在全国股份转让系统挂牌公开转让的

提示性公告

本公司股票挂牌公开转让申请已经全国股份转让系统公司同意。本公司股票将于______年______月______日起在全国股份转让系统挂牌公开转让。

证券简称：________，证券代码：______。

公开转让说明书及附件已于______年______月______日披露于全国股份转让系统指定信息披露平台 www. neeq. com. cn 或 www. neeq. cc，供投资者查阅。

________股份有限公司

（公章）

年　月　日

资料来源：《全国中小企业股份转让系统股票挂牌业务操作指南（试行）》。

253. 挂牌同时发行股票公开转让公告模板什么样？

______股份有限公司 **关于公司挂牌同时发行的股票将在全国股份转让系统** **挂牌公开转让的公告** 本公司此次股票发行总额为______股，其中限售条件____股，无限售条件______股。无限售条件股份将于____年____月____日在全国股份转让系统挂牌公开转让。《股票发行情况报告书》披露于全国股份转让系统指定信息披露平台 www. neeq. com. cn 或 www. neeq. cc，供投资者查阅。 ______股份有限公司 （公章） 年　　月　　日

资料来源：《全国中小企业股份转让系统股票挂牌业务操作指南（试行）》。

第五节　财务要求及重点

254. 新三板执行的会计制度是什么？

财政部于 2006 年 2 月 15 日发布了一系列新修订的《企业会计准则》（俗称“新会计准则”）。新会计准则的发布开启了中国会计准则与国际惯例接轨的新时代。新会计准则包括修订后的《企业会计准则——基本准则》（基本准则）、22 项新发布的会计准则，以及 16 项对原会计准则的修订（合称“38 项具体会计准则”）。基本准则自 2007 年 1 月 1 日起施行，而 38 项具体会计准则自 2007 年 1 月 1 日起在上市公司范围内施行，新三板企业执行的是新的企业会计准则。综上，此会计准则体系包括 1 项基本准则、38 项具体准则和 6 项会计准则解释。

2014 年 2 月到 7 月财政部对《企业会计准则》做出了较大范围的修订或

新发布。比如新发布了《企业会计准则第39号——公允价值计量》、《企业会计准则第40号——合营安排》和《企业会计准则第41号——在其他主体中权益的披露》；修订了《企业会计准则第2号——长期股权投资》、《企业会计准则第9号——职工薪酬》、《企业会计准则第30号——财务报表列报》、《企业会计准则第33号——合并财务报表》和《企业会计准则第37号——金融工具列报》等。

255. 拟挂牌公司报送财务报告有何要求?

（1）两年及一期财务报告及审计报告要求披露：① 申请挂牌公司应按照《企业会计准则》的规定编制并披露最近两年及一期的财务报表，在所有重大方面公允反映公司财务状况、经营成果和现金流量，并由注册会计师出具无保留意见的审计报告。编制合并财务报表的，应同时披露合并财务报表和母公司财务报表。② 申请挂牌公司应披露会计师事务所的审计意见类型。财务报表被出具带强调事项段的无保留审计意见的，应全文披露审计报告正文以及董事会、监事会和注册会计师对强调事项的详细说明。③ 财务报表在其最近一期截止日后6个月内有效。特殊情况下申请挂牌公司可申请延长，但延长期至多不超过1个月。

（2）最近两年原始财务报表与申报财务报表差异比较表不要求披露，但申请挂牌公司最近两年原始财务报表与申报财务报表存在差异时，需要提供差异比较表。原始财务报表即原先经过审计的财务报表，如未经过审计，就是指纳税时报送税务部门的财务报表。

256. 挂牌申报的财务报表最近一期是否必须以季报、半年报或者年报为准?

根据全国股转系统公司发布的《常见问答五》：为更好地服务于企业，提升审查服务理念，避免企业集中申报，不强制要求最近一期财务报表必须以季度、半年度或者年度报表为期，可以任意月度报表为期，但其最近一期审计截止日不得早于改制基准日。财务报表有效期为最近一期审计截止日后6个月内，特殊情况下可申请延长至多不超过1个月；特殊情况主要是指企业办理信息披露、股份登记等挂牌手续事宜。

257. 会计政策、会计估计的合规性、稳健性问题主要有哪些？

这是拟挂牌公司容易出现的重点财务问题，主要包括：

（1）收入确认方法披露不清，在风险报酬实际上未发生转移或未完全转移时提前确认收入，主要表现为最近一个会计年度收入、净利润、应收账款的大幅增长，预收账款的大幅下降。

（2）资产减值准备计提政策不稳健、不合规，如关联方应收款项不计提减值准备、坏账准备计提比例偏低、长期无利用价值的无形资产不计提减值准备等。

（3）固定资产的折旧政策与同行业公司相比明显不稳健。

（4）在建工程结转固定资产时点滞后；借款费用资本化的范围扩大、时间延长。

（5）随意改变应收款项坏账准备核算方法、调整坏账准备计提比例。

（6）人为操纵无形资产、长期待摊费用的摊销年限。

（7）研发费用不恰当资本化、借款费用不正当资本化。

258. 如何处理“以少缴税为目的的设置账外账”的问题？

这属于会计基础工作问题，主要包括部分营业收入不入账，直接降低了毛利水平和利润；部分供、产、销业务费用包括相关期间费用均在账外核算，形成两套账；边角余料或其他财产处理收入不入账，形成小金库等。

建议纳入账内核算，但需要进行账务规范以及补交税金，若不纳入账内核算，注册会计师难以发表审计意见，且财务指标与同行业相比或各期相比较明显不合理，在申报材料时无法对审核人员提供合理的解释。

259. 如何处理公司“会计主体不明确”的问题？

这属于会计基础工作问题，主要是指一个控制人旗下有多家公司，未严格区分会计主体，资产混用，成本费用归集对象与实际受益对象不符，几套账相串。

建议通过资产交易尽可能将资产的所有单位与使用单位保持一致，或者签订资产租赁协议，规定资产使用单位向资产所有单位支付租金。若不调整，不仅会导致公司产品成本不实及税收风险，如不规范，资产、业务不完整、独立等，还会涉及利润转移及税务问题。

260. 如何处理公司“账实不符”的问题？

这属于会计基础工作问题，主要有往来账与对方长期不对账，差异大、时间久无法对清死账；存货和固定资产等实物资产未认真盘点或盘点盈亏未处理；购入未付款存货不暂估入账等。

建议通过财产清查，核销无法对清的死账，对核对相符的应收账款进行减值测试，计提足额的坏账准备；对存货和固定资产进行彻底的盘点，并调整盘点盈亏；将购入未入账存货暂估入账，做到账实相符。

261. 如何处理公司“存在大量的银行未达账”的问题？

这属于会计基础工作问题，建议进行未达账清理，将其调整入账，特别是涉及损益、负债完整性的未达账，还要建立定期进行银行收支对账的制度，消除非正常的未达账。

262. 如何处理公司“存在大量的跨期费用”的问题？

这属于会计基础工作问题，建议及时结算、分类核算，归入恰当的会计期间和成本费用项目。

263. 收入数据的真实、准确和完整问题主要包括什么内容？

（1）收入确认不符合会计准则的规定，如开出发票即确认收入；不区分是自提货还是送货，不管有无验收条款等，均在货物发出时确认收入；不考虑是否发出货物，收到货款即确认收入；不考虑会计基础就采用完工百分比法等。企业申请挂牌时，应结合公司的业务特点，严格按会计准则要求确定公司的收入并确认具体时点、依据。

（2）涉嫌虚假销售收入或虚构销售收入，如出现下列情况均会引起重点关注：

① 在对外报告的收入中，销售收入与经营性现金流明显不配备，已收回现金的比例明显偏低，应收账款的增幅明显高于收入的增幅；② 在根据收入测算的经营规模不断扩大的情况下，存货呈急剧下降趋势；③ 当期确认的应收账款坏账准备占过去几年销售收入的比重明显偏高；④ 本期发生的退货占前期销售收入的比重明显偏高；⑤ 报告期内新增的客户、异常客户发生大额的销售；⑥ 报告期各期末的销售收入出现异常增长。

264. 成本费用数据的真实、准确和完整问题主要指什么？

主要指企业的成本核算方法是否规范，核算政策是否一致。拟改制挂牌的企业，往往成本核算较为混乱。对历史遗留问题，一般可采取如下方法处理：对存货采用实地盘点核实数量，用最近购进存货的单价或市场价作为原材料、低值易耗品和包装物等的单价，参考企业的历史成本，结合技术人员的测算作为产成品、在产品、半成品的估计单价。问题解决之后，应立即着手建立、健全存货与成本内部控制体系以及成本核算体系。

费用方面，应注意费用报销流程是否规范、相关管理制度是否健全、票据取得是否合法、有无税务风险等问题。

对成本费用的结构和趋势的波动，应有合理的解释。

在材料采购方面，应关注原材料采购模式、供应商管理制度等相关内部控制制度是否健全，价格形成机制是否规范，采购发票是否规范。

265. 资产质量财务数据的真实、准确和完整问题主要指什么？

主要指应收账款余额、账龄时长、同期收入相比增长是否过大；存货余额是否过大、是否有残次冷背、周转率是否过低、账实是否相符；是否存在停工在建工程，固定资产产证是否齐全，是否有闲置、残损固定资产；无形资产的产权是否存在瑕疵，作价依据是否充分。

其他应收款与其他应付款的核算内容常被戏称为“垃圾桶”和“聚宝盆”。应关注大额其他应收款是否存在以下情况：关联方占用资金、变相的资金拆借、隐性投资、费用挂账、或有损失、误用会计科目。应关注大额其他应付款是否用于隐瞒收入、低估利润。

266. 关联交易常出现哪些问题？

关联交易历来是关注的重点，主要因为关联交易的存在对企业的财务数据的公允表达有重要影响。关联交易的特点是面广、种类繁多、内部容易安排，因此也容易被操纵。

关联交易是可以存在的，但是要证明其必要性和定价的公允性，同时，关联交易应该是逐年减少而不是增加的。

目前关联交易主要存在以下问题：①交易的目的及动机不纯，目的是增加收入或利润，粉饰财务报表；②定价不公允或不能证实其定价是公允的；③关联方界定不完整，披露不充分；④会计处理不当；⑤交易程序不规范、交易依据不充分，缺少相关合同及确认；⑥实质关联方非关联化等。

267. 税务常出现哪些问题？

企业在挂牌前其财务核算不规范相对来说具有普遍性，造成的原因有很多，有的是故意为之，有的是理解的偏差，有的是根本不知道相关的法律法规。如按照规范的财务核算及税务来处理可能会发现存在以下问题：偷税漏税，欠税补交，整体变更及分红纳税，不恰当的税收优惠等。

对涉税问题，一般看是否构成重大违法行为，通常的做法是补交税款（滞纳金），但不能被处罚，还应取得税务主管机关出具的相关证明。

268. 关联资金占用问题主要包括哪些内容？

《全国中小企业股份转让系统股票挂牌条件适用基本标准指引》规定：公司报告期内不应存在股东包括控股股东、实际控制人及其关联方占用公司资金、资产或其他资源的情形。如有，应在申请挂牌前予以归还或规范。关联方占用资金的情况通常有：

一是期间占用、年末归还的现象比较突出；二是通过虚构交易事项、交易价格非公允、货款长期拖延结算或无法结算等进行非正常的经营性占用；三是利用集团公司的财务公司占用资金；四是通过中间环节以委托贷款的形式间接向大股东提供资金，这是近年来出现的一种新的资金占用方法；五是委托实施项目；六是资金体外运营，利用开具无真实交易背景的银行承兑汇票并且贴现等方式取得资金，体外运营，为大股东及其关联方长期占用资金提供便利条件。

269. 一些公司的补税成本会不会成为挂牌的主要障碍？

由于一些拟挂牌公司之前运行不规范，申请挂牌存在补税的问题。这里有几点需要注意：第一，以后政府在税务监管和规范方面会越来越严格，这是趋势。第二，政府会加强税收的规范程度，国有企业基本上问题不大，更多可能是针对私营企业。第三，在实践中，一些企业也认识到，与其将来被迫规范，不如现在主动规范。对企业来讲，在财务梳理过程中，发现企业要补税，补税即可，不会成为上市障碍；反而是发现要求补而不补，这才会成为障碍。就主办券商来说，对企业的要求一定要合法合规，否则因为一个小环节产生失误就会产生很大风险。对资金的体外循环，还是要审慎处理。

270. 对传统行业来说，怎样的财务指标才具备挂牌的优势？

对一些非传统行业如“三高六新”企业，其前景与预期方面的价值更重要，收入与利润考量不属于主要内容。

但是，对传统行业来说，就是要求具有一定的规模，同时行业的“天花板”也不是很低，即要求将来这个企业有可能自行上市或者成为被上市公司并购的对象。只有这样，传统行业企业也才有上新三板的必要。

案例分享

案例 11 网动科技挂牌号如何处理公司有外籍股东的问题？

北京网动网络科技股份有限公司（简称网动科技，股票代码：430224），成立于2009年2月18日，2012年11月15日整体改制为股份有限公司并于

2013年7月3日挂牌新三板，注册资本500万元。公司主要经营计算机软硬件及其他电子产品的设计、组装、销售，计算机系统集成服务，并提供相关的技术服务、技术咨询、技术开发、技术转让、技术推广，基础软件服务，应用软件服务，安全监视报警器材的设计、安装、调试、维修及电子防盗元件的销售，ICP特许经营。

2009年2月，公司股东马滨与股东李明及北京网动科技有限公司共同设立有限公司，公司设立时马滨已具有澳大利亚国籍，投资事项未申请设立外商投资企业。

解决方案：

①外籍股东退出；②现有股东承诺承担连带责任；③工商管理部门出具证明。

披露信息内容：

2009年2月，公司股东马滨与股东李明及北京网动科技有限公司共同设立有限公司，公司设立时马滨已具有澳大利亚国籍，但因其对外商投资法律制度缺乏了解，因此投资事项未申请设立外商投资企业。依据讯网天下设立时的《内资企业设立登记（备案）审核表》及北京市工商局海淀分局颁发的营业执照，公司的性质为内资企业。2012年6月，马滨于讯网天下减资时退出了该公司，马滨以外籍身份出资设立有限责任公司并持有讯网天下股权的法律瑕疵因此得到消除。

讯网天下已于2012年9月由有限责任公司整体变更为股份有限公司，该整体变更行为和股份公司设立后的股权结构合法、合规、真实、有效。股份公司不存在终止经营或被吊销营业执照的情形。

股份公司现有股东已出具承诺函，承诺：本公司前身北京讯网天下科技有限公司成立时，其股东马滨已取得澳大利亚国籍，马滨以外籍身份出资设立有限责任公司并持有讯网天下股权，其股东资格存在法律瑕疵。该问题已因马滨于讯网天下2012年6月减资时退出了该公司而得到消除。如政府主管机关因马滨以外籍身份设立有限责任公司并持有有限公司股份的股东资格法律瑕疵对本公司进行处罚，将由公司现有股东最终按现有持股比例承担公司因此受到的全部经济损失，该等责任为连带责任，无须公司承担任何费用。

马滨在有限公司设立时的股东资格法律瑕疵已因马滨于讯网天下2012年

6月减资时退出了该公司而得到消除。2012 年 11 月 15 日，北京市工商行政管理局海滨分局出具《证明》：证明公司近两年没有因违反工商行政管理法律法规受到查处的记录。马滨在有限公司设立时的股东资格法律瑕疵不会对公司的持续经营、申请挂牌的主体资格产生实质性影响。

案例12 信诺达挂牌前如何处理公司对主要客户存在销售依赖的问题?

北京信诺达泰思特科技股份有限公司（简称信诺达，股票代码：430239），成立于2008 年10 月14 日，2012 年12 月3 日整体改制为股份有限公司并于2013 年7 月5 日挂牌新三板，注册资本632 万元。公司主要经营技术推广服务，基础、应用软件服务，进出口，销售电子产品、机械设备、计算机、软件及辅助设备，委托加工电子产品兼营业务等。2011 年、2012 年公司对前五名客户的销售金额占比主营业务收入分别为100%和93.62%。2012年收入大幅增加主要原因为与镇江艾科半导体有限公司的业务合同（销售收入10935923.09 元）占公司全年收入比例较高，达79.58%。

解决方案：

①合理解释原因，并如实披露；②作重大事项提示。

披露信息内容：

（1）营业收入波动风险。公司 2011 年、2012 年营业收入分别为1109866.41 元、13742126.70 元，2012 年收入大幅增加主要原因为与镇江艾科半导体有限公司的业务合同（销售收入 10935923.09 元）占公司全年收入比例较高，达 79.58%，致使公司当期营业收入出现波动。公司目前的客户数量较少，且未与销售客户签订长期合作协议，若公司与镇江艾科半导体有限公司终止合作关系，公司又无其他大额销售合同弥补未来销售额下滑，公司未来的收入及盈利水平将可能受到较大影响。

（2）主要客户情况。2011 年、2012 年公司对前五名客户的销售金额占比主营业务收入分别为100%和93.62%。2011 年，公司全部三家客户为中国电子科技集团公司第 54 研究所、中国人民解放军某部队科研所和重庆金美通信有限责任公司；2012 年，前五位大客户为镇江艾科半导体有限公司、山东航天电子技术研究所、北京市科学技术研究院、中国电子科技集团公司第 39 研究所和中国航天科技集团公司第九所。报告期内，公司的主要客户销售金额占营业收入比例较高，主要原因在于现阶段公司市场拓展有限，主要客户大都计入上述样本统计。随着公司市场开拓力度的不断加大，上述问题将得到改善。

案例13 日望电子挂牌前如何处理公司依赖非经常性损益风险的问题？

株洲日望电子科技股份有限公司（简称日望电子，股票代码：430400），成立于2005年12月16日，2012年8月24日整体改制为股份有限公司并于2014年1月24日挂牌新三板，注册资本550万元。公司专业从事钽电解电容器的研发、生产与销售。公司2011年、2012年非经常性损益净额分别为2133822.16元、982600.00元，非经常性损益净额占净利润的比重分别为81.99%、45.41%。而公司非经常性损益主要为取得的政府补助，如不再获得政府补助，公司的利润将会受到重大影响。

解决方案：

①说明公司为此采取的措施和办法；②如实披露相关信息；③作重大事项风险提示。

披露信息内容：

公司非经常性损益主要为取得的政府补助，2011年、2012年和2013年1—6月扣除所得税影响数后非经常性损益净额分别为2133822.16元、982600.00元和34021.25元，非经常性损益净额占净利润的比重分别为81.99%、45.41%和7.13%，虽然非经常性损益占当年净利润的比例明显下降，但是，非经常性损益占净利润的比例仍然较高，净利润对非经常性损益存在重大依赖。考虑非经常性损益对公司盈利产生的重大影响，如果公司自身盈利没有取得大幅增长，并且没有取得政府补助，将对公司的利润产生重大不利影响。

针对该风险，公司将组建销售团队，加大市场开拓力度，拓展公司产品销售领域，以提高公司产品的销量和市场占有率；同时，加大科研开发力度，持续研制高附加值的产品，保持公司主营业务的持续增长，逐步降低对非经常性损益的依赖程度。

案例14 网动科技挂牌前如何解决公司报告期内未缴纳员工住房公积金的问题?

北京网动网络科技股份有限公司（简称网动科技，股票代码：430224），成立于2009年2月18日，2012年2月15日整体改制为股份有限公司并于2013年7月3日挂牌新三板，注册资本500万元。公司主要经营计算机软硬件及其他电子产品的设计、组装、销售，计算机系统集成服务，ICP特许经营等。公司在报告期内存在未缴纳员工住房公积金的问题。

解决方案：

股东承诺承担全部责任。

披露信息内容：

2012年10月8日，公司股东朱云、李明、聂维伟和陶永劲签订了《公司股东关于北京网动网络科技股份有限公司住房公积金问题的承诺函》，具体承诺如下：

如果公司住房公积金管理部门要求公司对报告期内的住房公积金进行补缴，公司现有股东朱云、李明、陶永劲、聂维伟将无条件按主管部门核定的金额无偿代公司补缴，如果公司因未按照规定为职工缴纳住房公积金而带来任何其他费用支出或经济损失，公司现有四位股东将无条件全部无偿代公司承担。

CHAPTER5
第五章

公司挂牌前的股份制改造

第一节　股改概述

271. 新《公司法》的亮点有哪些？实施后对拟挂牌公司的改制有哪些影响？

新《公司法》从2014年3月1日开始实施，其亮点主要有3方面：

一是将注册资本实缴登记制改为认缴登记制；二是放宽了注册资本登记条件；三是简化了登记事项和登记文件。

新《公司法》的修改，降低了设立公司的资金门槛，取消了公司注册资本最低限额的限制，不再限制公司设立时股东的首次出资比例以及货币出资比例，除不得以劳务、信用、自然人名称、商誉、特许经营权或者设定担保的财产作价出资外，降低了对其他出资方式的条件限制，这使得创业者比较容易设立公司，大大激活了市场。按照原《公司法》的规定，公司章程应当载明公司名称和住所、经营范围、注册资本等事项，同时要记载实收资本的出资额、出资方式和时间等，对实收资本的约束也限制了公司自主运作管理。但在新《公司法》规定的认缴制下，公司章程只对认缴出资额、出资方式、出资期限等做出特别规定即可，实至名归地成为公司自主运作管理的章程。

新《公司法》实施后对注册资本金的要求等降低很多，新三板除了遵守《公司法》以外，还要遵守《证券法》。在《证券法》没有做出最终调整的情况下，拟挂牌新三板的公司股改的时候，还是要依照《证券法》的有关规定来做。比如股改的时候，注册资本不低于500万元，必须验资。

272. 股份公司的类型有哪些？

上市公司：其股票在证券交易所上市交易的股份有限公司。

公众公司：其股票向特定对象发行或者转让导致股东累计超过200人，或以公开方式向社会公开转让的股份有限公司。

非上市公众公司：公众公司中，其股票未在证券交易所上市交易的股份有限公司。

公开发行：向不特定对象发行证券或向特定对象发行证券累计超过200人，以及法律、行政法规规定的其他发行行为。

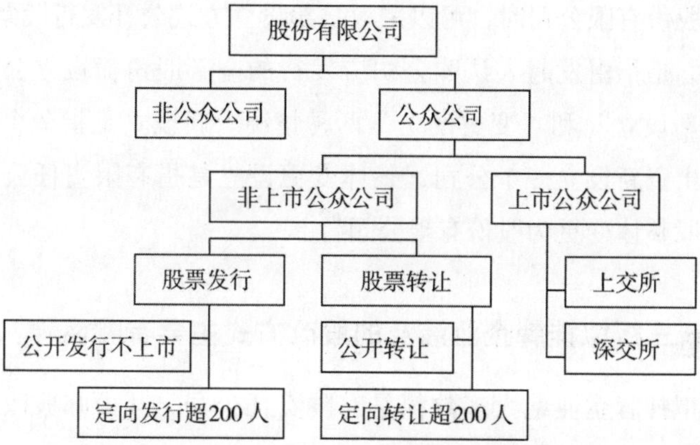

图5-1　股份公司类型解析简图

273. 企业改制有哪些方式？

企业改制，应当在清产核资的基础上选择改制方式。企业的改制方式主要有以下几种：

（1）重新设立改制，又称整体设立改制，是指原企业以整体资产进行重组，并对非经营性资产剥离、少量剥离或不予剥离而改制设立新的法人实体。这是较为简单的改制方式。

（2）部分重组改制，是指将原企业以一定比例的资产和业务进行重组，设立股份有限公司。原企业（或企业集团）仍保留余下部分的经营性或非经营性资产和业务。

(3) 共同发起改制，也称捆绑式改制方式，是指多个企业以其部分资产、业务、资金或债权，共同设立新的法人实体（股份有限公司）。

(4) 整体变更改制，即先采取整体改制、部分改制、共同改制等方式对原企业进行改制，设立有限责任公司。待改制基本完成后，再依法将有限责任公司整体变更（注意：与“整体设立”不同）为股份有限公司。

274. 股份有限公司设立有哪些方式？

一般有募集设立和发起设立两种方式。具体来说：

募集设立是指由发起人认购公司应发行股份的一部分，其余股份向社会公开募集或者向特定对象募集而设立公司。经国务院批准，有限责任公司在依法变更为股份有限公司时，可以采取募集设立方式公开发行股票。

发起设立是指由发起人认购公司应发行的全部股份而设立公司。发起设立主要分“新设立”和“变更设立”两种情况。新设立是指 2 个以上 200 个以下发起人出资新设立一个公司，整体变更设立是指有限责任公司按原账面净资产值折股整体变更为股份有限公司。

275. 目前新三板拟挂牌企业涉及的股改方式主要有哪两种？

新三板拟挂牌企业绝大多数都是有限责任公司，其面临股改的方式主要有“整体变更”和“重新设立”两种。

“整体变更”是指将原有限责任公司全部资产折合成股份，公司性质变更为股份公司，其实质是公司生产经营的延续，原有限责任公司股东即为股份公司的股东。

“重新设立”又称“整体设立改制”，是指将原企业的所有资产净值折合成股份，重新设立股份有限公司，原企业股东及新股东成为股份有限公司发起人股东。重新设立改制是发起设立股份有限公司的一种特殊方式，并不仅仅是企业组织形式发生变化。因此，重新设立改制应当办理原企业的注销登记和股份有限公司的新设登记，企业应当向债权债务人发出通知和公告，并取得债权人同意。如果原企业不符合发起设立的一般条件，应在改制时解决。

276. 整体变更改制和重新设立两种股改方式有何区别?

新三板拟挂牌公司股份制改造中，整体变更设立和重新设立的区别如下：

（1）改造主体不同：变更设立的主体为有限责任公司；而重新设立的主体还包括非公司制企业，如国有、集体和事业单位性质的公司。

（2）资产计算方式不同：变更设立是以审计后的净资产折股；而重新设立一般以评估值验资、折股。

（3）业绩计算方式不同：公司变更设立后业绩可以连续计算；而以评估值验资调账的重新设立则不能连续计算原有业绩。

（4）债权债务的处理方式不同：变更设立的债权债务由变更后的股份公司自然承继；而重新设立的债务转移需要获得债权人的同意。

（5）资产重组方式不同：变更设立是将原有限责任公司的所有资产纳入股份公司的范围；而重新设立可能会剥离非经营性资产，只将经营性资产纳入股份公司范围。

由此可见，企业进行股份制改造应当根据自身的特点选择适合的方式，如果希望企业业绩能够被沿用和连续计算，应当采用变更设立的股改方式。采取变更设立的方式，改造后的股份有限公司可以从有限责任公司成立之日起连续计算业绩，从而满足新三板对挂牌公司存续时间的要求。

277. 企业改制需要遵循什么原则?

主要应遵循以下 7 大基本原则：

（1）建立公司法人治理结构、“三会”及经理层等组织，运营合理规范。

（2）形成公司清晰的发展目标和战略，合理配置资源。

（3）突出公司主营业务，有利于公司形成明确的业务目标、核心竞争力和持续发展能力。

（4）保证股份公司和原企业均能直接面向市场、自主经营、独立承担责任和风险，兼顾原企业的生存能力。

（5）有效避免同业竞争、减少和规范关联交易。

（6）产权关系明晰，不存在法律障碍。

（7）遵循资产和负债重组的配比性和相关性原则等。

278. 改制设立股份有限公司应达到什么要求？

不论采用何种方式设立股份有限公司，都应达到以下基本要求：

（1）有清晰业务发展战略目标。

（2）具有完整的业务体系和直接面向市场独立经营的能力，做到资产完整、人员独立、财务独立、机构独立、业务独立。

（3）突出主营业务，形成核心竞争力和持续发展的能力。

（4）建立公司治理结构，股东大会、董事会、监事会以及经理层规范运作。

（5）建立健全财务会计制度，会计核算符合《企业财务会计报告条例》、《企业会计制度》和《企业会计准则》等法规、规章的要求。

（6）建立健全有效的内部控制制度，能够保证财务报告的可靠性、生产经营的合法性和营运的效率与效果。

（7）产权关系清晰，不存在法律障碍。

（8）避免同业竞争，减少和规范关联交易。

279. 股份有限公司设立需要具备哪些条件？

根据《公司法》的规定，设立股份有限公司（非改制）应当具备以下条件：

（1）发起人符合法定人数。应当有2人以上200人以下为发起人，其中须有过半数的发起人在中国境内有住所。

（2）发起人认缴和社会公开募集的股本达到法定资本最低限额。股份有限公司注册资本（在公司登记机关登记的实收股本总额）的最低限额为人民币500万元。

（3）股份发行、筹办事项符合法律规定。发起人必须依照规定申报文件，承担筹办事务。

（4）发起人制定公司章程，并经创立大会通过。发起人应根据《公司法》、《上市公司章程指引》的要求制定章程草案并提交创立大会表决通过。

（5）有公司名称，建立符合股份有限公司要求的组织机构。拟设立的股份有限公司应当依照工商登记的要求确定公司名称，并建立股东大会、董事会、监事会和经理等组织机构。

（6）有固定的生产经营场所和必要的生产经营条件。

280. 设立股份有限公司需要经过哪些程序？

设立股份有限公司需要经过一系列的程序，主要包括：

（1）发起人制定、设立股份有限公司方案，确定设立方式、发起人数量、注册资本、股本规模和业务范围等。

（2）邀集发起人，签订发起人协议书。

（3）拟定公司章程。

（4）申请公司名称预先核准。

（5）申请与报批。资金投向涉及国有资产、基本建设项目、技改项目、外商投资等有关事宜的，还要分别向有关政府部门（如国资委、发改委、商务部）报批。

（6）认购股份和缴纳股款，须取得具有证券从业资格的会计师出具的验资报告。

（7）召开创立大会，建立公司组织机构。采取发起设立方式的，发起人缴付全部出资后应召开全体发起人大会，选举董事会和监事会成员，并通过公司章程草案。创立大会对上述事项的决议须经出席会议的发起人所持表决权的半数以上通过。

（8）设立登记并公告。由董事会向工商行政管理部门报送设立公司的批准文件、章程、验资报告等文件，申请设立登记。公司营业执照签发日期为公司成立日期。

281. 合伙企业、个人独资企业能否改制成有限（或股份）公司？

因为在法律上合伙企业、个人独资企业的普通合伙人（或出资人）承担无限连带责任，因此，合伙企业和个人独资企业不可以直接改制为有限公司或者股份公司。

如一定需要改制的话，首先要结束合伙企业、个人独资企业的一切债权债务等关系，重新发起设立有限（或股份）公司。相当于结束一切，从头开始，也不存在业绩、存续期继承与连续的问题。

282. 外商投资企业改制为股份有限公司应满足哪些要求?

根据外经贸部1995年发布的《关于设立外商投资股份有限公司若干问题的暂行规定》、2007年12月1日起施行的《外商投资产业指导目录（2007年修订)》和2002年4月1日《指导外商投资方向规定》（国务院第346号令）等的规定，外商投资企业改制为股份有限公司应满足如下要求：

（1）以发起方式设立外商投资股份有限公司，除应符合《公司法》规定的发起人条件（2人以上200人以下）和半数以上发起人在中国境内外，必须至少有一个发起人为外国股东，同时必须至少有一个发起人为中国股东且不得为自然人股东（但根据《关于外国投资者并购境内企业的规定》，被股权并购境内公司的中国自然人股东，经批准，可继续作为变更后所设外商投资企业的中方投资者)。也就是说，根据现行规定，外商投资企业中的外商独资经营企业若想完成改制的话，必须在改制阶段引入中国非自然人股东，即中国法人股东。而以募集方式设立的，除应符合前述条件外，至少还应有一个发起人有募集股份前3年连续盈利的记录并须提供经审计的财务报告。该发起人为中国股东时，应提供其近3年经过中国注册会计师审计的财务会计报告；该发起人为外国股东时，应提供该外国股东居所所在地注册会计师审计的财务报告，注册资本最低限额为人民币3000万元，其中外国股东购买并持有的股份不低于公司注册资本的25%。在股份公司设立批准证书签发之日起90日内，发起人应一次缴足其认购的股份。

（2）已设立的中外合资经营企业、中外合作经营企业、外资企业等外商投资企业，如果有最近连续3年的盈利记录，可申请变更为外商投资股份有限公司。

（3）已设立的国有企业、集体所有制企业，如果营业时间超过5年、有最近连续3年的盈利记录，也可申请转变为外商投资股份有限公司。

（4）已设立的股份有限公司，可通过增资扩股、转股、发行境内上市外资股或境外上市外资股等方式，变更为外商投资股份有限公司。

无论采用何种方式，设立外商投资股份有限公司需要满足以下几个条件：设立后注册资本不低于人民币3000万元；外国股东持有的股份不低于25%；经营范围符合我国外商投资企业产业政策。

283. 民营企业改制为股份有限公司应特别注意哪些事项?

民营企业改制时需要特别注意以下事项:

(1) 完善公司治理结构。民营企业往往是家族集所有权与经营权于一身,缺乏有效的监督机制;产权界定不清导致所有权与经营权不分。为此,需建立健全的公司法人治理结构,使公司的经营规范化并减少股东与经营者之间的利益冲突。

(2) 健全财务制和规范会计行为。不少企业财务账目不清、信息失真,存在账外账、管理混乱现象。需要建立规范化的财务核算体系。如存在偷税或漏税情况的,原则上应补清税款,充分披露有关情况;对与国家和地方税收优惠政策不符的,应由律师出具纳税合法性意见,披露补税风险和补税责任。

(3) 挂牌融资匹配公司长远规划。企业正常经营时就应该考虑包括挂牌在内的融资策略,使资金跟得上企业长远发展的需要,而不能等到企业面临资金困难时才想到去融资。

284. 公司处于亏损状态,还可以改制到新三板挂牌吗?

一般来说,虽然公司亏损,但是业务明确且具有持续经营能力(能够解释清楚),并符合新三板的其他条件要求是可以挂牌转让的。这里,对其股改做一些说明:

实践中,公司股改时一般都是以公司净资产进行折股的,而《公司法》第九十六条规定:有限责任公司变更为股份有限公司时,折合的实收股本总额不得高于公司净资产额。注意:公司股改时,股东出资已经全部缴纳,即注册资本和实收资本是一致的。所以,公司审计后的净资产不能低于公司的实收资本。公司可以亏损,但是不能亏损到审计后的净资产低于实收资本,如果审计后的净资产低于实收资本,那只有将实收资本进行减资,减少到低于公司的净资产,减少的注册资本实际就是亏损部分。

关于折股,一般情况下,折股比例不能低于1∶1,即1元净资产折1股。但是在实践中出于谨慎财务原则,大多数情况企业会留一部分净资产进入资本公积,一般都是按照1元以上的净资产折1股的方式进行折股的。

第二节 股改流程

285. 新三板拟挂牌公司改制重组一般可分为哪几个阶段？

改制设立股份有限公司，对不同所有制成分的企业来说，适用的程序和参与的主体不尽相同，而不同的改制目的也可能导致改制程序和参与主体存在差异。改制重组一般可分为 4 个阶段，即改制重组预备阶段、改制工作实施阶段、公司申报设立阶段和设立后规范阶段。

286. 拟挂牌公司在改制重组预备阶段主要有哪些工作？

（1）成立改制工作小组，拟定改制目标、发展方向和业务规划，并初步拟定股改重组方案，包括设立方式、发起人数量、注册资本、股本规模和业务范畴等。

（2）对改制重组初步方案进行可行性研究；对拟引入新的投资者，考虑其增资额度及增资价格。

（3）聘请中介机构，包括证券公司、律师事务所、会计师事务所、资产评估机构等；各中介机构进场进行尽职调查，内容主要包括：改制企业的历史沿革和产权构成、业务和资产结构、经营和财务情况、业务和市场规划，以及土地、房产等资产的权属情况等，为下一步制定可行的改制重组方案提供基础数据。

（4）在尽职调查的基础上，划分业务和资产范围，拟定正式改制重组方案，并经临时股东大会确认方案。

（5）明确改制基准日，完成资产评估立项工作，企业根据要求准备审计、评估工作所需的财务资料。

287. 拟挂牌公司在改制重组实施阶段主要有哪些工作？

主要有 8 个方面的工作：

（1）各中介机构正式进场对拟改制资产（或整体资产）开展审计、评估工作。

（2）根据拟定的股权设置方案，落实其他发起人及出资方式。

（3）向工商部门办理名称预先核准，确定股份公司的名称。

（4）评估机构出具评估报告，向财政部门办理评估结果备案。

（5）根据债务重组方案，取得主要债权人对债务处理的书面同意。

（6）如有国有股权和外商投资，需要到有关部门办理审批手续，如拟定国有股权管理方案并取得国资、财政部门的批复，拟定国有土地处置方案并取得土地管理部门的批复（如需）等。

（7）签署发起人协议，起草《公司章程》等公司设立文件。

（8）各发起人出资到位。

288. 拟挂牌公司在改制重组申报设立阶段有哪些工作？

（1）申请公司设立，取得政府主管部门关于公司设立的批复，申请股份公司的名称预先核准等。

（2）会计师事务所出具股份公司成立的《验资报告》。

（3）召开公司创立大会，审议通过《公司章程》、《股东大会议事规则》等，选举公司首届董事会、监事会成员，审议通过有关授权董事会办理股份公司设立有关的事宜。

（4）办理工商登记，领取《企业法人营业执照》。

289. 拟挂牌公司在改制重组设立后的阶段有哪些工作？

（1）办理建账、税务登记等事项。

（2）原企业相关经营合同主体变更。

（3）资产过户，债务合同主体变更。

（4）落实股份公司机构设置方案，落实人员重组方案，重新签署劳动合同。

（5）股份公司建章建制及其他公司初创阶段的工作。

290. 股改方案中对挂牌主体通常关注哪些因素？

挂牌主体要符合证监会与全国股转系统公司的挂牌条件和要求（略），同时还要符合《公司法》的要求，主要关注如下问题：

（1）主营业务突出，有围绕主营业务运营匹配的资产、完备的业务体系及独立经营能力。

（2）与控股股东或实际控制人及其属下的其他企业相同、类似和相关的业务进行重组整合，消除同业竞争和关联交易，并对存在的不可避免的关联交易进行严格规范。

（3）改制时需要剥离非经营性资产和不良资产，明确进入股份公司与未进入股份公司资产的产权关系。

（4）挂牌主体的经营应具有连续性。除非不得已，最好选择有限公司整体变更为股份公司的模式，因为其存续期可以从有限责任公司成立之日算起。折股依据是账面净资产而非评估后的净资产，而且整体变更时不能引入新股东、增加股本，不然公司存续期不能连续计算。

（5）一般而言，采用股权增资方式的税负水平比采用资产增资的方式低。关联股权增资，在一定程度上还可以消除同业竞争。

291. 股改方案中的重组要关注哪些要点？

业务重组：根据拟挂牌的主题业务性质、规模，剥离影响挂牌的非主营业务、同业竞争与关联业务等。

人员重组：围绕主营业务，对企业人员进行组合、分流，确保进入挂牌主体的人员特别是三会、经理层及财务人员的合理性与独立性。

资产重组：依照产权界定和审计资产评估结果，确定股本设置，包括企业净资产的归属与处置等。

财务重组：形成独立的财会制度，设置独立银行账户，配备独立的财务人员并进行独立的财务运行和管理。

机构重组：设立和健全公司治理结构，通过制度确保相关组织、部门和人员依法履行职责和义务。

股东结构调整：股改前，确认原公司股东状况，确保发起人股东股权明晰，不存在潜在纠纷等问题。如需要，可在此阶段考虑引入新的战略投资者。

292. 新三板拟挂牌公司改制重组工作时间表范本什么样？

表 5-1 新三板拟挂牌企业改制重组工作时间表

阶段	时间	主要工作	责任方
预备阶段	T	1. 签订股改服务协议书	券商、公司
		2. 聘请会计师、律师及资产评估机构	公司
	T+25	3. 中介对企业展开尽职调查，并准备下阶段出具报告的资料	券商、公司、会计师事务所、律师事务所
	T+30	4. 根据尽职调查情况规划制定股改重组方案，并经责任公司临时股东会确认	券商、公司、律师事务所
实施阶段	T+65	5. 处理各种影响改制工作推进的事项	券商、公司、会计师事务所、律师事务所
	T+75	6. 完成企业股权整合变更事宜	公司
		7. 出具改制《审计报告》	会计师事务所
		8. 对需整合、重组资产出具《资产评估报告》	资产评估机构
申报设立阶段	T+90	9. 股份公司名称预核准	公司
		10. 出具股份公司成立的《验资报告》	会计师事务所
		11. 完善股份公司创立大会相关的法律文件及"三会"议事规则，核查拟任"董监高"人员的任职资格等	券商、公司、律师事务所
		12. 对股份公司章程、三会制度规则等进行讲解，帮助股东及"董监高"人员梳理公司治理要求	券商、律师事务所
		13. 召开股份公司的创立大会暨股份公司第一次股东大会，选举公司第一届董事、非职工监事	公司、律师事务所
		14. 召开公司第一届董事、监事会第一次会议，选举董事长、监事会主席，任命总经理、副总经理、财务总监及董事会秘书等高管	券商、公司、会计师事务所、律师事务所
		15. 向当地工商局提交股份公司变更登记材料	公司
		16. 取得股份公司营业执照	公司

备注：以上工作安排在具体实施时会根据实际情况有所调整

293. 股改工作推进中需特别注意哪些时间节点?

以下改制事项需要特别注意时间节点的先后顺序:

(1) 企业确定改制基准日后，会计师及资产评估师分别进驻公司，在对财务和资产情况核查后出具《审计报告》和《资产评估报告》。

(2) 会计师及资产评估师分别出具《审计报告》和《资产评估报告》后，有限责任公司召开“确定公司改制的临时股东会”，并审议通过具体的改制方案。

(3) 临时股东会确定改制方案后，发起人签订《关于有限公司发起设立股份有限公司的发起人协议》以约定各发起人在股份公司发起过程中承担的权利与义务。

(4) 股东会是公司的最高权力机构，关于公司名称预先核准应该在公司做出发起设立股份公司的意思后，即临时股东会决议后，才能向工商部门申请名称预先核准；公司取得名称预先核准通知书后，会计师事务所才能出具股份公司的《验资报告》。

(5) 根据《公司法》第九十条的规定：公司应在《验资报告》出具之日起 30 天内召开创立大会。创立大会由发起人、认股人组成。

(6) 根据《公司法》第九十一条的规定：发起人应在创立大会召开 15 日前通知各发起人，即从改制前临时股东会召开之日至创立大会召开之日之间隔至少 15 天。

294. 拟挂牌公司申报财务报表最近一期截止日可以是改制基准日吗?

可以。依据是全国股转系统公司相关的最新政策，其目的是为了提高新三板挂牌及全国股转系统公司审查材料的效率，避免同一时间点多家企业蜂拥递交申报材料的现象。

另外，按照《全国中小企业股份转让系统公开转让说明书内容与格式指引（试行)》第六条要求，财务报表在其最近一期截止日后 6 个月内有效。特殊情况下申请挂牌公司可申请延长，但延长期至多不超过 1 个月。拟挂牌公司须在审计报告的有效期内成功挂牌。

所以，审计报告的有效期最长为 7 个月，如果公司用作改制的审计报告在出具后7个月内都没有成功挂牌的话，则应重新出具审计报告。

第三节　整体变更的股改

295. 整体变更方式股改的法律条件是什么?

根据《公司法》及相关法律法规的规定，有限责任公司变更设立为股份有限公司，应当符合股份有限公司的条件：

①应当有2人以上200人以下的发起人，其中半数以上发起人在境内有住所；②注册资本的最低限额为人民币500万元；③股份发行筹办事项符合法律规定；④名称中标明“股份有限公司”或“股份公司”字样；⑤设立股东大会、董事会、监事会、经理等规范的组织机构；⑥制定新的公司章程。

296. 整体变更方式股改应注意哪些事项?

有限责任公司整体变更为股份有限公司，需要注意：

（1）应当符合《公司法》第九条规定的股份有限公司的条件，即有2名以上的股东、注册资本达到500万元人民币、建立符合股份有限公司要求的组织机构、制定公司章程等。

（2）除国务院批准采取募集方式外，在变更时不能增加资本，也不能增加新股东。公司变更前的债权、债务由变更后的公司承继。

（3）对于不符合一般性条件的有限责任公司，如公司增资扩股或股东对外转让股份，为了能连续计算业绩，公司需要保证诸如实际控制人不能发生变更、管理层不能有重大的变化、主营业务不能发生重大变化等符合规定的条件。如股东少于2人、净资产不到500万元的，只能在变更行为发生前进行重组。

（4）折合的实收股本总额不得高于公司净资产额。变更时须聘请有证券从业资格的会计师事务所进行审计。

297. 整体变更方式股改按照评估结果验资有什么结果?

有限责任公司变更为股份公司可以按照评估结果来验资，也可以按照审计报告来验资。按照评估结果进行验资，则不能计算原有限责任公司的业绩，这种变更可采用改制的方式。

按照评估结果来验资，为公司变更争取了时间，却牺牲了不能连续计算业绩的价值。也就是说，以评估值调账，是结束了旧账，建立了新账，因此会计主体持续经营中断了，视为重新设立股份有限公司，持续经营的时间要从改制日开始计算。这对本来是有限责任公司而希望挂牌新三板的企业来说，持续经营的时间计算很不划算。

298. 整体变更方式股改按照审计结果来验资有什么结果?

有限责任公司变更为股份公司可以按照评估结果来验资，也可以按照审计报告来验资。如果要计算原有限责任公司的业绩，变更为股份公司时应采用整体变更方式，即只能以有证券从业资格的审计机构出具的审计报告作为验资的依据。

有的地方工商部门要求出具评估报告，主要目的是确认出资资产的价值。如果工商部门坚持要评估报告，而评估后净资产数额高于经审计的净资产数额时，可以与工商部门协商以审计验资、折股为准，评估报告作为参考。

《全国中小企业股份转让系统股票挂牌条件适用基本标准指引（试行）》规定，有限责任公司按原账面净资产值折股整体变更为股份有限公司的，存续时间可以从有限责任公司成立之日起计算。整体变更不应改变历史成本计价原则，不应根据资产评估结果进行账务调整，应以改制基准日经审计的净资产额为依据折合为股份有限公司股本。申报财务报表最近一期截止日不得早于改制基准日。

所以，按照审计报告来验资，最大的好处在于计算原有限责任公司的业绩，同时，持续经营时间可以从有限责任公司成立时开始计算，这对本来是有限责任公司而希望挂牌新三板的企业来说，便会赢得继续经营时间计算的优势，因为新三板挂牌条件之一为“公司依法设立且存续满 2 年”。

299. 整体变更股改后股东的责任有什么改变？

在公司变更设立前，作为有限责任公司的股东，仅以其出资额为限对公司承担责任，而公司变更设立为股份有限公司后，股东应以其所持有的股份为限对公司承担责任。

这两种责任都是有限责任，存在细微的差别：出资额是一个常量，仅指公司设立时股东的投资，表现为一定绝对数量的财产；而股份是一个变量，代表股东在公司总资产中所享有的份额，该份额代表的价值随着公司经营状况的变化而变化。

300. 整体变更股改后公司债权、债务的继承有什么不同？

公司的变更设立，仅仅是公司形式的变更，其法人主体资格并没有中断，具有前后的一致性，因此，原有限责任公司变更设立为股份有限公司后，其债权、债务由变更后的股份有限公司全部承继。

301. 整体变更方式股改在股权、股东与出资方面应注意什么？

（1）注意出资合法性：出资必须符合《公司法》。以未分配利润转增股本的，必须经审计；无形资产出资，手续要完备；抽逃注册资本，必须补足实物出资的资产，权属要明确。

（2）注意股东真实性：国有股东必须获得有权部门的批复；工商登记文件中的股东如存在匿名股东，应当在股改时予以纠正，不接受“人背人”的情形；在股改前必须规范历年股权转让行为，股权转让必须手续齐全、合法有效，股权转让行为不能造成股权争议。

（3）注意股权合理性：股权结构是否合理，对公司法人治理和规范运行有着深远的影响。股权设置应注意均衡持股，既要防止一股独大也要防止股权过度分散，削弱股东制约机制。企业应重视股权激励，引导经营管理层和技术骨干持股，使之与企业的利益紧密相连，有利于企业的长远发展。

302. 整体变更方式股改引进新的投资者应注意什么问题？

有限责任公司整体变更为股份有限公司以前，出于改善公司治理结构、急需筹集部分资金或者资本规模、股东人数达不到股份公司的基本条件等原因，需要引进新的投资者。此时，公司需要注意以下问题：

（1）应不影响公司连续计算经营时间。如不发生主营业务的重大变化，实际控制人不发生变更，董事、高级管理人员不发生重大变化等。

（2）引进新投资者对公司业务和生产经营能产生协同效应，有利于公司业务的开展和市场拓展。

（3）要考虑出资对公司营业记录可比性的影响，筹集资金规模需要适当。如果新的投资者以资产折股出资，其规模也应适当。

（4）新股东无论以现金还是实物出资，其折股比例应一致。

（5）新增股份的认购价或折股价一般是在净资产值的基础上溢价一定比例。

第四节　发起人、股东和机构设置

303. 哪些人可以成为股份有限公司的发起人？

企业设立股份有限公司，可以采取发起设立或者募集设立的方式。

发起人是指依照有关法律规定订立发起人协议，提出设立股份有限公司申请，认购公司股份，并对公司设立承担责任的人。发起人应具有完全的民事行为能力和民事责任能力，独立地承担民事责任。根据《民法通则》、《公司法》等法律、法规的规定，股份有限公司发起人应当具备以下资格：

①能独立地承担民事责任的自然人。但外商投资股份有限公司的中方发起人不得为自然人。②企业法人。③除法律法规禁止其从事投资和经营活动的外，事业单位和社会团体法人，具备企业法人条件的，应当先申请企业法人登记，才可作为发起人。④出资额已缴足、已经完成原审批项目、已经开

始缴纳企业所得税的外商投资企业可以作为发起人。⑤具备法人的条件并经依法登记为法人的农村集体经济组织具有发起设立股份有限公司的资格。⑥个人独资企业、合伙企业、职工持股会组织等因不具备法人资格而不能成为发起人。⑦其他组织，法律、法规另有规定的除外。

304. 股份公司发起人的权利和义务有哪些？

股份有限公司发起人具有的权利：①参加公司筹委会；②推荐公司董事会候选人；③起草公司章程；④公司成立后，享受公司股东的权利；⑤公司不能成立时，在承担相应费用的基础上，可以收回投资款项和财产产权。

股份有限公司发起人应承担的义务：①公司不能成立时，设立行为所产生的债务和费用，由发起人负连带责任；②公司不能成立时，对认股人已经缴纳的股款，发起人负返还本金并加算银行同期存款利息的连带责任；③在公司设立过程中，由于发起人的过失导致公司利益受到损失的，发起人应当对公司承担赔偿责任；④发起人不得虚假出资或在公司成立后抽逃出资，不得在申请公司登记时使用虚假证明文件或采取其他欺诈手段虚报注册资本；⑤发起人所持有的公司股份，自公司成立之日起 1 年内不得转让。公司公开发行股份前已发行的股份，自公司股票在证券交易所上市交易之日起一年内不得转让。

305. 发起人出资有哪些方式？

根据《公司法》规定来理解，股东的发起人可以货币资产、实物资产、无形资产及债权、股权等可用货币估价并可依法转让的非货币财产作价出资；但是，法律、行政法规规定不得作为出资的财产除外。

其中，实物资产指公司生产经营所需的物品，包括房产、机器设备、办公设备、交通工具、原材料等；无形资产主要指知识产权、专利技术、商标及企业生产经营所需的土地使用权、水面养殖权和采矿权等。

306. 发起人以实物资产出资应注意哪些问题？

发起人以实物资产出资时，应当注意 5 方面的问题：

一是实物资产必须进行资产评估，并作价折股。

二是以实物折价入股的，其出资应当是能用于该公司生产经营的物品，包括办公用房、办公用品、交通工具、原材料及产品、生产经营设备等。同时，用于出资的实物资产不得设定担保。

三是以经营性资产出资的，应同时将与该业务密切关联的商标、特许经营权出资折股。

四是实物资产必须办理财产权转移手续。

五是以海关监管货物出资的，必须补税或过监管期之后再出资。

307. 发起人以股权出资应注意哪些问题?

发起人可以其持有的股权出资设立公司，但是需要注意的是：

（1）应该以控股公司的股权出资，而不宜是参股股权。

（2）出资的股权应当是发起人能够控制的，且股权对应企业的业务应与所组建公司的业务基本一致。

（3）出资股权的缴付，应当以股权所在企业办理工商变更登记为标志。

（4）出资的股权应不存在权利瑕疵及潜在纠纷。

（5）发起人以其他有限责任公司的股权作为出资，同时需要遵守《公司法》及其有限责任公司章程中关于股权转让的规定，如是否需要全体股东过半数同意，且以其他股东放弃优先购买权为前提等。

308. 发起人以无形资产出资应注意哪些问题?

根据《公司法》、《公司注册资本登记管理规定》及中国证监会的有关规定，无形资产出资应当注意以下问题：

①公司设立时，货币出资金额不得低于注册资本的30%，即无形资产不得超过注册资本的70%。②无形资产必须符合可以用货币估价和可以依法转让的要求，股东不得以信用、商誉、特许经营权、自然人姓名等作价出资。③涉及以专利权和计算机软件著作权出资的，应注意其剩余保护年限、是否许可第三人使用以及对公司经营的影响等情况。④涉及以非专利技术出资的，应以法定方式向公司交付该技术，并考虑公司在使用该技术上是否存在障碍。⑤如以专利、商标、技术成果等出资，必须明确其权属，还要特别说明其是

否属于职务成果。

309. 发起人是否能够以债权方式出资？

根据相关规定，以下两种情况认定债权出资有效：

一是政策性债权转股权，应按照国务院有关部门的规定处理。二是债权人与债务人自愿达成债转股协议，且不违反法律和行政法规强制性规定的，应当确认债权转股权的协议有效。因此，在一般情况下发起人不得单纯以其对第三人的债权出资，即发起人不得以对拟设立公司以外的债权出资。

另外，按照相关规定，国有企业实行公司制改建时，经批准或者与债权人协商，可以将债权转为股权，并按以下规定处理：

①经国家批准的各金融资产管理公司持有的债权，可以实行债权转股权，原企业相应的债务转为金融资产管理公司的股权，企业相应增加实收资本或者资本公积。经银行以外的其他债权人协商同意，可以按照有关协议和公司章程将其债权转为股权，企业相应增加实收资本或者资本公积。②改建企业经过充分协商，债权人同意给予全部豁免或者部分豁免的债务，应当转作资本公积。

310. 历史沿革中股东出资常出现哪些问题？

历史沿革中出资主要存在两方面的问题，一是出资不实，二是程序瑕疵。企业出资存在瑕疵，并不是个别现象，对拟挂牌的企业，也并不一定构成挂牌的实质性障碍，关键要看如何解决或者解决的是否彻底。常见的问题主要包括：

①非货币资产出资未经评估；②出资未及时到位；③验资报告存在瑕疵；④无形资产出资比例超过注册资本70%；⑤以公司自身资产增资；⑥资产评估增值转增实收资本；⑦重复出资；⑧以未合法注销的企业资产出资。

311. 股改中股东出资常出现哪些问题？

股改中股东出资可能存在的问题，主要包括：

①以评估的净资产作价出资；②以审计的净资产折合股份，但是评估报

告中出现评估的净资产低于审计的净资产情况，导致出资不实；③股改后发现股改前的会计处理出现问题，在申报财务报表中调整了股改时认定的财务报告，导致股改时净资产有问题，导致出资不实等。

312. 改制时临时股东大会的会议内容有哪些？

根据《公司法》的规定，公司组织形式变更属于股东大会特别决议事项，要经过出席股东会的股东所持有表决权的三分之二以上通过。会议内容主要有：

①审议通过《关于变更公司组织形式的议案》；②审议通过《关于确定公司改制基准日的议案》；③审议通过《关于聘请××会计师事务所对公司出具审计报告的议案》。

如此阶段涉及聘请券商、律师、资产评估机构事宜，也可作为股东决议内容，当然这要根据《公司章程》的规定，如果聘请中介的权限由董事会或执行董事决定的话，则应出具相应的董事会决议或执行董事决议。

313. 股份公司创立大会的特征、召开程序与职权分别是什么？

创立大会是指在股份有限公司成立之前，由全体认股人参加、决定是否设立公司并决定公司设立过程中以及公司成立之后的重大事项的会议。

创立大会的特征：①创立大会由全体认股人参加。所有认购公司发行的股份并缴足了股款的人，都有权参加创立大会，任何人都不得以任何其他的理由拒绝认股人参加创立大会。②创立大会只在股款缴足之后、公司成立之前存在。创立大会只在公司设立的后期存在，即在发行股份的股款缴足后才能召开，同时，创立大会在公司成立之后也不存在。在公司成立之后，股东大会即替代了创立大会。③创立大会的性质与股东大会相当。创立大会是公司成立前的决议机关，行使与股东大会类似的职权，即对一些重大事项进行决议。

根据《公司法》的规定，创立大会召开的程序如下：①由发起人在创立大会召开15日前将会议的日期通知各个认股人。对认股人较多或者认股人地址不详，不便于通知的，也可以在创立大会召开10日前将会议的日期予以公告，使认股人能够了解创立大会召开的情况。②由各认股人出席。每个认股人都有权出席创立大会。有代表股份总数1/2以上的认股人出席即可举行创立大会。如果出席认股人所代表的股份总数达不到股份总数的1/2，则创立大会不得举行。③依法作出决议。创立大会召开后，所有出席会议的认股人应当按照所持每一股份有一表决权的原则对法律规定的事项进行表决。凡创立大会上表决的事项，必须经出席会议的代表股份总数半数以上的认股人通过，才具有法律效力。在创立大会依法举行之后，创立大会的使命即告终结。创立大会决议设立公司的，公司的股东大会即替代创立大会。创立大会决议不设立公司的，公司就不能成立，由发起人负责设立行为的善后事宜。

创立大会行使的职权：①审议发起人关于公司筹办情况的报告；②通过公司章程；③选举董事会成员；④选举监事会成员；⑤对公司的设立费用进行审核；⑥对发起人用于抵作股款的财产作价进行审核；⑦发生不可抗力或者经营条件发生重大变化直接影响公司设立的，可以做出不设立公司的决议。创立大会对上述所列事项作出决议，必须经出席会议的认股人所持表决权过半数通过。

314. 股份有限公司应设立哪些组织机构？

根据《公司法》的规定，股份有限公司应当设立以下组织机构：

股东大会。由股份有限公司的股东组成。股东大会是股份有限公司的最高决策机构，对公司的一切重大事项作出决定。

董事会。董事会成员为5～19人，董事由股东会选举产生，董事会对股东大会负责。董事会设董事长1人，可以设副董事长1～2人。董事长、副董事长由董事会以全体董事的过半数选举产生。

经理层。由董事会聘任或者解聘。经理层对董事会负责，主持公司的日常运营和业务经营，组织实施董事会决议等 。

监事会。监事会由股东代表和适当比例的公司职工代表组成，具体比例由公司章程规定。监事会的成员不得少于3人。监事会应在其组成人员中推选1名召集人。董事、经理及财务主管人员不得兼任监事。监事的任期每届为3年，任期届满连选可以连任。

315. “董监高”人员的任职资格限制有哪些?

《公司法》规定，以下人员不能作为公司董事、监事、高级管理人员的候选人:

①无民事行为能力或者限制民事行为能力；②因贪污、贿赂、侵占财产、挪用财产或者破坏社会主义市场经济秩序，被判处刑罚，执行期满未逾5年，或者因犯罪被剥夺政治权利，执行期满未逾5年；③担任破产清算的公司、企业的董事或者厂长、经理，对该公司、企业的破产负有个人责任的，自该公司、企业破产清算完结之日起未逾3年；④担任因违法被吊销营业执照、责令关闭的公司、企业的法定代表人，并负有个人责任的，自该公司、企业被吊销营业执照之日起未逾3年；⑤个人所负数额较大的债务到期未清偿；⑥在职国家公务员（《公务员法》规定）。

除此之外，还不得存在下列情形:

①最近3年内受到中国证监会行政处罚；②最近3年内受到证券交易所公开谴责或3次以上通报批评；③被中国证监会宣布为市场禁入者且尚在禁入期；④被证券交易所公开认定为不适合担任上市公司董事、监事和高级管理人员；⑤无法确保在任职期间投入足够的时间和精力于公司事务，切实履行董事、监事、高级管理人员应履行的各项职责；⑥上市公司董事会中兼任公司高级管理人员以及由职工代表担任的董事人数总计不得超过公司董事总数的1/2。

316. 什么是控股股东?

根据相关法规规定，控股股东是指具备下列条件之一的股东:

①持有的股份占公司股本总额50%以上的股东；②持有股份的比例虽然不足50%，但依其持有的股份所享有的表决权已足以对股东大会的决议产生重大影响的股东；③此人单独或者与他人一致行动时，可以选出半数以上的董事；④此人单独或者与他人一致行动时，可以行使公司30%以上的表决权或者可以控制公司30%以上表决权的行使；⑤此人单独或者与他人一致行动时，可以以其他方式在事实上控制公司。

上述所称“一致行动”是指2个或者2个以上的人以协议的方式，不论口头或者书面达成一致，通过其中任何一人取得对公司的投票权，以达到或者巩固控制公司的目的的行为。

317. 控股股东哪些行为需要规范？

控股股东可以对公司运作施加重大影响，控股股东需要规范以下行为：

①改制重组时，控股股东应确保分离社会职能、剥离非经营性资产，非经营性机构、福利性机构及其设施不得进入股份有限公司。②控股股东对公司及其他股东负有诚信义务。控股股东应严格依法行使出资人的权利，不得损害公司和其他股东的合法权益，不得利用其特殊地位谋取额外的利益。③控股股东对公司董事、监事候选人的提名，应严格遵循法律、法规和公司章程规定的条件和程序。④控股股东不得对股东大会人事选举决议和董事会人事聘任决议履行任何批准手续；不得越过股东大会、董事会任免公司的高级管理人员。⑤公司的重大决策应由股东大会和董事会依法做出。控股股东不得直接或间接干预公司的决策及依法开展的生产经营活动，损害公司及其他股东的权益。⑥控股股东与控股公司应实行人员、资产、财务、机构和业务分开，各自独立核算、独立承担责任和风险。

318. 什么是实际控制人？怎样确认股份公司的实际控制人？

实际控制人，是指虽不是公司的股东，但通过投资关系、协议或者其他安排，能够实际支配公司行为的人。简而言之，实际控制人就是实际控制公司的自然人、法人或其他组织。因此，实际控制人可以是控股股东，也可以是控股股东的股东，甚至是除此之外的其他自然人、法人或其他组织。

认定的办法：认定公司控制权的归属，重点核查相应股权投资关系；根据个案实际综合分析股东会、董事会决议的实质影响，对董事和经理层的提名及任免所起的作用等因素进行判断；对股权特别分散或者存在财务投资者的公司应根据实际控制和经营管理情况认定实际控制人。

第五节　股改中的财税问题

319. 会计师事务所在公司股改与设立阶段提供哪些服务？

对企业进行财务尽职调查，帮助企业完成新旧会计准则的制度转换，协助企业完成新准则下各种会计政策、会计估计的制定；和其他中介进行充分配合，完善公司股份制改造方案；对改制基准日的净资产进行审计，同时确定改制前纳入申报范围内的财务报表数据；股份公司设立的验资；培训企业财务人员，特别是对新企业会计准则以及财政部、中国证监会、北交所有关财务的法规及要求的培训；协助企业完善内部控制等。

320. 如何处理公司改制动用资本公积的问题？

大部分情况下的改制，公司注册资本都会有所提高，由于动用盈余公积和未分配利润转增需要缴纳所得税，公司通常更愿意用资本公积转增股本。但需要注意的是，并非所有资本公积都可以转增股本，通常只有资本溢价可以转增股本，而像以资产评估增值记入的其他资本公积、股权投资准备，以及接收捐赠资产、外币资本折算差额等则不可以转增股本。

321. 有限公司整体变更时，是以合并会计报表净资产折股还是以母公司会计报表净资产折股？

由于存在内部利润抵销等因素，合并会计报表净资产可能不等于母公司会计报表净资产，因此应以母公司会计报表净资产折股。

322. 评估基准日至股份有限公司设立日期间已实现利润应如何处理？

如实现的利润已分配给发起人的，且自评估基准日起固定资产、无形资产、存货等资产未根据评估价值进行成本结转、调整折旧或摊销计提数的，公司应当说明上述利润分配是否存在导致发起人出资不实、影响公司资本保全的情况，如存在，应明确由此产生出资不实或影响资本保全的责任及具体解决办法。

公司应在会计报表附注的“其他重要事项”中披露评估基准日至公司设立日期间公司已实现利润的分配情况。

323. 公司股改重组的存续期问题需要注意些什么？

新三板挂牌，要求公司有两年经营历史。有限责任公司整体变更为股份公司需要注意：

①以评估数据调账，则视同新设公司，经营业绩不能连续计算。②以审计后的净资产进行折股，则视同公司持续经营，经营业绩可以连续计算。

324. 如何处理公司改制时所得税缴纳问题？

改制时，资本公积、盈余公积及未分配利润转增股本按以下情况区别纳税：

（1）自然人股东：资本公积转增股本时不征收个人所得税；盈余公积及未分配利润转增股本时应当缴纳个人所得税。

（2）法人股东：资本公积转增股本时不缴纳企业所得税。盈余公积及未分配利润转增股本虽然视同利润分配行为，但法人股东不需要缴纳企业所得税；但是如果法人股东适用的所得税率高于公司所适用的所得税率时，法人股东需要补缴所得税的差额部分。

325. 整体变更的股改，税务方面需要重点注意些什么？

一般而言，变更设立的股份制改造，解决税务问题时应当注重 3 方面：一是设计税务成本较小的变更设立方案，尽量在变更设立之前解决税务问题；二是企业经财务梳理和会计师审计后，企业的收入和利润会有所增长，企业应与税务部门沟通，补缴相关税款，取得完税证明；三是企业应当尽可能地寻求地方政府和税务部门的支持。

326. 公司改制设立时，其资产评估增值部分需要缴纳所得税吗？

主发起人可以经营性净资产或经营性实体包括子公司、分公司等评估作价，并联合其他发起人以现金或非货币资产出资成立股份公司。当企业以非货币性资产出资时，对资产评估增值部分的处理为：一是以整体资产出资时，收到的对价是被投资方的股权，即整体资产评估增值部分属于股权支付对价，暂不计算确认资产评估增值部分的所得或损失。二是以其他非货币性资产出资时，应当将其非货币性资产评估增值额部分计入应纳税所得额，缴纳企业所得税。

税法所指的非货币性资产是：企业持有的货币性资产以外的资产，如存货、固定资产、无形资产、股权投资等。这里所说的“企业持有的货币性资产”，即指企业持有的现金及将以固定或可确定金额的货币收取的资产，包括现金、应收账款、应收票据和债券等。

327. 有限责任公司整体变更时，净资产折股如何纳税？

有限责任公司整体变更时，除注册资本之外的资本公积、盈余公积及未分配利润转增股本时，纳税情况如下：

①对资本公积，不论是个人股东部分还是法人股东部分，在转增股本时都不征收所得税。②对盈余公积和未分配利润，不论是个人股东部分还是法人股东部分，在转增股本时都要征收所得税。

依据一：《国家税务总局关于股份制企业转增股本和派发红股征免个人所得税的通知》（国税发〔1997〕198号）规定：股份制企业用资本公积金转增股本不属于股息、红利性质的分配，对个人取得的转增股本数额，不作为个人所得，不征收个人所得税。

依据二：国家税务总局《关于企业股权投资业务若干所得税问题的通知》（国税发〔2000〕118号）规定：除另有规定者外，不论企业会计账务中对投资采取何种方法核算，被投资企业会计账务上实际做利润分配处理（包括以盈余公积和未分配利润转增资本）时，投资方企业应确认投资所得的实现。

所以：①资本公积金转增股本，对个人来说，不属于股息、红利性质的分配，不征收个人所得税；对企业法人来说，不属于利润分配行为，不缴纳企业所得税。②盈余公积和未分配利润进行转增股本，对个人来说属于股息、红利性质的分配，应作为个人所得征税。对企业来说应视同利润分配行为，所以需要纳税。这不同于个人股东，公司制企业进行分红时，法人股东不需要缴纳所得税。但如果法人股东与公司所适用的所得税税率不一致时，法人股东需要补缴所得税差额部分。

328. 改制时企业将产权量化成个人股份，该如何缴纳所得税？

根据国家税务总局《关于联想集团改制员工取得的用于购买企业国有股权的劳动分红征收个人所得税问题的通知》（国税函〔2001〕832 号）的税收要求，个人无偿获得股份时应当按以下方法缴纳所得税：

①企业在公司制改造时将有关资产无偿以股份方式量化到个人时，包括企业将历年积存的劳动分红以股份形式量化到个人时，都必须按工资、薪金所得项目计征个人所得税，税款由公司代扣代缴。②公司给员工免费赠送股份，无偿给职工配股时，其实质上是公司将一部分股份无偿转让给雇员。对个人取得的这部分股份属于因受雇而取得的报酬，应按取得股权的公允价值或市价，依照工资薪金所得项目征收个人所得税。

329. 企业高级管理人员获得股票认购权时如何缴纳个人所得税？

应当按照国家税务总局《关于企业高级管理人员行使股票认购权取得所得征收个人所得税问题的批复》（国税函〔2005〕482 号）的规定纳税。

根据个人所得税法和有关规定，企业有股票认购权的高级管理人员，在行使股票认购权时的实际购买价低于购买日公平市场价之间的数额，属于“个人所得税工资、薪金所得”应税项目的所得，应按相关规定缴纳个人所得税，税款由企业负责代扣代缴。

个人在股票认购权行使前，将其股票认购权转让取得的所得，并入其当月工资收入，按照工资、薪金所得项目缴纳个人所得税。

个人在行使股票认购权后，将已认购的股票转让所取得的所得，应按照“财产转让所得”项目缴纳个人所得税。

330. 机构高校的个人在转化职务科技成果时获得股份或出资比例奖励的，该如何缴纳所得税？

根据财政部、国家税务总局《关于促进科技成果转化有关税收政策的通知》（财税〔1999〕45号）的规定，科研机构、高等学校转化职务科技成果以股份或出资比例等股权形式奖励个人时，执行以下个人所得税政策：

科研机构、高等学校转化职务科技成果以股份或出资比例等股权形式给予个人奖励，获奖人在取得股份、出资比例时，暂不缴纳个人所得税；取得按股份、出资比例分红或转让股权、出资比例所得时，应依法缴纳个人所得税。

331. 企业改制设立时如何缴纳增值税和营业税？

企业主要资产形态可以分为有形动产、无形资产和不动产，其中有形动产属于增值税的征收范围，无形资产和不动产属于营业税的征收范围。改制设立时的非货币性资产出资行为会涉及增值税、营业税。

（1）当企业以整体经营性资产出资并发起设立公司时，属于转让企业全部产权，即整体转让企业资产、债权、债务及劳动力的行为。根据《国家税务总局关于转让企业全部产权不征收增值税问题的批复》（国税〔2002〕420号）的规定，转让企业全部产权涉及的应税货物转让，不属于增值税的征税范围，不征收增值税。

（2）当企业以不动产、无形资产出资时，根据《财政部、国家税务总局关于股权转让有关营业税问题的通知》（财税〔2002〕191号）的规定不需要缴纳营业税。

（3）当企业以货物出资时，应当视同货物销售缴纳增值税。这里的货物指企业流动资产中的存货，固定资产中的机器设备、运输工具，以及其他办公物品等动产。

332. 公司改制设立时哪些资产需要进行评估？

根据《公司法》的规定，股东可以用货币出资，也可以用实物、知识产权、土地使用权等可以用货币估价并可以依法转让的非货币性财产作价出资。作为出资的非货币性资产应当评估作价，核实财产，不得高估或者低估。

因此，股份公司改制设立时用于出资的非货币性资产（包括实物资产、无形资产、债权和股权等）应当聘请有资格的资产评估机构进行评估。

333. 资产评估应注意哪些事项？

资产评估应注意以下事项：

（1）资产评估的合规性。企业及资产评估机构应当按照国家资产评估管理部门和资产评估行业协会关于资产评估的规程进行资产评估，并按规定的资产评估报告格式制备资产评估资料。

（2）资产评估报告的有效期。资产评估报告一般自评估基准日起 1 年内有效，超过 1 年有效期的，原资产评估报告无效，须重新进行评估。

（3）资产评估机构的资质。企业在聘请资产评估机构时，应当注意其是否具有相关业务资质。

（4）资产评估机构不能与公司聘请的审计机构为同一家中介机构。

334. 企业改制时如何根据资产评估结果调账？

评估调账是对调账日重组范围内的资产按照资产评估结果进行调整。由于评估基准日到调账日一般有一段较长的时间，这段时间内企业的经营活动会导致资产形态和数量发生变化，所以调账时须分析评估基准日与调账日资产形态和数量的差异。

由于企业改制时有大量的手续要办，评估基准日到调账日的时间间隔往往大于流动资产周转时间，因此，我们可以假设评估基准日的流动资产在这段时间内已经进行过一次流转，流动资产的评估增减值不需要调整。但是一些特殊的情况需要关注，如一些流动速度慢、评估出现减值的流动资产，如果在调账日仍然存在，则需要进行调整；又如评估报告对账龄长的应收账款进行评估减值处理，而这些资产在调账日仍存在，这就需要进行个别分析调整。

固定资产由于周转速度慢，是评估调账的主要方面。实物中应对照评估明细表，按照有关评估调账法规的规定将评估增值和减值记入账簿中。在调账日企业调整后，固定资产的账面价值应等于调账前固定资产的账面价值与评估增减值之和。

335. 拟挂牌公司改制过程中辅业资产处置有何建议？

拟挂牌公司在改制重组工作中，应妥善处理下列问题：

①按国家有关规定处理人员分流及安置，妥善处理因非主营业务而设置的部门和机构；②对剥离后的社会职能以及非经营性资产，要制定完备的协议，其中非经营性资产不得由股份公司租赁经营或授权代管；③剥离后的业务和资产，不得对股份公司产生经营和费用的依赖；④对于整体变更改制的情况，因为是由一个独立企业法人的有限责任公司变更组织形态而设立的股份公司，原企业法人的业务、资产、人员等经营要素应整体进入股份公司，不得人为地剥离。

336. 拟挂牌公司设立时的商标权应当如何处理？

按照相关规定，公司的商标一般遵循以下处理原则：

①公司改制设立其主要产品或经营业务进入股份公司时，其主要产品或经营业务所使用的商标权必须随同进入股份公司。②拟挂牌公司应当在获准挂牌前将商标处置相关的手续办理完毕，并在转让说明书中充分披露商标权的处置情况。

337. 拟挂牌公司改制过程中土地使用权处置方式有哪些？

目前我国土地属于国家或集体所有，企业改制时，可根据股本、盈利能力、净资产等情况确定土地使用权的处置方式：

①出让取得的土地后，将评估后的土地折合为股份计入股份公司，该股份界定为国有法人股；②由国家将土地作价入股，界定为国家股；③租赁方式，即由上市公司租赁使用有关土地，既可以向土地管理局直接租赁，也可在控股股东办理出让手续后，向其租赁使用（即通称的“先出让后出租”方式）；④授权经营方式，困难较大；⑤控股股东办理出让手续后再转让给股份公司，缺点是产生了关联交易，对股份公司不利。

根据国土资源部目前不成文规定，企业改制时坚持“房屋所有权与土地使用权不可分离”（注：目前国家推行的土地改革或在未来对这一状况有所改变）的原则，应选择房地整体出租或整体出让、入股等方式处置土地资产，原则上不再适用“先出让后出租”的方式。但在实际操作中，仍有不少公司采用“先出让后出租”方式。

338. 实践中，拟挂牌公司土地使用权取得存在哪些问题？

实践中，拟挂牌公司土地使用权取得主要存在以下问题：①非法使用集体所有土地；②从不具有土地转让条件的转让者中获取；③从不具备土地使用权出租条件的出租者处租赁使用；④该土地使用权存在他项权利限制；⑤直接使用国家划拨土地等。

解决措施：新建厂房包括募集资金投资项目、租赁厂房及大股东承诺等，要及时让全国股转系统公司相信企业不会因为房产、土地问题而影响正常的经营和持续经营能力。

339. 拟挂牌公司租赁大股东房产影响挂牌吗？

原则上不构成挂牌障碍。只要不存在严重显示有失公平和利益输送的情况，并且其租赁期限较长或可连续租赁以保证公司经营的稳定性。

340. 公司在挂牌前存在股权质押情况影响挂牌吗？

只要依法办理，履行必要的内部决议程序，办理工商手续，不存在股权纠纷和其他争议，原则上不影响挂牌。但在实际操作中，公司为了顺利挂牌，往往都会接触股份质押限制，待挂牌后，再依法办理股权质押贷款等。

341. 拟挂牌公司改制后要注意业绩连续计算问题吗？

企业改制方案应力求资产的稳定、延续，在挂牌前若进行重大资产重组则应考虑是否影响股份公司的业绩连续计算，具体如下：

发行人自股份有限公司成立后，持续经营时间应当在 2 年以上。有限责任公司按原账面净资产值折股整体变更为股份有限公司的，持续经营时间可以从有限责任公司成立之日起计算。

342. 非合规担保的公司是否能挂牌新三板？

不能说完全不能上新三板，关键要看他的担保金额有多大，是否属于重大违规、违法事项。拟挂牌新三板公司如果前期制度不够完善，股改的时候，有担保方面的制度规定予以规范。挂牌还要看企业的担保是否完成了内部的审批流程，担保事项需要完全、充分地披露。对于披露，其风险大小如何，会不会影响企业收益，这些都是要综合考量的。

案例分享

案例15 永瀚星港股改后，原有限公司资产未能变更到股份公司该怎么办？

北京永瀚星港生物技术有限公司（简称永瀚星港，股份代码：430114），注册资本700万元，属于医学诊断服务行业，主营医学诊断服务，体外诊断试剂的研发、生产及相关技术服务。经营范围和许可经营项目：零售预包装食品、生产Ⅱ-6840体外诊断试剂；医学检验科、临床体液、血液专业、临床微生物学专业、临床生化检验专业、临床免疫、血清学专业（限分公司经营）。一般经营项目：技术开发、技术咨询、技术服务；仪器仪表维修（不含行政许可的项目）；货物进出口、技术进出口、代理进出口。公司于2012年4月10日挂牌新三板。

有限公司成立于2006年1月19日，由自然人张利峰和孙金斗共同出资人民币10万元设立，其中张利峰出资人民币8.5万元，占注册资本的85%；孙金斗出资人民币1.5万元，占注册资本的15%。于同年1月24日取得北京市工商行政管理局开发区分局核发的《企业法人营业执照》。2007年11月，公司将注册资本由10万元增加至100万元，并且范飞舟以货币形式入资90万元。2011 年 8 月，公司又将注册资本由 100 万元增加至 200 万元，范飞舟以货币形式入资 80 万元，范振符以货币形式入资 10 万元，陈智周以货币形式入资 10 万元，同时相应修改有限公司章程。2011 年 10 月，公司通过股东大会决议，以全体股东作为公司发起人，以 2011 年 9 月 30 日经审计的账面净资产 700 万元折股为依据整体变更设立股份公司，同时更名为“北京永瀚星港生物科技股份有限公司”。

有限公司的这 700 万元的净资产主要包括两大类内容，一是一项股份公司拥有的实用新型专利一项和正在申请专利发明一项；二是其他资产包括办公设备、电子设备、医学实验及检车设备和机动车等固定资产。在公司股改后，有限公司一直没有将专利权和车辆等资产变更为股份公司资产，直到申请新三板挂牌的前夕。

虽然股份公司在整体变更时享有继承有限公司资产的权利，变更不存在什么法律障碍，但是，作为合规程序，这一事项应该在股改时，就将所属资产变更到股份公司名下，这也有利于新三板挂牌的申报。

案例 16 普华科技整体变更时涉及股东缴纳个人所得税，该如何折股？

上海普华科技发展股份有限公司（简称普华科技，股票代码：430238），成立于 1992 年 5 月 22 日，2013 年 1 月 24 日整体改制为股份有限公司并于 2013 年 7 月 4 日挂牌新三板，注册资本 3000 万元。公司主要经营计算机工程设计软件和管理软件及配套产品开发、制作及销售，计算机硬件的开发、制作及销售，计算机信息系统集成，项目管理咨询、商务咨询（以上咨询均除经纪），从事货物和技术的进出口业务。

存在问题：公司整体变更时，自然人股东缴纳个人所得税，涉及如何折股的事宜。

解决方案：

①整体变更时以审计净资产扣除自然人股东缴纳所得税后的净资产为基础折股；②披露相关信息。

披露信息内容：

2012 年 12 月 20 日，普华有限股东包晓春等 34 人作为发起人股东，共同签署《上海普华科技发展股份有限公司发起人协议》，决定以普华有限截至2012年9月30日，经审计的所有者权益（净资产）人民币41988791.31元，扣除个人所得税人民币4970915.75元后的37017875.56元为基准，按照1∶0.8104的比例，折成总股本3000万股，上海普华科技发展有限公司整体变更，设立上海普华科技发展股份有限公司。

有限公司整体变更设立股份公司过程中，自然人股东需要缴纳个人所得税。由于公司所有发起人股东均为自然人，公司系以经审计的净资产扣减由于普华有限整体变更设立股份公司所应缴纳的个人所得税后的净资产为基准折股，因此上述方案中，股本乘以折股系数小于变更前经审计的净资产。

案例17 拟挂牌公司翼捷股份没有实际控制人影响挂牌吗？

不影响，但要如实披露相关性息。

翼捷股份（4300234）已于2013年7月2日挂牌新三板，其公开转让说明书披露：公司单个股东持有的公司股份均未超过公司总股本50%，均无法决定董事会多数席位，公司的经营方针及重大事项的决策系由全体股东充分讨论后确定，无任何一方能够决定和做出实质影响，公司无实际控制人。由于公司无控股股东及实际控制人，决定了公司所有重大行为必须民主决策，由全体股东充分讨论后确定，避免了因单个股东控制引起决策失误而导致公司出现重大损失的可能性，但可能存在决策效率被延缓的风险。

案例18 威林科技如何处理盈余公积转增股本的问题？

武汉威林科技股份有限公司（简称威林科技，股票代码：430241），成立于1998年11月23日，2012年12月27日整体改制为股份有限公司并于2013年7月2日挂牌新三板，注册资本3500万元。公司主要经营耐火材料、冶金炉料生产、检测、销售；建筑材料、金属材料批发兼零售，高炉送风支管、热风管道的制造、销售，耐火材料的技术咨询、服务与转让，建筑工程安装，机电设备安装，冶金技术咨询、服务与转让。

2003年6月，公司通过股东大会决议增加注册资本300万元，增资的股东里，有盈余公积转增股本的情况。

解决方案：

①披露转增程序合规；②须披露个人所得税事宜。

披露信息内容：

2003 年 6 月 4 日，有限公司股东会通过决议，同意增加注册资本 300 万元，其中王渝斌增资 91.605 万元、刘忠江增资 59.605 万元、苏伯平增资 59.605 万元、丁岩峰增资 59.605 万元、刘少明增资 59.605 万元、新股东王长清货币出资 9.975 万元，并通过了公司章程修正案。

2003 年 6 月 23 日，湖北大华有限责任会计师事务所出具了鄂华会事验字〔2003〕A 第 121 号《验资报告》，对本次增资进行了审验。转增后，盈余公积为 1113776.95 元，所留存的该项公积金不少于转增前公司注册资本的 25%，符合 1993 年《公司法》第一百七十九条的规定。有限公司本次以盈余公积转增股本未按照股东持股比例转增，其中王渝斌转增比例高于其持股比例，则其他股东的转增比例低于其持股比例。经主办券商及律师核查，本次决定以盈余公积转增股本的股东会决议是经全体股东一致同意表决通过，全体股东均在决议上签名确认。主办券商及律师认为，经有限公司全体股东一致同意，有限公司不按照股东的持股比例以盈余公积转增股本是股东意思自治的体现，本次以盈余公积转增股本过程及结果合法有效，不存在法律纠纷及风险。2003 年 7 月 8 日，武汉市工商局出具了企业变更通知书，对上述变更予以确认。

CHAPTER6
第六章

公司挂牌流程中的尽职调查

第一节 尽职调查概述和内控机制

343. 什么是尽职调查？

尽职调查又称谨慎性调查，是指对目标公司的背景、财务、营业等进行细致的调查，并以书面形式报告和披露调查结果。尽职调查是一个非常广泛的概念，新三板拟挂牌及证券所拟上市企业的尽职调查是涵盖财务、法律尽职调查在内的涉及公司人财物背景、资源、运营等全方位的一种调查，目的是在核查目标公司是否符合挂牌或上市条件要求的同时，独立、客观地披露企业存在、运行的现状，为股权（股票）转让、投资融资、并购重组等的关注者和参与者提供判断企业优势劣势、机会风险和前景趋势的真实、准确和完整的信息。

《全国中小企业股份转让系统主办券商尽职调查工作指引（试行）》中给出的定义：尽职调查是指主办券商遵循勤勉尽责、诚实守信原则，以形成有利于投资者做出投资决策的信息披露文件为目的，对公司进行调查，以有充分理由确信：一是公司符合《全国中小企业股份转让系统业务规则（试行）》规定的挂牌条件；二是公开转让说明书中所披露的信息真实、准确和完整。

344. 拟挂牌公司尽职调查对项目小组最基本的要求是什么?

拟挂牌公司尽职调查对项目小组最基本的要求为:

① 项目小组负责人及成员必须具备勤勉尽责、诚实守信的素质，这也是行事的准则。②项目小组的尽职调查可以在注册会计师、律师等外部专业人士意见的基础上进行，如果认为专业人士发表意见所基于的工作不够充分，或对专业人士的意见有疑义，项目小组应进行独立调查。③项目小组在引用专业人士意见时，应对所引用的意见负责。

345. 尽职调查遵循的基本原则是什么?

（1）独立性原则：项目小组专业人员应服务于项目组，确保独立性，保持客观态度。

（2）谨慎性原则：调查过程谨慎，计划、工作底稿及报告须复核。

（3）全面性原则：涵盖企业业务、治理、财务及合规等全面内容。

（4）重要性原则：针对不同行业、不同企业要依照风险水平重点调查。

346. 全国股转系统公司对券商的尽职调查有哪些要求?

《全国中小企业股份转让系统主办券商推荐业务规定（试行)》对券商尽职调查的要求有：

（1）项目小组进行尽职调查前，主办券商应与申请挂牌公司签署保密协议。

（2）项目小组应遵循勤勉尽责、诚实守信的原则，通过实地考察、查阅、访谈等方法，对申请挂牌公司进行尽职调查，以有充分理由确信申请挂牌公司符合挂牌条件以及在挂牌申请文件中披露的信息真实、准确、完整。

（3）项目小组尽职调查应以形成有助于投资者作出投资决策的信息披露文件为目的，调查范围至少应包括公开转让说明书和推荐报告中所涉及的事项。

（4）项目小组中应指定注册会计师、律师、行业分析师各一名分别负责对申请挂牌公司的财务会计事项、法律事项、相关行业事项进行尽职调查，并承担相应责任。

(5) 项目小组的尽职调查可以在注册会计师、律师等外部专业人士意见的基础上进行。项目小组应判断专业人士发表意见所基于的工作是否充分，对专业人士意见有疑义或认为专业人士发表的意见所基于的工作不够充分的，项目小组应进行独立调查。

(6) 对推荐文件、挂牌申请文件中无证券服务机构及其签字人员专业意见支持的内容，项目小组应当获得充分的尽职调查证据，在对各种证据进行综合分析的基础上对申请挂牌公司提供的资料和披露的内容进行独立判断，并有充分理由确信所做的判断与挂牌申请文件、推荐文件的内容不存在实质性差异。

(7) 项目小组完成尽职调查工作后，应出具尽职调查报告，各成员应在尽职调查报告上签名，承诺已参加尽职调查工作并对其负责。

(8) 主办券商应当建立健全的尽职调查工作底稿制度，要求项目小组真实、准确、完整地记录整个尽职调查过程。

347. 主办券商对拟挂牌公司的尽职调查主要包括哪些内容？

对拟挂牌公司的尽职调查主要内容包括：①公司业务（包括科研、技术等在内）调查；②公司治理与合规合法等调查；③公司财务（包括财务政策、风险与内部控制）的调查；④除以上一般性内容外，主办券商还应根据公司的具体情况，对其在公开转让说明书中应披露的、足以影响投资者决策的其他事项进行调查。

具体内容可参考图6-1。

348. 公司内控环境调查的内容和方式有哪些？

主要内容：①董事会是否负责批准并定期审查公司的经营战略和重大决策、确定经营风险的可接受水平；②高级管理人员是否执行董事会批准的战略和政策，以及高级管理人员和董事会间的责任、授权和报告关系是否明确；③管理层是否促使公司员工了解公司的内部控制制度并在其中发挥作用。

调查方式：与公司管理层及员工交谈，查阅董事会、总经理办公会等会议记录，查阅公司规章制度等。

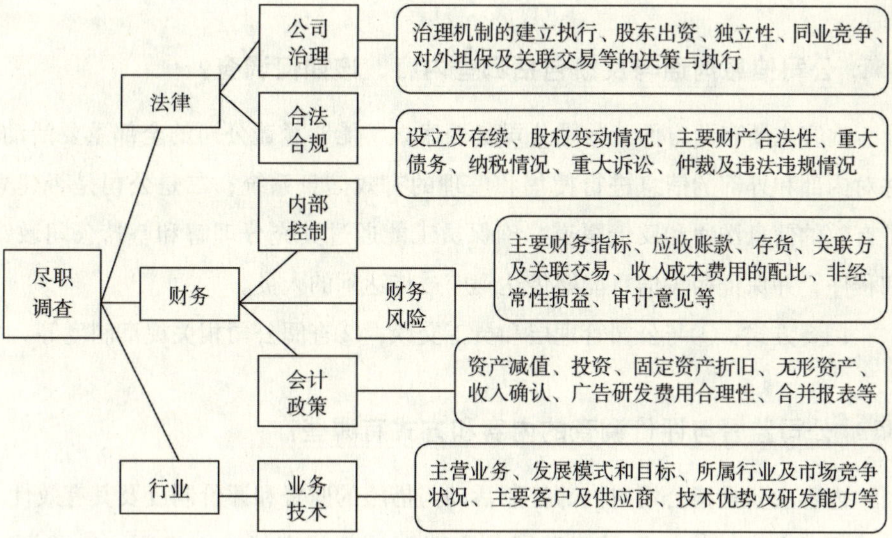

图 6－1　尽职调查范围简图

349. 风险识别与评估调查的内容和方式有哪些？

内容包括两方面：一是管理层对影响公司整体目标实现的负面影响和风险因素的识别、评估所建立的制度或采取的措施；二是这些风险识别与评估体系的有效性怎样。

方式：①与公司管理层交谈；②查阅公司相关规章制度和风险评估报告等。

350. 流程内控体系包括哪些内容，该如何调查？

流程内控体系主要指公司运行如生产、业务等的流程和其中的控制措施，包括授权与审批、复核与查证、业务规程与操作程序、岗位权限与职责分工、相互独立与制衡、应急与预防等内部控制措施是否有效实施等。

调查方式：①查阅业务流程相关文件；②与公司管理层及主要业务流程所涉及部门的负责人交谈；③选择一定数量的控制活动样本，采取验证、观察、询问、重新操作等方法进行测试。

351. 公司信息沟通与反馈包括哪些内容，该如何调查？

内容主要有两方面：一是公司是否建立了能够涵盖公司的全部重要活动，并对内部和外部的信息进行搜集和整理的有效信息系统；二是公司是否建立了有效的信息沟通和反馈渠道，确保员工能通过其充分理解和坚持公司政策和程序，并保证相关信息能够传达到应被传达到的人员。

调查方式：①与公司管理层和员工交谈；②查阅公司相关规章制度等。

352. 公司监督与评价调查的内容和方式有哪些？

内容主要是指公司对内部控制活动与措施的监督和评价制度及其有效性。

调查方式：①与公司管理层及内部审计部门交谈；②询问；③验证；④查阅内部审计报告和监事会报告等。

353. 何为内控制度的充分性？该如何调查？

内控制度充分性的内涵主要是指公司现有内部控制制度对合理保证遵守现行法律法规公司经营的效率和效果、财务报告的可靠性是否充分，是否存在内部控制制度缺陷及其可能导致的财务和经营风险等。

调查方式：对前面涉及的内控的环境、机制、风险识别及信息沟通、监督评价调查后进行综合判断。

第二节　公司财务风险

354. 公司的运营能力与盈利能力该怎么判断？

（1）公司运营能力的状况可以通过计算应收账款周转率和存货周转率与行业平均水平做比较来判断。

（2）公司盈利能力的情况可以通过计算公司主营业务利润率、净资产收益率、每股收益等的核算，与行业平均水平比较来确定。

355. 公司获取现金与长短期偿债的能力该如何调查?

（1）获取现金能力问题，通过计算每股经营活动产生的现金流量净额来判断。

（2）公司长短期偿债能力问题，通过计算资产负债率、流动比率、速动比率，与行业平均水平比较来判断。

356. 应收账款风险及其防范调查的内容和方式主要有哪些?

主要有如下几方面的内容与方式：

（1）应收账款余额及其变动是否合理，通过取得应收账款明细资料，结合公司行业特点和业务收入状况进行分析。

（2）大额应收账款的真实性、收回可能性及潜在的风险问题，通过抽查大额应收账款来判断。

（3）大额其他应收款的真实性、收回可能性及潜在的风险问题，通过取得公司其他应收款明细资料，了解大额其他应收款余额的形成原因并分析确定。

（4）应收账款和其他应收款账龄的合理性、账龄较长应收款项的形成原因及公司采取的措施、是否按规定提取坏账准备等问题，分析比较公司应收账款和其他应收款账龄来得出。

357. 财务指标偏离与变动较大是否需要重点调查?

是的。对于公司较大偏离同行业平均水平的财务指标或有较大变动的各项财务指标及相关会计项目，需要管理层做出说明，并重点调查。

358. 存货财务指标调查的内容与方式有哪些?

（1）原材料、在产品、产成品比例是否合理，通过取得公司存货明细资料，结合生产循环特点进行分析。

（2）存货的真实性和完整性问题，通过同股东沟通和实地查看等来分析确认。

（3）存货账龄的合理性、账龄较长的存货的形成原因及公司采取的措施、是否按规定提取存货跌价准备问题，通过询问会计人员，分析比较公司存货账龄等确认。

359. 如何调查公司的关联方及关联交易？

对公司的关联方、关联方关系及关联方交易调查的方式主要有：①与公司管理层交谈；②查阅公司股权结构图和组织结构图；③查阅公司重要会议记录；④查阅重要合同。

360. 如何调查关联交易的合规性？

关联方交易决策是否按照公司章程或其他规定履行了必要的审批程序，其调查方式有：①与公司管理层、会计机构和主要业务部门负责人交谈；②查阅账簿、相关合同和会议记录；③听取律师及注册会计师意见等。

361. 如何判断关联交易价格的公允性？

调查关联方交易定价是否公允、与市场独立第三方价格是否有较大差异的方式：①与公司管理层、会计机构和主要业务部门负责人交谈，要求对较大差异说明原因；②查阅账簿、相关合同和会议记录；③听取律师及注册会计师意见等。

362. 如何调查关联交易收入、利润及应收应付余额的占比高低？

（1）对来自关联方的收入占公司主营业务收入的比例、向关联方采购额占公司采购总额的比例是否较高的调查方式：①查阅账簿、相关合同和会议记录；②计算。

（2）对关联方交易产生的利润占公司利润总额的比例是否较高的调查方式：①查阅账簿、相关合同和会议记录；②计算。

（3）对关联方的应收、应付款项余额分别占公司应收、应付款项余额的比例是否较高的调查方式：①查阅账簿、相关合同和会议记录；②计算。

363. 如何调查关联方交易大额销售或退回的影响？

关联方交易如有大额销售退回情况会对财务状况产生影响，其调查方式有：①查阅账簿、相关合同和会议记录；②与管理层、会计机构负责人交谈；③听取注册会计师意见等。

364. 如何调查关联交易的必要性、持续性和非关联化情况？

（1）对是否存在关联方关系非关联化的情况的调查方式：①与公司管理层、财务部门和主要业务部门负责人交谈；②听取律师及注册会计师意见等。

（2）对关联方交易存在的必要性和持续性的调查方式：①与公司管理层、财务部门和主要业务部门负责人交谈；②听取律师及注册会计师意见等。

365. 如何调查收入、成本、费用与资产的配比性？

（1）对收入与成本、费用，成本、费用与相关资产摊销等财务数据之间的配比或勾稽关系是否合理的调查方式：分析公司收入、成本、费用的变动趋势、比例关系等，参照同行业其他公司的情况。

（2）对明显缺乏合理的配比或勾稽关系的收入与成本、费用，成本、费用与相关资产摊销等财务数据（如有）的调查方式：要求公司管理层做出说明。

366. 如何判断非经常性损益的真实准确性及其影响？

（1）对非经常性损益的真实性与准确性判断的方式：查阅账簿、凭证、合同等。

（2）对非经常性损益对公司财务状况及经营成果的影响，其判断方式是依据前面各项的调查，进行分析判断。

367. 是否需要重点关注财务报告审计意见的落实情况？

是的。通过查阅审计报告，对注册会计师对公司财务报告出具的审计意见，需要特别注意：

公司董事会和监事会对带强调事项段的无保留意见或保留意见审计报告涉及事项（如有）的处理情况，所涉事项对公司的影响有多大，这些影响是否已经消除以及违反公允性的事项是否已予以纠正等。

对这些情况落实，需要取得董事会和监事会的说明。

368. 需要调查最近两年公司更换会计师事务所的原因吗？如何调查？

如有，需要调查更换会计师事务所的原因、履行审批程序情况、前后任会计师事务所的专业意见情况等（如最近两年更换会计师事务所）。

调查方式：①咨询会计人员；②查阅会议记录；③取得公司管理层说明。

第三节　公司会计政策稳健性

369. 资产减值准备财务调查的内容和方式主要有哪些？

（1）各项资产减值准备的计提方法是否符合会计制度和会计准则的相关规定，依据是否充分，比例是否合理等问题。调查方式：①查阅公司经审计的财务报告；②询问会计人员。

（2）资产减值准备的计提情况是否与资产质量状况相符。调查方式：重新计算。

（3）资产减值准备的计提、冲销和转回等是否履行了必要的审批程序，计提方法和比例是否随意变更，金额是否异常，是否存在利用资产减值准备调节利润的情形等问题。调查方式：查阅董事会会议记录、会计账簿、凭证等。

370. 如何调查公司投资机制及理财项目问题？

（1）对公司投资的评估和决策程序、管理层对投资风险及其控制的态度问题，通过与公司管理层及相关负责人交谈，查阅相关文案获得。

（2）对委托理财等风险较大的投资项目调查的方式是查阅账簿、股权或债权投资凭证等。

371. 如何调查公司长短期投资计价、收益及差额摊销等方法的合规性？

对公司长短期投资的计价及收益确认方法、长期股权投资差额的摊销方法和期限、长期债权投资溢价或折价的摊销方法等是否符合会计制度和会计准则的相关规定的调查方式：

①与公司管理层交谈；②查阅股东大会、董事会、总经理办公会等会议记录；③查阅投资合同；④查阅账簿、股权或债权投资凭证。

372. 如何判断纳入合并报表子公司投资的真实性与核算的恰当性？

对纳入合并报表范围子公司的投资核算方法是否恰当的问题，可以听取注册会计师的意见。

对子公司财务状况包括投资在内的重要方面及财务报表信息的真实性问题，可以进行财务核查，听取注册会计师意见等。

373. 如何调查公司收入的确认政策？

调查内容有公司的收入确认是否符合会计制度和会计准则的相关规定，是否有提前或延迟确认收入或虚计收入的情况等，其调查方式为：①询问会计人员；②查阅银行存款、应收账款、收入等相关账簿；③查阅公司销售商品或提供劳务的合同、订单、发出商品或提供劳务的凭证、收款凭证、发票、销售退回凭证、增值税、关税等完税凭证。

374. 是否应关注收入的较大变动及销售模式对其的影响？

是的。对收入是否存在异常变动或重大变动及其原因调查的方式是了解收入构成，分析公司产品价格、销量等影响因素的变动情况。

调查销售模式对公司收入确认的影响及是否存在异常等的方式是了解销

售模式并分析。

375. 公司固定资产和折旧调查包括哪些内容和方法？

（1）固定资产的计价政策、折旧方法、使用年限和残值率的估计等是否符合会计制度和会计准则的相关规定，其合理性如何等问题。调查方式：①查阅公司经审计的财务报告；②询问会计人员。

（2）固定资产的构成及状况，可以查阅账簿和实地查看。

（3）固定资产是否面临淘汰、更新、大修、技术升级等情况及其对公司持续经营能力和经营业绩的影响程度等问题。核查方式：①对折旧进行重新计算；②计算累计折旧占固定资产原值的比重。

376. 如何确认公司无形资产入账、摊销政策的合规合理性？

对无形资产的计价政策、摊销方法、摊销年限等是否符合会计制度和会计准则的相关规定，及其合理性等问题的核查方式：①查阅公司经审计的财务报告；②询问会计人员。

377. 如何核查公司研发、购买及股东投入无形资产的情况？

对公司自行开发的无形资产的确认时间和价值是否符合会计制度和会计准则的相关规定等的核查方式是查阅投资合同、资产评估报告、资产权属证明、账簿等。

对公司购买的无形资产的出售方与公司是否存在关联关系，定价是否合理等问题，其核查方式是查阅投资合同、资产评估报告、资产权属证明、账簿等。

对股东投入的无形资产的入账价值是否有充分依据，投资方取得无形资产的方式是否合法等的核查方式是查阅投资合同、资产评估报告、资产权属证明、账簿等。

378. 如何核查公司无形资产处置、转销等问题？

对处置无形资产是否履行了必要的审批程序、手续是否齐全等的核查方式是查阅投资合同、资产评估报告、资产权属证明、账簿等。

当预计某项无形资产已经不能带来未来经济效益时，应关注公司是否已将该项无形资产的账面价值予以转销等问题，其核查方式是查阅投资合同、资产评估报告、资产权属证明、账簿等。

379. 如何核查公司广告费、研发费的会计政策？

对广告费的确认时间和价值是否符合会计制度和会计准则的相关规定，可以查阅重要广告合同、付款凭证等了解。

对是否存在将研发费用资本化的不合理情况，可以同股东查阅账簿、凭证等得知。

380. 如何核查公司利息费的真实、完整性及资本化的合规性？

对公司计入当期损益的利息费用是否真实、完整，逾期借款利息、支付给关联方的资金使用费，是否存在财务费用负担较重的风险以及有关利息费用支付合同的有效性和公允性等问题的核查方式是：①查阅借款合同、资金使用合同、利息支出凭证；②重新计算。

对公司利息费用资本化的情况是否符合会计制度和会计准则的相关规定的调查方式是：①查阅资本支出凭证、利息支出凭证、开工证明等资料；②现场查看固定资产购建情况；③重新计算利息费用的计算。

381. 公司合并会计报表政策调查的内容和方式有哪些？

调查内容：

（1）公司与其子公司的股权关系，合并范围的确定是否合理，尽职调查所涵盖期间内合并范围的变动情况。

（2）公司与其子公司会计期间和会计政策是否一致及不一致时的处理是否符合相关规定。

（3）合并抵销的内容和结果是否准确。

调查方式：

结合投资会计政策稳健性的调查，查阅公司及其子公司经审计的财务报告。

第四节　公司持续经营能力

382. 如何调查主营业务在公司业务结构中的地位?

对公司主营业务在经营性业务中地位的调查方式:

①询问管理层;②查阅经审计的财务报告;③听取注册会计师意见;④计算主营业务收入占经营性业务收入的比例。

383. 如何调查公司的经营模式?

公司的经营模式包括商业模式、销售模式、盈利模式等,调查经营模式时还要判断公司采用某种模式的主要风险及对未来的影响,调查方式:①询问公司管理层;②结合公司行业属性和公司规模等进行分析。

384. 是否要重点核查公司经营模式的转型?

是的。如果公司最近两年内已经或未来将发生经营模式转型的话,需要进行重点核查,可以通过询问公司管理层、询问行业专家等方式调查。

385. 如何调查业务目标及其对公司持续经营的影响?

(1)对公司未来两年业务发展目标、发展计划,业务发展目标是否与现有主营业务一致的调查方式:①与公司管理层交谈;②查阅董事会会议记录;③查看公司待履行的重大业务合同等文件。

(2)对公司业务发展目标对公司持续经营的影响的调查需要向公司管理层了解实现目标和计划的主要措施,根据行业经验等判断。

386. 如何调查公司所属行业及市场竞争状况？

对公司所处行业基本情况、公司面临的主要竞争状况、公司在行业中的竞争地位、自身竞争优势及劣势，以及财务的竞争策略和应对措施等的调查方式：①与公司管理层交谈；②搜集比较行业及市场数据等。

387. 如何调查公司对客户和供应商的依赖度？

对公司主要客户及供应商情况、公司对客户和供应商的依赖程度及存在的经营风险等的调查方式：

①与公司管理层及采购部门和销售部门负责人交谈；②查阅账簿；③计算对前五名客户的销售额及合计分别占当期主营业务收入的比例、从前五名供应商的采购额及合计分别占当期采购总额的比例。

388. 如何判断公司的技术优势和研发能力？

对公司的技术优势调查的方式：①询问核心技术人员或技术顾问；②专利技术及其运用情况；③分析主要产品的技术含量、可替代性、核心技术的保护情况。

对公司研发能力调查的方式：①询问核心技术人员或技术顾问；②分析公司研发机构和研发人员的情况，研发费用投入占公司主营业务收入的比重，自主技术占核心技术的比重等。

第五节　公司治理调查

389. 对公司治理机制调查的主要方式是什么？

对公司组织结构调查的方式：①查阅公司章程；②咨询公司法律顾问或律师；③结合行业及自身经验判断。调查目的分别是：①公司高层的意识高度和业务重点；②合规性如何；③是否与行业相融合。

对股东大会、董事会、监事会、高级管理人员的构成情况和职责，公司章程和三会议事规则是否合法等问题的调查方式有：①查阅股东大会、董事会、监事会有关文件；②查阅公司章程。

390. 对公司治理机制的执行情况该调查哪些内容？方式是什么？

（1）是否依据有关法律法规和公司章程发布通知并按期召开三会。调查方式：①查阅公司章程；②查阅三会、总经理办公会会议记录、决议；③咨询公司法律顾问或律师。

（2）董事会和监事会是否按照有关法律法规和公司章程及时进行换届选举。调查方式：①查阅三会会议记录、决议；②取得管理层就公司治理机制执行情况的说明和自我评价。

（3）会议文件是否完整，会议记录中的时间、地点、出席人数等要件是否齐备，会议文件是否归档保存。调查方式：①查阅三会会议记录、决议；②取得管理层就公司治理机制执行情况的说明和自我评价。

（4）会议记录是否正常签署。调查方式：①查阅三会会议记录、决议；②取得管理层就公司治理机制执行情况的说明和自我评价。

（5）涉及关联董事、关联股东或其他利益相关者应当回避的，相关人员是否回避了表决。调查方式：①查阅三会会议记录、决议；②取得管理层就公司治理机制执行情况的说明和自我评价。

（6）监事会是否正常发挥作用，是否具备切实的监督手段。调查方式：①查阅三会会议记录、决议；②取得管理层就公司治理机制执行情况的说明和自我评价。

（7）三会决议的实际执行情况，未能执行的会议决议，相关执行者是否向决议机构汇报并说明原因。调查方式：①查阅三会会议记录、决议；②取得管理层就公司治理机制执行情况的说明和自我评价。

391. 如何调查股东的出资情况？

（1）对股东的出资是否及时到位，出资方式是否合法，是否存在出资不实、虚假出资、抽逃资金等情况的调查方法：①查阅具有资格的中介机构出具的验资报告；②咨询公司法律顾问或律师；③询问公司管理层、会计人员；④到工商管理部门调阅注册登记资料。

（2）对以实物、工业产权、非专利技术、土地使用权等非现金资产出资情况的核查可以查阅资产评估报告。

392. 对公司控股股东及实际控制人的调查方式主要有哪些？

对公司的控股股东及实际控制人的调查方式有：

①查阅公司股权结构；②查阅股东名册；③查阅公司重要会议记录及会议决议；④询问公司三会代表及“董监高”人员。

393. 如何确认公司与控股股东、实际控制人及其所控企业是否存在同业竞争？

（1）调查公司控股股东、实际控制人及其控制的其他企业的业务范围，是否与公司构成同业竞争。调查方式：①询问控股股东、实际控制人；②查阅营业执照；③实地走访生产或销售部门等；④从业务性质、客户对象、可替代性、市场差别等方面判断。

（2）对为避免同业竞争所采取措施的调查方式是取得公司对同业竞争的合理解释及为避免同业竞争采取的措施说明。

394. 如何调查公司的业务独立性？

调查的主要方法有：

（1）查阅公司组织结构文件、销售分公司等的营业执照。

（2）结合公司的生产、采购和销售记录考察公司的产、供、销系统。

（3）分析公司是否具有完整的业务流程、独立的生产经营场所以及供应、销售部门和渠道。

（4）计算公司的关联采购额和关联销售额分别占公司同期采购总额和销售总额的比例分析是否存在影响公司独立性的重大或频繁的关联交易。

395. 如何调查公司的资产独立性？

调查方式：

（1）查阅相关会议记录、资产产权转移合同、资产交接手续和购货合同及发票，确定公司固定资产权属情况。

（2）查阅房产证、土地使用权证等权属证明文件，了解公司的房产、土地使用权、专利与非专利技术及其他无形资产的权属情况。

（3）关注金额较大、期限较长的其他应收款、其他应付款、预收及预付账款产生的原因及交易记录、资金流向等，调查公司是否存在资产被控股股东占用的情况。

396. 如何调查公司的人员独立性？

调查方式：

（1）查阅股东单位员工名册及劳务合同、公司工资明细表、公司福利费缴纳凭证；与管理层及员工交谈；调查公司总经理、副总经理、财务负责人、营销负责人、董事会秘书等高级管理人员是否在公司与股东单位中双重任职。

（2）调查公司员工的劳动、人事、工资报酬以及相应的社会保障是否完全独立管理。

（3）调查公司总经理、副总经理、财务负责人等高级管理人员是否在公司领取薪酬。

397. 如何调查公司的财务独立性？

调查方式：

（1）通过与管理层和相关业务人员交谈，查阅公司财务会计制度、银行开户资料、纳税资料，到相关单位进行核实等方法，调查公司是否设立独立的财务会计机构。

（2）以上述方法调查是否建立了独立的财务核算体系。

（3）以上述方法调查是否独立地进行财务决策。

（4）以上述方法调查是否独立在银行开户。

（5）以上述方法调查是否独立纳税。

398. 如何调查公司的机构独立性？

调查方式：

（1）实地调查、查阅股东大会和董事会决议关于设立相关机构的记录、查阅各机构内部规章制度，了解公司的机构是否与控股股东完全分开且独立运作。

（2）以上述方法调查是否存在与控股股东混合经营、合署办公的情形。

（3）以上述方法调查是否完全拥有机构设置自主权。

399. 如何调查管理层、核心技术人员的持股和稳定性情况？

（1）对管理层及核心技术人员持股情况的调查方式是查阅公司管理层及核心技术人员股权凭证、公司股东名册等。

（2）对管理层及核心技术人员稳定性问题的调查方式：①与公司管理层、人事部门交谈，了解管理层、核心技术人员持股的锁定情况、近 2 年上述人员的变动情况；②与公司管理层、人事部门交谈，了解公司为稳定上述人员已采取或拟采取的措施。

400. 如何调查公司管理层的诚信情况？

一是取得经公司管理层签字的关于诚信状况的书面声明。

二是查询中国人民银行征信系统、工商行政管理部门的企业信用信息系统等公共诚信系统。

三是咨询税务部门、公司贷款银行等部门或机构。

四是咨询公司律师或法律顾问。

五是查阅相关记录，核实公司管理层是否存在不诚信行为的记录。

401. 公司管理层签字的《诚信状况书面声明》主要内容有哪些？

至少包括以下内容：

（1）最近 3 年内是否因违反国家法律、行政法规、部门规章、自律规则等受到刑事、民事、行政处罚或纪律处分。

（2）是否存在因涉嫌违法违规行为处于调查之中尚无定论的情形。

（3）最近 3 年内是否对所任职（包括现任职和曾任职）的公司因重大违法违规行为而被处罚负有责任。

（4）是否存在个人负有数额较大债务到期未清偿的情形。

（5）是否有欺诈或其他不诚实行为等情况。

402. 如何调查公司担保理财、关联交易及投资的决策和执行情况？

（1）调查公司对外担保、重大投资、委托理财、关联交易等事项的决策是否符合股东大会、董事会的职责分工等问题。

调查方式：①与公司管理层交谈；②咨询公司法律顾问或律师；③查阅公司重要会议记录、决议和重要合同；④取得管理层就公司对外担保、重大投资、委托理财、关联交易等事项的情况是否符合法律法规和公司章程，及其对公司影响的书面声明。

（2）调查对外担保、重大投资、委托理财、关联交易等事项的表决是否履行了公司法和公司章程中规定的程序，决策是否得到有效执行等情况。

调查方式：①与公司管理层交谈；②咨询公司法律顾问或律师；③查阅公司重要会议记录、决议和重要合同；④取得管理层就公司对外担保、重大投资、委托理财、关联交易等事项的情况是否符合法律法规和公司章程，及其对公司影响的书面声明。

第六节　公司合法合规事项

403. 对公司设立及存续情况的调查主要有哪些内容？

（1）公司设立、存续的合法性。调查方式：①查阅公司的设立批准文件、营业执照、公司章程、年度检验等文件；②查阅公司工商变更登记资料。

（2）整体变更的合法合规性，如股份有限公司运营是否不足两年等。调查方式：主要是查阅整体变更批准文件、营业执照、公司章程、工商登记资料等文件。

（3）变更时是否以变更基准日经审计的原账面净资产额为依据，折合股本总额是否不高于公司净资产。调查方式：主要查阅审计报告、验资报告等。

(4) 最近2年主营业务和董事、高级管理人员是否发生重大变化，实际控制人是否发生变更，上述变化或变更对公司持续经营的影响等。调查方式：①可以咨询公司律师或法律顾问；②查阅董事会和股东会决议等文件。

404. 在新规下，是否还有核查公司高新技术企业资格的必要？

有必要。因为这会对公司挂牌及以后的转让、融资等加分。核查方式：查阅相关证件及科技部委等公布的文件等。

405. 如何核查公司最近2年是否存在重大违法违规行为？

对公司近2年是否存在重大违法违规行为的调查方式：

(1) 咨询公司律师或法律顾问。

(2) 查阅已生效的判决书、行政处罚决定书以及其他能证明公司存在违法行为的证据性文件。

(3) 询问公司管理层。

(4) 查阅公司档案。

(5) 向税务部门等查询，了解是否有违法违规记录。

406. 如何核查最近2年公司股本、股权变动情况和合法合规性？

对公司近2年股本总额和股东结构是否发生变动，公司股权变动的合法、合规性的查阅方式：①查阅公司设立及近2年股权变动时的批准文件、验资报告、股东股权凭证；②核对公司股东名册、工商变更登记资料。

407. 如何核查公司股份是否存在转让限制？

对公司股份是否存在转让限制的调查方式有：①与公司股东或股东的法定代表人交谈；②取得股东股份是否存在质押等转让限制情形，以及是否存在股权纠纷或潜在纠纷的书面声明；③查阅公司工商变更登记资料等。

408. 如何调查公司是否具备完整、合法的财产权属凭证？

调查的方式主要有：

（1）查阅公司房产，土地使用权，商标、专利、版权、特许经营权等无形资产，以及生产经营设备等主要财产的权属凭证、相关合同等资料。

（2）必要时实地查看。

（3）咨询公司律师或法律顾问的意见。

409. 如何调查公司商标权、专利权、特许经营权等的权利期限？

调查的方式主要有：

（1）查阅公司房产，土地使用权，商标、专利、版权、特许经营权等无形资产，以及主要生产经营设备等主要财产的权属凭证、相关合同等资料。

（2）咨询公司律师或法律顾问的意见。

410. 如何核查公司主要财产是否存在或潜在法律纠纷？

对公司主要财产是否存在法律纠纷或潜在纠纷的调查方式主要有两种，一是与公司管理层交谈了解；二是咨询公司律师或法律顾问的意见。

411. 如何调查公司的重大债务问题？

主要包括3方面的内容：

（1）公司债务状况，将要履行、正在履行以及虽已履行完毕但可能存在潜在纠纷的重大合同的合法性、有效性等。

（2）公司是否存在因环境保护、知识产权、产品质量、劳动安全、人身权等原因产生的侵权之债等。

（3）公司金额较大的其他应付款是否因正常的生产经营活动发生，是否合法等。

调查方式：①与公司管理层进行交谈；②查阅相关合同、公司董事会决议；③咨询公司律师或法律顾问。

412. 如何调查公司的纳税情况？

主要包括 3 方面的内容：

（1）公司及其控股子公司执行的税种、税率是否符合法律、法规和规范性文件的要求等。调查方式：①询问公司税务负责人；②查阅公司税务登记证。

（2）公司是否存在拖欠税款的情形，是否受过税务部门的处罚。调查方式主要是查阅公司的纳税申报表、税收缴款书、税务处理决定书或税务稽查报告等资料。

（3）公司享受优惠政策、财政补贴是否合法、合规、真实和有效等。调查方式主要是查阅公司有关税收优惠、财政补贴的依据性文件。

413. 如何调查公司的环境保护、产品质量和技术等是否符合要求？

（1）对公司的生产经营活动是否符合环境保护的要求、是否受过环境保护部门的处罚的调查方式：①询问公司管理层及相关部门负责人；②咨询公司律师或法律顾问。

（2）对公司产品是否符合有关产品质量及技术标准、是否受过产品质量及技术监督部门的处罚的调查方式：①询问公司管理层及相关部门负责人；②咨询公司律师或法律顾问。

414. 如何调查公司是否存在重大诉讼、仲裁风险等问题？

对公司是否存在重大诉讼、仲裁及未决诉讼、仲裁情况及其法律风险的调查方式：①询问公司管理层；②咨询公司律师或法律顾问；③取得公司管理层对公司重大诉讼、仲裁及未决诉讼仲裁及其影响的书面声明。

案例分享

案例19 尽职调查如何注意国企税收返还及土地权属陷阱?

某券商项目小组查看拟挂牌国有A公司财务报表发现，A公司累计获得税收返还4500万元，对现金流贡献较大；且该公司拥有1.7亿元以前评估入账的土地使用权，持有某优秀企业60%的股权。

通过财务尽职调查，该券商项目小组发现如下问题：①该税收返还政策适用于国有三线企业，当并购实现后该税收优惠将不再适用；②公司拥有的土地使用权无法确认权属；③公司的房改工作尚未完成；④公司股权投资是在政府指令下执行的，完全缺乏控制能力。

所以，项目小组在A公司进行尽职调查时，对如下4方面的问题予以侧重：一是关注资产的入账价值；二是考虑国家对国企扶持政策的延续性及对国有职工的福利政策；三是对外投资的背景与实际控制力；四是遗留的资产损失、潜在的负债等。

案例20 尽职调查如何关注应收账款危机及隐藏利润避税问题?

不同性质的企业，它们容易在哪些方面存在或出现问题，券商可根据实践经验和财务报表及现场查看、咨询等便可以大致作出判断，然后据此判断在尽职调查中给予重视，现举两例某券商实战案例：

B工业企业收入稳定，当年销售3亿元，净利润2400万元，净资产收益率达20%，达到并购条件。但经过财务尽职调查发现，B企业的应收账款从2010年的1100万元上升到2012年的7300万元，增长近7倍。通过进一步了解，已确认的坏账500万元，而且该企业的客户集中在某一竞争过度行业，货款回收将越来越难。因此，该企业的应收账款及未来的货款回笼被尽职调查小组列为目标企业的致命缺陷。

C私营企业报表反映，其当年净利润400万元，但据财务经理解释实际净利润应为2400万元，企业为避税隐藏利润2000万元。

所以，在对乡镇企业、私营企业尽职调查时要注意了解其领导者对财务及税收的观点，以及该观点下财务资料的情况，是否有多套报表、虚假报表等问题；税收事宜在未来并购中带来的成本、风险、责任问题；是否存在设立关联公司以转移利润等问题。

案例21 天房科技如何通过变更经营范围消除同业竞争？

天津市天房科技发展股份有限公司（简称天房科技，股票代码：430228），成立于2002年7月15日，2012年11月12日整体改制为股份有限公司并于2013年7月1日挂牌新三板，注册资本13600万元。公司主营业务为建筑智能化工程设计与施工、软件开发与技术服务、三网融合的建设与运营以及钢材贸易等。

公司全部2名股东作为股份公司的发起人股东，其中：天房集团持股9517.8275万股，持股比例为69.984%，腾达楼宇持股4082.1725万股，持股比例为30.016%。第二大股东腾达楼宇主营业务为自动化设备、计算机产品开发、网络技术咨询及服务，计算机及外围设备、建筑装饰材料批发兼零售。公司与股东腾达楼宇经营范围都有“计算机及外围设备、建筑材料批发兼零售，计算机网络系统集成服务”内容，在经营内容、客户对象、市场范围等方面存在同业竞争嫌疑。

解决方案：

①在天房科技挂牌新三板前变更关联公司腾达楼宇的经营范围；②股东腾达楼宇做出避免与公司形成同业竞争业务及活动的具有法律效力的书面承诺；③公开披露相关信息。

披露信息内容：

公司与另一重要股东——腾达楼宇在经营范围上有两处相近，其一是“计算机及外围设备、建筑材料批发兼零售”；其二是“计算机网络系统集成服务”。最近两年，公司与腾达楼宇在经营计算机及外围设备、建筑材料批发兼零售业务上，主要客户对象不交叉重叠，没有发生事实上的同业竞争情况，同时腾达楼宇在最近两年没有经营过系统集成业务，因而与天房科技在系统集成领域没有发生事实上的同业竞争情况。

为避免将来发生同业竞争行为的可能，腾达楼宇做出如下承诺："本公司将不在中国境内外直接或间接从事或参与任何在商业上对天房科技构成竞争的业务及活动；将不直接或间接开展对天房科技有竞争或可能构成竞争的业务、活动或拥有与天房科技存在同业竞争关系的任何经济实体、机构、经济组织的权益；或以其他任何形式取得该经济实体、机构、经济组织的控制权；本公司将在法律、法规、规范性文件及公司章程所规定的框架内，依法行使股东权利，不以股东身份谋求不正当利益；将于2013年5月30日前，完成我公司经营范围的修改，减少与天房科技相近的经营范围，即减去'计算机及外围设备、建筑材料批发兼零售'、减去'计算机网络系统集成服务'。自2012年11月30日至2013年5月30日不会在上述经营范围内发生与天房科技同业竞争的行为；若违反上述承诺，本公司将对由此给天房科技造成的损失做出全面、及时和足额的赔偿。"

2013年5月17日，腾达楼宇变更经营范围事项获得天津市工商行政管理局核准，腾达楼宇变更后经营范围为"自动化设备、计算机产品开发、技术咨询（不含中介）服务；办公用品及设备、装饰材料批发兼零售"。腾达楼宇变更后经营范围与天房科技不存在相同或相近之处。

案例22 翼捷公司股东持股平均导致公司无实际控制人，挂牌前该如何处理?

上海翼捷工业安全设备股份有限公司（简称翼捷股份，股票代码：430234），成立于2008年12月9日，2012年9月28日整体改制为股份有限公司并于2013年7月2日挂牌新三板，注册资本1200万元。公司主要经营安全仪器仪表、消防报警产品及传感器的生产组装、集成、软件嵌入、测试和研发、销售和服务，提供楼宇自动化专业领域内的技术开发、技术转让、技术服务、技术培训、技术承包、技术中介、技术入股、技术咨询服务。

公司三股东分别持有公司的股份为40.00%、30.00%和30.00%，无实际控制人。

解决方案：

作重大事项提示。

披露信息内容：

张杰先生持有本公司 40.00% 的股份，程琨先生持有本公司 30.00% 的股份，孙晓菲女士持有本公司 30.00% 的股份，任何单一股东均不能对公司决策形成实质性控制。因而，公司无控股股东和实际控制人。公司单个股东持有的股份均未超过总股本 50%，均无法决定董事会多数席位，公司的经营方针及重大事项决策系由全体股东充分讨论后确定，无任何一方能够决定和做出实质影响，公司无实际控制人。

由于公司无控股股东及实际控制人，决定了公司所有重大行为必须民主决策，由全体股东充分讨论后确定，避免了因单个股东控制引起决策失误而导致公司出现重大损失的可能性，但可能存在决策效率被延缓的风险。

CHAPTER7
第七章

新三板挂牌股票的转让交易

第一节　解除限售和股票转让概述

415. 什么是股权转让？股权转让包括股东哪些权利的转让？

所谓股权转让是指股东依法将其合法持有的股权在股东之间相互转让或向股东以外的人转让的商事行为。股权转让分为直接转让和间接转让。直接转让是指股权出让人将属于自己的股权依法直接转让给受让人的行为。间接转让是指依照法律强制性规定，法院将属于某人的股权依法转让给某债权人，或继承人依法继承被继承人的股权等情况。股权转让要遵守《公司法》等法律法规的规定。股东向股东以外的人转让股权时其他股东有优先购买权。

股权转让后，股东基于股东地位而对公司所发生的权利义务关系全部同时移转于受让人，受让人因此成为公司的股东，取得股东权。所以股权转让所包括的权利是股东权的全部内容，如：①股票或其他股权证明请求权和股份转让权；②股息红利分配请求权：③股东会临时召集请求权或自行召集权；④出席股东会并行使表决权；⑤对公司财务的监督检查权；⑥公司章程和股东大会记录的查阅权；⑦股东优先认购权；⑧公司剩余财产分配权；⑨股东权利损害救济权；⑩公司重整申请权以及对公司经营的建议与质询权等。

416. 现行新三板关于股份转让限制的规定是什么?

《全国中小企业股份转让系统业务规则（试行）》（以下简称《业务规则》）第2.8条规定：

挂牌公司控股股东及实际控制人在挂牌前直接或间接持有的股票分三批解除转让限制，每批解除转让限制的数量均为其挂牌前所持股票的1/3，解除转让限制的时间分别为挂牌之日、挂牌期满1年和2年。

挂牌前12个月以内控股股东及实际控制人直接或间接持有的股票进行过转让的，该股票的管理按照前款规定执行，主办券商为开展做市业务取得的做市初始库存股票除外。

417. 2013版新三板与2009版新三板在股份转让限制上有何区别?

取消了对定向发行新增股票的限售要求，仅对控股股东及实际控制人实行“两年三批”的转让限制。具体来说：

现行新三板市场的相关业务规则中保留了中关村试点期间的一部分规定，但同时也进行了删减。例如，根据中关村试点期间相关业务规则，对挂牌前12个月内增资的挂牌公司，其货币增资以及非货币增资部分的股票都分别被实行不同期限的限制转让。而现行规则则将上述限制予以删除。这增强了挂牌公司股票的流动性，也间接地给挂牌前的公司带来更好的融资效果。

418. 新三板市场股份转让限制与主板有何区别?

较之主板市场股票锁定规则，新三板挂牌公司股票的转让环境更加宽松。

主板上市公司的控股股东及实际控制人所持股票在公司上市之日起至少锁定36个月，而新三板市场则规定控股股东及实际控制人所持有股票在挂牌之日、挂牌满1年以及挂牌满2年3个时点可分别转让所持股票的1/3。另外，对于公司其他股东而言，主板上市公司股票在公司上市之日起至少锁定12个月，而新三板则不设限制，其他股东所持股票在挂牌之日即可一次性全部转让。

《公司法》第一百四十二条规定：发起人持有的本公司股份，自公司成立之日起1年内不得转让。公司公开发行股份前已发行的股份，自公司股票在证券交易所上市交易之日起1年内不得转让。公司董事、监事、高级管理人员应当向公司申报所持有的本公司的股份及其变动情况，在任职期间每年转让的股份不得超过其所持有本公司股份总数的25%，所持本公司股份自公司股票上市之日起1年内不得转让。上述人员离职半年内，不得转让其所持有的本公司股份，公司章程可以对公司董事、监事、高级管理人员转让其所持有的本公司股份做出其他限制性规定。

419. 限售股份的限售期届满时，如何办理解除限售手续？

挂牌公司可先行与主办券商联系，全国股转系统公司的公司业务部将窗口指导挂牌公司及主办券商办理此项业务。

420. 大股东解除限售有什么相关规定？挂牌前12个月以内的除控股股东及实际控制人之外的股东买卖的股票是否受限制？

根据《业务规则》第2.8条的规定：挂牌公司控股股东及实际控制人在挂牌前直接或间接持有的股票分三批解除转让限制，每批解除转让限制的数量均为其挂牌前所持股票的1/3，解除转让限制的时间分别为挂牌之日、挂牌期满1年和2年。

挂牌前12个月以内控股股东及实际控制人直接或间接持有的股票进行过转让的，该股票的管理按照前款规定执行，主办券商为开展做市业务取得的做市初始库存股票除外。

因司法裁决、继承等原因导致有限售期的股票持有人发生变更的，后续持有人应继续执行股票限售规定。

挂牌公司股东如果符合上述身份或情形，应按照上述规定进行所持股票的解除限售。

421. 公司股份限售、解除限售是否都需要以临时公告的形式进行信息披露？

根据全国股转系统公司《常见问答四》：挂牌公司股票限售无须以临时公

告形式进行信息披露。挂牌公司股票解除限售应依据《临时公告格式模板——第 2 号挂牌公司股票解除限售公告格式模板》的要求披露临时公告。

422. 新三板的交易场所及股票代码是什么？

新三板挂牌股票的交易场所是全国股份转让系统，设在北京市西城区金融大街丁 26 号金阳大厦，即人们所说的“北交所”，是经国务院批准设立的全国性证券交易场所。申请挂牌公司、挂牌公司及其他信息披露义务人、主办券商依法披露的信息，应当第一时间在全国股份转让系统指定信息披露平台（www. neeq. com. cn 或 www. neeq. cc）公布。

在新三板挂牌的股票代码为：43＊＊＊＊（2014 年 5 月 19 日之前）和 83＊＊＊＊（2014 年 5 月 19 日之后）。

423. 新三板的转让设施与转让参与人指什么？

（1）全国股份转让系统为股票转让提供相关设施，包括交易主机、交易单元、报盘系统及相关通信系统等。

（2）主办券商进入全国股份转让系统进行股票转让，应当向全国股份转让系统公司申请取得转让权限，成为转让参与人。

（3）交易单元是转让参与人向全国股份转让系统公司申请设立的、参与全国股份转让系统证券转让，并接受全国股份转让系统公司服务及监管的基本业务单位。

（4）转让参与人应当通过在全国股份转让系统申请开设的交易单元进行股票转让。主办券商在全国股份转让系统开展证券经纪、证券自营和做市业务，应当分别开立交易单元。

（5）交易单元和转让权限的具体规定，由全国股份转让系统公司另行制定。

424. 新三板的交易方式及要求有哪些？

（1）可采取做市转让方式、协议转让方式、竞价转让方式之一进行转让。

（2）股票采取做市转让方式的，应当有 2 家以上做市商为其提供做市报价服务。其中一家做市商应为推荐其股票挂牌的主办券商或该主办券商的母（子）公司。如为某股票做市的做市商不足 2 家，且未在 30 个转让日内恢复为 2 家以上做市商，挂牌公司也未按规定提出股票转让方式变更申请的，其转让方式将强制变更为协议转让方式。

（3）采取做市转让方式的股票，拟变更为协议或竞价转让方式的，挂牌公司应事前征得该股票所有做市商同意；采取协议转让方式的，全国股份转让系统公司同时提供集合竞价转让安排；采取竞价转让方式的，应当符合全国股份转让系统公司规定的条件。具体条件由全国股份转让系统公司另行制定。

（4）挂牌公司提出申请并经全国股份转让系统公司同意，可以变更股票转让方式。

425. 在实际操作中，目前新三板以哪种交易方式为主？

从实际情况来看，目前新三板的转让交易主要采用协议转让方式，按照规划 2014 年某个时间开始，将逐步实现做市商方式和连续竞价方式。

426. 过渡期全国股份转让系统有什么委托类型，如何成交？

按照全国股转系统公司《常见问答三》：根据《全国中小企业股份转让系统过渡期股票转让暂行办法》第七条的规定，投资者委托分为意向委托、定价委托和成交确认委托。意向委托是指投资者委托主办券商按其指定价格和数量买卖股票的意向指令，意向委托不具有成交功能。定价委托是指投资者委托主办券商按其指定的价格买卖不超过其指定数量股票的指令。成交确认委托是指投资者买卖双方达成成交协议，或投资者拟与定价委托成交，委托主办券商以指定价格和数量与指定对手方确认成交的指令。

投资者达成转让意向后，可各自委托主办券商进行成交确认申报。投资者拟与定价委托成交的，可委托主办券商进行成交确认申报，全国中小企业股份转让系统对通过验证的成交确认申报和定价申报信息进行匹配核对，核对无误的，全国股份转让系统予以确认成交。

427. 新三板新规交易制度主要特点是什么？

（1）丰富交易方式：保留协议转让方式，实施竞争性传统做市商制度，提供集合竞价转让服务。

（2）最小交易单位调整为1000股。

（3）放宽股票限售规定：一是取消了对定向发行新增股票的限售要求，仅对控股股东及实际控制人实行“两年三批”的转让限制；二是豁免做市商挂牌前受让的控股股东及实际控制人股票的限售要求。

（4）股东人数可以超过200人。

（5）“两网”公司及退市公司设置单独交易板块。

428. 新三板全新交易技术系统上线有何重大意义？

新三板全新交易技术系统分两期上线，第一期的协议转让系统和代办股份转让板块的集合竞价功能系统已于2014年5月19日正式上线，第二期的做市商交易系统预计8月上线。

参照中国台湾兴柜市场的发展路径，电脑议价点选系统的建立是兴柜市场起飞的重要节点。做市商交易制度的确立及全新交易系统的上线，或预示着新三板快速发展阶段的到来。

429. 《全国中小企业股份转让系统股票转让细则（试行）》何时开始实施？

2014年5月19日，在新三板证券交易及登记结算系统正式投入运行的同时，2013年12月30日发布的《全国中小企业股份转让系统股票转让细则（试行）》（以下称《转让细则》），和《全国中小企业股份转让系统证券代码、证券简称编制管理暂行办法》（以下简称《暂行办法》）也正式实施。自《转让细则》实施之日，《全国中小企业股份转让系统过渡期股票转让暂行办法》同时废止。

《暂行办法》正式实施后，新申请挂牌的拟挂牌公司普通股票或者已申请挂牌但尚未分配证券代码的拟挂牌公司普通股票将使用83开头的证券代码号段。《暂行办法》正式实施前已挂牌的挂牌公司普通股票或者尚未挂牌但已分配证券代码的拟挂牌公司普通股票，继续使用43开头的证券代码。

430. 如何查询全国股转系统的相关交易数据？

根据全国股转系统公司官网发布的《新三板常见问题解答（汇总）》，作为股转系统向市场提供信息服务的一部分，全国股份转让系统确实有报价及发布交易数据的考虑。随着交易系统的建成，针对不同市场参与人和需求的具体的数据发布形式、内容、时效、承载方式以及服务费用也进入制定、设计环节。这方面的信息服务策略一旦确定，会及时组织相应发布系统的开发实施，尽快尽好地为市场参与者和关注者提供服务。

全国股转系统公司官方网站 www. neeq. com. cn 是发布系统动态、法律规则、业务资讯等信息的重要渠道，是相关参与者信息披露的重要平台。在过渡期内，用户可以通过网站中相关链接的引导，查询到历史或当天的报价及成交情况。随着业务的开展和运营的需要，网站的布局、功能等也会不断地改进和完善。

431. 新三板投资的企业机遇是什么？

（1）全国性转股系统成立，挂牌企业范围扩展至全国；挂牌企业不受所有制限制，也不限于高新技术企业。

（2）新三板挂牌无财务门槛，可以尚未盈利，适合创新型、成长型中小微企业。

（3）股东人数超过200人的企业也可实现挂牌，股东通过股权转让可以兑现投资收益。

（4）挂牌公司可以在新三板开展定向融资，缓解融资难的问题。

（5）挂牌公司可以直接转板至证券交易所上市，获得更好的融资机会。

432. 新三板的投资风险主要表现为什么？

（1）企业风险：多数属于初创期，没有稳定盈利甚至连年亏损，或者只有研发无盈利模式，其未来的经营风险巨大，判断这类企业的价值难度极高。

（2）监管风险：由于新三板交易较为清淡，投资者按照 A 股的操作方式容易引起股价异动，进而触发新三板“11 项将被重点监控的行为”。

（3）市场风险：相比沪深股市，新三板成交极不活跃，投资者一旦买入想要获利的机遇较少，尤其是在企业基本面转坏的时候，更不容易套现离场。

433. 如果公司有信托、PE 等持股的情况怎么算股东人数？

要刺破后算到自然人这个层面，即落实到自然人的数量上来。

434. 券商在新三板从事经纪业务需要具备哪些条件？

应具备下列条件：

①具备证券经纪业务资格；②配备有开展经纪业务的必要人员；③建立投资者适当性管理工作制度、交易结算管理制度及其他经纪业务管理制度；④具备符合全国股转系统公司要求的交易技术系统；⑤全国股转系统公司规定的其他条件。

435. 全国股转系统公司对主办券商经纪业务的要求有哪些？

根据《主办券商管理细则》的规定，主办券商代理投资者买卖挂牌公司股票，应当与投资者签订证券买卖委托代理协议，并按照全国股份转让系统的股票转让制度要求接受投资者的买卖委托。

主办券商代理投资者买卖挂牌公司股票前，应当充分了解投资者的身份、财务状况、证券投资经验等情况，评估投资者的风险承受能力和风险识别能力。不得为不符合投资者适当性要求的投资者提供代理买卖服务，全国股转系统公司另有规定的除外。

主办券商在与投资者签订证券买卖委托代理协议前，应着重向投资者说明投资风险自担的原则，详细讲解风险揭示书的内容，要求投资者认真阅读并签署风险揭示书。主办券商应利用各种方式告知投资者全国股转系统业务规则及相关信息，持续揭示投资风险。不得欺骗和误导投资者，不得利用自身的技术、设备及人员等业务优势侵害投资者合法权益。

主办券商接受客户股票买卖委托时，应当查验客户股票和资金是否足额，法律、行政法规、部门规章另有规定的除外。主办券商应当加强证券账户管理，不得为他人违法违规使用证券账户进行股票转让提供便利。应设立交易监控系统，对自身及客户转让行为进行有效监督，防范违规转让行为。

主办券商应当在营业场所及时准确地公布转让信息，供从事股票转让的客户使用。主办券商应当告知客户不得将转让信息用于自身股票转让以外的其他活动，并对客户使用转让信息的行为进行有效管理。

主办券商对客户的资金、股票以及委托、成交数据应当有完整、准确、翔实的记录或者凭证，按户分账管理，并向客户提供对账与查询服务。主办券商应当采取有效措施，妥善保存上述文件资料，保存期限不得少于20年。

436. 为做好投资者适当性管理工作，主办券商须做好哪些基础工作？

主办券商是落实投资者适当性管理制度的主要责任主体。为有效落实《全国中小企业股份转让系统投资者适当性管理细则（试行）》（以下简称《投资者适当性管理细则》），使具备一定风险承受能力和风险识别能力的投资者审慎参与市场，并能够正常买卖挂牌公司股票，主办券商至少应做好以下3项基础性工作：

一是根据全国股转系统的相关规定，制定投资者适当性管理实施方案，建立自身的投资者适当性管理制度，明确相关操作规程等。

二是根据全国股转系统发布的业务规则、实施细则及相关制度，对原有业务流程进行梳理，对原有柜台技术系统进行升级改造，以保证能够为投资者办理业务开通工作，并使投资者正常买卖挂牌公司股票。

三是开展内部培训工作，使营业部柜台等业务办理人员了解并熟悉投资者适当性管理的业务制度和操作流程。

437. 主办券商应该如何管理投资者的交易权限，以确保各类投资者能够在权限范围内正常交易？

作为投资者适当性管理制度的具体执行人，为管理好投资者交易权限，确保投资者正常交易，主办券商应做好以下工作：

（1）维护管理好自身的投资者名单。在业务开通过程中，主办券商应根据投资者提供的材料，分门别类地归集好各类投资者名单。投资者名单一般包括以下几类：

一是受限自然人投资者名单，即在中国结算深圳分公司每一个交易日向主办券商发送的自然人股东控制名单文件（stbgf. dbf）中，剔除符合参与挂牌公司股票公开转让条件且办理完业务开通手续的自然人股东后的投资者名单；

二是在《投资者适当性管理细则》发布前已经参与挂牌公司股票买卖的机构投资者名单；

三是新开通的符合参与挂牌公司股票公开转让条件的自然人投资者和机构投资者名单；

四是新开通的不符合参与挂牌公司股票公开转让条件的机构投资者（挂牌前老股东）名单。

（2）设置交易权限。基于上述名单以及投资者的持股信息，主办券商应在技术系统中设置与该投资者对应的交易权限，即投资者可以买卖的挂牌公司股票范围。参与挂牌公司股票公开转让投资者的交易权限分为两种：一是可以买卖所有挂牌公司股票；二是可以买卖其持有或曾持有挂牌公司股票。

（3）在投资者进行交易时，主办券商可以通过人工操作，或者系统自动控制的方式对每笔委托进行合规性校验，通过校验的即予以申报。

438. 如何理解和执行“主办券商应当妥善保存业务办理、投资者服务过程中风险揭示的语音或影像留痕”？

《投资者适当性管理细则》提出语音或影像留痕要求，主要目的是使主办券商切实履行投资者适当性管理职责，明晰主办券商与投资者的各自职责，保护双方的正当权益。主办券商在具体执行过程中，应使留痕能够证明自身已对投资者尽到提醒义务，向投资者进行了充分的风险提示；能够确认投资者已知悉、理解并愿意承担参与全国股份转让系统公开转让所带来的投资风险。

439. 全国股转系统公司网站委托成交栏目下市场总貌中成交金额数据的统计口径是什么？

按照自然年度统计，如2014年数据为自2014年1月1日至最近交易日成交金额的合计数。需要说明的是，2013 年数据的起始时间是 2013 年 1 月 4 日。

第二节　投资者管理与股票转让一般规定

440. 什么是投资者适当性管理？其制度建立有何意义？

投资者适当性管理是指证券公司等金融服务机构在开展业务时，必须根据投资者的财产收入状况、风险承受能力、投资经验和投资需求等情况提供相匹配的金融产品或服务。投资者则需在了解金融产品或服务的基础上，根据自身的投资能力、风险承受能力等情况，理性地选择适合自己的金融产品或服务。

新三板引入了投资者适当性管理制度，并在规则中指出：为促进全国股转系统平稳、有序发展，提示市场风险，引导投资者理性参与挂牌公司股票公开转让等相关业务，保护投资者合法权益，根据中国证监会有关规定及《业务规则》，制定《投资者适当性管理细则》。主办券商应当根据中国证监会有关规定及投资者适当性管理细则要求，制定投资者适当性管理实施方案，建立健全工作制度，完善内部分工和业务流程，并报全国股转系统公司备案。投资者参与挂牌公司股票公开转让等相关业务，应当熟悉全国股份转让系统相关规定，了解挂牌公司股票风险特征，结合自身风险偏好确定投资目标，客观评估自身的心理和生理承受能力、风险识别能力及风险控制能力，审慎决定是否参与挂牌公司股票公开转让等业务。

2008 年国际金融危机得出的一个重要教训，就是要建立健全投资者适当性管理制度，加强对投资者的适当性管理。随着我国多层次资本市场进一步发展、证券业务范围逐步拓展以及金融产品种类不断丰富，证券公司需要规范自身向投资者提供适当金融产品或金融服务的行为，在卖者有责和买者自负之间进行有效的平衡，引导投资者进行适合其风险承受能力的金融产品投资，切实保护投资者投资权益，这将有助于培育投资者长期投资、价值投资和理性投资的理念。

441. 投资者如何参与投资者适当性管理？证券公司如何评估？

投资者参与投资者适当性管理，一是应认真阅读和了解相关文件和风险揭示书的内容，尤其是了解金融产品或服务存在的风险。二是应如实、客观地填写投资者风险承受能力评估表中的个人身份、投资经验、投资需求、风险偏好等各项信息，客观评估自己的风险承受能力。三是通过评估结果，了解自己的投资风险承受能力。四是选择适合自己实际情况的金融产品或服务。

证券公司通过风险承受能力问卷调查等形式，根据投资者提供的信息对其进行初次风险承受能力评估，与投资者确认其风险承受能力等级、投资期限、投资品种，并以书面方式记载留存。

442. 投资者适当性管理对投资者信息有何要求？

（1）投资者必须如实提供个人信息。投资者应对所提供的信息和证明材料的真实性、准确性、完整性负责。投资者不提供信息或提供信息不完整时，证券公司应当告知投资者无法确定其风险承受能力等级，由此产生的后果由投资者自身承担。

（2）投资者个人信息发生重大变化需要通知证券公司。根据规定，投资者个人信息发生变更需及时告知证券公司，以便证券公司重新评估投资者的风险承受能力，为投资者提供适当的金融产品或服务。

（3）证券公司向投资者销售金融产品或提供金融服务时，除了解投资者的姓名（或名称）、身份、住址、职业等基本信息外，还应当了解财务状况、投资知识、投资经验、投资目标和风险偏好等必要信息。

443. 对投资者有针对性的适当性管理有哪些规定？

主办券商应当切实履行投资者适当性管理职责，了解投资者的身份、财务状况、证券投资经验等相关信息，评估投资者的风险承受能力和风险识别能力，有针对性地开展风险揭示、投资者知识普及、投资者服务等工作，引导投资者审慎参与挂牌公司股票公开转让等相关业务。

主办券商应当针对不同类别的投资者制定服务方案和管理流程，根据客户的不同特点，讲解全国股份转让系统业务规则和风险特点，提示参与挂牌公司股票公开转让可能面临的风险。主办券商应当结合所了解的投资者信息和投资者参与挂牌公司股票转让的情况，定期开展对投资者风险承受能力的持续评估工作，并留存评估结果备查。

444. 对投资者的材料、业务痕迹、投诉等适当性管理有何规定？

主办券商应当认真审核投资者提交的相关材料，并与投资者书面签署《买卖挂牌公司股票委托代理协议》和《挂牌公司股票公开转让特别风险揭示书》。投资者应抄录《挂牌公司股票公开转让特别风险揭示书》中的特别声明。投资者应当配合主办券商投资者适当性管理工作，如实提供申报材料。投资者不予配合或提供虚假信息的，主办券商可以拒绝为其办理挂牌公司股票公开转让相关业务。主办券商应当妥善保管投资者的档案资料，除依法配合调查和检查外，应当为投资者保密。

主办券商应当妥善保存业务办理、投资者服务过程中风险揭示的语音或影像留痕。

主办券商应当为投资者提供合理的投诉渠道，指定专门部门受理投诉，妥善处理与投资者的矛盾和纠纷，并认真做好记录工作。

主办券商应当配合全国股份转让系统公司对其投资者适当性管理执行情况进行检查，如实提供投资者开户资料、资金账户情况等信息，不得隐瞒、阻碍和拒绝。

445. 对投资者异常、违法交易该如何处理？

主办券商发现客户存在异常交易行为或者违法违规行为时，应当根据全国股转系统公司相关规定及时提醒客户，并向全国股转系统公司报告。

全国股转系统公司对存在异常交易行为的投资者采取口头或书面警示等监管措施的，主办券商应当及时与投资者取得联系，告知其有关监管要求和采取的监管措施。对出现异常交易行为的投资者，全国股转系统公司可以限制其交易，主办券商应当予以配合。

446. 符合新三板投资者适当性的个人或机构有哪些？

（1）机构投资者：一是注册资本500万元人民币以上的法人机构；二是实缴出资总额500万元人民币以上的合伙企业。

（2）集合信托计划、证券投资基金、银行理财产品、证券公司资产管理计划，以及由金融机构或者相关监管部门认可的其他机构管理的金融产品或资产。

（3）自然人投资者，须同时满足以下条件：一是客户本人名下前一交易日日终证券类资产市值在500万元人民币以上。证券类资产包括客户交易结算资金、股票、基金、债券、券商集合理财产品等，不包括客户信用证券账户资产。二是具有2年以上证券投资经验，或具有会计、金融、投资、财经等相关专业背景或培训经历，投资经验起算点时点为投资者本人名下账户在全国股份转让系统、上海证券交易所或深圳证券交易所发生首笔股票交易之日。

这里需要说明的是，对于个人投资者市值要求为开户时点数，无须长期保持500万元市值。

（4）其他投资者：公司挂牌前的股东、通过定向发行持有公司股份的股东、在全国中小企业股份转让系统有限责任公司发布的投资者适当性管理细则（试行）前已经参与挂牌公司股票买卖的客户等。不符合参与挂牌公司股票公开转让条件，只能买卖其持有或曾持有的挂牌公司股票的投资者，开通权限时须提供持有或曾持有的挂牌公司股票凭证。

（5）符合定向发行投资者准入标准的投资者：《非上市公众公司监督管理办法》第三十六条规定的投资者及符合参与挂牌公司股票公开转让条件的投资者。

447. 如何理解新三板投资者的个人开户门槛？

个人投资者参与新三板交易的门槛：需要有2年以上的证券投资经验，或具有会计、金融、投资、财经等相关专业背景，并且要求投资者本人名下前一交易日日终证券类资产市值在500万元人民币以上。

有不少投资者认为，上述规则门槛太高，普通投资者根本无法参与，这一门槛甚至比股指期货还要高。不过，有业内人士认为，门槛高固然有其弊端，比如说参与的投资者数量少，吸引的资金量也会减少，但是，开放个人投资者参与新三板交易，有助于活跃新三板市场，提高门槛更多地是为了保护中小投资者的利益。

根据上述试行的业务规则，除了允许个人投资者参与，做市商制度也被明确提出，竞价交易方式也有可能被引入。规则显示，“股票转让可以采取协议方式、做市方式、竞价方式或其他中国证监会批准的转让方式”，并且“经全国股份转让系统公司同意，挂牌股票可以转换转让方式”。

448. 对不足500万元证券类资产且在2014年之前参与股票发行业务的自然人该如何处理？

根据全国股转系统公司发布的《常见问答五》：2013年12月30日《关于境内企业挂牌全国股转系统有关事项的公告》发布前，满足300万元人民币以上（含300万元）资产要求且已参与全国股份转让系统的自然人投资者，合格投资人资格继续有效，可以买卖所有挂牌公司的股票。

股票发行方案已经挂牌公司董事会决议通过的，发行对象可按原投资者适当性管理制度的要求执行；股票发行方案尚未经挂牌公司董事会决议通过的，发行对象应当满足修订后的《适当性管理细则》的要求。挂牌公司的股东、董事、监事、高级管理人员及核心员工参与本公司的股票发行，如不符合参与挂牌公司股票公开转让条件的，只能买卖本公司的股票。

449. 如何理解新三板的机构参与门槛？

新三板机构投资者门槛为：一是注册资本500万元人民币以上的法人机构；二是实缴出资总额500万元人民币以上的合伙企业；三是包括集合信托计划、证券投资基金、银行理财产品、证券公司资产管理计划，以及由金融机构或者相关监管部门认可的其他机构管理的金融产品或资产，可以申请参与挂牌公司股票公开转让。

500万元人民币这一门槛对机构来说，要求是很低的。其目的和作用是：

（1）将新三板打造成以机构投资者为主体的股票交易场所。

（2）机构的专业性必然将投资风险尽可能地降低，有利于市场健康发展。

(3) 对个人投资者而言，新三板500万人民币的资金门槛极高，大多数个人投资者将与新三板无缘；但对机构投资者而言门槛并不高，故投资者可以通过机构间接投资新三板。

450. 法人机构实缴注册资本不到500万元人民币的公司能否参与新三板投资?

《投资者适当性管理细则》第三条第一款明确指出“注册资本500万元人民币以上的法人机构”可参与新三板交易，对注册资本的构成和缴纳情况并无要求，但法人机构注册资本的构成和缴纳等应当符合《公司法》、《公司登记管理条例》等相关法律、法规的规定。

451. 怎样认定合伙拟投资新三板企业实缴出资总额达500万元人民币?

在充分考虑合伙企业经营特征和监管安排的基础上，合伙企业实缴出资总额依据会计师事务所为其出具的最近一期审计报告或实缴出资证明文件认定。

452. “个人投资者的会计、金融、投资、财经等相关专业背景或培训经历”具体如何把握?

对证券投资经验，或相关专业背景、培训经历提出要求，是为了审慎评估投资者的风险识别能力，引导投资者理性参与全国股份转让系统。在具体把握上，投资者与主办券商应厘清双方权责关系。投资者要主动提供有关会计、金融、投资、财经等相关专业的学历证书、考试合格证明文件、培训证书等材料，证明自身具备相关专业背景或培训经历，并接受主办券商的风险测评，确认自身具备参与市场的风险识别能力和风险承受能力。主办券商应做好风险揭示、风险测评和业务留痕工作。

453. 不符合新三板机构、自然人条件的特殊投资者具体指哪些情形? 其交易权限如何管理?

目前，全国股份转让系统存在特殊情形的投资者主要有以下5类：

(1)《投资者适当性管理细则》发布前已经参与挂牌公司股票买卖的自然人投资者(即非上市公司股份报价转让试点阶段已经参与市场的自然人投资者),该类投资者在不满足参与挂牌公司股票公开转让条件的情况下,只能买卖其持有或曾持有的挂牌公司股票。

(2)《投资者适当性管理细则》发布前已经参与挂牌公司股票买卖的机构投资者(即非上市公司股份报价转让试点阶段已经参与市场的机构投资者),该类投资者可以买卖所有挂牌公司股票。

(3)公司挂牌前的股东,该类投资者在不满足参与挂牌公司股票公开转让条件的情况下,只能买卖其持有或曾持有的挂牌公司股票。

(4)通过定向发行持有公司股份的股东,该类投资者在不满足参与挂牌公司股票公开转让条件的情况下,只能买卖其持有或曾持有的挂牌公司股票。

(5)因继承或司法裁决等原因持有挂牌公司股份的股东,该类投资者在不满足参与挂牌公司股票公开转让条件的情况下,只能买卖其持有或曾持有的挂牌公司股票。

454. 原新三板投资者如不符合现行投资者适当性规定,如何参与交易?

根据全国股转系统公司官网发布的《新三板常见问题解答(汇总)》,与中关村试点相比,全国股份转让系统对机构投资者设置了一定的财务指标要求,对自然人投资者从财务状况、投资经验等维度也设置了准入要求。

对某些原在中关村试点进行交易的投资者,如不符合2013年2月8日颁布实施的投资者适当性管理要求,根据《全国中小企业股份转让系统投资者适当性管理细则(试行)》第七条的规定,《投资者适当性管理细则》发布前已经参与挂牌公司股票买卖的机构投资者和自然人投资者在重新签署《买卖挂牌公司股票委托代理协议》和《挂牌公司股票公开转让特别风险揭示书》后,原有交易权限不变。

455. 新三板特殊的投资者门槛和交易制度带来什么市场效果?

在新三板现行的投资者门槛和交易制度下,挂牌企业的股票转让交易以及定向发行的融资情况,将形成分化现象。

优质企业方能有活跃交易，活跃交易又能带动更多优质企业和更多投资人进入市场，市场良性循环是关键。

456. 投资者如何参与新三板交易？

投资者参与全国股份转让系统挂牌证券的交易一般来讲包括以下步骤：

（1）选择主办券商。从事经纪业务主办券商名单可通过全国股份转让系统网站（http：//www. neeq. com. cn）查阅。

（2）适当性审查。投资者提供符合参与全国股份转让系统股票公开转让条件的证明材料，接受主办券商的投资者适当性审查。

（3）签署协议文本。在听取主办券商业务人员讲解的基础上，认真阅读并充分理解协议的相关内容，与主办券商书面签署《买卖挂牌公司股票委托代理协议》和《挂牌公司股票公开转让特别风险揭示书》。

（4）开户。投资者提供开户材料，由主办券商为投资者开立证券账户及资金账户。证券账户的开立须遵守中证登公司有关规定。

（5）主办券商为投资者名下证券账户开通交易并设置权限。

注意：新三板交易结算系统在2014年5月19日已经正式上线，目前，投资者都是通过深交所A股账户来买卖新三板股份的，未来式将发生变化。

457. 新三板投资者开户有什么规定？

投资者买卖股票，应当以实名方式开立证券账户和资金账户，与主办券商签订证券买卖委托代理协议，并签署相关风险揭示书。

投资者开立证券账户，应当按照中国证券登记结算有限责任公司（以下简称中国结算）的规定办理。

458. 新三板投资者如何委托？主办券商如何申报？

（1）投资者委托。

投资者可以通过书面委托方式或电话、自助终端、互联网等自助委托方式委托主办券商买卖股票。

投资者进行自助委托的，应按相关规定操作，主办券商应当记录委托投资者的电话号码、网卡地址、IP 地址等信息。

（2）主办券商接受委托。

主办券商接受投资者的买卖委托后，应当确认投资者相应的股票或资金，并按照委托的内容向全国股份转让系统申报，承担相应的交易、交收责任。

主办券商接受投资者买卖委托达成交易的，投资者应当向主办券商交付其委托主办券商卖出的股票或其委托主办券商买入股票的款项，主办券商应当向投资者交付卖出股票所得款项或买入的股票。

（3）投资和委托撤销。

投资者可以撤销委托的未成交部分。被撤销或失效的委托，主办券商应当在确认后及时向投资者返还相应的资金或股票。

（4）主办券商申报。

主办券商应按照接受投资者委托的时间先后顺序及时向全国股份转让系统申报。

申报指令应当按全国股份转让系统公司规定的格式传送。全国股份转让系统公司可以根据市场需要，调整申报的内容及方式。

主办券商应当按有关规定妥善保管委托和申报记录。

459. 新三板对股票转让申报及其数量单位等有何规定？

（1）股份转让的计价单位为“每股价格”，申报价格最小变动单位为 0.01 元人民币。按成交原则达成的价格不在最小价格变动单位范围内的，按照四舍五入原则取至相应的最小价格变动单位。

（2）每次申报时应当为 1000 股或其整数倍，不足 1000 股时应当一次性申报卖出。股票转让单笔申报最大数量不得超过 100 万股。

（3）申报当日有效。投资者可以撤销委托申报的未成交部分。买卖申报和撤销申报经全国股份转让系统交易主机确认后方为有效。

（4）全国股份转让系统公司可以根据市场需要，调整股票单笔申报数量、申报价格的最小变动单位和单笔申报最大数量。

460. 新三板具体的交易时间是什么？

交易时间与股票二级市场交易时间一致，为每周一至周五，报价系统接受申报的时间为上午9：15至11：30，下午13：00至15：00。转让时间内因故停市，转让时间不作顺延。遇法定节假日和全国股份转让系统公司公告的休市日，全国股份转让系统休市。

461. 新三板挂牌股票转让交易有涨跌幅限制吗？

全国股份转让系统对股票转让不设涨跌幅限制。全国股份转让系统公司另有规定的除外。

462. 新三板对股票转让的成交有何规定？

（1）主办券商通过报盘系统向全国股份转让系统交易主机发送买卖申报指令。买卖申报经交易主机撮合成交后，转让即告成立。按相关各项规定达成的交易于成立时生效，买卖双方必须承认转让结果，履行清算交收义务。交易记录由全国股份转让系统公司发送至主办券商。

（2）投资者买入的股票，买入当日不得卖出；做市商买入的股票，买入当日可以卖出。成交结果以交易主机记录的成交数据为准，股票买卖的清算交收业务，应当按照中国结算的规定办理。

（3）因不可抗力、意外事件、交易系统被非法侵入等原因造成严重后果的转让，全国股份转让系统公司可以采取适当措施或认定无效。对显失公平的转让，经全国股份转让系统公司认定，可以采取适当措施。

（4）严重破坏证券市场正常运行的转让，全国股份转让系统公司有权宣布取消转让。由此造成的损失由违规转让者承担。

463. 新三板对挂牌股票买卖委托出现异常价格及撤单有何规定？

投资者以异常价格进行定价委托或意向委托的，主办券商应对投资者及时进行提醒，要求其撤销该笔委托。异常价格包括但不限于以下情形：

一是同时低于挂牌公司上年度经审计的每股净资产值与每股面值1元。

二是涨幅高于挂牌公司股票前收盘价的100%（若前日成交中存在以异常价格成交情形的，则以最近一个未发生异常成交的转让日收盘价为计价标准）。

主办券商应对存在异常委托行为的投资者建立记录，进行持续动态管理：对首次发生异常委托行为的投资者进行提醒；对再次发生异常委托行为的投资者予以警示；对3次以上发生异常委托行为的投资者，可在6个月内暂停接受其委托或终止证券买卖委托代理协议。

464. 新三板对股票行情及转让信息发布有何规定？

（1）全国股份转让系统公司每个转让日都发布股票转让即时行情、股票转让公开信息等转让信息，及时编制反映市场转让情况的各类报表，并通过全国股份转让系统指定信息披露平台或其他媒体予以公布。

（2）全国股份转让系统对采取做市、协议和竞价转让方式的股票的即时行情实行分类揭示。

（3）全国股份转让系统公司可以根据市场需要，调整即时行情和股票转让公开信息的内容和发布方式。

（4）全国股份转让系统公司可以根据市场发展需要，编制综合指数、成分指数、分类指数等股票指数，随即时行情发布。股票指数的设置和编制方法，由全国股份转让系统公司另行规定。

（5）全国股份转让系统公司负责全国股份转让系统信息的统一管理和发布。未经全国股份转让系统公司许可，任何机构和个人不得发布、使用和传播转让信息。经全国股份转让系统公司许可使用转让信息的机构和个人，未经同意不得将转让信息提供给其他机构和个人使用或予以传播。

465. 投资者如何才能完成新三板一笔交易？

目前新三板的交易还不能像二级市场一样运用交易软件交易。

投资者可以委托证券公司的报价交易系统进行交易。如果投资者有意向，则告知证券公司报价意向交易的股份名称和代码、账户、买卖类别、价格、数量、联系方式等内容，委托其代理寻找买卖的对手方，达成转让协议。

投资者也可不通过委托券商报价系统寻找买卖对手，而通过其他途径自行寻找买卖对手，达成转让协议。

买卖双方达成转让协议后，需要再向证券公司提交买卖确定性委托。成交确认委托中至少注明成交约定号、股份名称和代码、账户、买卖类别、价格、数量、拟成交对手方席位号等内容。成交约定号是买卖双方达成转让协议时，由双方自行约定的不超过 6 位数的数字，用于成交确认委托的配对。需要注意的是，在报送卖报价委托和卖成交确认委托时，报价系统冻结相应数量的股份，因此，投资者在达成转让协议后，需先行撤销原卖报价委托，再报送卖成交确认委托。

买卖达成后，股份和资金将在 T+1 日到账。

466. 除了参与股权交易，个人还有什么方式参与新三板？

相比股权交易，新三板的定向增发更加活跃。此前也有过个人投资者参与定向增发的案例。

467. 境外机构和外国人是否可以直接参与定向增发及交易？外资股东如何办理开具股票交易账户？

根据全国股转系统公司《常见问答三》的要求：全国股转系统是经国务院批准设立的全国性证券交易场所，所有符合《合格境外机构投资者境内证券投资管理办法》和《人民币合格境外机构投资者境内证券投资试点办法》规定的合格境外机构投资者（QFII）和人民币合格境外机构投资者（RQFII）均可参与。外资股东办理证券账户应遵照中国证券登记结算有限责任公司《关于外国战略投资者开立 A 股证券账户等有关问题的通知》。

第三节　做市商与做市制度

468. 什么是做市商？新三板实施怎样的做市商制度？

做市商是指在证券市场上由具备一定实力和信誉的独立证券经营法人作为特许交易商，不断向公众投资者报出某些特定证券的买卖价格（即双向报价），并在该价位上接受公众投资者的买卖要求，以其自有资金和证券与投资者进行证券交易。做市商制度的核心是做市商保持持续的双向报价为股票交易提供流动性，并通过交易价格为创新、创业型企业的股权融资提供合理的融资价格。

2014 年 8 月新三板交易支持平台做市转让功能上线后，将实施传统竞争性做市商制度，即由 2 家以上做市商为公司提供做市报价服务。

469. 新三板做市商的条件是什么?

根据《全国中小企业股份转让系统主办券商管理细则（试行)》，证券公司申请在新三板从事做市业务应具备下列条件：

①具备证券自营业务资格；②设立做市业务专门部门，配备开展做市业务必要人员；③建立做市股票报价管理制度、库存股管理制度、做市风险监控制度及其他做市业务管理制度；④具备符合全国股份转让系统公司要求的做市交易技术系统；⑤全国股份转让系统公司规定的其他条件。

470. 全国股转系统公司对主办券商做市业务的要求有哪些?

根据《全国中小企业股份转让系统主办券商管理细则（试行)》的规定，对主办券商开展做市业务有如下要求：

一是应通过专用证券账户、专用交易单元进行。做市业务专用证券账户应向中国证券登记结算有限责任公司和全国股份转让系统公司报备。

二是建立做市资金和做市股票的管理制度，一来为了明确做市资金的审批、调拨、使用流程以确保做市资金安全；二来为了明确做市股票获取、处置的决策程序，以及库存股票头寸管理制度。

三是应当建立以净资本为核心的做市业务规模监控和调整机制，根据自身财务状况和中国证监会关于证券公司风险监控指标的规定等要求，合理确定做市业务规模。

四是应建立做市业务内部报告制度和业务动态风险监控机制，以明确业务运作、风险监控、业务稽核及其他有关信息的报告路径和反馈机制，监控做市业务风险的动态变化，提高动态监控效率。

五是不得干预挂牌公司日常经营，其业务人员不得在挂牌公司兼职；不得利用信息优势和资金优势，单独或者通过合谋，以串通报价或相互买卖等方式制造异常价格波动，损害投资者利益。

六是开展做市业务，对报价和成交数据等应有完整、准确、翔实的记录或者凭证，并采取有效措施妥善保存，保存期限不得少于20年。

七是按全国股转系统公司要求报告其做市股票库存、做市业务盈亏及相关风险监控指标等信息。

471. 做市商备案、报备及证券账户如何管理？

证券公司在全国股份转让系统开展做市业务前，应向全国股份转让系统公司申请备案。

做市商开展做市业务，应通过专用证券账户进行。做市专用证券账户应向中国结算和全国股份转让系统公司报备。

做市商不再为挂牌公司股票提供做市报价服务的，应将库存股票转出做市专用证券账户。做市商证券自营账户不得持有其做市股票或参与做市股票的买卖。

472. 对做市商做市的初始库存股票有何规定？

挂牌时采取做市转让方式的股票，初始做市商应当取得合计不低于挂牌公司总股本5%或100万股（以孰低为准），且每家做市商不低于10万股的做市库存股票。

除以上情形外，做市商在做市前应当取得不低于10万股的做市库存股票。

473. 做市商做市库存股票可通过哪些方式取得？

做市商做市库存股票取得的方式有：①股东在挂牌前转让；②股票发行；③在全国股份转让系统买入；④其他合法方式。

474. 对做市商加入或退出某只股票做市的时间有何限制？

已有做市商做市的股票，后续加入的做市商须在该股票挂牌满3个月后方可为其提供做市报价服务，且要提前向全国股份转让系统公司提出申请。

挂牌时采取做市转让方式的股票和由其他转让方式变更为做市转让方式的股票，其初始做市商为股票做市不满6个月的，不得退出为该股票做市。后续加入的做市商为股票做市不满3个月的，不得退出为该股票做市。

做市商退出做市的，应当事前提出申请并经全国股份转让系统公司同意。做市商退出做市后，1个月内不得申请再次为该股票做市。

475. 出现哪些情形时，做市商自动终止为相关股票做市？

出现下列情形时，做市商自动终止为相关股票做市：

（1）该股票摘牌。

（2）该股票因其他做市商退出导致做市商不足两家而变更转让方式。

（3）做市商被暂停、终止从事做市业务或被禁止为该股票做市。

（4）全国股份转让系统公司认定的其他情形。

476. 做市商转让方式下怎样委托与申报？

做市商应在全国股份转让系统持续发布买卖双向报价，并在其报价数量范围内按其报价履行与投资者的成交义务。

（1）限价委托。做市转让方式下，投资者之间不能成交。投资者可以采用限价委托方式委托主办券商买卖股票。

限价委托是指投资者委托主办券商按其限定的价格买卖股票的指令，主办券商必须按限定的价格或低于限定的价格申报买入股票；按限定的价格或高于限定的价格申报卖出股票。

限价委托应包括证券账户号码、证券代码、买卖方向、委托数量、委托价格等内容。

（2）做市申报。全国股份转让系统接受主办券商的限价申报、做市商的做市申报。

限价申报应包括证券账户号码、证券代码、交易单元代码、证券营业部识别码、买卖方向、申报数量、申报价格等内容。

做市申报是指做市商为履行做市义务，向全国股份转让系统发送的，按其指定价格买卖不超过其指定数量股票的指令。做市申报应包括证券账户号码、证券代码、交易单元代码、买卖申报数量和价格等内容。

做市商提交新的做市申报后，前次做市申报的未成交部分自动撤销。

477. 做市商转让方式下对股票交易的时间有何规定？

全国股份转让系统接受限价申报、做市申报的时间为每个转让日的9：15至11：30、13：00至15：00。全国股份转让系统公司可以调整接受申报的时间。

做市商应最迟于每个转让日的9：30开始发布买卖双向报价，履行做市报价义务。

478. 做市申报的交易价差及计算公式是什么？

做市商每次提交做市申报应当同时包含买入价格与卖出价格，且相对买卖价差不得超过5%。相对买卖价差计算公式为：

相对买卖价差=（卖出价格－买入价格）÷卖出价格×100%

卖出价格与买入价格之差等于最小价格变动单位的，不受前款限制。

479. 做市申报的库存股数与交易报价之间的关系如何配比协调？

做市商前次做市申报撤销或其申报数量经成交后不足1000股的，做市商应于5分钟内重新报价。

做市商持有库存股票不足1000股时，可以免于履行卖出报价义务。出现此种情形，做市商应及时向全国股份转让系统公司报告并调节库存股票数量，并最迟于该情形发生后第3个转让日恢复正常双向报价。

单个做市商持有库存股票达到挂牌公司总股本20%时，可以免于履行买入报价义务。出现此种情形，做市商应及时向全国股份转让系统公司报告，并最迟于该情形发生后第3个转让日恢复正常双向报价。

480. 做市商转让方式下的交易如何成交？

每个转让日的9：30至11：30、13：00至15：00为做市转让撮合时间。做市商每个转让日提供双向报价的时间应不少于做市转让撮合时间的75%。

到价是指限价申报买入价格等于或高于做市申报卖出价格，或限价申报卖出价格等于或低于做市申报买入价格。

全国股份转让系统对到价的限价申报即时与做市申报进行成交；如有2笔以上做市申报到价的，按照价格优先、时间优先原则成交。成交价以做市申报价格为准。

做市商更改报价使限价申报到价的，全国股份转让系统按照价格优先、时间优先原则将到价限价申报依次与该做市申报进行成交。成交价以做市申报价格为准。

限价申报之间、做市申报之间不能成交。

481. 做市商之间的股票如何转让？

做市商间为调节库存股等进行股票转让的，可以通过互报成交确认申报方式进行。

做市商的成交确认申报是指做市商之间按指定价格和数量与指定对手方确认成交的指令。做市商的成交确认申报应包括证券账户号码、证券代码、交易单元代码、买卖方向、申报数量、申报价格、对手方交易单元、对手方证券账户号码以及成交约定号等内容。

全国股份转让系统对证券代码、申报价格和申报数量相同，买卖方向相反，指定对手方交易单元、证券账户号码相符及成交约定号一致的做市商成交确认申报进行确认成交。

做市商当日从其他做市商处买入的股票，买入当日不得卖出。

做市商间转让不纳入即时行情和指数的计算，成交量在每个转让日做市商间转让结束后计入该股票成交总量。

每个转让日做市商间转让结束后，全国股份转让系统公司逐笔公布做市商间转让信息，包括证券名称、成交量、成交价以及买卖双方做市商名称等。

482. 做市商之间股票转让的时间及价格有何限制？

全国股份转让系统接受做市商成交确认申报和对做市商成交确认申报进行成交确认的时间为每个转让日的15：00至15：30。

做市商间转让股票，其成交价格应在该股票当日最高、最低成交价之间；当日无成交的，其成交价格不得高于前收盘价的110%且不低于前收盘价的90%。

483. 做市商转让方式下的开盘价和收盘价如何规定？

采取做市转让方式的股票，开盘价为该股票当日第一笔成交价，收盘价为该股票当日最后一笔成交价。

当日无成交的，以前收盘价为当日收盘价。

484. 新三板为股票做市所提供的信息服务主要有哪些？

全国股份转让系统为做市商提供其做市股票实时最高10个价位的买入限价申报价格和数量、最低10个价位的卖出限价申报价格和数量等信息，以及为该股票提供做市报价服务做市商的实时最优10笔买入和卖出做市申报价格和数量等信息。

采取做市转让方式的股票，全国股份转让系统每个转让日9：30开始发布即时行情，其内容主要包括证券代码、证券简称、前收盘价、最近成交价、当日最高价、当日最低价、当日累计成交数量、当日累计成交金额、做市商实时最高3个价位买入申报价格和数量、做市商实时最低3个价位卖出申报价格和数量等。

第四节　协议、竞价转让及其他转让事项

485. 意向委托、定价委托和成交确认委托的概念是什么？

投资者委托分为意向委托、定价委托和成交确认委托。

意向委托是指投资者委托主办券商按其确定的价格和数量买卖股票的意向指令，意向委托不具有成交功能。意向委托应包括证券账户号码、证券代码、买卖方向、委托数量、委托价格、联系人、联系方式等内容。

定价委托是指投资者委托主办券商按其指定的价格买卖不超过其指定数

量股票的指令。定价委托应包括证券账户号码、证券代码、买卖方向、委托数量、委托价格等内容。

成交确认委托是指投资者买卖双方达成成交协议，或投资者拟与定价委托成交，委托主办券商以指定价格和数量与指定对手方确认成交的指令。成交确认委托应包括：证券账户号码、证券代码、买卖方向、委托数量、委托价格、成交约定号等内容；拟与对手方通过互报成交确认委托方式成交的，还应注明对手方交易单元代码和对手方证券账户号码。

486. 意向申报、定价申报和成交确认申报的概念是什么？

全国股份转让系统接受主办券商的意向申报、定价申报和成交确认申报。

意向申报应包括证券账户号码、证券代码、交易单元代码、证券营业部识别码、买卖方向、申报数量、申报价格、联系人、联系方式等内容。

定价申报应包括证券账户号码、证券代码、交易单元代码、证券营业部识别码、买卖方向、申报数量、申报价格等内容。

成交确认申报应包括：证券账户号码、证券代码、交易单元代码、证券营业部识别码、买卖方向、申报数量、申报价格、成交约定号等内容；若投资者成交确认委托中包括对手方交易单元代码和对手方证券账户号码，其对应成交确认申报指令也应包括相关内容。

487. 申报时间是什么？成交如何确认？

交易主机接受申报的时间为每个转让日的9：15至11：30、13：00至15：00。

全国股份转让系统收到拟与定价申报成交的成交确认申报后，如系统中无对应的定价申报，该成交确认申报以撤单处理。

488. 协议转让方式下的交易如何成交？

每个转让日的9：30至11：30、13：00至15：00为协议转让的成交确认时间。

全国股份转让系统按照时间优先原则，将成交确认申报和与该成交确认申报证券代码、申报价格相同，买卖方向相反及成交约定号一致的定价申报进行确认成交。成交确认申报与定价申报可以部分成交。成交确认申报股票数量小于定价申报的，以成交确认申报的股票数量为成交股票数量；成交确认申报股票数量大于定价申报的，以定价申报的股票数量为成交股票数量。成交确认申报未成交部分以撤单处理。

全国股份转让系统对证券代码、申报价格和申报数量相同，买卖方向相反，指定对手方交易单元、证券账户号码相符及成交约定号一致的成交确认申报进行确认成交。

每个转让日15：00，全国股份转让系统按照时间优先原则，将证券代码和申报价格相同、买卖方向相反的未成交定价申报进行匹配成交。

489. 协议转让方式下股票交易的开盘价与收盘价是什么？

采取协议转让方式的股票，开盘价为当日该股票的第一笔成交价。收盘价是当日最后30分钟转让时间的成交量加权平均价。最后30分钟转让时间无成交的，以当日成交量加权平均价为当日收盘价。当日无成交的，以前收盘价为当日收盘价。

490. 协议转让的即时行情内容及信息是什么？

采取协议转让方式的股票，每个转让日的即时行情内容主要包括前收盘价、最近成交价、当日最高成交价、当日最低成交价、当日累计成交数量以及定价申报的价格、数量、成交约定号等。

采取协议转让方式的股票，全国股份转让系统公司公布当日每笔成交信息，内容包括证券代码、证券简称、成交价格、成交数量、买卖双方主办券商证券营业部或交易单元的名称等。

股票转让公开信息涉及机构专用交易单元的，公布名称为“机构专用”。

491. 股票竞价转让的概念和时间是什么？

股票竞价转让采用集合竞价和连续竞价两种方式。集合竞价，是指对一段时间内接受的买卖申报一次性集中撮合的竞价方式。连续竞价，是指对买卖申报逐笔连续撮合的竞价方式。

股票采取竞价转让方式的，每个转让日的9：15至9：25为开盘集合竞价时间，9：30至11：30、13：00至14：55为连续竞价时间，14：55至15：00为收盘集合竞价时间。

492. 什么是限价委托?

限价委托是指投资者委托主办券商按其限定的价格买卖股票的指令，主办券商必须按限定的价格或低于限定的价格申报买入股票；按限定的价格或高于限定的价格申报卖出股票。

限价委托应包括证券账户号码、证券代码、买卖方向、委托数量、委托价格等内容。

493. 股票竞价转让方式下转让如何委托与申报?

投资者可以采用限价委托方式委托主办券商买卖股票。全国股份转让系统接受主办券商的限价申报。

限价申报应包括证券账户号码、证券代码、交易单元代码、证券营业部识别码、买卖方向、申报数量、申报价格等内容。

全国股份转让系统接受主办券商限价申报的时间为每个转让日的9：15至11：30、13：00至15：00。每个转让日的9：20至9：25、14：55至15：00，交易主机不接受撤销申报；在其他接受申报的时间内，未成交申报可以撤销。每个转让日的9：25至9：30，交易主机只接受申报，但不对买卖申报或撤销申报作处理。

全国股份转让系统对申报设置了有效价格区间。开盘集合竞价的申报有效价格区间为前收盘价的上下20%以内。连续竞价、收盘集合竞价的申报有效价格区间为最近成交价的上下20%以内；当日无成交的，申报有效价格区间为前收盘价的上下20%以内。

不在有效价格区间范围内的申报不参与竞价，暂存于交易主机；当成交价波动使其进入有效价格区间时，交易主机自动取出申报，参加竞价。

挂牌后无成交的股票，对申报不设置有效价格区间。

494. 集合竞价成交价确定的原则是什么？

股票竞价转让按价格优先、时间优先的原则撮合成交，其成交价的确定原则为：一是可实现最大成交量；二是高于该价格的买入申报与低于该价格的卖出申报全部成交；三是与该价格相同的买方或卖方至少有一方全部成交。

两个以上价格符合上述条件的，取在该价格以上的买入申报累计数量与在该价格以下的卖出申报累计数量之差最小的价格为成交价。若买卖申报累计数量之差仍存在相等的情况，按如下方式确定成交价：一是开盘集合竞价时取最接近前收盘价的价格为成交价；无前收盘价的，取其平均价为成交价。二是收盘集合竞价时取最接近最近成交价的价格为成交价；当日无成交的，收盘集合竞价时取最接近前收盘价的价格为成交价；无前收盘价的，取其平均价为成交价。

集合竞价的所有转让以同一价格成交。

495. 连续竞价成交价确定的原则是什么？

连续竞价时，成交价的确定原则为：①最高买入申报与最低卖出申报价格相同时，以该价格为成交价；②买入申报价格高于集中申报簿当时最低卖出申报价格时，以集中申报簿当时的最低卖出申报价格为成交价；③卖出申报价格低于集中申报簿当时最高买入申报价格时，以集中申报簿当时的最高买入申报价格为成交价。

496. 股票竞价转让的开盘价和收盘价是什么？

采取竞价转让方式的股票，开盘价为当日该股票的第一笔成交价。开盘价通过集合竞价方式产生，不能通过集合竞价产生的，以连续竞价方式产生。

收盘价通过集合竞价的方式产生。收盘集合竞价不能产生收盘价或未进行收盘集合竞价的，以该转让日最后一笔成交价为收盘价。当日无成交的，以前收盘价为当日收盘价。

497. 竞价转让的即时行情内容及信息是什么？

集合竞价期间，即时行情内容包括证券代码、证券简称、前收盘价、集合竞价参考价、匹配量和未匹配量等。

连续竞价期间，即时行情内容包括证券代码、证券简称、前收盘价、最近成交价、当日最高成交价、当日最低成交价、当日累计成交数量、当日累计成交金额、实时最高5个价位买入申报价格和数量、实时最低5个价位卖出申报价格和数量等。

498. 哪些情况下新三板将公布当日交易前5家主办券商相关数据？

采取竞价转让方式的股票出现下列情形之一的，全国股份转让系统公司分别公布相关股票当日买入、卖出金额最大5家主办券商证券营业部或交易单元的名称及其各自的买入、卖出金额：

（1）当日价格振幅达到30%的前5只股票。价格振幅的计算公式为：

价格振幅 =（当日最高价 - 当日最低价）/当日最低价 ×100%

（2）当日换手率达到10%的前5只股票。换手率的计算公式为：

换手率 = 成交股数/无限售条件股份总数 ×100%

价格振幅或换手率相同的，依次按成交金额和成交量选取。股票转让公开信息涉及机构专用交易单元的，公布名称为“机构专用”。

499. 转托管转让交易方式的含义是什么？

投资者可以用同一证券账户在单个或多个主办券商的不同证券营业部买入股票。

投资者买入的股票可以通过原买入股票的交易单元委托卖出，也可以向原买入股票的交易单元发出转托管指令，转托管完成后，在转入的交易单元委托卖出。

转托管的具体规定由中国结算制定。

500. 挂牌、摘牌、暂停与恢复转让的含义是什么？

全国股份转让系统对股票实行挂牌转让。股票依法不再具备挂牌条件的，全国股份转让系统公司终止其挂牌转让，予以摘牌。全国股份转让系统公司可以对出现异常转让情况的股票采取盘中临时停止转让措施并予以公告。具体暂停与恢复转让时间，以相关公告为准。

挂牌公司股票暂停转让时，全国股份转让系统公司发布的行情中包括该股票的信息；股票摘牌后，行情中无该股票的信息。

股票的挂牌、摘牌、暂停与恢复转让，由全国股份转让系统公司予以公告。相关信息披露义务人应当按照全国股份转让系统公司的要求及时公告。

股票挂牌、摘牌、暂停与恢复转让的其他规定，按照全国股份转让系统公司其他有关规定执行。

501. 新三板对拟挂牌转让股票的结算登记有哪些规定？

申请挂牌公司在其股票挂牌前，应当与中国证券登记结算有限责任公司（以下简称中国结算）签订证券登记及服务协议，办理全部股票的集中登记。

中国结算作为共同对手方，为股票转让提供清算和多边净额担保交收服务；或不作为共同对手方，提供其他清算、交收等服务。

投资者因司法裁决、继承等特殊原因需要办理股票过户的，依照中国结算的规定办理。

502. 新三板股票的除权与除息有何规定，如何计算？

（1）股票发生权益分派、公积金转增股本等情况，全国股份转让系统在权益登记日的次一转让日对该股票作除权除息处理。除权（息）日股票买卖，按除权（息）参考价作为计算涨跌幅度和有效申报价格区间的基准 。

（2）在除权（息）日，挂牌公司应变更股票简称，在简称前冠以“XR”、“XD”、“DR”等字样。“XR”代表除权；“XD”代表除息；“DR”代表除权并除息。

（3）除权（息）参考价计算公式为：除权（息）参考价＝（前收盘价－现金红利）÷（1＋股份变动比例）。挂牌公司认为有必要调整上述计算公式时，可以向全国股份转让系统公司提出调整申请并说明理由。经全国股份转让系统公司同意的，挂牌公司应当向市场公布该次除权（息）适用的除权（息）参考价计算公式。

第五节　转让监管、异常纠纷及暂停、终止挂牌

503. 新三板股票转让出现哪些事项时需要重点监控？

全国股份转让系统公司对股票转让过程中出现的下列事项，予以重点监控：

（1）涉嫌内幕交易、操纵市场等违法违规行为。

（2）可能影响股票转让价格或者股票成交量的异常转让行为。

（3）股票转让价格或者股票成交量明显异常的情形。

（4）买卖股票的范围、时间、数量、方式等受到法律、行政法规、部门规章、其他规范性文件、《业务规则》及全国股份转让系统其他规定限制的行为。

（5）全国股份转让系统公司认为需要重点监控的其他事项。

504. 可能影响股票转让价格、成交量异常转让的行为有哪些？

可能影响股票转让价格或者股票成交量的异常转让行为包括：

（1）可能对股票转让价格产生重大影响的信息披露前，大量或持续买入或卖出相关股票。

（2）单个证券账户，或两个以上固定的或涉嫌关联的证券账户之间，大量或频繁进行反向交易。

（3）单个证券账户，或两个以上固定的或涉嫌关联的证券账户，大笔申报、连续申报、密集申报或申报价格明显偏离该证券行情揭示的最近成交价。

（4）频繁申报或撤销申报，或大额申报后撤销申报，以影响股票转让价格或误导其他投资者。

（5）集合竞价期间以明显高于前收盘价的价格申报买入后又撤销申报，随后申报卖出该证券，或以明显低于前收盘价的价格申报卖出后又撤销申报，随后申报买入该证券。

（6）对单一股票在一段时期内进行大量且连续交易。

（7）大量或者频繁进行高买低卖交易。

（8）单独或者合谋，在公开发布投资分析、预测或建议前买入或卖出相关股票，或进行与自身公开发布的投资分析、预测或建议相背离的股票转让。

（9）申报或成交行为造成市场价格异常或秩序混乱。

（10）涉嫌编造并传播交易虚假信息，诱骗其他投资者买卖股票。

（11）全国股份转让系统公司认为需要重点监控的其他异常转让。

主办券商发现客户存在上述异常转让行为，应提醒客户；对可能严重影响交易秩序的异常转让行为，应及时报告全国股份转让系统公司。

505. 股票转让价格或者股票成交量明显异常的情形有哪些？

（1）同一证券营业部或同一地区的证券营业部集中买入或卖出同一股票且数量较大。

（2）股票转让价格连续大幅上涨或下跌，且挂牌公司无重大事项公告。

（3）全国股份转让系统公司认为需要重点监控的其他异常转让情形。

506. 系统公司对做市商股票在转让过程中的哪些行为进行重点监控？

全国股份转让系统公司对做市商的以下行为进行重点监控：

①不履行或不规范履行报价义务；②频繁触发豁免报价条件；③涉嫌以不正当方式影响其他做市商做市；④库存股数量异常变动；⑤报价异常变动，或通过频繁更改报价涉嫌扰乱市场秩序；⑥做市商之间涉嫌串通报价或私下交换交易策略、做市库存股票数量等信息以牟取不正当利益；⑦做市商与特定投资者在一段时间内对特定股票进行大量且连续交易；⑧其他涉嫌违法违规行为。

507. 系统公司对股票转让过程中出现的哪些事项须重点监控？

全国股份转让系统公司对股票转让过程中出现的下列事项，予以重点监控：

①可能影响股票转让价格或者股票交易量的异常转让行为；②股票转让价格或者股票交易量明显异常的情形；③涉嫌内幕交易、操纵市场等违法违规行为；④投资者买卖股票的品种、时间、数量等受到法律法规、全国股份转让系统公司规定限制的行为。

508. 新三板日常监管可能要求市场参与者提供的资料有哪些？

全国股份转让系统公司在现场或非现场调查中，可以根据需要要求主办券商及其证券营业部、投资者及时、准确、完整地提供下列文件和资料：

①投资者的开户资料、授权委托书、资金账户情况和相关账户的转让情况等；②相关证券账户或资金账户的实际控制人、操作人和受益人情况、资金来源以及相关账户间是否存在关联的说明等；③对股票转让中重点监控事项的解释；④其他与全国股份转让系统公司重点监控事项有关的资料。

509. 新三板的监管措施有哪些？

全国股份转让系统公司可以视情形对挂牌股票在转让中出现的异常转让行为采取以下监管措施：

①约见谈话；②要求提交书面承诺；③出具警示函；④限制证券账户转让；⑤向中国证监会报告有关违法违规行为；⑥其他自律监管措施。

510. 如何处理新三板股票的转让纠纷？

主办券商之间、主办券商和客户之间发生转让纠纷，相关主办券商应当记录有关情况，以备全国股份转让系统公司查阅。转让纠纷影响正常转让的，主办券商应当及时向全国股份转让系统公司报告。

主办券商之间、主办券商和客户之间发生转让纠纷，全国股份转让系统公司可以按有关规定，提供必要的交易数据。

客户对转让有异议的，主办券商有义务协调处理。

511. 新三板股票转让的费用如何计算？

①投资者买卖股票成交的，应当按规定向代理股票买卖的主办券商交

纳佣金。②主办券商应当按规定向全国股份转让系统交纳转让经手费及其他费用。③股票转让的收费项目、收费标准和收费方式等按有关规定执行。

其中，投资者的转让经手费等如表7-1所示。

表7-1 新三板股票转让费用

类别	收费对象	收费项目	收费标准	备注
新三板挂牌公司	投资者	转让经手费	按股票转让成交金额的0.5‰双边收费	
两网及退市公司	投资者	转让经手费	A股转让按成交金额的0.6‰双边收取； B股转让按成交金额的0.8‰双边收取	
		证券交易印花税	对A、B股出让按成交金额的1%征收，对受方不征收	代国家税务机关扣缴

512. 什么情况下会导致盘中临时停止股票转让？

根据《全国中小企业股份转让系统业务规则（试行）》的规定，全国股转系统公司对股票转让中出现的异常转让行为进行重点监控，并可以视情况采取盘中临时停止股票转让等措施。

例如，无法申报或行情传输中断的证券营业部数量超过全部主办券商所属证券营业部总数10%以上，属于转让异常情况，全国股份转让系统公司可以实行临时停市。

513. 什么情况会导致暂缓清算、技术性停牌或临时停市？

根据《全国中小企业股份转让系统业务规则（试行）》的规定，发生下列转让异常情况之一，导致部分或全部转让不能正常进行的，全国股份转让系统公司可以决定单独或同时采取暂缓进入清算交收程序、技术性停牌或临时停市等措施：

①不可抗力；②意外事件；③技术故障；④全国股转系统公司认定的其他异常情况。

转让异常情况处理的具体规定，由全国股份转让系统公司另行制定并报中国证监会批准。

514. 什么情况下恢复转让？

全国股转系统公司对暂缓进入清算交收程序、技术性停牌或临时停市决定予以公告。技术性停牌或临时停市原因消除后，全国股份转让系统公司可以决定恢复转让，并予以公告。

因转让异常情况及全国股份转让系统公司采取的相应措施造成损失的，全国股份转让系统公司不承担赔偿责任。

515. 挂牌公司在什么情况下应当申请暂停转让？

根据《全国中小企业股份转让系统业务规则（试行）》的规定，挂牌公司发生下列事项，应当向全国股份转让系统公司申请暂停转让，直至按规定披露或相关情形消除后恢复转让：

（1）预计应披露的重大信息在披露前已难以保密或已经泄露，或公共媒体出现与公司有关传闻，可能或已经对股票转让价格产生较大影响的。

（2）涉及需要向有关部门进行政策咨询、方案论证的无先例或存在重大不确定性的重大事项，或挂牌公司有合理理由需要申请暂停股票转让的其他事项。

（3）向中国证监会申请公开发行股票并在证券交易所上市，或向证券交易所申请股票上市。

（4）向全国股份转让系统公司主动申请终止挂牌。

（5）未在规定期限内披露年度报告或者半年度报告。

（6）主办券商与挂牌公司解除持续督导协议。

（7）出现依《公司法》第一百八十一条规定解散的情形，或法院依法受理公司重整、和解或者破产清算申请。

挂牌公司未按规定向全国股份转让系统公司申请暂停股票转让的，主办券商应当及时向全国股份转让系统公司报告并提出处理建议。

全国股份转让系统公司可以根据中国证监会的要求或者基于维护市场秩序的需要，决定挂牌公司股票的暂停与恢复转让事宜。

516. 挂牌公司股票暂停与恢复转让业务办理程序是什么？

根据《全国中小企业股份转让系统业务规则（试行）》及有关规定，挂牌公司股票暂停与恢复转让业务办理程序如下：

（1）挂牌公司填写《暂停（恢复）转让申请表》并提供相关证明材料送主办券商审查。

（2）主办券商审查无误后，应于T－4日（T日为暂停或恢复转让生效日）下午3点前将加盖主办券商公章的《暂停（恢复）转让申请表》和其他证明材料一同传真（传真号：010－63889674）至全国中小企业股份转让系统有限责任公司，并将所有材料的电子扫描件发送至全国股份转让系统公司（电邮地址：ywbl@neeq.org.cn），同时电话确认收悉（电话：010－63889549）。

如挂牌公司或主办券商在发送申请表当日下午4点前发现申请表内容有误，应当立即修改并重新向全国股份转让系统公司发送新的申请材料，同时注明“以此件为准”字样。

如果在T－2日后（含T－2日）发现有误的，主办券商应当及时与全国股份转让系统公司联系，全国股份转让系统公司将视情况确定处理办法。

（3）因情况特殊，需要立即暂停股票转让的，挂牌公司须及时通知主办券商，填写《暂停（恢复）转让申请表》并提供相关证明材料送主办券商审查；主办券商审查无误后，向全国股份转让系统公司说明情况，并提交相关传真及电子扫描材料，申请尽快暂停股票转让。

（4）挂牌公司或主办券商发布股票暂停（恢复）转让公告的，最迟应于T－1日联系信息公司，进行信息披露。

（5）挂牌公司暂停（恢复）转让生效。

517. 新三板挂牌公司暂停（恢复）转让申请表什么样？

表 7－2　暂停（恢复）转让申请表

<table>
<tr><td colspan="6">暂停（恢复）转让申请表</td></tr>
<tr><td>挂牌公司名称</td><td></td><td>证券简称</td><td></td><td>证券代码</td><td></td></tr>
<tr><td>导致申请暂停转让的触发事项</td><td colspan="5">□ 预计应披露的重大信息在披露前已难以保密或已经泄露，或公共媒体出现与公司有关传闻，可能或已经对股票转让价格产生较大影响的
□ 涉及需要向有关部门进行政策咨询、方案论证的无先例或存在重大不确定性的重大事项
□ 向中国证监会申请首次公开发行股票并上市，或向证券交易所申请股票上市
□ 向全国股份转让系统公司主动申请终止挂牌
□ 未在规定期限内披露年度报告或者半年度报告
□ 主办券商与挂牌公司解除持续督导协议
□ 出现依《公司法》第一百八十一条规定解散的情形，或法院依法受理公司重整、和解或者破产清算申请
□ 挂牌公司有合理理由需要申请暂停股票转让的其他事项</td></tr>
<tr><td>对上述所选事项的具体说明</td><td colspan="5"></td></tr>
<tr><td>上述所选事项的消除情况（申请恢复转让填写）</td><td colspan="5"></td></tr>
<tr><td>暂停转让日期</td><td></td><td>停复期限（如可确定）</td><td></td><td>恢复转让日期（申请恢复转让填写）</td><td></td></tr>
<tr><td colspan="3">申请人：　×××股份有限公司（加盖公章）
经办人签名：
年　　月　　日
联系电话：
传真电话：</td><td colspan="3">主办券商：（加盖公章）
经办人签名：
年　　月　　日
联系电话：
传真电话：</td></tr>
</table>

518. 什么情况下全国股转公司可以终止挂牌公司的股票挂牌？

根据《全国中小企业股份转让系统业务规则（试行）》的规定，挂牌公司出现下列情形之一的，全国股份转让系统公司终止其股票挂牌：

（1）中国证监会核准其公开发行股票并在证券交易所上市，或证券交易所同意其股票上市。

（2）终止挂牌申请获得全国股份转让系统公司同意。

（3）未在规定期限内披露年度报告或者半年度报告的，自期满之日起2个月内仍未披露年度报告或半年度报告。

（4）主办券商与挂牌公司解除持续督导协议，挂牌公司未能在股票暂停转让之日起3个月内与其他主办券商签署持续督导协议的。

（5）挂牌公司经清算组或管理人清算并注销公司登记的。

（6）全国股份转让系统公司规定的其他情形。

全国股转系统公司在做出股票终止挂牌决定后发布公告，并报中国证监会备案。挂牌公司应当在收到全国股份转让系统公司的股票终止挂牌决定后及时披露股票终止挂牌公告。对因前述第（3）、（4）项情形终止挂牌的公司，全国股份转让系统公司可以为其提供股票非公开转让服务。

上述暂停与终止挂牌的条件之一为“向中国证监会申请首次公开发行股票并上市，或向证券交易所申请股票上市”，这一条件考虑了挂牌公司未来“转板”的需要，为企业在不同交易所进行“转板”预留了板块对接的制度空间。

519. 新三板是在什么时候出现ST股的？

绝大多数投资者对我国交易所市场A股主板上的ST股很熟悉，但是却对新三板也有ST股很陌生。实际上，早在2009年新三板处于中关村科技园区试点期间就出现了第一只ST股，当年7月8日，中农羊业（430013）因未能按时披露2007年度、2008年度定期报告，被实施特别处理，变更为“ST羊业”。ST羊业是到目前为止新三板市场中唯一一只ST股。

ST羊业，原名“锦州华顺立民羊业股份有限公司”，设立于2001年12月26日。2006年5月19日，公司由辽宁锦州迁至北京，更名为“北京中农立民羊业科技股份有限公司”。2007年3月21日在新三板挂牌转让，简称“中农羊业”。2008年12月，原法定代表人王立民被锦州市中级人民法院以虚报注册资本罪进行了刑事判决。随后，公司生产经营活动全面停止，主要资产损失严重，资金链断裂，公司员工全部解散。目前，ST羊业仍然无法恢复正常运营，连续7年不能披露年度报告。

520. ST羊业被终止新三板挂牌的意义是什么？

未完成在新三板公开转让、纳入非上市公众公司监管的申请程序，以及连续7年未披露年度报告的ST羊业（全称：北京中农立民羊业科技股份有限公司）于2014年5月19日新三板新交易平台上线之际被从新三板退市移除。ST羊业是新三板第一家被移除的挂牌企业，其意义在于：

一是贯彻新“国九条”关于“完善退市制度，构建符合我国实际并有利于投资者保护的退市制度，建立健全市场化、多元化退市指标体系并严格执行。对欺诈发行的上市公司实行强制退市”等退市政策要求的具体体现。

二是可以整理出一条多层次资本市场退市衔接链条，即从主板、中小板、创业板退市之后，退市企业可以自主选择到新三板或者区域性股权交易所挂牌，如果企业能够重整旗鼓，有助于最大限度地降低投资者损失，可以充分发挥资本市场的资源配置作用，同时对经济发展也大有裨益。

因此，ST羊业被移除或将形成多层次资本市场强制退市分水岭。我国整个多层次资本市场将逐渐形成梯次退市形势。

521. 终止股票挂牌的公司怎样重新挂牌？

导致公司终止挂牌的情形消除后，这些情形见上问。经公司申请、主办券商推荐及全国股份转让系统公司同意，公司股票可以重新挂牌。

522. 挂牌公司召开股东大会是否需要暂停转让？

根据全国股转系统公司《常见问答四》：一般情况下，挂牌公司召开股东大会无须申请暂停转让。如果出现《业务规则（试行）》第4.4.1条规定的情形，则需要申请暂停转让（见问题500）。

案例分享

案例23 新三板股份转让限制具体怎么操作？

A有限责任公司于2012年7月9日整体变更为A股份有限公司，注册资本1400万元，股本1400万股。2013年8月16日，A公司通过股东大会决议全体股东同比例减持股份，公司减少注册400万元，变更后注册资本1000万元，股本1000万股。2013年8月21日，王先生向董事提出辞去董事职务。2013年8月24日，A公司召开临时股东大会决议同意王先生辞去董事职务，选举赵先生为新任董事。至2013年9月17日A公司在新三板挂牌，公司股权未发生过变化，公司挂牌时股权结构如表7-3所示。

表7-3　公司挂牌时股权结构

股东	股东性质	出资方式	股东地位/职务	持股数量（股）	持股比例
A股份有限公司	法人股东	货币出资	控股股东	6000000	60%
王先生	自然人	货币出资	—	1500000	15%
周先生	自然人	货币出资	董事	1000000	10%
李先生	自然人	货币出资	—	500000	5%
范先生	自然人	货币出资	董事	500000	5%
张女士	自然人	货币出资	监事	500000	5%
合计				10000000	100%

对A公司股票解除转让限制情形分析如下：

（1）截至挂牌之日A公司已成立一年以上，且期间股权结构无变化，则2013年9月13日公司挂牌之日，A公司作为控股股东，其所持股份可转让三分之一，即可转让股份数量为2000000股，其余4000000股受到转让限制。至此，A公司各股东2013年9月17日解除转让限制的股份数量如表7-4所示。

表7-4　解除限售股份数量

序号	股东	持股数量	股东地位/职务	申请解除限售数量（股）	尚未解除限售数量（股）
1	A股份有限公司	6000000	控股股东	2000000	4000000
2	王先生	1500000	—	0	1500000
3	周先生	1000000	董事	250000	750000
4	李先生	500000	—	500000	0
5	范先生	500000	董事	125000	375000
6	张女士	500000	监事	125000	375000

（2）2013年8月24日A公司股东大会决议同意王先生辞去董事职务。根据《公司法》第一百四十二条之规定，王先生所持全部1500000股股票于

2014 年 2 月 24 日方可解除转让限制。

(3) 在公司挂牌后至挂牌满一年之间，范先生将其所持有的 100000 股通过股份转让系统转让给张女士。转让后，范先生与张女士所持公司股票分别为 400000 股、600000 股。鉴于范先生在转让股份后尚持有 25000 股（125000 股 - 100000 股）可流通股，而在转让股票完成后，范先生应当持有的解除转让限制的股票数量应为 100000 股（400000 股 ×25%）。因此，在 2014 年 9 月 17 日公司挂牌满一年之时点，范先生可申请解除转让限制股份共计 75000 股。

则公司第二批解除股份转让限制的情形如表 7 - 5 所示。

表 7 - 5　第二批解除股份转让情况

序号	股东	持股数量	股东地位/职务	申请解除限售数量（股）	尚未解除限售数量（股）
1	A 股份有限公司	6000000	控股股东	2000000	2000000
2	范先生	400000	董事	75000	300000

股份转让完成后，张女士持股 600000 股，受限股份总额应为 450000 股（600000 股 ×75%）。而在其受让股份前，其所持受限股份总额为 375000 股。因此，在 2014 年 9 月 17 日公司挂牌满一年之时点，新增限制转让股份数量为 75000 股，具体明细如表 7 - 6 所表。

表 7 - 6　新增限制转让股明细

股东	职位	持股数量	本次转让限制登记股份数量（股）	尚未解除转让限制登记股份数量（股）
张女士	董事	600000	75000	450000

案例 24 奥尔斯如何处理股东缺席股东会表决的股权转让问题？

北京奥尔斯科技股份有限公司（简称奥尔斯，股票代码：430248），成立于 2003 年 12 月 19 日，2013 年 2 月 6 日整体改制为股份有限公司并于 2013 年 7 月 22 日挂牌新三板，注册资本 1000 万元。公司主要经营物联网教育及行业应用领域产品的研发、销售及系统集成服务。

2010 年 7 月，公司股东会通过股东李朱峰将其持有的有限公司 2% 的股权 4 万元货币出资转让给华志强的议论项，当时原股东侯少丹、刘巧玲、赵振丰因个人原因未参加股东会，未在股东会决议中签字。

解决方案：

①缺席股东出具声明，认可此次股权转让；②披露相关信息。

披露信息内容：

2010年7月9日，有限公司召开股东会，全体股东一致同意李朱峰将其持有的有限公司2%的股权4万元货币出资转让给华志强；同意修改后的章程（章程修正案）。2010年7月12日，李朱峰与华志强签订《出资转让协议》，李朱峰将其持有的有限公司2.00%的股权4万元出资额转让给华志强。

2010年7月28日，有限公司就上述事项在北京市工商行政管理局海淀分局办理了变更登记手续并取得新的营业执照。

本次股权转让过程中，原股东侯少丹、刘巧玲、赵振丰未在股东会决议中签字，根据上述三人出具的《声明及承诺》，其因个人原因未参加股东会，上述三人均认可此次股权转让。主办券商认为：本次股权转让程序瑕疵已经原股东签字确认，且上述原股东持有本公司股权均已全部转让，故不构成本次申请挂牌的实质性障碍。

申请挂牌公司律师认为：此项程序瑕疵对本次申请挂牌不构成实质性障碍。

案例25 新网程如何处理股权转让同股不同价的问题？

上海新网程信息技术股份有限公司（简称新网程，股票代码：430269），成立于1999年5月13日，2012年5月8日整体改制为股份有限公司并于2013年7月23日挂牌新三板，注册资本1000万元。公司主要经营研发、生产、销售与互联网数据采集、分析、控制、管理技术相关的产品，并提供相关技术服务。

2010年4月，公司召开股东会，通过议项：股东李云明将其持有的有限公司15.26%、4.34%、2.90%、5.36%的股权分别转让给自然人施煜敏、李勤、石勇、俞红啸；股东胡健将其持有的有限公司6.60%、0.44%的股权分别转让给自然人施煜敏、俞红啸。但是这里存在同一次股权转让出现不同单价的问题。

解决方案：

①详细披露造成差异的原因；②股权转让双方签署书面确认书；③披露

相关信息。

披露信息内容：

2010年4月11日，有限公司召开股东会，全体股东一致同意：股东李云明将其持有的有限公司15.26%、4.34%、2.90%、5.36%的股权分别转让给自然人施煜敏、李勤、石勇、俞红啸；股东胡健将其持有的有限公司6.60%、0.44%的股权分别转让给自然人施煜敏、俞红啸。2010年4月11日，股权转让方与受让方分别签署了《股权转让协议》；本次股权转让的价格均由转让方与受让方协商后确定。除李云明与李勤系夫妻关系外，本次参与股权转让、增资的新股东与原股东之间不存在关联关系，本次股权转让的新增股东之前均未在公司任职。截至本公开转让说明书签署日，除李勤担任股份公司副总经理外，本次新增的其他股东均不在公司任职。

（1）本次股权转让出现不同价格的主要原因为：①施煜敏在有限公司成立初期，在业务、资金等各方面给予了公司较大帮助，因此公司股东李云明和胡健为表示对施煜敏的感谢愿意以低价向其转让公司股份。本次股权转让涉及的其他受让方对此情况充分了解，且无异议。②此次股权转让的转让方与除施煜敏以外的其他受让方参考2009年12月31日的净资产值450594.41元，经过协商确认了转让价格。由于李勤与李云明系夫妻关系，因此转让价格相对于俞红啸和石勇略低。本次股权转让涉及的转让方与受让方对此情况充分了解，且无异议。③俞红啸希望从股东李云明处以82.02万元的总价受让11.60万元的出资额，而李云明仅愿意出让10.72万元的出资额，两者差额为0.88万元出资额。经过李云明、俞红啸与股东胡健的三方协商，最终确定由胡健转让0.88万元出资额给俞红啸，总价5.77万元，李云明出让10.72万元出资额，总价76.25万元，最终李云明转让给俞红啸的转让价格略高于胡健转让给俞红啸的价格。

（2）2012年11月11日，涉及本次股权转让的全体转让方与受让方签署了书面确认书，确认并承诺："经有限公司（以下简称'公司'）详细告知并经本人充分详尽调查，本人确认，本人知晓上述股权转让价格存在差异，并予以接受，不存在任何异议，上述股权转让的程序及结果真实、合法、有效。"

CHAPTER8
第八章

股权融资及其他融资工具

第一节　挂牌公司定向发行的内容及流程

523. 什么是新三板定向发行？其与股票发行的概念如何界定？

新三板定向发行，又称新三板定向增资，是指申请挂牌公司、挂牌公司向特定对象发行股票的行为。

关于“股票发行”和“定向发行”的概念，显然后者是前者的子集。从新三板相关制度规则来看，公司定向发行的对象可以在10人以内（这时是非公开发行），也可以在10～200人之间（非上市股份公司私募），理论上还可以超过200人（非上市公众公司股票发行）。这种“定向”与人们习惯上理解的“定向”有些出入，实务中有人认为“定向发行”概念中的非公开融资意味浓一些，而“定增”则更偏重于引入战略投资者。由此说来，新三板中的“定向发行”概念用“股票发行”来代替可能更为准确些，更符合人们及业内人士的习惯性思维。然而，新三板相关制度规则中却出现如下情况：

2013年12月26日在中国证监会修订的《非上市公众公司监督管理办法》第五章中明确提出了“定向发行”的概念，而全国股转系统公司根据这一办法于2013年12月30日制定的《全国中小企业股份转让系统股票发行业务细则（试行）》和《全国中小企业股份转让系统股票发行业务指南》中却都未提及“定向发行”这一词汇，而是用“股票发行”来替代。这一变化可以由

2014 年 5 月 6 日修订后的《全国中小企业股份转让系统股票挂牌业务操作指南（试行)》进一步印证，其中，全国股转系统公司将 2013 年 8 月 22 日首次发布的这一指南中的“定向发行”修订为“股票发行”。同样，2013 年 12 月 30 日发布的修订后的《全国中小企业股份转让系统业务规则（试行)》（2013 年 2 月 8 日首次发布）中也存在将“定向发行”更改为“股票发行”的情况。

全国股转系统公司不用证监会所提供的“定向发行”概念，而采用“股票发行”词汇，或许更能准确地反映目前状况下新三板的发行制度，同时或有意与上市公司的“定向增发”区别开来。当然，这种表述对新三板未来的发展，其意义和内涵或许有着更大的灵活性和想象空间。

介于如上原因，本章及其他相关章节混用这两个词汇，本书不再区别或统一，在此特作说明。

524. 新三板定向发行的特定对象有哪些?

根据《非上市公众公司监督管理办法》的规定，新三板特定发行对象的范围包括下列机构或者自然人：①公司股东；②公司的董事、监事、高级管理人员、核心员工；③符合投资者适当性管理规定的自然人投资者、法人投资者及其他经济组织。

公司确定发行对象时，符合第②项、第③项规定的投资者合计不得超过 35 名。核心员工的认定，应当由公司董事会提名，并向全体员工公示和征求意见，由监事会发表明确意见后，经股东大会审议批准。

525. 新三板定向发行融资的 6 大特点是什么?

新三板目前的融资现状是高收益、高风险、无超募、独立行情。为非上市公众公司打造一个高效、便捷的投融资平台是新三板的定位。新三板融资主要体现如下 6 大特点：

（1）一次核准，分期发行；按需发行，小额多次。

（2）挂牌前后及挂牌同时都可发行，多次发行无间隔，发行后再备案。

（3）挂牌公司符合条件，小额豁免审批。

（4）定向发行新增的股份不设立锁定期。

（5）投资者可以与公司协商谈判确定发行价格。

（6）属于非公开发行，针对特定投资者，不超过 35 人。

526. 新三板定向发行在什么情况下豁免核准或需要核准？

（1）根据《非上市公众公司监督管理办法》及其他相关规定，在全国股转系统挂牌的公司，股票定向发行后股东不超过 200 人，中国证监会豁免核准。

（2）需要中国证监会核准的有两种情况：一是公司向特定对方发行股票，导致股东累计超过 200 人；二是股东人数超过 200 人的公众公司向特定对象发行股票。

新三板定向发行由于属于非公开发行，企业一般要在找到投资者后方可进行公告，因此投资信息相对封闭。

527. 新三板定向发行融资“一次核准，分期发行”该如何理解？

应该这样理解：一是公司申请定向发行股票，可以申请一次核准，分期发行；二是公司应当在 3 个月内首期发行，剩余数量应当在 12 个月内发行完毕。

根据 2013 年 12 月修订的《非上市公众公司监督管理办法》的规定，需要说明的是：

（1）对于向特定对象发行股票导致股东累计超过 200 人，以及股东人数超过 200 人的公众公司向特定对象发行股票的两种情形，有三方面的内容需注意：一是上述时间界定是“自中国证监会予以核准之日算起”；二是超过核准文件限定的有效期未发行的，须重新经中国证监会核准后方可发行；三是每期发行后 5 个工作日内，还应将发行情况报中国证监会备案。

（2）对于新三板挂牌公开转让股票的公众公司向特定对象发行股票后股东累计不超过 200 人的，中国证监会豁免核准，由全国中小企业股份转让系统自律管理。

528. 新三板“按需发行，小额多次”的储架发行制度是指什么？

是指挂牌公司实行分期定向发行时，前 3 个月内首期发行数量只要满足总发行数量的50%即可，剩余各期发行的数量由公司根据实际需求和市场接纳的程度自行确定。

529. 新三板定向发行融资“小额豁免审批”是什么意思？

（1）公众公司向特定对象发行股票后股东累计不超过200人。

（2）豁免申请核准的定向发行，主办券商履行持续督导职责并发表意见。

（3）根据2013年12月最新修订的制度规定，挂牌公司在验资完成后10个转让日内，按照规定向全国股份转让系统公司报送材料，履行备案程序。

530. 新三板定向发行股份不锁定是什么意思？实际如何操作？

2013年新规出台之前，定向发行股份的转让有锁定期的限制，即挂牌前12个月内对挂牌公司的增资中货币出资的新增股份在工商变更登记之日后12个月可以进入代办系统转让，非货币出资的部分则需要24个月进入，挂牌后定向增资的新增股份全部按12个月限售处理。

2013年新规取消了定向发行股份锁定期的限制，为投资人自由转让股份提供了更为便利的操作空间，同时也增加了股票市场的流动性。

在实际中，对这一问题的操作体现为以下两点：

（1）参与定增的投资者可以与挂牌公司协商确认锁定期，如能达成一致，新股定增完成后，可随时进入市场。

（2）公司董事、监事、高级管理人员需要按照《公司法》第一百四十二条执行：应当向公司申报所持有的本公司的股份及其变动情况，在任职期间每年转让的股份不得超过其所持有本公司股份总数的25%；所持本公司股份自公司股票上市交易之日起1年内不得转让。上述人员离职后半年内，不得转让其所持有的本公司股份。公司章程可以对公司董事、监事、高级管理人员转让其所持有的本公司股份做出其他限制性规定。

531. 新三板定向发行中多次发行无间隔是指什么？

公司确定发行股份，应按照实际经营发展的需要制订资金计划，但每次融资无时间间隔的要求。

532. 新三板公司挂牌的同时能定向发行吗？有什么好处？

是的，股份公司在新三板挂牌的同时可以定向发行融资。这样的好处：

（1）增强挂牌企业融资的效率。

（2）为公司债、可转债及中小企业私募债等融资工具预留了空间。

533. 如何图解新三板挂牌公司股票发行流程？

需要中国证监会核准的定向发行流程一般是：①确定发行对象，签订认购协议；②董事会就定增方案作出决议，提交股东大会通过；③证监会审核并核准；④发行；⑤披露发行情况报告书。

发行后股东不超过 200 人或者 1 年内股票融资总额低于净资产 20% 的公司可豁免向中国证监会申请核准。这种情况下的流程如下：

（1）决议：董事会就定向发行方案及方案的重大调整等事项作出决议，提交股东大会通过。

（2）发行与认购：包括发行方式、披露认购公告、认购与缴款。

（3）验资：认购完成后，挂牌公司应当按照相关规定，办理验资手续。

（4）提交申请备案文件：挂牌公司应当在股票发行验资完成后的 10 个转让日内，向全国股份转让系统公司提交登记表和相关文件。

（5）形式审查：全国股份转让系统公司对提交的文件进行审查，发送与回复问题清单等。

（6）出具股份登记函：全国股份转让系统公司对文件形式审查后出具股份登记函，送达公司并送交中国证券登记结算有限责任公司和主办券商。

（7）登记与公告：挂牌公司持《股份登记函》在中国证券登记结算有限责任公司办理股份登记后，披露相关公告。

（8）备案：挂牌公司将股权登记证明及此前提交的其他备案材料一起交中国证监会归档。

（9）公开转让：本次股票发行中无限售条件和无锁定承诺的股份按照挂牌转让公告中安排的时间在全国股份转让系统公开转让。

具体见图 8－1 所示。

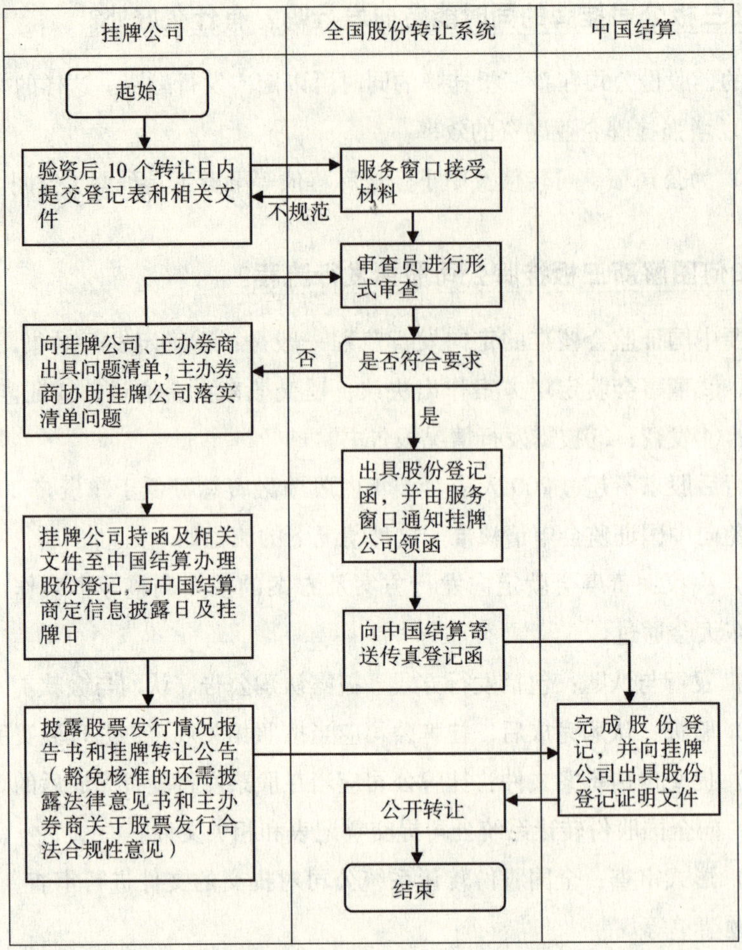

图 8－1　股票发行业务流程图

资料来源：《全国中小企业股份转让系统股票发行业务指南》附件。

534. 挂牌公司的股票发行需要董事会、股东大会做什么？

（1）挂牌公司董事会、股东大会应当对股票发行等事项（包括发行方案重大调整等事项）做出决议。董事会、股东大会表决应当执行公司章程规定的表决权回避制度。

（2）制定股票发行方案重大调整的认定标准，根据《全国中小企业股份转让系统股票发行业务细则（试行）》的规定，对股票发行方案做出重大调整，是指以下两种情形：

一是对发行对象名称（现有股东除外）、认购价格、认购数量或数量上限、现有股东优先认购办法的调整；

二是对发行对象范围、发行价格区间、发行价格确定办法、发行数量或数量上限的调整。

535. 股东超过200人的公司定向发行，董事会和股东大会还应对哪些内容做出决议？

申请向特定对象发行股票导致股东累计超过200人的股份有限公司，董事会和股东大会决议中还应当包括以下内容：

（1）按照中国证监会的相关规定修改公司章程。

（2）按照法律、行政法规和公司章程的规定建立健全公司治理机制。

（3）履行信息披露义务，按照相关规定披露定向发行说明书、发行情况报告书、年度报告、半年度报告及其他信息披露内容。

536. 挂牌公司董事会做出股票发行决议应当符合哪些规定？

挂牌公司股票发行有关事项须经董事会做出决议，并经股东大会审议通过。应当符合下列规定：

（1）董事会决议确定具体发行对象的，董事会决议应当明确具体发行对象（是否为关联方）及其认购价格、认购数量或数量上限、现有股东优先认购办法等事项。认购办法中应当明确现有股东放弃优先认购股票份额的认购安排。

（2）董事会决议确定具体发行对象（现有股东除外）的，挂牌公司应当与相关发行对象签订附生效条件的股票认购合同且应当经董事会批准。认购合同应当载明该发行对象拟认购股票的数量或数量区间、认购价格、限售期，同时约定本次发行经公司董事会、股东大会批准后，合同即生效。

（3）董事会决议未确定具体发行对象的，董事会决议应当明确发行对象的范围、发行价格区间、发行价格确定办法、发行数量上限、现有股东优先认购办法等事项。

（4）发行对象用非现金资产认购发行股票的，董事会决议应当明确交易对手（应当说明是否为关联方）、标的资产、作价原则及审计、评估等事项。

（5）董事会应当说明本次发行募集资金的用途。

537. 挂牌公司股票的发行与认购程序是什么？

（1）发行方式：

董事会决议确定具体发行对象的，挂牌公司应当按照股票发行方案和认购合同的约定发行股票。董事会决议未确定具体发行对象的，可以通过询价确定发行对象、发行价格和发行股数。

（2）披露认购公告：

挂牌公司最迟应当在缴款起始日前的 2 个转让日披露股票发行认购公告。

本次股票发行如有优先认购安排的，认购公告中还应披露现有股东的优先认购安排。公司章程已约定不安排优先认购或全体现有股东在发行前放弃优先认购的，也应予以专门说明。

优先认购安排包括但不限于以下内容：一是现有股东在本次发行前放弃优先认购的情况（如有）；二是现有股东优先认购的缴款期限和缴款方式；三是现有股东放弃优先认购股份的处理方式。

（3）认购与缴款：

发行对象可用现金、非现金资产，以及同时以非现金资产和现金认购发行股票。参与认购的投资者和现有股东应按照认购公告和认购合同的约定，在缴款期内进行缴款认购。

538. 挂牌公司股票发行的要求与认购的规定是什么？

（1）挂牌公司股票发行应当满足《非上市公众公司监督管理办法》规定的公司治理、信息披露及发行对象的要求。

（2）挂牌公司股票发行以现金认购的，公司现有股东在同等条件下对发行的股票有权优先认购。每一股东可优先认购的股份数量上限为股权登记日其在公司的持股比例与本次发行股份数量上限的乘积。公司章程对优先认购另有规定的，从其规定。

（3）发行对象可用现金或者非现金资产认购发行股票。

（4）发行对象承诺对其认购股票进行转让限制的，应当遵守其承诺，并予以披露。

539. 以非现金资产认购公司定向发行的股份有何特别规定？

（1）以非现金资产认购股票，董事会应当在发行方案中对资产定价合理性进行讨论与分析。

（2）以股权资产认购的，股权资产应当经过具有证券、期货等相关业务资格的会计师事务所审计；以非股权资产认购的，非股权资产应当经过具有证券、期货等相关业务资格的资产评估机构评估。

（3）以资产评估结果作为定价依据的，应当由具有证券、期货等相关业务资格的资产评估机构出具评估报告。

（4）以非现金资产认购股票涉及资产审计、评估或者盈利预测的，资产审计结果、评估结果和经具有证券、期货相关业务资格的会计师事务所审核的盈利预测报告应当最晚和召开股东大会的通知同时公告。

540. 挂牌公司申请股票发行对提交的文件有何要求？

挂牌公司应当在股票发行验资完成后的 10 个转让日内，向全国股份转让系统公司接收申请材料的服务窗口（北京市西城区金融大街丁 26 号金阳大厦南门）报送相关文件。文件内容参见第 543 问表中的“备案材料清单”和第 544 问表中的“文件清单”。

注意，办理豁免申请核准的股票发行备案，公司应当提交的文件与股票发行需经中国证监会核准的（发行前后股东超 200 人的公司）不同。

经接收服务窗口人员核对，确认提交的文件齐备后，向公司出具《材料接收确认单》。文件一经接收，未经全国股份转让系统公司同意，不得变更或撤回。

541. 挂牌公司豁免核准的股票发行备案登记表什么样？

表8-1 挂牌公司股票发行备案登记表

（豁免申请核准的股票发行适用）

项目	内容	备注
一、发行基本信息		
发行人名称		
发行前总股本		
本次新增股本		
发行价格		
募集资金总额		
现有股东优先认购数量		
募集资金用途		
二、中介机构信息		
主办券商		
会计师事务所		
律师事务所		
资产评估机构（如有）		
三、备案材料清单		
中国证监会出具的挂牌公司股票在全国股份转让系统公开转让并纳入非上市公众公司监管的同意函		
公司向中国证监会提交的备案报告		
公司向全国股份转让系统公司提交的备案报告		
公司董事会决议		
公司股东大会决议		
与发行对象签署的认购合同		
验资报告		
资产审计报告或评估报告（如有）		
资产转移手续完成的相关证明文件（如有）		
定向发行情况报告书		
主办券商关于本次发行合法合规性的意见		
主办券商关于备案材料的书面审查意见		
律师事务所关于本次发行过程及发行对象合法合规性的意见		

续表

项目	内容	备注
公司全体董事对备案材料真实、准确、完整的承诺函		
主办券商项目组及负责人的联络方式		
全国股份转让系统公司要求的其他文件		

×××股份有限公司全体董事承诺：

所有备案材料均不存在虚假记载、误导性陈述或重大遗漏，且电子文件内容、格式与纸质材料一致。×××股份有限公司全体董事对其真实性、准确性、完整性、一致性承担个别和连带的法律责任。

董事×××、×××因……（具体和明确的理由）不能保证××材料真实、准确、完整。

全体董事签字处

×××股份有限公司（签章处）

2013年×月×日

资料来源：《全国中小企业股份转让系统股票发行业务指南》附件。

542. 挂牌公司经证监会核准的股票发行登记表有什么内容？

表8－2　挂牌公司股票发行登记表

（经中国证监会核准的股票发行适用）

项目	内容	备注
一、发行基本信息		
发行人名称		
发行前总股本		
本次新增股本		
发行价格		
募集资金总额		
发行方式（定价定向/其他方式）		
现有股东优先认购数量（如有）		
募集资金用途		
二、中介机构信息		
主办券商		

续表

项目	内容	备注
会计师事务所		
律师事务所		
资产评估机构（如有）		
三、文件清单		
中国证监会的核准批文		
申请出具股份登记函的报告		
本次股票发行的验资报告		
资产权属证明文件（如有）		
股票发行情况报告书		
签字注册会计师执业证书复印件及其所在机构的执业证书复印件		
挂牌公司全体董事对申请文件真实性、准确性和完整性的承诺书		
主办券商项目组及负责人的联络方式		
全国股份转让系统公司要求的其他文件		

×××股份有限公司全体董事承诺：

所有备案材料均不存在虚假记载、误导性陈述或重大遗漏，且电子文件内容、格式与纸质材料一致。×××股份有限公司全体董事对其真实性、准确性、完整性、一致性承担个别和连带的法律责任。

董事×××、×××因……（具体和明确的理由）不能保证××材料真实、准确、完整。

全体董事签字处

×××股份有限公司（签章处）

2013年×月×日

资料来源：《全国中小企业股份转让系统股票发行业务指南》附件。

543. 全国股转公司对挂牌企业申请股票发行如何审查？

全国股份转让系统公司对提交的文件进行审查。如发现问题将通过电子邮件（feedback@ neeq. org. cn）向主办券商发送问题清单。

主办券商应协助公司落实问题清单中的问题，并在收到问题清单后的10个 转让日内将对问题清单的回复发送至 feedback@ neeq. org. cn。全国股份转让系统公司在备案审查过程中，如发现公司、主办券商、律师事务所及其他证券服务机构有需要补充披露或说明的情形，可以要求其提供补充材料或进行补充披露。

544. 挂牌公司如何披露股票发行公告并办理股份登记？

公司按照中国证券登记结算有限责任公司（以下简称中国结算）发布的《全国中小企业股份转让系统股份登记结算业务指南》的要求向中国结算申请办理股份登记。

公司办理股份登记前，应与中国结算协商确定股票发行情况报告书和本次登记股份的挂牌转让公告的披露日；豁免申请核准的挂牌公司还应当同时披露股票发行法律意见书和主办券商关于股票发行合法合规的意见。挂牌转让公告应当明确本次登记股份的转让日，转让日应符合中国结算的有关规定。

挂牌转让公告披露后，中国结算进行股份登记并出具股份登记证明文件。

第二节 挂牌公司定向发行及融资

545. 新三板定向发行的对象及要求有哪些？

特定对象的范围包括下列机构或者自然人：

①公司股东；②公司的董事、监事、高级管理人员、核心员工；③符合投资者适当性管理规定的自然人投资者、法人投资者及其他经济组织；④除公司股东外的新增投资人合计不得超过35名。

546. 新三板定向发行的自然人和机构等组织包括哪些？

（1）同时符合下列条件的自然人投资者：

一是投资者本人名下前一交易日日终证券类资产市值500万元人民币以上。证券类资产包括客户交易结算资金、股票、基金、债券、券商集合理财产品等，信用证券账户资产除外。

注意：这里需要说明的是，对于个人投资者市值要求为开户时点数，无须长期保持500万元市值。

二是具有2年以上证券投资经验，或具有会计、金融、投资、财经等相关专业背景或培训经历。投资经验的起算时点为投资者本人名下账户在全国股份转让系统、上海证券交易所或深圳证券交易所发生首笔股票交易之日。

（2）下列机构投资者：

一是注册资本500万元人民币以上的法人机构；

二是实缴出资总额500万元人民币以上的合伙企业。

（3）集合信托计划、证券投资基金、银行理财产品、证券公司资产管理计划，以及由金融机构或者相关监管部门认可的其他机构管理的金融产品或资产。

547. 投资者为什么要参与新三板定向发行？

（1）目前在协议转让方式下，新三板市场整体交易量稀少，全年成交量只有数亿元，投资者很难获得买入的机会。定向发行是未来新三板企业股票融资的主要方式，投资者通过参与新三板企业定向增发，提前获取筹码，享受将来流动性迅速放开带来的溢价。

（2）新三板定向发行融资规模相对较小，规定定向增发对象人数不超过35人，因此单笔投资金额最少只需十几万元即可参与。

（3）新三板定向发行不设锁定期，定增股票上市后可直接交易，避免了锁定风险。

（4）新三板定向发行价格可协商谈判来确定，避免买入价格过高的风险。

548. 新三板投资者适当性管理规定2014年是否有再度调整的可能？

按照《全国股转系统投资者适当性管理细则》对投资者的要求：法人机构的注册资本应为500万元以上，合伙企业的实缴出资总额应为500万元以上，自然人名下前一交易日日终证券类资产市值应在500万元（2013年2月为300万，同年年底根据国务院精神调整为500万元）以上。这一制度对新三板企业较少、不分层次的市场状况来说，具备一定的优势。但是，自从2014年1月24日266家企业集体挂牌新三板后，申请挂牌的企业和挂牌企业数量不断增多，新三板投资者适当性管理制度的有关规定面临调整以适应差异化安排的需求和压力。

据分析，新三板挂牌企业数量到 2014 年底超过 1000 家问题不大，为了满足多样化的投资需求，市场内部的分层管理问题将凸显出来。显然，不同层次的市场应当对应不同层次的投资者。预计在新三板分层制度出台及市场分层体系正式建立之时，这种调整或将实现。

当然，在时机成熟的情况下，这种制度修订也是比较容易的事情。因为在新三板市场内，不同规模企业的需求和特点是不一样的，实施差异化服务和分类监管，可以更好地对接多层次资本市场，发挥好承上启下的作用。

549. 新三板挂牌公司历年定向发行融资对比情况如何？

表 8－3　新三板 2006—2013 年定向发行融资统计表

年份	累计挂牌数（家）	融资起数	平均增发股数（万股）	平均募集资金（万元）	平均市盈率
2006	10	1	1250	5000	12.68
2007	24	2	1646	3438	24.37
2008	41	5	1124	4913	14.68
2009	61	1	606	2454	10.38
2010	77	7	695	3877	18.67
2011	102	10	800	6482	21.85
2012	207	24	801	3561	20.74
2013	356	60	572	1705	19.01

资料来源：Wind 资讯并经笔者整理，其中转板到创业板和中小板的公司已从累计挂牌数中减除。

550. 2006—2012 年新三板挂牌公司定向融资变化情况如何？

2006—2010 年，新三板市场还处于培育发展阶段，挂牌企业数量较小，也没有明确的定向增发细则，5 年间仅有 16 起再融资，平均融资规模和融资市盈率均不稳定。

2011 年以来，新三板挂牌公司融资情况开始改善，2011 年融资首次达到 10 起，平均募集资金接近 6500 万元，平均市盈率达到 21 倍。

2012 年新三板挂牌公司定向融资达 24 起，平均融资规模达到 3560 万元，平均市盈率为 20 倍。

551. 2013、2014 年新三板定增与之前相比是爆发式增长吗？

是的，从数据的比较就可以看出：

2006—2012 年共定向发行 50 起，共融资 13.85 亿元，而 2013 年一年就定向发行 60 起，融资 10.23 亿元。定增次数是之前 7 年之和的 1.2 倍，融资额差额不到 2 亿元。

2014 年 1—4 月，新三板挂牌公司完成 37 次定向发行，融资 6.1 亿元，四个半月，新三板定增融资金额已达 2013 年全年的 60% 以上。

目前越来越多的挂牌公司采取定向增发的方式来募集资金，定向增发已经成为参与新三板融资的重要手段。

552. 全国股转系统公司正式运营后第一家定向融资的公司是谁？

2013 年初，全国股转系统公司正式接管新三板的运营管理工作，之前是中国证券业协会管理。2013 年 2 月 8 日，全国股转系统公司集中发布了一批制度规则，开始全面启动新版新三板的运营，同年 3 月 13 日，新锐英诚（430104）以每股 4 元的价格定向发行 350 万股，募集 1400 万元资金，成为全国股转系统公司成立并运营以来第一家实施定向发行融资的挂牌公司。

553. PE/VC 是否为参与新三板定向发行的主力军？

据全国中小企业股份转让系统信息平台数据统计显示，总体来看，目前大多数挂牌公司的增发发行对象以公司高管及核心技术人员居多，主要因为这些公司大多还处于初创阶段，增发有完善治理结构和稳定管理层的考虑。

但是专业股权投资机构正成为新三板定向发行的主要力量，近 3 年有超过 50% 的募集资金来源于创投机构。据新三板官方统计，截至 2014 年 4 月 1 日，在 660 家挂牌企业中，有 215 家企业的前 10 大股东中有 VC/PE（风险投资/私募股权投资）基金，占所有挂牌企业数量的 32.58%。660 家公司总股本 225.86 亿股，VC/PE 基金持有 13.81 亿股，占所有挂牌企业总股本的 6.1%。

而且，相对于投资普通企业 5+2 的投资周期（5 年投资期 +2 年退出期），新三板挂牌企业投资周期有望明显缩短。除此之外，新三板投资者还有产业资本、上市公司等投资机构，正逐步呈现多元化的趋势。

554. 新三板募集的资金一般投向何处？

（1）新三板定向发行募集资金多用于补充流动资金，这是因为，新三板挂牌公司大多处于快速发展时期，对营运资金需求较为紧迫。

（2）此外，加大研发投入和进行行业并购也是常见的募集资金投向。

555. 挂牌公司向外部投资者和原股东定向增资，是否可以价格不一？

根据全国股转公司《常见问答三》的要求：挂牌公司定向发行应遵循同股同价原则。同一次定向发行中，不同认购对象的认购价格应保持一致。如果员工认购股份构成股份支付行为的，应执行有关会计准则并进行信息披露。

556. 定向发行存在签对赌协议的情况，是否影响公司新三板挂牌？

在与新三板公司的股东签，不与公司签的前提下，不导致股份不确权、不影响中小股东挂牌之后的股东利益，存在对赌协议没有什么太大影响。目前，很多公司在定向发行过程中都签订了对赌协议。

557. 挂牌公司是否可以开展股权激励？

根据全国股转公司《常见问答三》的要求：挂牌公司可以通过定向发行向公司员工进行股权激励。挂牌公司的董事、监事、高级管理人员和核心员工可以参与认购本公司定向发行的股票，也可以转让所持有的本公司股票。挂牌公司向特定对象发行股票，股东人数累计可以超过 200 人，但每次定向发行除公司股东之外的其他投资者合计不得超过 35 人。因此，挂牌公司通过定向发行进行股权激励应当符合上述规定。需要说明的是，按照规则，全国股份转让系统允许存在股权激励未行权完毕的公司申请挂牌。

第三节　融资工具及优先股概述

558. 新三板探索和发展多种融资工具的现实背景是什么？

我国经济发展进入了改革的深水区。面对“中小企业多、融资难，民间资本多、投资难”这种“两多两难”困境，新三板应依托证券公司，在全面推进市场、制度构架与建设的同时，加快产品、业务、机制创新，促进储蓄向投资的有效转化，为不同企业提供有效的差异化服务。在这样的背景下，监管层应大力与券商、融投资机构等实体通力合作，运用多种投融资工具在一定风险控制机制的保障下，坚持资本创新“有所为有所不为”的原则，为具有创新与成长潜力的新三板挂牌企业“加杠杆”。有理由相信，这些金融工具的全面探索和推广，将为挂牌企业打造更加繁荣的资本市场，迎来新三板市场更加广阔的发展空间。

559. 新三板探索和发展多种融资工具的内在优势是什么？

新三板探索和发展多种融资工具的内在优势主要体现在两个方面：

一方面，新三板挂牌企业以初创期、成长型为特点，绝大多数创业者尚未实现财富的充实积累，自身投入往往难以支撑企业的快速成长，在银行信贷、创投增资的模式之外，探索和开拓多种投融资工具，不仅可以将券商和其他投融资机构的资金注入新三板挂牌企业急需发展的资金池中，更能发挥来自主办券商和其他投融资机构对企业关注、引导和督导的能动性，提升市场估值趋于企业的真实价值水平，客观上促进了挂牌企业债权、股权融资水平的提升，并吸引了更多的投资者加入到新三板市场的建设中来。另一方面，主办券商和其他投融资机构的自有资本经过杠杆放大后其规模优势大增，这种投融资的压力迫使他们必须更好地运用甚至完善诸如交易规则、尽职调查、持续督导以及包括未来直投、做市等业务在内的制度设计，进而使得券商和其他投融资机构的资金投放更能有的放矢，系统性风险变得可控，市场得到壮大。

而这些相辅相成、共促共长的发展效应和成果的动因则必须来自新三板探索多种投融资工具与制度、机制创新的有效结合。

560. 新三板可以在哪些融资工具上做出探索？其意义如何？

新三板通过协议转让、集合竞价和做市商业务推动挂牌企业股份流动性的同时，还需要依托全国股转系统的平台优势，大力探索和发掘新三板的多种融资工具。除全力推进定向发行、直投业务之外，新三板还可以探索优先股、可转债、私募债、集合债、股权质押回购等融资工具，同时还可以将股权质押贷款，甚至公司债、中期票据、短期融资券等一般性融资工具等在融入自身特色（如新三板挂牌门槛低、未来分层等）后，联动银行、担保、证券、信托、基金、金融租赁、财务公司、资产管理公司甚至期权期货、保险等金融行业的运行机制，结合物联网、互联网金融等的发展趋势而不断变革，尝试在挂牌企业中运用和广泛推广。这将大大拓展中小微型企业的融资途径和发展空间，让新三板的主办券商等中介机构们转变角色，成为中介与投融机构的混合体、市场被动参与者与引领者的杂合体、赚钱与体贴服务的矛盾体、创新工具与风险控制的对立体、思路革新与多方督导的优质体。当然，这也有利于解决我国目前所面临的“两多两难”困境，着实推进我国场外市场的全面、快速与健康发展。

561. 优先股的含义是什么？

优先股是指依照《公司法》，在一般规定的普通种类股份之外，另行规定的其他种类股份，其股份持有人优先于普通股股东分配公司利润和剩余财产，但参与公司决策管理等权利受到限制。

优先股股东的权利、义务以及优先股股份的管理应当符合《公司法》的规定。试点期间不允许发行在股息分配和剩余财产分配上具有不同优先顺序的优先股，但允许发行在其他条款上具有不同设置的优先股。

562. 优先股有哪些优先权？

（1）利润分配优先权。公司应当以现金的形式按照约定的票面股息率向优先股股东支付股息，在完全支付股息之前，不得向普通股股东分配利润。

（2）剩余财产分配优先权。公司因解散、破产等原因进行清算时，公司财产在按照《公司法》和《破产法》有关规定进行清偿后的剩余财产，应当优先向优先股股东支付未派发的股息和公司章程约定的清算金额，不足以支付的按照优先股股东持股比例分配。

（3）转换和回购优先权。公司可以在公司章程中规定优先股转换为普通股、发行人回购优先股的条件、价格和比例。转换选择权或回购选择权包括发行人行使和优先股股东行使两种情况，公司应在章程和招股文件中规定其具体条件。发行人要求回购优先股的，必须完全支付所欠股息，但商业银行发行优先股补充资本的除外。优先股回购后相应减记发行在外的优先股股份总数。

563. 优先股股东除优先权外，还有哪些权利？

（1）优先股股东按照约定的股息率分配股息后，有权同普通股股东一起参加剩余利润分配的，公司章程应明确优先股股东参与剩余利润分配的比例、条件等事项。

（2）优先股股东有权查阅公司章程、股东名册、公司债券存根、股东大会会议记录、董事会会议决议、监事会会议决议、财务会计报告等文件。

（3）表决权限制之外的权利，见下问。

（4）表决权恢复的权利，见下问。

564. 如何理解优先股表决权的限制和恢复？

（1）表决权限制。优先股股东一般不出席股东大会会议，所持股份没有表决权，以下情况除外：

一是修改公司章程中与优先股相关的内容；二是一次或累计减少公司注册资本超过10%；三是公司合并、分立、解散或变更公司形式；四是发行优先股；五是公司章程规定的其他情形。

上述事项的决议，除须经出席会议的普通股股东（含表决权恢复的优先股股东）所持表决权的2/3以上通过之外，还须经出席会议的优先股股东（不含表决权恢复的优先股股东）所持表决权的2/3以上通过。

（2）表决权恢复。公司累计 3 个会计年度或连续 2 个会计年度未按约定支付优先股股息的，优先股股东有权出席股东大会，每股优先股股份享有公司章程规定的表决权。公司累计 3 个会计年度或连续 2 个会计年度未按约定支付优先股股息的，股东大会批准当年不按约定分配利润的方案次日起，优先股股东有权出席股东大会与普通股股东共同表决，每股优先股股份享有公司章程规定的一定比例的表决权。

对于股息可累积到下一会计年度的优先股，表决权恢复直至公司全额支付所欠股息。对于股息不可累积的优先股，表决权恢复直至公司全额支付当年股息。公司章程可规定优先股表决权恢复的其他情形。

565. 公司发行优先股就利润分配事项，公开发行与非公开发行有何区别？

公开发行优先股的，只含上市公司，应当在公司章程中规定以下事项：

（1）采取固定股息率。

（2）在有可分配税后利润的情况下必须向优先股股东分配股息。

（3）未向优先股股东足额派发股息的差额部分应当累积到下一会计年度。

（4）优先股股东按照约定的股息率分配股息后，不再同普通股股东一起参加剩余利润分配。

（5）商业银行发行优先股补充资本的，可就第（2）项和第（3）项事项另行规定。

非公开发行优先股的，包括上市公司和非上市公众公司，应当在公司章程中规定以下事项：

（1）优先股股息率是采用固定股息率还是浮动股息率，并相应明确固定股息率水平或浮动股息率计算方法。

（2）公司在有可分配税后利润的情况下是否必须分配利润。

（3）如果公司因本会计年度可分配利润不足而未向优先股股东足额派发股息，差额部分是否累积到下一会计年度。

（4）优先股股东按照约定的股息率分配股息后，是否有权同普通股股东一起参加剩余利润分配。

（5）优先股利润分配涉及的其他事项。

566. 优先股的4大特点是什么？

（1）在分配公司利润时可先于普通股且以约定的比率进行分配。

（2）当股份有限公司因解散、破产等原因进行清算时，优先股股东可先于普通股股东分取公司的剩余资产。

（3）优先股股东一般不享有公司经营参与权，即优先股股票不包含表决权，优先股股东无权过问公司的经营管理，但在涉及优先股股票所保障的股东权益时，优先股股东可发表意见并享有相应的表决权。

（4）优先股股票可由公司赎回。由于股份有限公司须向优先股股东支付固定的股息，优先股股票实际上是股份有限公司一种举债集资的形式，但优先股股票又不同于公司债券和银行贷款，这是因为优先股股东分取收益和公司资产的权利只能在公司满足了债权人的要求之后才能行使。

567. 优先股主要有哪些分类？目前证监会对此有何规定？

（1）依据股息在当年未能足额分派时，是否能在以后年度补发，分为累积优先股和非累积优先股。累积优先股是指在某个营业年度内，如果公司所获的盈利不足以分派规定的股利，日后优先股的股东对往年未给付的股息，有权要求如数补给。非累积的优先股虽然对公司当年所获得的利润有优先于普通股获得分派股息的权利，但如该年公司所获得的盈利不足以按规定的股利分配时，非累积优先股的股东不能要求公司在以后年度中予以补发。一般来讲，对投资者来说，累积优先股比非累积优先股具有更大的优越性。

（2）依据获得固定的股息外能否参与本期剩余利润的分配，分为参与优先股与非参与优先股。当企业利润增大，除享受既定比率的利息外，还可以跟普通股共同参与利润分配的优先股，称为参与优先股。除了既定股息外，不再参与利润分配的优先股，称为非参与优先股。一般来讲，参与优先股较非参与优先股对投资者更为有利。

（3）依据能否转换为其他证券，分为可转换优先股与不可转换优先股。可转换的优先股是指允许优先股持有人在特定条件下把优先股转换成为一定数额的普通股。否则，就是不可转换优先股。可转换优先股是日益流行的一种优先股。

（4）依据能否由原发行的股份公司赎回，分为可回购优先股与不可回购优先股。可回购优先股是指允许发行该类股票的公司，按原来的价格再加上若干补偿金将已发生的优先股收回。当该公司认为能够以较低股利的股票来代替已发生的优先股时，就往往行使这种权利。反之，就是不可回购的优先股。

2014 年 3 月 21 日中国证券监督管理委员会发布的《优先股试点管理办法》规定：上市公司不得发行可转换为普通股的优先股（可转换优先股）。

568. 优先股回购的方式有哪些？

（1）溢价方式：公司在赎回优先股时，虽是按事先规定的价格进行，但是，这样往往给投资者带来不便，因而发行公司常在优先股面值上再加一笔溢价。

（2）公司在发行优先股时，从所获得的资金中提出一部分款项创立偿债基金，专用于定期赎回已发出的一部分优先股。

（3）转换方式：优先股可按规定转换成普通股。虽然可转换的优先股本身构成优先股的一个种类，但在国外投资界，也常把它看成是一种收回优先股的方式，只是这种收回的主动权在投资者而不在公司里，对投资者来说，在普通股的市价上升时这样做是十分有利的。

569. 优先股可能存在的风险有哪些？

（1）优先股的违约风险，但是优先股的违约很少发生。

（2）优先股附带的赎回条款会给投资者带来再投资风险。

（3）优先股市场容量小，流动性要低于股票市场。

（4）优先股的升值空间小，主要收益来自股息的收益。

570. 优先股相对普通股的利弊有哪些？

有利之处：

（1）由于优先股的股利不是发行公司必须偿付的一项法定债务，因此公司财务状况恶化时，这种股利可以不付，从而减轻了企业的财务负担。

（2）由于优先股没有规定最终到期日，它实质上是一种永续性借款。优先股票的收回由企业决定，企业可在有利条件下收回优先股，具有较大的灵活性。

（3）从债权人的角度看，优先股属于公司股本，巩固了公司的财务状况，提高了公司的举债能力，因此，财务风险小。

（4）与普通股票相比，优先股票每股收益是固定的，只要企业净资产收益率高于优先股成本率，普通股每股收益就会上升；另外，优先股票无表决权，因此，不影响普通股股东对企业的控制权。

不利之处：

（1）由于优先股的股利不能抵减所得税，因此其成本高于债务成本。这是优先股筹资的最大不利因素。

（2）虽然公司可以不按规定支付股利，但这会影响企业形象，进而对普通股市价产生不利影响，损害普通股股东的权益。当然，如在企业财务状况恶化时，这是不可避免的；但是，如企业盈利很大，想更多地留用利润来扩大经营时，优先股股利支付的固定性便成为一项财务负担，影响了企业的扩大再生产。

571. 优先股对债券和股市有何影响？

一般来说，长期资金如保险、养老金等比较偏好商业银行次级债，优先股的存在势必为这些长期资金提供了一条很好的备选之路。另外，优先股对收益率较低的利率品和高等级信用债券也有相当强的比价效应。所以，优先股的试行会利空次级债、高等级信用和利率债。

不过，短期内，优先股还不能形成规模效应，对债券市场的冲击还很有限。

优先股的试行，有助于推进股市对价值投资的引导，至少有三大利好：一是上市公司控股股东拥有大量的优先股，将迫使大股东分红和送转股，提高了上市公司对投资者的回报；二是优先股只能在交易所系统集中交易，从而消除了市场对大小非减持的恐惧，有利于股价稳定；三是优先股的推出有利于规模性引入机构投资者，改善公司治理，保护投资者利益。

第四节　优先股发行的要求、条件、发行程序及转让监管

572. 优先股试点政策如何？新三板何时试点？

国务院2013年11月底发布的《国务院关于开展优先股试点的指导意见》（国发〔2013〕46号），对优先股的发行条件、股东权利义务、转让交易等方面作了界定。业内人士此前预期，优先股有助于减轻一些大型公司，尤其是银行股的再融资压力，对股市有一定利好作用。

同年12月13日证监会发布的《优先股试点管理办法（征求意见稿）》表示，上市公司发行可转换为普通股的优先股时，自发行结束之日起36个月后方可转换为普通股。而这一条款，被一些市场人士视为又一股暗流汹涌的“大小非”，亦被认为可能会侵害中小投资者权利。

2014年3月21日，中国证监会发布《优先股试点管理办法》，至于新三板何时推出，暂无时间表。

573. 《国务院关于开展优先股试点的指导意见》有哪些内容要点？

国务院2013年11月30日发布的《国务院关于开展优先股试点的指导意见》（国发〔2013〕46号），主要包括三方面的内容：

（1）优先股股东的权利与义务。包括优先股的内涵，优先股优先分配利润、优先分配剩余财产和优先股转换回购的权利，优先股表决权限制和表决权恢复的规定，与股份种类相关的计算内容。

（2）优先股发行与交易。包括发行人的范围、发行条件和公开发行方式，对交易转让及登记存管、信息披露的相关规定，公司收购和与持股数额相关的计算内容。

（3）组织管理和配套政策。包括加强组织管理及完善配套政策等内容。

574. 《国务院关于开展优先股试点的指导意见》的作用和意义是什么?

优先股试点，有利于进一步深化企业股份制改革，为发行人提供灵活的直接融资工具，优化企业财务结构，推动企业兼并重组；有利于丰富证券品种，为投资者提供多元化的投资渠道，提高直接融资比重，促进资本市场稳定发展。

就现状来看，优先股有助于减轻一些大型公司，尤其是银行股的再融资压力，对股市有一定利好作用。

对非上市公众公司及新三板挂牌公司来说，发行优先股一方面拓展了融资途径，开辟了新的融资工具；另一方面将那些喜欢投资风险小、收益稳定产品的投资者引入了市场，提升了市场的人气和活力，有利于新三板参与者各类投融资活动组合策略的实现。

575. 证监会发布的《优先股试点管理办法》涵盖哪些内容?

2014 年 3 月 21 日，中国证监会发布《优先股试点管理办法》，该办法共 9 章，70 条，包括总则、优先股股东权利的行使、上市公司发行优先股、非上市公众公司非公开发行优先股、交易转让及登记结算、信息披露、回购与并购重组、监管措施和法律责任、附则等条款。主要内容包括：

（1）上市公司可以发行优先股，非上市公众公司可以非公开发行优先股。

（2）三类上市公司可以公开发行优先股，即①其普通股为上证 50 指数成分股；②以公开发行优先股作为支付手段收购或吸收合并其他上市公司；③以减少注册资本为目的回购普通股的，可以公开发行优先股作为支付手段，或者在回购方案实施完毕后，可公开发行不超过回购减资总额的优先股。

（3）上市公司发行优先股，可以申请一次核准，分次发行。

（4）公司非公开发行优先股仅向本办法规定的合格投资者发行，每次发行对象不得超过 200 人，且相同条款优先股的发行对象累计不得超过 200 人。

（5）优先股交易或转让环节的投资者适当性标准应当与发行环节保持一致；非公开发行的相同条款优先股经交易或转让后，投资者不得超过 200 人。

576. 优先股发行人的范围及发行条件是什么?

（1）发行人范围：公开发行优先股的发行人限于证监会规定的上市公司。非公开发行优先股的发行人限于上市公司和非上市公众公司，其中包括注册地在境内的境外上市公司。

（2）发行条件：公司已发行的优先股不得超过公司普通股股份总数的50%，且筹资金额不得超过发行前净资产的50%，已回购、转换的优先股不纳入计算。公司公开发行优先股以及上市公司非公开发行优先股的其他条件适用《证券法》的规定。非上市公众公司非公开发行优先股的条件由证监会另行规定。

577. 哪些行业愿意发行优先股?

一般是需要补充核心资产或净资产收益率（ROE）、负债率比较高的行业。这些行业主要有商业银行、公用事业、电力和房地产等行业。目前上市银行股价大多在1倍平均市净率（P/B）之下，考虑现实情况，通过普通股补充核心资本几乎无可能性，而优先股可以较好地满足商业银行的需求。目前看，公用事业、电力、房地产等行业的ROE水平较高，资产负债率水平较高，缺乏成长性，优先股也能较好地满足上述行业的需求。

578. 非上市公众公司发行优先股的基本要求和条件是什么?

基本要求：

（1）发行方式是非公开发放。

（2）试点期间不允许发行在股息分配和剩余财产分配上具有不同优先顺序的优先股，但允许发行在其他条款上具有不同设置的优先股。

（3）相同条款的优先股应当具有同等权利。同次发行的相同条款优先股，每股发行的条件、价格和票面股息率应当相同；任何单位或者个人认购的股份，每股应当支付相同价额。

符合的条件：一是合法规范经营；二是公司治理机制健全；三是依法履行信息披露义务。

579. 非上市公司发行优先股遵守的办法是什么?

按照证监会发布的《优先股试点管理办法》的规定，非上市公司发行优先股必须遵守：

（1）已发行的优先股不得超过公司普通股股份总数的50%，且筹资金额不得超过发行前净资产的50%，已回购、转换的优先股不纳入计算。

（2）同一次发行的优先股，条款应当相同。每次优先股发行完毕前，不得再次发行优先股。

（3）优先股每股票面金额为100元。优先股发行价格和票面股息率应当公允、合理，不得损害股东或其他利益相关方的合法利益，发行价格不得低于优先股票面金额。非公开发行优先股的票面股息率不得高于最近两个会计年度的年均加权平均净资产收益率。

（4）不得发行可转换为普通股的优先股。但商业银行可根据商业银行资本监管规定，非公开发行触发事件发生时强制转换为普通股的优先股，并遵守有关规定。

（5）优先股仅向本办法规定的合格投资者发行，每次发行对象不得超过200人，且相同条款优先股的发行对象累计不得超过200人。发行对象为境外战略投资者的，还应当符合国务院相关部门的规定。

（6）发行优先股的申请、审核（豁免）、发行等相关程序应按照《非上市公众公司监督管理办法》等相关规定办理。

580. 哪些情况下的非上市公众公司不得发行优先股?

存在下列情形之一的，不得发行优先股：

（1）发行申请文件有虚假记载、误导性陈述或重大遗漏。

（2）最近12个月内受到过中国证监会的行政处罚。

（3）因涉嫌犯罪正被司法机关立案侦查或涉嫌违法违规正被中国证监会立案调查。

（4）公司的权益被控股股东或实际控制人严重损害且尚未消除。

（5）公司及其附属公司违规对外提供担保且尚未解除。

（6）存在可能严重影响公司持续经营的担保、诉讼、仲裁、市场重大质疑或其他重大事项。

（7）其董事和高级管理人员不符合法律、行政法规和规章规定的任职资格。

（8）严重损害投资者合法权益和社会公共利益的其他情形。

581. 优先股发行对公司“董监高”三级人员有哪些规定？

公司董事、监事、高级管理人员应当向公司申报所持有的本公司优先股及其变动情况，在任职期间每年转让的股份不得超过其所持本公司优先股股份总数的25%。公司章程可以对公司董事、监事、高级管理人员转让其所持有的本公司优先股股份做出其他限制性规定。

582. 非上市公众公司发行优先股，董事会须履行哪些职责？

按照证监会发布的《优先股试点管理办法》的规定，非上市公众公司拟发行优先股的，董事会应依法就具体方案、本次发行对公司各类股东权益的影响、发行优先股的目的、募集资金的用途及其他必须明确的事项作出决议，并提请股东大会批准。

董事会决议确定具体发行对象的，董事会决议应当确定具体发行对象的名称及其认购价格或定价原则、认购数量或数量区间等；同时应在召开董事会前与相应发行对象签订附条件生效的股份认购合同。董事会决议未确定具体发行对象的，董事会决议应当明确发行对象的范围和资格、定价原则等。

583. 非上市公众公司发行优先股，股东大会审议程序与表决要求是什么？

按照证监会发布的《优先股试点管理办法》的规定，非上市公众公司拟发行优先股的，经股东大会审议，应当就下列事项逐项进行表决：

（1）本次发行优先股的种类和数量。

（2）发行方式、发行对象及向原股东配售的安排。

（3）票面金额、发行价格或其确定原则。

（4）优先股股东参与分配利润的方式，包括：票面股息率或其确定原则、股息发放的条件、股息支付方式、股息是否累积、是否可以参与剩余利润分配等。

（5）回购条款，包括回购的条件、期间、价格及其确定原则、回购选择权的行使主体等（如有）。

（6）募集资金用途。

（7）公司与发行对象签订的附条件生效的优先股认购合同（如有）。

（8）决议的有效期。

（9）公司章程关于优先股股东和普通股股东利润分配、剩余财产分配、优先股表决权恢复等相关政策条款的修订方案。

（10）对董事会办理本次发行具体事宜的授权。

（11）其他事项。

上述决议，须经出席会议的普通股股东（含表决权恢复的优先股股东）所持表决权的2/3以上通过。已发行优先股的，还须经出席会议的优先股股东（不含表决权恢复的优先股股东）所持表决权的2/3以上通过。非上市公众公司向公司特定股东及其关联人发行优先股的，股东大会就发行方案进行表决时，关联股东应当回避，公司普通股股东（不含表决权恢复的优先股股东）人数少于200人的除外。

584. 与股份种类和持股数额相关的计算有哪些事项？

根据《国务院关于开展优先股试点的指导意见》的规定，以下事项在计算持股比例时，仅计算普通股和表决权恢复的优先股：

一是根据《公司法》第一百零一条，请求召开临时股东大会；二是根据《公司法》第一百零二条，召集和主持股东大会；三是根据《公司法》第一百零三条，提交股东大会临时提案；四是根据《公司法》第二百一十七条，认定控股股东。

以下事项计算持股数额时，仅计算普通股和表决权恢复的优先股：

一是根据《证券法》第五十四条和第六十六条，认定持有公司股份最多的前10名股东的名单和持股数额；二是根据《证券法》第四十七条、第六十七条和第七十四条，认定持有公司5%以上股份的股东。

注意，根据证监会《优先股试点管理办法》的规定，除以上事项外，计算股东人数和持股比例时应分别计算普通股和优先股。

585. 对非上市公众公司优先股交易转让、登记结算及并购重组有哪些规定？

根据《优先股试点管理办法》的规定，非上市公众公司非公开发行的优先股可以在全国股转系统转让，转让范围仅限合格投资者。交易或转让的具体办法由全国股转系统另行制定。

优先股交易或转让环节的投资者适当性标准应当与发行环节保持一致；非公开发行的相同条款优先股经交易或转让后，投资者不得超过200人。

中国证券登记结算公司为优先股提供登记、存管、清算、交收等服务。

非上市公众公司发行优先股的方案涉及重大资产重组的，应当符合中国证监会有关重大资产重组的规定。

586. 优先股对哪些投资者有吸引力？

对机构长期稳健资金和部分个人长期投资者有吸引力，但后者不会很快介入。由于优先股流动性较差且永续存在或者到期时间较长，投资者很难从股价变化中获益，持有收益主要来源于每年的固定分红，因而适合财务战略投资者，机构长期稳健资金和部分个人长期投资者。

由于优先股的股息率较高，远大于目前的活期储蓄利率，因此对部分个人投资者有一定吸引力。但是，目前在我国利率市场化的背景下，多数银行理财、产品的收益率水平很高，个人投资者介入应该较少。

从海外市场看，优先股股息相对稳定，通常高于债券收益率，对于保险、养老等长期资金有较强的吸引力。

587. 非上市公众公司能向哪些合格投资者发行优先股？

按照证监会发布的《优先股试点管理办法》的规定，合格投资者包括：

（1）经有关金融监管部门批准设立的金融机构，包括商业银行、证券公司、基金管理公司、信托公司和保险公司等。

（2）上述金融机构面向投资者发行的理财产品，包括但不限于银行理财产品、信托产品、投连险产品、基金产品、证券公司资产管理产品等。

（3）实收资本或实收股本总额不低于人民币500万元的企业法人。

（4）实缴出资总额不低于人民币500万元的合伙企业。

（5）合格境外机构投资者（QFII）、人民币合格境外机构投资者（RQFII）、符合国务院相关部门规定的境外战略投资者。

（6）除发行人董事、高级管理人员及其配偶以外的，名下各类证券账户、资金账户、资产管理账户的资产总额不低于人民币500万元的个人投资者。

（7）经中国证监会认可的其他合格投资者。

588.《优先股试点管理办法》在保护中小投资者权益方面有哪些规定？

《优先股试点管理办法》重点对利益输送环节进行了防范，从保护中小投资者合法权益出发，做出了4方面的规定：

（1）限制公司非公开发行优先股的票面股息率水平，要求不得高于最近两个会计年度的加权平均净资产收益率。

（2）发行公司的董事、高级管理人员及其配偶排除在非公开发行的合格投资者范围之外，避免利益输送。

（3）规定上市公司向关联股东发行优先股的，关联股东须回避表决。

（4）要求独立董事对发行优先股发表专项意见。

589.什么是强制分红，《优先股试点管理办法》对此有什么规定？

强制分红就是指公司在有可分配税后利润的情况下必须向优先股股东分配股息。

同一公司既发行强制分红优先股，又发行不含强制分红条款优先股的，不属于发行在股息分配上具有不同优先顺序的优先股。

590.对非上市公众公司发行优先股信息披露有哪些规定？

根据《优先股试点管理办法》的规定，公司应当按照中国证监会有关信息披露的规则编制募集优先股说明书或其他信息披露文件，依法履行信息披露义务。非上市公众公司非公开发行优先股的信息披露程序和要求参照《非上市公众公司监督管理办法》及有关监管指引的规定。

发行优先股的公司披露定期报告时，应当以专门章节披露已发行优先股情况、持有公司优先股股份最多的前十名股东的名单和持股数额、优先股股东的利润分配情况、优先股的回购情况、优先股股东表决权恢复及行使情况、优先股会计处理情况及其他与优先股有关的情况，具体内容与格式由中国证监会规定。

发行优先股的非上市公众公司按照《非上市公众公司监督管理办法》及有关监管指引的规定履行日常信息披露义务。

591. 优先股发行的监管措施和法律责任有哪些规定？

根据《优先股试点管理办法》的规定，优先股发行的监管措施和法律责任有如下内容：

公司及其控股股东或实际控制人，公司董事、监事、高级管理人员以及其他直接责任人员，相关市场中介机构及责任人员，以及优先股试点的其他市场参与者违反本办法规定的，依照《公司法》、《证券法》和中国证监会的有关规定处理；涉嫌犯罪的，依法移送司法机关，追究其刑事责任。

上市公司、非上市公众公司违反本办法规定，存在未按规定制定有关章程条款、不按照约定召集股东大会恢复优先股股东表决权等损害优先股股东和中小股东权益等行为的，中国证监会应当责令改正，对上市公司、非上市公众公司和其直接负责的主管人员和其他直接责任人员，可以采取相应的行政监管措施以及警告、3 万元以下罚款等行政处罚。

上市公司、非上市公众公司向本办法规定的合格投资者以外的投资者非公开发行优先股，中国证监会应当责令改正，并可以自确认之日起在 36 个月内不受理该公司的发行优先股申请。

承销机构在承销非公开发行的优先股时，将优先股配售给不符合本办法合格投资者规定的对象的，中国证监会可以责令改正，并在 36 个月内不接受其参与证券承销。

第五节　股权质押回购及质押融资

592. 什么是股权质押？

股权质押又称股权质权，是指出质人以其所拥有的公司股权作为质押标的物而设立的质押。按照目前世界上大多数国家有关担保的法律制度的规定，质押以其标的物为标准，可分为动产质押和权利质押。股权质押就属于权利质押的一种。股权质押的主体包括出质人和质权人。在股权质押过程中，出质人按照一定的法律程序将其拥有的公司股权收益权让渡给交易对手方——质权人。相应地，质权人支付事先约定的、一般不超过股权的收益权价值的对价。因此，在股权质押完成后，出质人通过设立、让渡股权标的物获得质权人对价而成为债务人，质权人成为债权人，并以质押股权作为其债务的担保物权。股权质押在质押期间，出质人作为公司股东的身份不变，未经出质人公司其他股东同意，质权人不得转让出质股权；未经质权人同意，出质投资者不得将已出质的股权转让或再质押。

593. 什么是股权质押回购？

股票质押回购是指符合条件的资金融入方以所持有的股票或其他证券质押，向符合条件的资金融出方融入资金，并约定在未来返还资金、解除质押的交易。

沪深证券交易所于2013年5月24日与中国证券登记结算有限责任公司联合发布了《股票质押式回购交易及登记结算业务办法（试行）》，标志着这一创新业务的正式推出已具备制度基础。

594. 股权质押与股权质押回购有什么区别？

股权质押回购即股权质押回购业务，是以股权质押为基础演化出的创新业务。股权质押回购业务可简单地划分为股权的质押、相应质押股权赎回前后两个组成部分。相对于股权质押而言，股权质押回购业务不仅包括了股权质押业务，同时还事先对质押的股权设定了不同条件下赎回的制度安排。

595. 什么是新三板股权质押？它是否属于股权质押回购业务？

早在2013年8月，就传出新三板或将探索股权质押业务，这里所说的新三板股权质押，实质上属于股权质押回购业务，即挂牌企业将公司股权质押给主办券商，从而获得来自主办券商的资金支持以满足其业务发展需要，与股权质押在银行贷款融资是两回事儿。简单地说，就是质押股权、融入资金。

当然，只要企业股份通过挂牌实现标准化和可流动之后，就已经具备了向银行申请质押股票贷款的融资条件，目前在北京中关村，就已经有不少银行为新三板挂牌企业提供此项业务。但新三板交易所方面希望更进一步，推动代办券商参与到此项业务中来，即上面所说的新三板股权质押业务，挂牌企业的大股东或实际控制人将持有的公司股票质押给券商，从券商融入资金用于对公司追加投资，或者用作其他用途。

596. 什么是出质人与质权人？签订股权质押回购业务合同须注意什么？

股权质押回购业务的出质人一般为需要资金的企业。质权人往往由银行、证券等金融机构充当。金融机构在开展股权质押回购业务时，既可通过设计发行理财产品募集资金，也可以自有资金开展股权质押回购业务。

股权质押企业与金融机构在开展股权质押回购业务时，须事先签订相关合同，就质押股权的期限、数量、质押股权的价格、质押股权回购价格等条款进行约定。特别需要指出的是，股权质押回购合同中，股权质押价格远低于其市场价格，这使质权价值远低于质权的实际市场价值。同时，合同中应明确质押股权市场价值下跌时质押资产池价值的“补充维持”机制。

这些制度安排不仅确保了股权质押回购业务资产的安全，大大降低了金融机构债权的风险，还保证了开展该业务的金融机构能获得可观的收益。因此，金融机构开展股权质押回购业务前景值得期待。

597. 约定式回购、股票质押回购与融资融券主要区别在哪儿？

约定式回购证券交易是指符合条件的投资者以约定价格向指定交易的证券公司卖出特定证券，并约定在未来某一日期，按照另一约定价格购回证券的交易行为。股权质押式回购是指客户将自己的股权以质押的方式向证券公司融资。融资融券又称证券信用交易，是指投资者向具有融资融券业务资格的证券公司提供担保物，借入资金买入证券（融资交易）或借入证券并卖出（融券交易）的行为。

相比约定式回购，股权质押回购不会转移股票的所有权，且可以抵押限售股；而通过两市交易所系统，券商可以跳过托管环节，完全电子化划转资金，大大提升了效率。股权质押回购业务的另一特点是，券商出借的资金可来自社会，即券商可通过发行资管专户或定向募集获得社会资金，再出借给客户。该业务的落地将使券商的资本中介模式真正出炉。

三种操作方式风险差异较大，约定式回购必须要面临客户股票贴水严重、客户违约不履行回购交易的风险；股权质押式回购，必须要面临的是客户所持有企业股权的持续型市场价值；融资融券是担保金交易，相对安全。就证券公司的风险比较而言，约定式回购最大，股票质押回购次之，融资融券风险最低。

598. 股权质押贷款的概念是什么？

股权质押贷款是指按《担保法》规定的质押方式以借款人或第三人持有的股权作为质物发放的贷款。前款规定的借款人或第三人为出质人。股权质押贷款是获得银行贷款的一种方式。

599. 股权质押贷款的风险主要是什么，银行对此主要关注什么？

股权质押贷款存在风险主要是因为股权价值很难评估，且无法预料股权的保值性。一般来讲，金融机构主要是根据企业的净资产以及每股净资产来确认企业股份的价值，然后按照一定的折扣率给予授信。所以银行在开展业务的时候，仍需要选择现金流充足、贷款期限较短、企业实力雄厚、信誉良好的企业。

商业银行在开展股权质押贷款业务时，往往注意如下两点：

一是股权质押属于权利质押，相对于实物质押，股权质押存在较大的不确定性。股权变现时，其价值的实现取决于该权利对应的财产价值。股权质押的风险在于股权的价格很有可能因公司经营不善而下跌。当股权价格下跌后，转让股权所得的价款，有可能不足以清偿债务。虽然《担保法》规定变价收入不足抵偿债务时，债务人需要就不足部分继续进行偿还。但在实际操作过程中，债务人时常因缺少能力而使进一步偿还成为泡影。因此，商业银行在接受股权质押时，往往还要对企业资产加以锁定，即限制企业某些经营行为，以免股权价值被掏空。

二是银行在接受股权质押时，往往会对该股权质押情况及质押成立条件等进行充分了解。《担保法》对股份和股票设定质权采取了不同的生效条件：以股份质押的，质押合同自股份出质记载于股东名册之日起生效；以股票质押的，质押合同以出质人和质权人向证券机构办理出质登记之日起生效。因此，接受股权质押时，银行往往会实际查看股东名册或向证券登记机构查询股权质押等情况。

600. 针对上问风险，新三板挂牌对公司股权质押贷款有何好处？

在现实中，广大中小微型企业，虽然成长性较好，但是资产相对较少，没有抵押物，很难从银行贷款，发展受到限制，因此，通过股权质押进行融资是一条很好的途径。但是，正如上问所说，股权质押贷款的风险主要在于股权价值难以评估，且无法预料股权的保值性，所以，公司股权的价值如何评估，怎样体现变得很重要。

中小微型企业上市很难，而挂牌新三板就容易得多。企业挂牌新三板实现了股权的两大重要功能，即标准化和可流动性。这就可以让市场对公司股票进行定价和估值了，解决了银行股权质押最为头痛的问题。另外，公司挂牌新三板受到主办券商的督导、市场自律的监管，还可以享受平台给企业提供的诸多好处，也相当于给银行做股权质押贷款提供了变相的担保，所以，企业挂牌新三板不仅使其具备了向银行申请质押股票贷款的融资条件，还会提升其银行授信额度。

601. 股权质押贷款影响公司挂牌吗？如何办理相关手续？

根据全国股转系统公司的《常见问答二》：挂牌前，拟挂牌公司可依法办理股权质押贷款，须履行必要内部决议程序，签署书面质押合同，办理工商登记手续，只要不存在股权纠纷和其他争议，原则上不会影响其挂牌。挂牌后，挂牌公司也可依法办理股权质押贷款，但须按照中国证券登记结算有限责任公司的要求，办理股票质押手续。

办理股权质押贷款的股份在股份公司挂牌后，应当按照中国证券登记结算公司的有关规定办理登记手续，在股权出质期间限制转让，待质押权行使时，按照中国证券登记结算公司的有关规定办理流通手续。

602. 实际操作中，银行对挂牌公司股份质押贷款估值的依据是什么？

实际操作中，银行评估挂牌新三板公司的股份分3种情况：一是挂牌公司进行过定向发行，那么发行的时候有一个定价，有了定价就按照市价和净资产孰低的原则来定。二是公司没有定向增发，但有过交易，可以按照交易的价格确定。三是公司在股改的时候同时挂牌，在平台上没有交易价格，那么它贷款的时候只能以净资产打折来估值。

银行规避风险有一整套事前、事中和事后的风险管理机制，比如事前对公司资质审查，进行综合评估，事中进行跟踪监控等。当然，如果公司出现极端情况如不能支付本息等，银行可能会实施冻结，走法律程序等。

第六节　互联网金融与众筹融资

603. 众筹的概念及三要素是什么？

众筹（Crowd－funding）即公众小额集资，最初是一种互联网商业模式，指一群人通过互联网为某一项目或某一创意提供资金支持，从而取代诸如银行、风投、天使投资这类公认的融资实体或个人。基本模式是项目的发起者在众筹平台网站上展示项目，投资人根据项目信息进行投资。众筹模式具有部分传统投资银行的融资功能。

众筹融资的三要素是筹资者、众筹平台和投资者。众筹融资过程中，筹资者通过众筹平台发布资金需求信息，投资者根据该信息做出投资决策并将资金转移给筹资者，整个过程由筹资者、众筹平台和投资者三类主体共同协作。

604. 互联网如何催生众筹融资新模式？

目前互联网金融的主要业务模式有三类：第三方支付、网络信贷、众筹融资。众筹被看作融资渠道的创新。众筹融资是向一大群投资者筹集资金，而不是少量的成熟投资者（如 VC、PE 和天使投资人）。每个投资者只需要投资少量的资金，并且不需要银行或承销商等中介机构的参与。

众筹的产生主要由于初创企业或小微企业往往无力负担正规渠道高额的融资成本，很难进行融资，他们不得不寻求新的融资渠道。而互联网上的众筹平台将筹资者与融资者直接连通，将个人投资者和非金融机构连接起来，使众筹融资快速发展。

有人认为在互联网对经济社会生活进一步渗透的背景下，众筹大有对传统证券投行业务构成冲击甚至取代后者的趋势。

605. 我国众筹有何本土特色？

我国目前的众筹网站为了避免涉嫌“非法集资”，大多声明众筹回报不能为股权或是资金，从而使支持者对一个项目的支持属于购买行为，而不是投资行为。因此国内的众筹往往更像团购模式：多个项目投资人提前购买某一产品或服务。

606. 众筹有哪些模式？

众筹的基本模式分为 4 种：

（1）债权众筹。即多位投资者对项目或公司进行投资，获得其一定比例的债权，未来获取利息收益并收回本金。债权众筹类似于P2P借贷平台。一些平台起到中间人的作用，一些平台还担当还款的责任。同时，企业或个人融资可能是为自身发展，也可能是为某社会公益项目而进行无利息的借贷融资。

（2）股权众筹。投资者对项目或公司进行投资，获得其一定比例的股权。股权众筹融资常用于初创企业或中小企业的开始阶段，在软件、网络公司、计算机和通信、消费产品、媒体等企业中应用比较广泛。

（3）回报众筹。投资者对项目或公司进行投资，获得产品或服务。

（4）捐赠众筹。投资者对项目或公司进行无偿捐赠。

607. 面对互联网金融，新三板该做些什么？

互联网金融将会彻底改变我们未来的金融和生活，面对这一新生事物的冲击，新三板应主要做好4个方面的准备：

（1）监管层及中介等新三板市场参与者们要加强对互联网金融的理解和认识，强化自身互联网金融意识，这一点很重要。

（2）监管层可以布置相关机构对互联网金融进行专项研究，力求在挂牌企业投融资方面发掘新兴的互联网金融工具，进而对未来市场走势、新技术的运用以及如何监管等方面做出探索和把控。

（3）券商的新三板投行业务应以新三板挂牌公司的股票承销为创新突破口，利用互联网的信息传播以及成本优势，使新三板市场与互联网金融充分结合。

（4）就目前的业务方面来说，一是监管部门可以针对互联网等高科技企业登陆国内资本市场的制度设计，引导优秀互联网公司通过在场外市场的新三板挂牌，逐步过渡至场内市场上市；二是在场外市场业务一线的实务操作层面，场外市场从业人员要以互联网金融思维去发掘优质互联网企业客户挂牌新三板。

608. 众筹模式与新三板承销能否结合？

挂牌新三板的企业大多科技含量较高，处于初创期或成长期，具有较高的成长性及发展空间，但价值需要经过充分解读与发掘才能体现。而传统定向发行的股票承销方式因为线下沟通成本过高、沟通时间以及对象有限，承销效率低下，好企业得不到市场的认可，很多投资者对优质企业信息了解的渠道有限，难以很好地进行投资，当然也难有好的回报。

新三板市场可以借鉴互联网金融中的众筹模式，比如利用O2O的方式开展新三板企业的股票承销。在众筹平台上，挂牌公司可以将企业的基本信息及融资计划经过众筹网站标准化的格式公布在线上，为广大投资人提供价值判断的有用信息，从而筛选出一批有明确投资意向的投资人，然后开展线下的落实投资协议及条款、投资者打款验资、券商制作定向发行材料等工作。

这种方式可以降低由于信息不对称带来的沟通成本，大范围、高效性地提升投资者与企业对接沟通的机会和范围，解决传统承销模式的诸多弊端，从而利用互联网线上的低成本、市场化的运作模式，使新三板市场的投融资功能得以充分发挥。引入众筹模式或将起到互联网金融对券商投行业务最具影响的革命性推动作用。

609. 新三板推动互联网金融工具是否更具创新活力？

对新三板来说，开展互联网金融业务具备很大的优势，主要表现在：

新三板其本身所具有的不可替代的权威性和公信力，将会得到投资者、企业、金融机构等的广泛认同，或能收获中介、投资者、挂牌企业及它们之间的各类业务的爆发式增长。

新三板挂牌企业作为纳入证监会统一监管下的非上市公众公司，具有较高的规范度及规范意识，且在新三板挂牌期间须受主办券商的持续督导，其人为损害投资者利益的道德风险将大大降低。而现在国内已有股权众筹平台上的企业或项目大多处在种子期、初创期，没有经过券商等专业人士的梳理，不规范的程度较高，未来上市的周期较长，不确定性也较大。

新三板企业是拥有A股股票代码的公众公司，且股东人数可突破200人，为潜在投资者提供了投资入股可能以及足够数量的股票交易受让方。

新三板不仅可以尝试众筹模式，还可以尝试网络信贷及更好地运用第三方支付等互联网金融工具。

新三板具备成为引入互联网金融的绝佳平台和功能载体的条件，必能为场外市场的发展添加创新活力。

610. 对众筹的合法性有哪些质疑?

众筹本是互联网商业模式，因为它是与金融市场秩序、投资者利益密切相关的新型投融资模式，所以对众筹的合法性存在很多质疑，这些质疑多集中在债券型和股权型众筹上，主要表现在如下几点:

(1) 筹资者通过众筹平台发布资金需求信息，投资收益为对价，向不特定的投资者募集资金涉及证券发行，可能会引发《证券法》的调整以及监管的介入。

(2) 众筹平台促成资金供需双方的匹配，但既不具备交易所的属性，也不能被视为投资顾问。投资者基于对投资回报的预期将资金有偿提供给筹资者使用，并取得相应的利息收入或投资权益，这种投资关系相较于合同关系更为复杂且权益保护的诉求更为突出。

(3) 由于众筹涉及向不特定的投资者公开募集资金，并且在债券众筹和股权众筹中涉及使用他人资金开展经营活动，在缺乏有效监管的环境下，众筹资金可能会遭到滥用。

(4) 另外，平台的开放性也涉及项目的知识产权保护等问题。

但是，在目前中国现有的法律政策背景下，人们总会有意无意地把众筹与非法集资联系在一起。有关非法集资的司法解释更多的是针对线下的经济活动制定，线上集资行为到目前为止仍然是监管的空白。所以，众筹有制度设计和金融监管的必要性。

611. 美国对众筹监管做了哪些探路?

众筹融资在美国发展迅速，但也存在两方面的问题，即股权融资限制和投资者保护问题。

美国1933年制定的《证券法》规定，除非满足相关的免除条款，只要发行者发行或销售的证券没有在美国证券交易委员会（SEC）登记，就会被认为是非法的。到了2012年，美国出台了《初创期企业推动法案》(即JOBS法案)，该法案是为了使小型企业在满足美国证券法规要求的同时，更容易吸引投资者并获得投资，同时也有利于解决美国面临的失业问题。这一法案解除了众筹以股权作为标的物融资的限制，即放开了众筹股权融资。

针对众筹融资中无法采用股权激励机制这一问题，JOBS 法案规定满足以下条件的众筹融资不必到 SEC 注册：一是由 SEC 注册的经纪人充当中介；二是筹资者每年通过网络平台募集不超过 100 万美元的资金；三是前 12 个月内收入不足 10 万美元的投资人所投金额不得超过 2000 美元或其年收入的 5.0%，前 12 个月内收入超过 10 万美元的投资人可以用其收入的 10.0% 用于此类投资，但上限为 10 万美元。

JOBS 法案对筹资者提出了 4 点要求：一是要求筹资者在 SEC 完成备案，并向投资人及中介机构披露规定的信息，法案根据发行人目标融资金额将其划分为三类，给予不同的财务信息披露要求；二是不允许发行人采用做广告的方式促进发行，但如何使通知内容区别于广告，还需 SEC 进一步做出详细规定；三是对筹资者如何补偿促销者做出限制，假如促销者无论在过去还是将来在与投资者每一次沟通时都没有披露其补偿政策，即将会从筹资者处获得的补偿，SEC 则会禁止这种促销发行；四是筹资者必须向 SEC 和投资者提交关于企业运行和财务情况的年度报告。

JOBS 法案对中介机构也提出很多要求。诸如必须在 SEC 登记为经纪人或集资门户；必须在被认可的一家自律性协会进行登记，接受协会组织的约束；必须对 SEC 和潜在的投资者揭示众筹融资蕴藏的风险和进行投资者教育；保证投资者没有超过投资额度的限制；限制中介机构与筹资者有利益关系，等等。

案例分享

案例 26 盈光科技如何处理股权质押纠纷嫌疑的反馈事宜？

广州盈光科技股份有限公司（简称盈光科技，股票代码：430594），成立于 2002 年 4 月 21 日，2013 年 10 月 22 日整体改制为股份有限公司并于 2014 年 3 月 4 日挂牌新三板，注册资本 566 万元。公司主要研发、制造、销售滤光片、手机镀膜、精密模具。

公司挂牌申报材料初审后的反馈意见：因债权债务关系，公司股东徐雄持有的有限公司股权曾于2012年6月12日—2012年12月3日质押给谭健民，目前股权质押已解除。股东（特别是实际控制人）的股权存在争议或潜在纠纷的可能。

解决方案：

①主办券商和律师核查并发表意见；②将意见反馈。

反馈内容：

（1）经核查，盈光股份系由盈光有限整体变更设立，盈光有限的股东成为盈光股份的发起人，各发起人以其于基准日拥有的盈光有限的股权所对应的公司经审计账面净资产值折合成盈光股份的股份对公司控股。原属盈光有限所有的全部资产，包括主要生产经营设备、相关的全部生产技术及配套设施被完整地投入股份公司，同时原属盈光有限的债权债务全部由股份公司继承。根据瑞华审字〔2013〕第810A0003号《审计报告》，截止到2013年6月30日，盈光有限账面净资产值为5661662.62元。根据瑞华验字〔2013〕第810A0001号《验资报告》验证，截至2013年6月30日，盈光股份（筹）已收到全体出资人拥有的盈光有限截至2013年6月30日经审计的账面净资产5661662.62元人民币，该净资产折合注册资本为5660000元人民币，其余部分1662.62元人民币计入资本公积。鉴此，本所律师认为，公司发起人投入公司的资产产权关系清晰，没有权属纠纷，发起人将上述资产投入公司不存在法律障碍。

（2）经包括公司实际控制人徐雄在内的全体公司股东确认，目前公司股东的股份不存在质押或其他形式的限制转让情形，也不存在任何形式的股权纠纷或潜在纠纷。

（3）根据公司的说明和股东的承诺，目前公司股东的全部股份不存在质押情形，也不存在争议或潜在纠纷。

综上，律师认为，目前公司股东的全部股份不存在争议或潜在纠纷。

案例27 新三板定向融资的速度到底有多快？

据全国中小企业股份转让系统信息平台相关数据统计，新三板挂牌企业定向发行的时间，从2013年后发布预案并完成发行的多家挂牌公司的周期统计来看，从发布预案到完成发行平均用时约为3个月。与主板上市公司长达一年多的发行节奏相比，新三板挂牌公司定向增发节奏明显加快。

金润科技（430120）于2013年6月4日发布定向发行方案，拟非公开发行不超过10万股（含），融资额不超过人民币300万元（含），发行价格为每股人民币29.60元。两个多月后的8月1日，发行的新股开始公开转让，此间历时58天。

2013年初，全国股转系统公司正式从中国证券业协会接手新三板的管理和运营，2012年底到2013年3月，新三板的挂牌与融资几乎处于停滞状态，这之前的数据都不能真实地反映新三板的发行周期。

案例28 众合医药为何巨亏千万仍能定向融资1.2亿？

2014年1月24日才在新三板挂牌的众合医药（430598）于2月14日发布2013年年报。年报显示：2013年公司实现营业收入339.42万元，净利润亏损1063.54万元，折合每股收益-0.23元。而在2011年和2012年，公司也亏损了13.51万元和1215.77万元。虽然这样，公司1.2亿元的增发计划依然获得资金追捧。

此次定增以不低于9.39元/股的价格发行不超过1277.9万股，有9名在册股东已确定参与本次发行股票的认购，此外，还有3支机构投资者（上海宝盈资产管理有限公司、江苏瑞华投资控股集团、四川华朴现代农业科技有限公司）以及17名个人投资者将参与认购，成为新增股东。本次募集的1.2亿元资金，将用于药品临床研究、苏州众合产业化基地建设等。

原因解读：有业内人士指出，众合医药有6项在研项目前景看好，尽管亏损，投资者仍愿意为之埋单。一般来说，生物制药产品研发周期长，投入大，但是量产后往往毛利率很高，收益巨大。不过医药项目研发一旦失败，或者无法通过认证推向市场，前期投入就会打水漂。所以，高风险总是与高回报结伴而行，这正是新三板挂牌条件没有盈利门槛，又能为企业提供更多更好融资渠道的价值所在。

案例29 首家挂牌的担保公司均信担保为何能定增1.78亿?

均信担保（430558）于2014年1月24日正式登陆新三板，刚过满月便于2月28日公开披露了《股票发行方案》的定增预案，拟发行不超过1亿股(含1亿股)，发行价格为每股人民币1.78元，募资不超过1.78亿资金。该笔定增案是继现代农装后又一笔过亿的新三板大额融资案例。

其年报显示，公司2013年营业收入达9656.27万元，同比增长36.77%；利润总额4485.42万元，同比增长31.12%；净利达3365.97万元，同比增长30.54%。

融资目的：补充资本金，公司跨越式成长需要的资金很大。主要体现在3个方面：

（1）业务拓展：据公开资料显示，2013年均信担保的担保业务量显著增加。报告期内新增担保额28.03亿元，同比增长26%，超额完成全年目标。年末在保余额为29.01亿元，同比增长39.74%。

（2）渠道拓展：公司在报告期内也加快了在省内布局，哈尔滨市以外的业务占比提升至39.7%，同比上升10.2%。

（3）组织拓展：公司新设立了7家二级分公司，分公司总数达35家。二级分公司全年共办理担保业务8.45亿元，占所属一级分公司2013年年度报告新增业务的30%，占公司全年业务的32.3%。就2013年公司为2000余家中小企业担保的29.01亿元贷款总额来说，其中17亿元是为中小微企业做的担保，还是面临一定资金压力。

融资的优势，也体现在3个方面：

（1）迎合新三板投资“风险”偏好的特点。国内担保行业目前呈现出“数量多、规模小、实力弱”的特点。作为高杠杆、高风险、高回报的行业，相较其他行业来说，反馈出来的问题确实要更多，需要解决的问题也更多。

（2）新三板具有很强的包容性，所以均信担保才能够成功挂牌并获得广泛的宣传及投资机构的认可。

（3）转板的预期，新三板能为公司预演上市经历并积蓄经验、能力与人气。

案例30 新三板定向融资是否显著体现“小额快速”的特点?

以2014年1月整月新三板的定向发行融资为例，根据定向发行结果报告书为结点统计，本月共有18家公司完成19次定向增资，合计发行股份7335.5万股，融资金额4.35亿元，其规模环比显著提升。

该月个案：在1月定向融资的新三板挂牌企业中，主要贡献来自募资额达3.2亿元的现代农装，创出三板定向增发试点开闸以来的新高。但就是这一新高，还抵不上任何一家A股公司的再融资数额，更不及一家银行或大型央企再融资金额的零头。当然，现代农装只是个案，这之前的统计，新三板中78%的公司融资额还不足千万。所以，新三板的定向发行凸显了小额、快速的融资特点。

CHAPTER9
第九章

债券融资及其工具

第一节　私募债概述、发行条件与程序

612. 中小企业私募债的定义是什么？

中小企业私募债是我国中小微企业在境内市场以非公开方式发行的，发行利率不超过同期银行贷款基准利率的 3 倍，期限在 1 年及以上，对发行人没有净资产和盈利能力的门槛要求，完全市场化的公司债券。目前新三板还未出台相关制度政策，可参考沪深证券市场的相关政策和规定操作。

613. 中小企业私募债在我国是什么时候开始试点的？

中小企业私募债业务于 2012 年 6 月正式在我国开始试点。2012 年 5 月下旬，沪深交易所分别发布了关于该项业务的试点办法。随后，上交所相关负责人透露，2012 年 6 月 1 日起，上交所开始接受中小企业私募债备案发行材料；深交所也发出通知称，自 2012 年 6 月 10 日起，深交所会员可通过会员业务专区正式报备私募债合格投资者。自此，中小企业私募债在国内正式开闸。

614. 新三板试点中小企业私募债的制度何时出台？

2013 年 8 月 20 日，全国中小企业股份转让系统公司召集数十家券商在京

举办“主办券商推荐挂牌业务专项培训会”。在这次新三板扩围至全国前的最后一次闭门会议上，全国中小企业股份转让系统公司透露了正在酝酿推出优先股、私募债及可转债的信息。不过，相关政策和制度还未能出台。当然，新三板挂牌公司的中小企业私募债业务早就已经开展了，目前是按照沪深证券交易所制定的相关制度、程序及要求来发行的。

615. 中小企业私募债有什么特点？

（1）发行主体门槛更低。中小企业私募债的监管机构为交易所，审核方式是较为宽松的备案制。发行主体定位为在境内注册未上市的符合工信部相关规定的非房地产、非金融类中小微企业。对发行人的净资产和盈利不作强制性要求。而企业债、公司债的发行主体多为上市公司、国有企业或者行业龙头企业，对其净资产和盈利状况有一定的要求。除此之外，中小企业私募债也不受发债规模不超过企业净资产 40% 的约束，对筹集资金用途也未作限制，发行条款及资金使用更为灵活。

（2）对投资者限制较少。投资人符合交易所规定的私募债权合格投资者资格后即可参与私募债的投资。

（3）对评级和审计的规定较为宽松。公司债、企业债、中票短融等都有强制评级的要求，而中小企业私募债试点办法鼓励企业采取如担保、商业保险等增信措施，没有强制要求评级，备案时仅需提供经审计的最近两个完整会计年度的财务报告。

616. 中小企业私募债与公司债、企业债相比融资有何优势？

表 9－1 中小企业私募债与公司债、企业债对比

比较内容	中小企业私募债	公司债	企业债
监管机构	证券交易所（证监会）	中国证监会	国家发改委
审核方式	备案制	核准制	核准制
发行人类型	非上市中小微企业	上市公司	非上市公司、企业
分期发行	可分期发行	可在 2 年内分多次发行；应在注册后 6 个月内完成首期发行	不可分期发行，在国家发改委核准后 6 个月内完成发行
审核时间	10 个工作日内	1 个月左右	理论上审核时间为 6 个月，实际有可能超过 6 个月

续表

比较内容	中小企业私募债	公司债	企业债
净资产要求	无	实践中一般归属母公司的净资产大于12亿元	实践中一般归属母公司的净资产大于12亿元
盈利能力要求	无	最近3年持续盈利，3年平均可分配利润足以支付债券1年的利息	最近3年持续盈利，3年平均可分配利润足以支付债券1年的利息
发行规模	无限制	不超过企业净资产（含少数股东权益）的40%	不超过企业净资产（不含少数股东权益）的40%
发行期限	1年（含）以上（上交所要求3年以内）	中期，3~5年	中长期，5年以上
募集资金用途	较为灵活	常用于置换银行贷款和补充流动资金	常用于项目投资和补充流动资金
发行交易场所	固定收益证券平台（交易所），证券柜台（营业部）转让系统	交易所竞价系统	银行间市场和交易所

617. 中小企业私募债有哪些优势，在制度设计上有哪些灵活性？

中小企业私募债是一种便捷高效的融资方式，其优势和灵活性主要体现在：

（1）审批便捷：中小企业私募债在发行审核上率先实施“备案”制度，接收材料至获取备案同意书的时间周期在10个工作日内。

（2）融资成本低，中小企业私募债综合融资成本比信托资金和民间借贷低，部分地区还能获得政策贴息。

（3）私募债规模占净资产的比例未作限制，筹资规模可按企业需要自主决定。

（4）不受利润及募集用途限制。企业只须提交最近两年经审计的财务报告，且证监会对财务报告中的利润情况无要求。盈利能力不受年均可分配利润不少于公司债券1年利息的限制。募集资金用途相对较灵活。

（5）期限灵活，在1年以上（通过设计赎回、回售条款可将期限缩短在1年内），暂无上限，可一次发行或分期发行。注意上交所要求期限在3年以内。

（6）债券还可以设置附赎回权、上调票面利率选择权等期权条款，可分期发行。

（7）在增信机制设计上，可为第三方担保、抵押/质押担保等，也可以设计认股权证等。(其他也可参考上一问题)

618. 中小企业私募债试点的范围是什么?

《中小企业私募债试点办法》明确试点期间中小企业私募债券的发行人为未上市中小微企业；具体来说，是指符合《关于印发中小企业划型标准规定的通知》（工信部联企业〔2011〕300 号）规定的，但未在上海证券交易所和深圳证券交易所上市的中小微型企业，暂不包括房地产企业和金融企业。所以新三板市场是一个很重要的试点和推行场所。

中小企业私募债券的推出扩大了资本市场服务实体经济的范围，加强了资本市场服务民营企业的深度和广度。

619. 私募债发行人的行业标准如何认定？哪些行业受限?

私募债发行人的行业标准由承销商和律师进行认定，并应在尽职调查报告和法律意见书中发表肯定、明确的结论性意见。

金融企业和房地产企业目前按暂时受限私募债备案申请。房地产行业按证监会发行部标准理解，合并报表范围内存在从事房地产包括保障房建设等业务。金融行业采用广义概念，除金融管理机构发放金融牌照的金融机构外，凡从事投资性或融资性业务包括小额贷款公司、担保公司、租赁公司以及以工程分包为主营的建设投资类公司等均视为金融业。也就是说，金融机构只能作私募债的投资者或中介服务机构，而不能成为中小企业私募债的发行人。

620. 地方融资平台、城投公司及有大额资金拆出经历的公司能否发行私募债券?

私募债试点以来，出现一些城投公司、地方融资平台通过包装、第三方公司等方式借私募债获取融资、扰乱市场，这有悖私募债发行的目的和意图，所以试点初期，沪深交易所暂不受理属于银监会地方政府融资平台名单的城投公司、平台公司及旗下子公司提交的私募债备案申请。

同时，对最近1年存在与经营活动无关的大额资金拆出行为的发行人，也不受理其备案申请。

621. 沪深港交所等上市公司控股子公司能否发行私募债券？

沪深交易所相关制度和规定并未对此做出限制，所以，目前来看，深沪交易所或港交所等其他证券交易所上市公司的控股子公司或子公司是允许发行私募债券的。

622. 目前私募债券备案申请是否接受附转股权条款的情况？

沪深证券交易所出于风险控制考虑，在试点初期暂不接受附转股条款私募债券的备案申请。

623. 中小企业私募债的发行条件有哪些？

上交所的要求：

（1）发行人是中国境内注册的有限责任公司或者股份有限公司。

（2）发行利率不得超过同期银行贷款基准利率的3倍。

（3）期限在1年（含）以上。

（4）发行人不属于房地产企业和金融企业。

（5）发行人所在地省级人民政府或省级政府有关部门已与本所签订合作备忘录。

（6）发行人对还本付息的资金安排有明确方案。

（7）本所规定的其他条件。

深交所的要求：

（1）私募债券发行人范围仅限符合《关于印发中小企业划型标准规定的通知》规定的，未在上海、深圳证券交易所上市的中小微型企业，但暂不包括房地产企业和金融企业。

（2）发行人是中国境内注册的有限责任公司或股份有限公司。

（3）发行利率不得超过同期银行贷款基准利率的3倍。

（4）期限在1年（含）以上。

（5）本所规定的其他条件。

624. 私募债发行期限中的“1 年（含）以上”如何理解？

根据交易所的相关规定：1 年（含）以上的期限是指含提前回售、赎回选择权在内的债券总期限在 1 年（含）以上即可。对债券期限，没有上限限制。

625. 中小企业私募债办理的要求有哪些？募资用途有什么规定？

申请中小企业私募债办理的企业要求：①应符合国家相关政策对中小企业定义的标准；②必须有企业纳税规范；③主营业务不能包含房地产和金融类业务；④年营业收入达到一定规模，以企业年营业额收入不低于发债额度为宜；⑤能获得大型国企或者国有担保公司担保；⑥企业的信用评级达到 AA 级以上则为优先考虑对象。

募集资金用途：中小企业私募债没有对募集资金进行明确约定，资金使用的监管较松，发行人可根据自身业务需要设定合理的募集资金用途。允许中小企业私募债的募集资金全额用于偿还贷款、补充营运资金，若公司需要，也可用于募投项目投资、股权收购等方面。

626. 为何说中小企业私募债的发行能够提升企业的市场影响？

因中小企业私募债的合格投资者范围较广，包括理财产品、专户、证券公司等，因而债券发行期间的推介、公告、与投资者的交流都可以有效地提升企业的形象。债券的成功发行显示了发行人的整体实力，债券的挂牌转让交易会进一步为发行人树立资本市场形象。私募债也有助于企业在监管部门处提前树立良好印象，为企业未来上市等其他融资安排创造条件。

627. 中小企业私募债试点有何意义？

中小企业私募债试点有如下意义：

①目前银行信贷规模进一步收紧，发行私募债可以拓宽企业融资渠道，

改善企业融资环境；②通过发行中小企业私募债，有助于解决中小企业融资难、综合融资成本高的问题；③有助于解决部分中小企业银行贷款短贷长用、使用期限不匹配的问题；④增加直接融资渠道，有助于在经济形势和自身情况未明时保持债务融资资金的稳定性。

628. 中小企业私募债发行流程是什么？

主要分5个阶段：

（1）前期准备阶段：讨论确定发行方案，包括规模、期限、担保方式、预计利率、募集资金用途等；联系担保工作；会计师开展审计工作；券商、律师开展尽职调查；召开董事会、股东大会。

（2）材料制作阶段：完成担保工作；签署各项协议文件（承销协议、受托管理协议、债券持有人会议规则、设立偿债保障金专户、担保函、担保协议）；中介机构撰写承销协议、募集说明书、尽职调查报告等；律师出具法律意见书；完成上报文件初稿。

（3）申报阶段：全部文件定稿；申请文件报送上交所备案；寻找潜在投资者。

（4）备案阶段：备案期间与主管单位持续跟踪和沟通；完成备案。

（5）发行阶段：发行推介及宣传；备案后6个月内择机发行债券。

629. 中小企业私募债备案程序是什么？

中小企业私募债发行目前由承销商向上海和深圳交易所备案，交易所对承销商提交的备案材料完备性进行核对，备案材料齐全的，交易所将确认接收材料，并在10个工作日内决定是否接受备案。如接受备案，交易所将出具《接受备案通知书》。私募债券发行人取得《接受备案通知书》后，需要在6个月内完成发行。《接受备案通知书》自出具之日起6个月后自动失效。

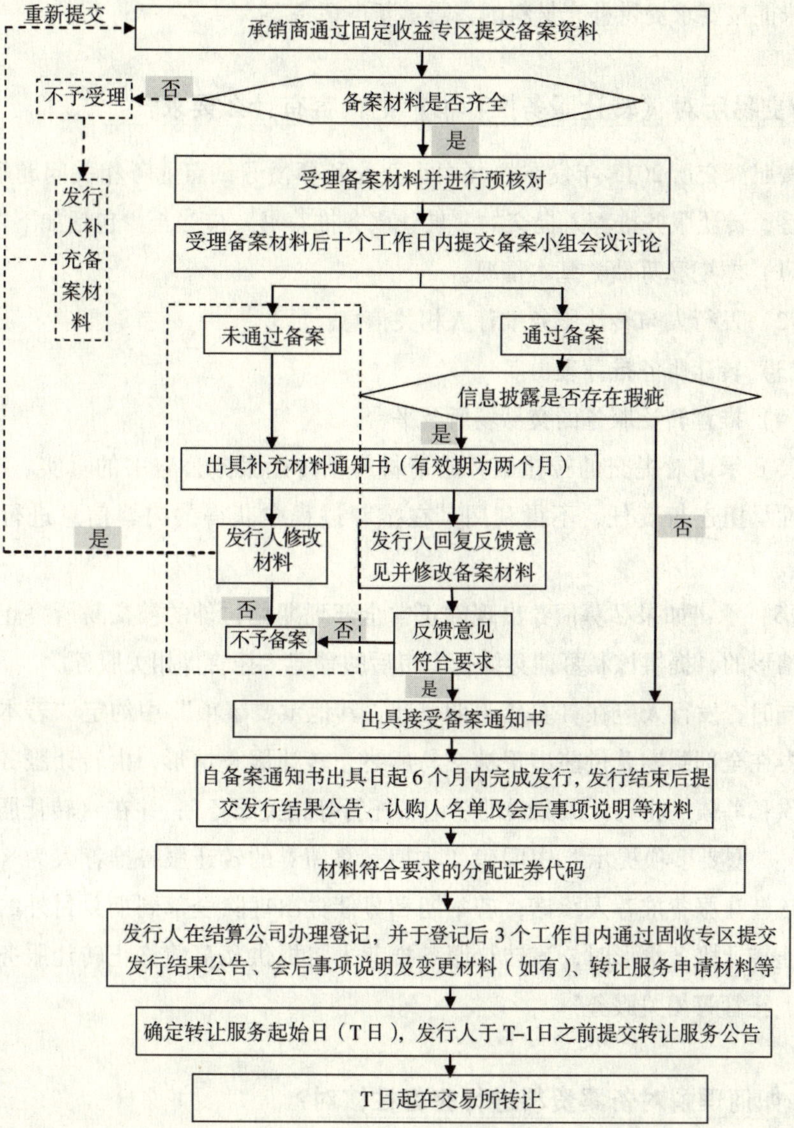

图9－1　深交所备案的私募债流程操作图

资料来源：深圳交易所网站。

630. 私募债备案流程中补充材料通知书的有效期是多久？

试点阶段，按深交所的最新要求，补充材料通知书有效期为2个月，2个月内未能按要求提供补充材料的，需重新申请备案。

631. 交易所对《转让服务推荐书》的内容有什么要求？

按照深交所2013年发布的《中小企业私募债券试点业务相关问题解答》的回答，转让服务推荐人提交的《转让服务推荐书》应当至少包括如下内容：

（1）本期私募债券基本情况。

（2）发行人与转让服务推荐人相关信息。

（3）转让服务推荐理由。

（4）推荐转让服务的交易场所及平台。

（5）承诺对提交的转让服务申请材料、转让服务公告书的真实、准确、完整性承担连带责任，不得利用其在推荐过程中获得的内幕信息进行内幕交易。

（6）承诺如果私募债券出现除正常全部到期兑付外的被交易所终止转让服务情形的，提供该私募债券终止上市后的登记、托管等相关服务。

同时，发行人应在《募集说明书》“其他重要事项”中约定“若本期私募债券在全部到期兑付前出现被交易所终止转让服务情形，由转让服务推荐人提供私募债终止转让服务后的登记、托管等相关服务”；并在《转让服务公告书》“重要事项提示”中明确“本期私募债券的转让服务推荐人为××公司，该转让服务推荐人承诺，若本期私募债券出现除全部到期兑付外的交易所终止转让服务情形时，该转让服务推荐人将提供私募债终止转让服务后的登记、托管等相关服务”。

632. 如何理解对备案资料进行完备性核对？

根据交易所相关规定，对私募债券的备案材料进行完备性核对，不作实质性判断。该核对既包括备案材料形式的完备性，也包括备案材料内容的完备性，如募集说明书、尽职调查报告、法律意见书等文件，应当严格按照交易所指南规定的备案工作表等内容与格式指引编制。

第二节 私募债的投资者、征信担保及信息披露

633. 中小企业私募债机构投资者的门槛是什么？

（1）经有关金融监管部门批准设立的金融机构，包括商业银行、证券公司、基金管理公司、信托公司和保险公司等。

（2）上述金融机构面向投资者发行的理财产品，包括但不限于银行理财产品、信托产品、投连险产品、基金产品、证券公司资产管理产品等。

（3）注册资本不低于人民币 1000 万元的企业法人；合伙人认缴出资总额不低于人民币 5000 万元，实缴出资总额不低于人民币 1000 万元的合伙企业。

（4）承销商可参与其承销私募债券的认购与转让。

（5）经交易所认可的其他合格投资者。

634. 中小企业私募债个人投资者有哪些？条件是什么？

（1）个人投资者：一是个人名下的各类证券账户、资金账户、资产管理账户的资产总额不低于 500 万元；二是具有 2 年以上的证券投资经验；理解并接受私募债券风险，通过私募债基础知识测试。

（2）关联个人投资者：发行人的董事、监事、高级管理人员及持股比例超过 5% 的股东，可参与其公司发行私募债券的认购与转让。

（3）经交易所认可的其他合格投资者。

635. 私募债券中合格金融机构投资者主要有哪些？

私募债券中合格金融机构投资者包括证券公司、基金公司、信托公司、保险公司、QFII、RQFII 和商业银行及其理财产品等。

基金公司、证券公司等直接持有或租用交易所交易单元的合格投资者，可直接认购或转让私募债券，无须签署风险认知书，其他采用证券公司经纪

业务通道进行转让的金融机构须签署风险认知书。

根据《关于商业银行理财产品开立证券账户有关事项的通知》（中证登2013年12月23日发布）的规定，商业银行理财产品可直接开立证券账户投资交易所标准化债券、信贷资产支持证券、优先股等固定收益类产品。

636. 私募债承销商应当如何履行尽职调查义务?

证券公司作为私募债券承销商，应当严格遵守《证券公司开展中小企业私募债券承销业务试点办法》、《证券公司中小企业私募债券承销业务尽职调查指引》等执业规范和职业道德，认真履行尽职调查义务，督促发行人履行信息披露义务。

对承销商未严格履行尽职调查、信息披露督促义务或出具的文件含有虚假记载、误导性陈述、重大遗漏的，交易所可采取约见谈话、通报批评、公开谴责等措施；情节严重的，可上报相关主管机关查处。

637. 私募债在募集说明书签署日至发行结束期间，发行人及中介机构应如何履行会后义务?

按照深交所2013年发布的《中小企业私募债券试点业务相关问题解答》的回答：

自募集说明书签署日至发行结束日期间，承销商和相关中介机构仍应遵循勤勉尽责、诚实信用的原则，继续履行尽职调查义务。如果私募债券发行人发生《中小企业私募债券业务试点办法》第二十九条所称重大事项，或其他可能影响债券还本付息能力的重大事项，包括但不限于重大资产受限、增信措施发生重大变化等，发行人及相关中介机构应进行如下信息披露：

①发行人就该事项出具专项说明；②承销商及其他中介机构就该事项出具专项意见；③在募集说明书重大事项中补充披露该事项及相关风险情况；④发行人及承销商在会后事项申明中承诺所有投资者已通过专项意见、发行人专项说明、募集说明书等途径知悉该事项及相关风险情况。

如未发生上述重大事项，发行人及承销商也应对是否存在会后重大事项做出说明，同时承诺向投资者披露的材料与向深交所提供的备案材料完全一致；对于采用抵质押担保增信措施的，还应说明相关抵质押物登记手续办理情况，包括出质人、质权人、登记手续办理机构及办理完毕时间等内容。

上述向深交所报备的各项材料需与发行结果公告、认购人名单等一并通过深交所网站“固定收益品种业务专区—中小企业私募债试点业务—信息披露材料提交”栏目提交。

638. 试点初期私募债券的增信措施有哪些？需要避免什么？

按照交易所相关规定，试点初期，私募债券备案项目应采取一定的增信措施。这些措施包括：

①保证担保、抵押、质押、商业保险等措施；②未来现金流滚动报备或应收账款等共管增信措施。

注意：需要避免由属于银监会地方政府融资平台名单内的企业或大量占用发行人资金的机构或个人为私募债券提供保证担保，或采取非标准化增信措施如仅针对特定债券持有人的信用担保或商业保险等。

639. 采用应收款项或未来现金流滚动报备增信措施应注意什么？

按照深交所2013年发布的《中小企业私募债券试点业务相关问题解答》的回答，若发行人采用应收款项或未来现金流滚动报备共管增信措施，应注意以下几方面：

（1）共管应收款项或未来现金流的界定、权属与价值。①共管应收款项或未来现金流的界定及权属。应当在备案材料中对用于增信的拟报备共管应收款项或未来现金流进行特定化的明确描述，避免产生歧义引发纠纷，以便投资者识别追踪此项资产可能产生现金流入的情况。同时，应当明确拟报备共管应收款项或未来现金流的所有权归属，并承诺不再设立与其相关的其他担保权利。②共管应收款项或未来现金流的价值。应当对拟报备共管应收款项或未来现金流的质量、金额及滚动报备情况等内容进行说明，建议报备共管应收款项或未来现金流的金额应当覆盖或超额覆盖债券本息。

（2）滚动报备的具体操作。应当明确在债券存续期间对共管应收款项或未来现金流进行滚动报备的主体、对象、内容、情形及频率，并对报备共管的应收款项或未来现金流价值等情况进行重新评估。

（3）回款流向与使用限制。应当明确报备共管应收款项或未来现金流的回款流向与使用限制情形。建议设立专用监管账户作为报备共管应收款项或未来现金流的唯一回款账户，并可依据报备共管应收款项或未来现金流价值的变化等情形，约定专用监管账户的最低留存额、使用限制及资金用途等。

（4）共管应收款项或未来现金流发生重大变化的补救措施。应当明确报备共管应收款项或未来现金流发生重大变化，如应收款项质量或现金流状况恶化、权属发生争议或变更等情形时，各方当事人将采取的补救措施，建议采用现金补足差额或资产替代等措施，确保债券存续期内增信措施能持续发挥作用。

（5）风险揭示。建议在募集说明书“重大事项提示”中明确，此项增信措施仅是限制了应收款项或未来现金流的其他用途，投资者对已报备共管的应收款项或未来现金流并未享有法律优先受偿保障。企业发生破产等原因导致其他债权人申请冻结或执行该项报备共管的应收款项或未来现金流时，并不能起到破产隔离的作用。

（6）各方当事人职责。增信措施的各方当事人应当共同签订《滚动报备和账户监管协议》，受托管理人必须作为持续监管人（或持续监管人之一）参与协议的签订。同时，协议应当按照上述关注要点，详细约定各种情形下各方当事人的相关职责，以确保增信措施能有效执行、持续发挥作用。

640. 中小企业私募债担保和评级有什么要求？

为降低中小企业私募债风险，监管部门鼓励中小企业私募债采用担保发行，但不强制要求担保。对是否进行信用评级没有硬性规定。私募债券增信措施以及信用评级安排由买卖双方自主协商确定。发行人可采取其他内外部增信措施，提高偿债能力，控制私募债券风险。增信措施主要有：一是限制发行人将资产抵押给其他债权人；二是第三方担保和资产抵押、质押；三是商业保险。

641. 以动产抵押的增信措施应注意什么？

按照深交所2013年发布的《中小企业私募债券试点业务相关问题解答》的解释，根据国家工商总局2007年10月17日出台的《动产抵押登记办法》，企业可以采用生产设备、原材料、半成品、产品等动产抵押的方式对私募债券进行增信，但在实践操作中应注意以下几方面：

（1）抵押资产的权属与价值。应当在备案材料中对拟抵押的动产进行明确描述，包括动产的账面价值、名称、质量、存放位置等内容，进行评估的还应披露其评估价值。进行抵押的资产应为发行人合法取得，未设定其他任何抵押权，不存在任何涉及诉讼或被司法查封、冻结的情况，且发行人应对其拥有完整无瑕疵的权利。

（2）登记。在私募债券发行前，抵押人和抵押权人（受托管理人）应当到工商行政管理部门办理抵押登记手续。在私募债券存续期间，当抵押资产变化达到抵押资产总额一定比例（由相关当事人约定）时，抵押人和抵押权人（受托管理人）应当根据约定补足抵押品后到工商行政管理部门办理变更登记手续。

（3）抵押资产持续管理。在私募债券存续期间，应当明确抵押资产的处置、补足机制安排以及是否对处置抵押物所得现金流进行限制；受托管理人应当采取查验出入库记录、定期或不定期现场抽查、定期聘请会计师事务所或资产评估机构出具专项报告等方法，对抵押资产进行持续有效的监督；抵押人应根据约定，定期将抵押资产清单、抵押资产变更及补足情况等向受托管理人汇报。在私募债券存续期间，还应明确当抵押资产发生重大变化，如显著贬值、权属发生争议或变更等情形时，各方当事人应当采取的补救措施。

（4）风险揭示。建议在募集说明书“重大事项提示”中披露抵押资产价值的计量属性、抵押资产处置及补足机制安排等此项增信措施的重要条款。

（5）各方当事人职责。发行人、抵押人与抵押权人（受托管理人）应当签订《抵押协议》，并作为私募债券备案材料之一提交。同时，协议应当按照上述关注要点，详细约定各种情形下各方当事人的相关职责，以确保增信措施能有效执行、持续发挥作用。

642. 以应收账款质押的增信措施应注意什么？

按照深交所2013年发布的《中小企业私募债券试点业务相关问题解答》的解释，根据中国人民银行2007年9月26日出台的《应收账款质押登记办法》，企业可以采用应收账款在中国人民银行征信中心登记质押的方式对私募债券进行增信，但在实践操作中应注意以下几方面：

（1）应收款项的权属与价值。应当在备案材料中对用于增信的拟质押应收款项进行明确描述，包括应收款项的金额、账龄、收款对象、坏账提取情况以及坏账提取政策等内容。进行质押的应收账款应为发行人合法取得，不存在任何第三方对其享有优先权利或其他权利，不存在任何涉及诉讼或被司法冻结的情况。

（2）登记。在私募债券发行前，出质人和质押权人（受托管理人）应当到中国人民银行征信中心办理质押登记手续。在私募债券存续期间，当质押应收账款变化达到一定比例（由相关当事人约定）时，出质人和质押权人（受托管理人）应当根据约定到中国人民银行征信中心办理变更登记手续。

（3）持续管理。应当在备案材料中明确质押应收账款回款流向与使用限制等情形。建议设立专用监管账户作为质押应收款项的唯一回款账户，并可依据应收款项价值的变化等情形，约定专用监管账户的最低留存额、使用限制及资金用途等。在私募债券存续期间，还应明确当质押的应收账款发生重大变化，如显著贬值、权属发生争议或变更等情形时，各方当事人应当采取的补救措施。

（4）风险揭示。要求在募集说明书“重大事项提示”中披露质押应收账款的金额、账龄、回款流向与使用限制以及补足机制安排等有关此项增信措施的重要条款。

（5）各方当事人职责。发行人、出质人、质押权人（受托管理人）以及应收账款收款对象应当签订《质押协议》，并约定收款对象将质押的应收账款回款支付至监管账户。发行人、出质人、质押权人（受托管理人）以及监管银行还应签订《账户监管协议》，协议应当详细约定各种情形下各方当事人的相关职责，以确保增信措施能有效执行、持续发挥作用。《质押协议》和《账户监管协议》应作为私募债券备案材料提交。

643. 仅由私募债券发行人关联方提供连带保证担保的，其主动补款责任如何体现？

按照深交所2013年发布的《中小企业私募债券试点业务相关问题解答》的解释，为减少违约风险事件，私募债券仅由发行人控股股东或其他关联方提供连带保证担保，未提供其他增信措施的，其中至少1名保证人应承担主动补款责任，其应当在担保函中明确：

在被担保债券付息日的10个工作日前，如果发行人存入偿债保障金专户的资金不足以支付本期利息，保证人应当在收到债券受托管理人的书面通知后5个工作日内将利息差额部分存入偿债保障金专户。在被担保债券本金到期日的5个工作日前，如果发行人存入偿债保障金专户的资金不足以支付债券本息余额，保证人应当在收到债券受托管理人的书面通知后2个工作日内将本息差额部分存入偿债保障金专户。

同时，受托管理人还应在《受托管理协议》中明确：

如果在本期债券付息日的10个工作日前，发行人仍未将应付利息全额存入偿债保障金专户，或者在本期债券本金到期日的5个工作日前，发行人存入偿债保障金专户的资金不足以支付债券本息余额，债券受托管理人应当在上述情形发生的次一工作日，按照该保证人出具的《担保函》相关内容，向该保证人发出书面通知，要求其将差额部分资金存入偿债保障金专户。

644. 如何调查并披露发行人、发行人控股股东或实际控制人以及非专业担保公司保证人的信用情况？

根据相关规定，私募债券承销商应取得中国人民银行征信中心出具的发行人、发行人控股股东、发行人实际控制人以及非专业担保公司的保证人的征信记录或信用报告。

将上述征信记录或信用报告作为尽职调查报告的附件，在提交私募债券备案材料时一并提交，并在募集说明书相关部分中披露这些信用情况。

发行人、发行人控股股东或实际控制人以及非专业担保公司的保证人存在不良信用记录的，应在募集说明书的“重大事项提示”中予以披露。

645. 如何披露私募债券的评级报告内容？

对私募债券进行评级，应当按照交易所要求的中小企业私募债券募集说明书的内容与格式披露评级报告相关内容。同时，应在募集说明书“重大事项提示”中披露评级报告的关注要点。

646. 私募债券以土地、房产、采矿权及股权等已完成评估的资产抵押式质押进行增信的，其评估报告内容应如何披露？

根据相关规定，应在募集说明书的“担保”章节中，披露评估的基准、依据、方法、假设、结论、增值率以及增值原因等内容，而且《评估报告》应作为私募债券的备案材料提交。

647. 提供保证担保的，如何披露保证人的财务情况？

这些财务情况指标有：净资产额、资产负债率、净资产收益率、流动比率、速动比率等主要财务指标，以及保证人资信状况、偿债能力、累计对外担保金额及其占净资产比例、累计对外抵押资产金额及其占净资产比例等。

分两种情况披露：

（1）每年6月30日及以前日期提交备案材料的，应披露保证人上一年度的上述财务指标。

（2）每年6月30日后提交备案材料的，应披露保证人上一年度以及本年度截至6月30日的上述财务情况。

648. 如何披露受托管理人与发行人存在的债权债务等利害关系？

根据相关规定，受托管理人与发行人在私募债券存续期间存在债权债务等利害关系的，发行人应当在备案材料的募集说明书以及债券存续期间的信息披露文件中予以充分披露，并在受托协议中载明如何防范利益冲突机制以及明确违约责任。

649. 发行人应如何披露应收账款、货币资金等受限资产的情况？

根据相关规定，发行人应在募集说明书的“其他重大事项”中披露受限资产金额及其占净资产的比例。如果受限资产占净资产比例较高时，还应在募集说明书“重大事项提示”中披露。

650. 在募集说明书中除披露流动比率、速动比率外还可以披露哪些最近两年的主要财务指标？

根据相关规定，还可以披露毛利率、净资产收益率、应收账款周转率、存货周转率等财务指标。

651. 私募债发行对年度财务报告的披露有何要求？

私募债券在1月1日及以后日期提交备案材料的或之前年度提交但未通过备案的，应提交最近2个会计年度的财务报告并在募集说明书“财务会计信息”部分进行分析。

通过备案并成功发行的私募债项目，如果募集说明书签署日与发行结束日跨年度的，应在募集说明书中补充披露上一年度未经审计的财务报告，并与发行结果公告等相关资料一并提交。

注意：发行人最近两个完整会计年度的审计报告应当经具有从事证券、期货相关业务资格的会计师事务所审计。

652. 何时披露募集说明书中约定披露的年度报告？

根据相关规定，应当按照募集说明书约定的方式，在债券存续期内每一个会计年度结束之日起4个月内向债券持有人披露。

653. 私募债受托管理人出具的年度《受托管理人事务报告》包括哪些内容？

年度《受托管理人事务报告》应当在受托协议内对主要内容进行约定，至少包括以下内容：①发行人的经营与财务状况；②发行人募集资金使用情况；③发行人偿债保障金提取和管理执行情况以及本期债券的本息偿付情况；④发行人及其他相关当事人对《募集说明书》其他约定义务的执行情况；⑤债券持有人会议召开的情况；⑥与本期债券增信相关的主体或者实体（包括但不限于保证人和担保物）发生的重大变化情况；⑦对债券持有人权益有重大影响的其他事项。

654. 《受托管理人事务报告》有哪两种，如何披露？

私募债受托管理人出具的《受托管理人事务报告》分为年度和临时两种报告，前者是私募债券受托管理人应当在每年6月30日前，根据对发行人的持续跟踪情况向私募债券持有人出具的年度报告；后者是在私募债券存续期内，如出现对私募债券持有人权益有重大影响的事件时，受托管理人应当自其知悉该等情形之日起5个工作日内向私募债券持有人出具临时报告。

《受托管理人事务报告》应当及时通过交易所网站专区、受托管理人或发行人网站、邮寄或者电子邮寄等方式向私募债券持有人披露，并通过“固定收益品种业务专区—中小企业私募债试点业务—信息披露材料提交”等栏目向交易所报备。

第三节　私募债现状问题、转让及模式创新

655. 中小企业私募债试点区域扩展情况如何？

截至2014年5月，中小企业私募债试点区域已经达28个省市。其中，2012年5月到2013年12月，试点从最初的6个省市扩大至27个省市；2014年1月3日，四川省政府与上海证券交易所、深圳证券交易所签署《中小企业私募债券业务试点合作备忘录》，标志着四川省成为全国第28个中小企业私募债试点区域。

目前，全国31个省市（不含港澳台）中，未开通私募债试点的仅有甘肃、西藏、河北三省。实际上，试点的手续和程序很简单，只要跟交易所签个备忘录就可以了，主要看地方政府的积极性。

656. 中小企业私募债发行情况如何？

从2012年5月首次推出私募债至2014年3月初，69家券商共计承销了

356 单中小企业私募债（未到期），发行总额共计 431.6 亿元。如果按照 1% 的“地板”承销费率计算，这 69 家券商承销中小企业私募债共计获得承销费 4.3 亿元。

从目前中小企业私募债的承销情况来看，承销项目数超过 10 单的有 10 家券商，分别是东吴证券、光大证券、广发证券、国泰君安、国信证券、平安证券、长城证券、中信建投、中信证券、浙商证券。其中，国信证券承销 24 单、中信证券承销 23 单，这两家券商承销私募债的数量远领先于其他券商。除此之外，参与中小企业私募债承销的也不乏长江证券、新时代证券、湘财证券、万联证券、天风证券等中小券商。

中小企业私募债发行量小，承销难度大，属于高风险高收入债券，券商承销费率也理应高出一般的公司债、企业债。但券商们为了储备 IPO 资源和为以后开展综合创新业务、提高市场竞争力等做铺垫，纷纷跑马圈地，几乎都按照“地板”佣金率收取费用。即使这样，将近两年的时间里，私募债发行总额还不及券商 1 个月承销的债券的发行量。

中小企业私募债推出后一直不温不火，这表明我国中小企业私募债在试点初期，还存在制度不完善、机制不健全、市场与投资者还需要大力培育等情况，由此也让我们看到未来广阔的发展空间。

657. 我国什么时候开始允许 QFII 参与国内中小企业私募债的？

中国证监会于 2012 年 7 月 27 日公布了《关于实施〈合格境外机构投资者境内证券投资管理办法〉有关问题的规定》，允许 QFII 投资银行间债券市场和中小企业私募债。

658. 试点近两年来，私募债是否体现出中小微企业融资的优势？

还没有。私募债存在问题，也让人看到了机会。据了解，目前券商投行对私募债承销业务十分审慎，承做一单私募债项目大约需 2 个月，与首发募股（IPO）相同的是，这项业务看重项目质地，相关公司现金流、还款能力和担保情况至关重要，公司治理方面的情况反而不太紧要。

实际操作中，券商调研的力度不太理想，这与投行收费较低也有关系。据了解，目前券商私募债承销费用在 1% ~2%，发行一只 5000 万元规模的私募债，券商收取的费用仅50万~100万元。尽管利润微薄，一些券商还是愿意承做私募债业务，因为这些券商主要是为了储备优质企业资源，为这些企业IPO等融资业务做铺垫。

私募债发行考验券商的销售实力，为避免发行中止的情况，一些企业与投行约定余额包销，甚至签订远期回购协议兜底，但并不能从根本上解决私募债面临量额不高的问题。

659. 私募债存在的难题及原因是什么？对新三板政策有何期待？

自2012年5月诞生至今，中小企业私募债的担保少、流动性差、发行困难三大难题始终没能解决。其存在的根本原因在于风险和收益不匹配。

据了解，公募基金不愿意购买私募债的原因有两方面：一是不符合内部风控要求，二是担心企业跑单。实际上，私募债是中国的高收益债，其发行规模不受净资产40%的限制，对担保和评级也未作硬性要求，但目前投行承销私募债的“潜规则”是要求担保。有了担保，担保公司就可以提供连带担保责任或企业进行内部抵押担保。市场首批发行的9个项目的私募债中有4个提供了担保，但此后提供担保的比例会越来越少。

这里有个两难问题：增加担保增加了企业的发债成本，降低了票面利率；而缺乏担保意味着对企业的还款能力打了折扣。据悉担保费约为每年1.8%。而实际中，约有43%未到期的私募债项目融资金额低于1亿元，且仅少数项目公布了担保方式。据统计，目前未到期的私募债，平均收益率只有9.4%左右，利率最高的是“12浙浦百”（2013年3月20日上市），为14%。实际当中，收益率在10%左右的信用债很多，且流动性大多比私募债要强，所以私募债缺乏一定的吸引力。

不过，从中小企业私募债的性质、要求条件与我国的现状来看，其应该能够成长为“解决中小微型企业融资难的”一条很重要的途径，它有这样的先天优势和特征。目前存在的问题也让人看到了解决问题的途径，如未来新三板相关政策出台、与交易所政策互补、配合解决制度性缺陷、培育市场、培养投资者等。

660. 怎样理解私募债一度沦为城投企业募资的工具？

2012 年以来，城投债发行审批趋严，而私募债发行采取备案制，其申报流程简单且时间远较一般企业债短得多，所以这为城投公司创造了投机的机会。不少城投公司选择以符合中小企业标准的子公司发行私募债来进行募资，途径主要有两种：一种是找一个独立的公司，发债后将所募资金拆借给城投公司，吃息差；另一种就是直接找子公司，符合要求的去备案，这个一般需要不在名单里的城投。

2013 年以来沪深交易所相继发布禁止名单以防止城投公司及其子公司备案发行私募债。2013 年 9 月，深交所发布的最新版本《中小企业私募债券试点业务相关问题解答》中，明确禁止有对外资金拆借行为的企业备案发债。随后，沪深交易所相继表示对名单外的城投公司发债亦采取收紧态度，至此，城投公司借道私募债募资之路基本堵死。

所谓在平台名单外的城投公司，是指当城投公司达到现金流全覆盖，以自身经营收入能够承担所负债务的要求时，在一季度一次的银监会审核中退出银监会的平台监管名单的公司。

661. 私募债通道业务为何大行其道？

就近一年来看，私募债未能给中小微企业融资带来更多的好处，却让商业银行的通道业务大行其道。

私募债通道业务，是指获得银行授信的企业到交易所备案发行私募债，备案成功后由授信银行以自有资金或理财资金对接，从而实现资金出表。这对于商业银行而言，是应对《关于规范商业银行理财业务投资运作有关问题的通知》“紧箍咒”的最新利器，不仅能够实现贷款出表，还能够规避银监会对非标准化债权资产的限制（相比其他通道，私募债的优势在于可以认定为标准化产品，这就满足了商业银行绕道上面所说的“通知”需求）；对券商乃至证监部门而言，中小企业私募债的这种通道化，或许是一种无可奈何的救赎。

有银行人士透露，当前上交所与部分银行签订了私募债通道业务合作备忘录，这部分银行授信的企业发债可走快速审批通道。

所以，几乎所有银行一度都在关注私募债通道业务，主要就是两个要素吸引他们，一是标准，二是出表。

对于这类通道业务，如果有授信支持，风险相对可控，收益也不错，的确比较有吸引力。不过，一旦银行资管和直接债权融资工具全面铺开，所有通道类业务都将面临极大冲击，这或许是最后的盛宴。

662. 中小企业私募债面临的风险有哪些？

一是信用风险。由于对发行人没有净资产和盈利能力等要求，融资主体普遍具有资产实力弱、经营风险高等特征，因而中小企业私募债与公开发行的债券相比风险更高。由于隐藏到期不能兑现的风险，如不能维持信用保证，将难以吸引投资者，极大地限制了发行规模。

二是融资成本风险。中小企业私募债具有风险高而匹配的收益也高的特征，这必然导致融资成本增高。据统计，2013 年以来，所发行的私募几乎一半左右的票面利率都在 9% ~9.9% 之间，如再加上券商的承销等发行费用，其总的融资成本将达到融资额的 11% ~15%。这无疑会给企业带来压力。

三是流动性风险。就目前来看，中小企业私募债券只能通过上交所固定收益证券综合电子平台及深交所综合协议交易平台或证券公司进行转让。中小企业私募债无论在企业质量、监管要求、信息披露、市场认知度等各个方面都难以与股票匹敌。因此，作为流动性管理工具，私募债交易频率比较低，中小企业私募债的流动性设计面临考验。

四是法律法规考验。中小企业私募债在我国还属于新生事物，现有的规范性法律框架尚未健全，定价体系、风险防控、信用管理、信息披露、监管体系等方面的各项制度尚未完善，难以保障债券的规范和安全。

663. 为何说目前中小企业私募债须引入质押以提振需求？

目前中小企业贷款很难，想融资要么发私募债，要么发集合债，集合债要求比较高，要财报完全公开，所以大家基本都想发私募债。

私募债囿于资质，难以有效提振需求，2013 年来供大于求的局面有所加剧，上半年 AA 评级的私募债票面都在 9% 以下，下半年发到了 9.5%。据统计显示：2013 年 1—10 月，沪深交易所共发行私募债 236 只，其中一半左右票面利率在9% ~9.9%之间，而票面利率低于9%的仅有66只。

私募债发行主体有规模限制，偿债风险难以有效降低，因此提振私募债需求的主要方法还是在于解决流动性，最靠谱的就是可质押、能放杠杆，这样应该有很多人会买。

现在的情况是沪深交易所正研究实现中小企业私募债的质押式回购，但目前暂无时间表。

664. 中小企业私募债未来发展的建议有哪些?

中小企业私募债作为金融创新产品尚需市场检验，应当在审慎性、风险控制和完善运行机制等方面多做文章，具体来说：

（1）完善相关法规制度，适度监管。原有的债券市场制度难以覆盖中小企业私募债，必须尽快完善与之相关的配套法律法规体系，建立健全中小企业私募债的发行、信息披露、流通机制等制度安排。此外，监管部门应主要对在发行及债务存续期间程序及运作是否公正规范实施适度监管，积极探索规范运行与宽松的监管模式。

（2）丰富增信途径和健全偿付机制。为了降低投资者投资风险，降低发行人融资成本，需要丰富发行人增信途径，健全债务偿付机制以降低偿债风险。在通过运用第三方担保、资产抵押质押等形式实现债券增信的同时，也可发挥私募债的个性化优势，通过发行人和投资人谈判协商，设计出相应的债券契约条款实现债券增信。

（3）引入信用评级以防控信用风险。目前沪深证券交易所公布的相关办法都未对中小企业私募债的评级有强制性要求，为防控风险需要对发行人信用等级设置下限。引入信用评级对投资者购买时定价有参考作用，能够在一定程度上作为定价依据。有了独立的第三方评级，也便于大型机构投资者控制它的信用风险，保护投资者利益。此外，引入信用评级，也可为未来在中小企业私募债券的基础上推出信用衍生产品打下基础。

（4）设定专业化要求以培育合格机构投资者。针对中小企业私募债的特征建立相应严格的投资者适当性制度，设置较高的进入门槛，对投资者设定专业化、职业化的要求。在营造符合私募债券市场良好发展的监管环境前提下，明确投资者只有承担高风险才能有享受预期高收益的机会。风险和收益的匹配是市场规律，投资风险理应由投资者自负。

665. 私募债分期发行最多几期？应注意什么？

私募债分期发行次数原则上不得超过 3 期，且每期发行规模不得低于 1000 万元。

私募债券分期发行需要注意：

（1）应在各期募集说明书中明确当期债券发行金额、期限、增信措施、债券持有人会议规则等内容。

（2）约定各期债券采取同一增信措施且该增信措施为非信用保证方式的，还应明确各期债券持有人享有的权益，如可约定各期债券持有人按照其实际所持债券面值按比例平等享有。

666. 中小企业私募债如何转让交易？

非公开发行。在上交所固定收益平台和深交所综合协议平台挂牌交易或在证券公司进行柜台交易转让。发行、转让及持有账户合计限定为不超过 200 个。根据《业务指南》，私募债券面值为人民币 100 元，价格最小变动单位为人民币 0.001 元。私募债券单笔现货交易数量不得低于 5000 张或者交易金额不得低于人民币 50 万元。私募债券成交价格由买卖双方在前收盘价的上下 30% 之间自行协商确定。私募债券当日收盘价为债券当日所有转让成交的成交量加权平均价；当日无成交的，以前一日收盘价为当日收盘价。

667. 私募债券持有账户数 200 人限制是如何控制的？

根据沪深交易所相关规定及实际操作：当私募债券持有账户数达到或超过 180 人时，交易所将进行预警并通知会员单位和发行人，要求会员单位对私募债券转让进行前端监控。当持有账户数达到或超过 200 人时，交易所将对私募债券停止提供转让服务，并要求承销商和发行人提交书面解决方案。

668. 中小企业私募债目前可以回购吗？

目前不可以进行回购交易，但私募债券投资者可自行进行买断式回购交易。

第四节　可转债及其融资转让

669. 什么是可转债？

可转债全称为可转换公司债券，是债券的一种。在目前国内市场，可转债就是指在一定条件下可以转换为债券发行公司股票的债权，通常具有较低的票面利率。可转债具有债权和期权的双重属性，其持有人可以选择持有债券到期，获取公司还本付息；也可以选择在约定的时间内转换成股票，享受股利分配或资本增值。所以投资界一般戏称，可转债对投资者而言是保证本金的股票。

670. 我国是什么时候开始推行可转债的？新三板何时试点或推出可转债？

1996 年我国政府决定选择有条件的公司进行可转换债券的试点；1997 年颁布了《可转换公司债券管理暂行办法》；2001 年 4 月中国证监会发布了《上市公司发行可转换公司债券实施办法》，极大地规范、促进了可转换债券的发展。

早在 2013 年 8 月，全国股转系统公司就透露将要促成新三板可转债的试点工作，目前暂无时间表。

671. 可转债的特征是什么？如何理解其股债双重性？

可转债的特征有 3 点：

（1）债权性。与其他债券一样，可转换债券也有规定的利率和期限，投资者可以选择持有债券到期，收取本息。

（2）股权性。可转换债券在转换成股票之前是纯粹的债券，但在转换成股票之后，原债券持有人就由债权人变成了公司的股东，可参与企业的经营决策和红利分配，这也会在一定程度上影响公司的股本结构。

（3）可转换性。债券持有人可以按约定的条件将债券转换成股票。

可转换债券具有债权与股票双重选择权的特点，一方面，投资者可自行选择是否转股，并为此承担转债利率较低的机会成本；另一方面，转债发行人拥有是否实施赎回条款的选择权，并为此要支付比没有赎回条款的转债更高的利率。双重选择权是可转债最主要的金融特征，它的存在使投资者和发行人的风险、收益限定在一定的范围内，并可以利用这一特点对股票进行套期保值，获得更加确定的收益。

正因为如此，可转换债券对企业和投资者都具有吸引力。

672. 如何理解可转债的可转换性？

可转换性就是指债券持有人可以按约定的条件将债券转换成股票。转股权是投资者享有的、一般债券所没有的选择权，这是可转换债券的重要标志。

可转换债券在发行时就明确约定，债券持有人可按照发行时约定的价格将债券转换成公司的普通股票。如果债券持有人不想转换，则可以继续持有债券，直到偿还期满时收取本金和利息，或者在流通市场出售变现。如果持有人看好发债公司股票增值潜力，在宽限期之后可以行使转换权，按照预定转换价格将债券转换成为股票，发债公司不得拒绝。

正因为具有可转换性，可转换债券利率一般低于普通公司债券利率，企业发行可转换债券可以降低筹资成本。

可转换债券持有人还享有在一定条件下将债券回售给发行人的权利，发行人在一定条件下拥有强制赎回债券的权利。

673. 可转债对发行企业来说有什么好处？

主要体现在5方面的好处：

（1）具有低成本融资优势。可转债发行利率通常为1%左右，与同样属于债务融资方式的银行贷款和企业债券相比成本优势非常明显。

（2）同一时段，转债的单位股本筹资额较增发和配股多20%～50%。由于转债是按市价上浮一定比例进行转股，而配股和增发新股是按市价折扣一定比例确定发行价格。因此，转债可用较少的股本筹得与配股或增发新股同等的资金。

（3）缓解股权扩张带来经营业绩指标的下降。每股收益和净资产收益率通常作为股东评判经营业绩好坏的主要指标受到公司经营者重视。相对于配股和增发新股来说，转债可大大降低每股收益和净资产收益率被大幅稀释的程度。

（4）优化资本结构。最佳资本结构通常有两个标准，一是公司价值最大化，二是资本成本最低化。对资产负债率偏低的公司，选择发行可转债这种低成本融资的方式，虽然增加了一定时期的债务资本比重，但通过对高收益项目的投资，增加了公司价值。

（5）对上市公司管理者有约束作用。与纯股权融资不同，转债在存续期间有着转股或兑付压力。这种压力能促使管理者谨慎决策投资项目，努力提高经营业绩，使公司保持良好的成长性来确保转债转股成功。

674. 可转债对投资者来说有什么益处？

可转债具有股票和债券的双重属性，对投资者来说就是有本金保证的股票。其有利之处在于：

（1）可转换债券使投资者获得最低收益权。可转换债券与股票最大的不同就是它具有债券的特性，即便当它失去转换意义后，作为一种低息债券，它仍然会有固定的利息收入，这时投资者以债权人的身份，可以获得固定的本金与利息收益。如果实现转换，则会获得出售普通股的收入或获得股息收入。可转换债券对投资者来说，当股价上涨时，投资者可将债券转为股票，享受股价上涨带来的盈利；当股价下跌时，则可不实施转换而享受每年的固定利息收入，待期满时偿还本金。

（2）可转换债券当期收益较普通股红利高。投资者在持有可转换债券期间，可以取得定期的利息收入，通常情况下，可转换债券当期收益较普通股红利高，如果不是这样，可转换债券将很快被转换成股票。

（3）可转换债券比股票有优先偿还的要求权。可转换债券属于次等信用债券，在清偿顺序上，同普通公司债券、长期负债（银行贷款）等具有同等追索权利，但排在一般公司债券之后，同可转换优先股、优先股和普通股相比，可得到优先清偿的地位。

675. 投资可转债的风险有哪些？适合于哪类投资者？

投资者在投资可转债时，要充分注意以下风险：

（1）价格波动风险。可转债的投资者要承担股价波动的风险。

（2）利息损失风险。当股价下跌到转换价格以下时，可转债投资者被迫转为债券投资者。因可转债利率一般低于同等级的普通债券利率，所以会给投资者带来利息损失。

（3）提前赎回的风险。许多可转债都规定了发行者可以在发行一段时间之后，以某一价格赎回债券。提前赎回限定了投资者的最高收益率。

可转债适合的投资群是：不愿承担过高的投资风险，又不想错过公司快速成长或股市上涨带来的过高股票收益的投资人，也适合希望通过均衡资产配置实现稳健收益的投资人。

676. 新三板的主要投资者是谁？实操中哪种方式最有潜力？

目前，PE/VC 越来越关注新三板平台。投资者的收益率一般要看双方投资的时候是以多少的溢价进入，要看企业未来发展的情况怎么样。

挂牌新三板的公司是急需钱的，对 PE/VC 来说，一是企业的未来很难看清，二是投资流程复杂，特别是国资 VC 或一些大的国有企业，投资流程、审批流程更是复杂，要层层往上批，所以一般采取先借企业债，然后债转股的方式应该最好。

677. 什么是可转债的有效期限和转换期限？

可转债的有效期限与一般债券相同，即从发行之日起至偿清本息之日止的存续期间。可转债的转换期限是指可转换债券转换为普通股票的起始日至结束日的期间。根据我国可转债的相关规定，可转换公司债券的期限最短为 1 年，最长为 6 年，自发行结束之日起 6 个月后方可转换为公司股票。

678. 什么是可转债的票面利率或股息率？

可转债票面利率（或可转换优先股票股息率）是指发行人根据当前市场

利率水平、公司债券资信等级和发行条款确定可转债券的票面利率（或可转换优先股票的股息率），一般低于相同条件的不可转换债券（或不可转换优先股票）。可转债券应半年或1年付息1次，到期后5个工作日内应偿还未转股债券的本金及最后1期利息。

679. 什么是可转债的转换比例或转换价格？

可转债的转换比例是指一定面额的可转换债券可转换成普通股票的股数，计算公式为：转换比例 = 可转换债券面值/转换价格。可转债的转换价格是指可转换债券转换为每股普通股份所支付的价格，计算公式为：转换价格 = 可转换债券面值/转换比例。

680. 什么是可转债的赎回条款与回售条款？

赎回是指发行人在发行一段时间后，可以提前赎回未到期的发行在外的可转换债券。赎回条件一般是当公司股票在一段时间内连续高于转换价格达到一定幅度时，公司可按照事先约定的赎回价格买回发行在外尚未转股的可转换公司债券。

回售是指公司股票在一段时间内连续低于转换价格达到某一幅度时，可转换公司债券持有人按事先约定的价格将所持可转换债券卖给发行人的行为。赎回条款和回售条款是可转换债券在发行时规定的赎回行为和回售行为发生的具体市场条件。

681. 什么是可转债的转换价格修正条款？

转换价格修正是指发行公司在发行可转换债券后，由于公司尚未送股、配股、增发股票、分立、合并、拆细及其他原因导致发行人股份发生变动，引起公司股票名义价格下降时而对转换价格所做的必要调整。

682. 可转债的基本收益是什么？

当可转债失去转换意义，就是一种低息债券，依然有固定的利息收入。如果实现转换，投资者则会获得出售普通股的收入或股息收入。

683. 什么是可转债的纯债价值？

纯债价值是指当投资者把可转债当作一个普通的企业债投资时的价值。它是按照可转债的票面利率和到期面值（一般为100）折合成现在的价值计算的。这中间主要涉及折现率的选取。

由于可转债的剩余年限是已知的，目前的国债收益率曲线相对比较完整。所以按照该剩余年限，在国债收益率曲线找到对应的收益率，再加上国债与企业债的合理利差就可以了。

684. 可转债的转股价值如何体现？

转股是可转债投资者的一项权利，即投资者在可转债募集说明书中约定的转股期内选择将部分或全部可转债转换成对应股票的权利。根据我国的法律法规，可转债发行后至少要经过6个月投资者才能行使转股权利。可转债的转股价值通过其转股价格与转股价格的向下修正来实现。

（1）转股价格。转股价格是指可转债转换为每股股票所支付的价格。可转债的转股价不是公司能随意制定的，有一个价格确定原则：可转债初始转股价是公司发布募集说明书公告日前20个交易日公司股票的算术平均收盘价格和前一交易日公司股票的交易均价的较高者，从这个角度来说，转股价的高低与公司发行时机有很大关系。转股能不能获得很好收益，最重要的因素是当前股价。

（2）转股价格的向下修正。其实转股价并非一成不变，而是可以调整的，转股价的调整分两种：一种是正常的调整，因上市公司分红或配股、增发引起的股份变动，转股价做出相应的调整，但这种调整因为股价也会除权意义并不大。另一种则是可转债转股价向下修正条款。通常在发行方案中规定了当股票价格相对于转股价格持续低于某一程度时，发行人和投资人事先约定可以重新议定转股价格的条款。在这种情况下，发行人为了保证可转债重新处于实值状态，有权按照一定的比例调低转换价格，进而增加了转换比例。修正后转股价会大幅降低。

685. 可转债的售价是怎样组成的？

可转换债券的售价由两部分组成：一是债券本金与利息按市场利率折算的现值；二是转换权的价值，转换权之所以有价值，是因为当股价上涨时，债权人可按原定转换比率转换成股票，从而获得股票增值的收益。

686. 可转债发行的两种会计方法是什么？

可转换债券的发行有两种会计方法：

（1）认为转换权有价值，并将此价值作为资本公积处理；

（2）不确认转换权价值，而将全部发行收入作为发行债券所得，其理由一是转换权价值极难确定，二是转换权和债券不可分割，要保留转换权必须持有债券，行使转换权则必须放弃债券。

687. 可转债转换的会计处理方法有哪些？

当债券持有人将债券转换成股票时，有两种会计处理方法可供选择：账面价值法和市价法。

采用账面价值法，将被转换债券的账面价值作为换发股票价值，不确认转换损益。赞同这种做法的人认为，公司不能因为发行证券而产生损益，即使有也应作为（或冲抵）资本公积或留存损益。再者，发行可转换债券旨在把债券换成股票，发行股票与转换债券两种为完整的一笔交易，而非两笔分别独立的交易，转换时不应确认损益。

在市价法下，换得股票的价值基础是其市价或被转换债券的市价中较可靠者，并应确认转换损益。采用市价法的理由是，债券转换成股票是公司重要股票活动，且市价相当可靠，根据相关性和可靠性这两个信息质量要求，应单独确认转换损益。另外，采用市价法，股东权益的确认也符合历史成本原则。

688. 可转债如何进行初始确认？

企业发行的可转换公司债券，应当在初始确认时将其包含的负债成分和权益成分进行分拆，在进行分拆时，应当先确定负债成分的公允价值并以此作为其初始确认金额，确认为应付债券；再按整体发行价格扣除负债成分初始确认金额后的金额确定权益成分的初始确认金额，确认为资本公积。

发行可转换公司债券发生的交易费用，应当在负债成分和权益成分之间按照各自初始确认金额（相对公允价值）的相对比例进行分摊。

689. 可转债交易如何定价?

可转债的理论价值是纯债价值与复杂期权价值之和，影响因素主要包括正股价格、转股价、正股与转债规模、正股历史波动率、所含各式期权的期限、市场无风险利率、同资质企业债到期收益率等。纯债价值可以通过贴现转债约定未来现金流计算得出，复杂期权价值可以采用二叉树、随机模拟等数量化方法确定，主要是所含赎回、回售、修正、转股期权的综合价值。

转债理论价值与纯债价值、转股价值的关系是，当正股价格下跌时转债价格向纯债价值靠近，在正股价格上涨时转债价格向转股价值靠近，转债价格高出纯债价值的部分为转债所含复杂期权的市场价格。

可转债的投资收益主要包括票面利息收入、买卖价差收益和数量套利收益等。

690. 可转债是如何转股的?

对于上交所流通的可转债，交易所将专门提供一个与转债对应的转股代码，投资者输入该转股代码，以转债的面值为交易价格，键入所需要转股的转债数量就可以了。而对于深交所上市的转债，需要投资者到所开户的营业部提出申请，营业部将利用专门的设备将该申请转交给交易所。在该过程中，深交所提供的交易代码往往为该转债本身的代码，在输入该代码后，投资者需要通过一定的选项进入转股程序，然后营业部将客户需要转换的债券数量按照当期的转股价格计算出所转换股票数量，并申报到交易所。

转股的交收实行的是T+1。虽然当天买进的可转债券当天即可申请转股，但当日转股的股票要在第二个交易日才能计入投资者账户内，并可在该日卖出，转股不需要投资者支付任何费用。

需要注意的是，与转股申请相应的可转债总面值必须是1000元的整数倍。申请转股的股份须是整数股，当尾数不足1股时，公司将在转股日后的5个交易日内以现金兑付该部分可转债的票面金额以及利息。转股申请一经确认不能撤单，同一交易日内多次申报转股将合并计算转股数量。

691. 如何交易可转债？

可转债的交易与股票比较相似，差别主要体现在以下几个方面：

（1）交易费用比股票便宜。可转债的交易费用与债券相同，交易佣金仅0.1%，且不收印花税，因此其交易成本远远低于股票。

（2）可转债实行的是T+0回转交易。我国股票交易的交收制度为T+1，而债券交易实行的是T+0回转交易，当天买进当天卖出，可以反复做当日的短差。

（3）可转债价格不存在涨跌停板限制。可转债交易由于本质上是一种企业债券交易，因此比照债券的规则约定，不存在涨跌停板限制。

（4）我国目前交易的可转债面值为100元，交易单位为“手”，10张可转债为“1手”。

692. 可转债的购买途径有哪些？

可转债购买对大多数投资者来讲还比较陌生，投资者可通过几种方式直接或间接参与可转债投资。第一，可以像申购新股一样，直接申购可转债。具体操作时，分别输入转债的代码、价格、数量等，最后确认即可。可转债的发行面值都为100元，申购的最小单位为1手1000元。业内人士表示，由于可转债申购1手需要的资金较少，因而获得的配号数较多，中1手的概率较申购新股要高。第二，除了直接申购外，投资者可以通过提前购买正股获得优先配售权。由于可转债发行一般会对老股东优先配售，因此投资者可以在股权登记日之前买入正股，然后在配售日行使配售权，获得可转债。第三，在二级市场上，投资者只要拥有了股票账户，就可以买卖可转债。具体操作与买卖股票类似。

案例分享

案例31 联飞翔发行私募债是如何巧用资产打包模式的?

新三板挂牌企业北京联飞翔科技股份有限公司（简称联飞翔，股份代码：430037）中小企业私募债日前成功发行，该债券期限为30个月，发行规模2000万元，票面利率8.0%。该私募债从2012年8月15日着手运作，2012年12月11日私募债资金全部到位。这次发债能够顺利进行，分析主要有3大原因：

一是依靠新三板的定向融资，企业实现了跨越式成长，打下了再融资的基础。联飞翔是2008年12月作为中关村第一批试点企业在新三板挂牌的公司，曾借助新三板通过两次定向增发募集的资金，成功完成科技成果的转化，并先后在河北和湖北两地建成总面积6万多平方米的研发生产基地，使企业在5年多的时间里净资产增加了19倍，销售额增加了35倍，利润增加了200多倍，实现了企业的快速增长。

二是新三板的规范作用与宣传效应，锻造了企业的内功软实力与品牌优势。公司挂牌4年，通过新三板各监管机构恪尽职守的监督管理，得到了更加规范、健康、快速的发展，企业资质也随之更加丰富，企业的信誉度和知名度不断提升，企业实力明显增强，反担保措施不仅包括土地、房产、机器设备，还有专利等知识产权。

三是创新担保模式，整体打包资产提高了授信额度。在此次中小企业私募债券发行过程中，北京海淀科技企业风险担保有限责任公司作为本次债券发行的担保公司为公司量身定制了一套综合反担保措施，将该公司名下的房地产、机器设备及专利结合捆绑，通过固定资产与专利整体打包授信4000万元。其中，2000万元用于流动资金贷款，另外2000万元用于发行中小企业私募债券。这种方式不仅简化了担保公司的审批环节，同时，使得企业的贷款得到统筹管理，为企业完善规范化管理起到了促进作用。

因为具有这些优势，所以在这次中小企业私募债券发行过程中，承销机构、担保机构等中介机构通过尽职调查，一致认可公司的实力和偿债能力，不仅担保机构愿意承担全额不可撤销的连带责任担保，甚至还出现几家担保公司的竞争，企业有了充分的选择余地，使公司的资产得到充分的估值，降低了担保费用。同时，投资人也非常踊跃，几家银行争先认购北京联飞翔私募债券，使公司掌握了谈判的主动权，以当时市场较低的利率顺利完成了发行。

案例 32 中小企业私募债首现 QFII 认购的情况如何？

据了解，某香港 QFII 机构在 2014 年 2 月的某个时候全额认购了重庆市南州水务（集团）有限公司 2014 年中小企业私募债券，成为 QFII 机构在一级市场认购中小企业私募债的首个案例。此次债券发行总额 2 亿元，债券期限 3 年，由东吴证券担任承销商，发行利率为 9.5%。重庆市南州水务（集团）有限公司是重庆市綦江区国有独资企业，注册资本 5.02 亿元，主营水利水电资源开发、综合经营、技术服务等业务。

参与此次发行的 QFII 机构对 9.5% 的年化收益比较满意，同时一次发行 2 亿元在中小企业私募债中属于较大发行体量，能够满足投资机构的配置需求。在上交所、重庆綦江区金融办、发行人的配合下，此次发行直至资金到位仅耗时 1 个月时间，堪称高效。

由于资金托管、划转环节较为烦琐等原因，此前还没有 QFII 在一级市场直接投资中小企业私募债。券商也希望通过此次尝试能够为中小企业私募债开拓新的投资者群体，活跃这一品种。

案例 33 九恒星是如何通过挂牌新三板增加公司贷款信用额度的？

挂牌新三板后，公司的股权估值显著提升，公司透明度和规范度大大提高，这样，便提升了企业信用，商业银行对公司的认知和信任都明显提高，授信额度增高，使企业更容易以较低利率获得诸如股权质押贷款等商业银行贷款。

九恒星（430049），主营业务是研发、生产、销售非接触智能卡、电子标签、双界面卡及射频识别产品的制造设备、检测设备及读写设备等。

通过新三板，九恒星提高了公司知名度，增厚了企业无形资产价值，打开了一扇可以快速融资的大门，并获得了多项投融资支持。挂牌后的几年内，北京银行提供了无形资产质押贷款支持；交通银行的小企业流动资金信用贷款帮助；在中关村担保公司的担保下，光大银行给予了法人房产和公司无形资产质押的贷款额度支持等。

案例34 长江财富借助新三板能否敲开私募债发行的创新之门？

2014年2月底，长江财富资产管理有限公司（以下简称长江财富）发起一项特定资产管理计划，专门认购新三板企业打包发行的私募债，以此解决长期以来私募债的发行难题。该计划由中关村管委会牵头，融资主体初步拟为中关村新三板挂牌的中小企业8家，融资规模约5亿~10亿元，并由2A资质中关村科技担保公司提供全额担保，还款期限是24个月（2年）。这一计划的优势在于：

(1) 打包处理，将私募债变成了资管产品，思路根本性转变。

(2) 贴息覆盖部分成本。单个企业发私募债流程比较漫长，承销费、律师费、会计师费等均是成本，平均挂牌成本在50万~100万元；打包发售则可以利用项目资金，政府亦给予一定补贴，至少能覆盖律师费及会计师费。上述私募债票面利息预计每年8.5%、中介服务综合成本预计每年1.5%（含券商发行费、会计师费、律师费等）、担保费预计每年1.8%，由此可知，该私募债券发行总成本预计为11.8%（上限）。而由于目前中关村管委会实行贴息政策，若企业私募债发行规模在2000万~1亿元之间，可获得每年30%最高50万元的融资贴息。这样一来，企业每年实际发债融资成本约为9.3%~11.3%。

(3) 银行为主要出资方。这些私募债由长江财富特定资产管理计划全额认购，而该资管计划的第一批出资人主要是银行。由于中关村科技担保公司提供全额担保，且新三板挂牌企业已具备了一定的商业信誉和成长性，银行愿意以自有资金或理财产品认购。

(4) 这项资管计划仅收取1%的管理费，不仅能减轻企业负担，而且因为规模效应发行商等的收益也能保证。

由于新三板企业信誉和成长性不错，企业集中发行、成立专项资管计划全额认购是一种创新之举，可以探索成为私募债解困方式之一。这种打包发行的私募债或能得到更多投资人的认可。

第十章

挂牌公司的治理并购、督导监管与信息披露

第一节　挂牌公司的治理

693. 章程对公司来说为何很重要？

章程是公司设立的必备文件，是确定公司各方当事人权利、义务关系的基本法律文件，同时也是公司对外进行经营交往的基本依据。章程对公司股东、董事、监事、高级管理人员均具有约束力，对后加入的股东也具有法律效力。因此，公司的股东和发起人在制定公司章程时，必须考虑周全，规定得明确详细，以免产生歧义。

章程内容是股东之间的约定，只要意思表示真实，不违反法律强制性规定，就是合法有效的。因此，制定或修改公司章程应充分考虑公司自身情况，将可以考虑到的、易产生纠纷的情况规定清楚、详细，对法律没有规定或规定不够具体的内容进行细化和补充。章程规定得越细致规范，可操作性越强，就越能起到未雨绸缪的作用。

694. 中国证监会对公众公司章程有何规定？

根据《非上市公众公司监督管理办法》的规定：

公众公司应当依法制定公司章程。中国证监会依法对公众公司章程必备条款做出具体规定，规范公司章程的制定和修改。

公众公司应当按照法律的规定，同时结合公司的实际情况在章程中约定建立表决权回避制度。

公众公司应当在章程中约定纠纷解决机制。股东有权按照法律、行政法规和公司章程的规定，通过仲裁、民事诉讼或者其他法律手段保护其合法权益。

695. 现行新三板制度对公司章程规定了哪些必备条款?

《非上市公众公司监管指引第3号——章程必备条款》对拟挂牌和挂牌公司章程的必备条款作出了规定，具体包括：

（1）总则应当载明章程的法律效力，规定章程自生效之日起，即成为规范公司的组织和行为，公司与股东、股东与股东之间权利义务关系的具有约束力的法律文件，对公司、股东、董事、监事、高级管理人员具有法律约束力。

（2）应当载明公司股票采用记名方式，并明确公司股票的登记存管机构以及股东名册的管理规定。

（3）应当载明保障股东享有知情权、参与权、质询权和表决权的具体安排。

（4）应当载明公司为防止股东及其关联方占用或者转移公司资金、资产及其他资源的具体安排。

（5）应当载明公司控股股东和实际控制人的诚信义务。明确规定控股股东及实际控制人不得利用各种方式损害公司和其他股东的合法权益；控股股东及实际控制人违反相关法律、法规及章程规定，给公司及其他股东造成损失的，应承担赔偿责任。

（6）应当载明须提交股东大会审议的重大事项的范围。章程应当载明须经股东大会特别决议通过的重大事项的范围。公司还应当在章程中载明重大担保事项的范围。

（7）应当载明董事会须对公司治理机制是否给所有的股东提供合适的保护和平等权利，以及公司治理结构是否合理、有效等情况进行讨论、评估。

（8）应当载明公司依法披露定期报告和临时报告。

（9）应当载明公司信息披露负责机构及负责人。如公司设置董事会秘书的，则应当由董事会秘书负责信息披露事务。

（10）应当载明公司的利润分配制度。章程可以就现金分红的具体条件和比例、未分配利润的使用原则等政策做出具体规定。

（11）应当载明公司关于投资者关系管理工作的内容和方式。

（12）股票不在依法设立的证券交易场所公开转让的公司应当在章程中规定，公司股东应当以非公开方式协议转让股份，不得采取公开方式向社会公众转让股份，并明确股东协议转让股份后，应当及时告知公司，同时在登记存管机构办理登记过户。

（13）公司章程应当载明公司、股东、董事、监事、高级管理人员之间涉及章程规定的纠纷，应当先行通过协商解决。协商不成的，通过仲裁或诉讼等方式解决。如选择仲裁方式的，应当指定明确具体的仲裁机构进行仲裁。

（14）公司股东大会选举董事、监事，如实行累积投票制的，应当在章程中对相关具体安排做出明确规定。公司如建立独立董事制度的，应当在章程中明确独立董事的权利、义务、职责及履职程序。公司如实施关联股东、董事回避制度，应当在章程中列明需要回避的事项。

696. 公司章程制定和修改的重点是什么？

章程的制定和修改应按特别程序进行，其重点如下：

（1）规定明确、详尽的股东大会议事规则，使股东大会的召集、表决、决议的制定、通过等一系列问题有章可循。同时，将股东、股东大会的权利义务制定得详尽、可操作。

（2）规范董事会和监事会运作。一是要明确董事会的权力范围，尤其要使董事会和股东会之间权力配置明晰化。规范董事任免规则、建立规范的董事资格，候选人推荐、评审、股东大会选举、罢免等规则，同时明确董事只能由具有完全行为能力的自然人担任。二是建立健全董事会议事规则，包括对董事会会议的召集、通知、出席有效人数、议题的准备、表决方式、效力、代理、股票细则、记录、信息披露等内容做出明确、具体的规定。三是强调董事勤勉义务，要求董事不但要遵守法律、法规和章程，还要强调其忠实义务和勤勉义务，禁止董事越权、侵占公司财产、挪用公司资金和利用职务便利损害公司利益。四是充分发挥监事会的作用。不但要明确监事会、监事的权利、义务，还必须完善监事会构成及议事规则；更重要的是要明确监事会行使权力的途径及保障。

697. 对公众公司的股东大会、董事会、监事会有何规定？

根据《非上市公众公司监督管理办法》的规定：

公众公司应当建立兼顾公司特点和公司治理机制基本要求的股东大会、董事会、监事会制度，明晰职责和议事规则。

公众公司股东大会、董事会、监事会的召集、提案审议、通知时间、召开程序、授权委托、表决和决议等应当符合法律、行政法规和公司章程的规定；会议记录应当完整并安全保存。

股东大会的提案审议应当符合程序，保障股东的知情权、参与权、质询权和表决权；董事会应当在职权范围和股东大会授权范围内对审议事项作出决议，不得代替股东大会对超出董事会职权范围和授权范围的事项进行决议。

698. 公司股东大会有哪些职责？召开通知的时间有何规定？

股东大会职责如下：①决定公司的经营方针和投资计划；②选举和更换非由职工代表担任的董事、监事，决定有关董事、监事的报酬事项；③审议批准董事会的报告；④审议批准监事会或者监事的报告；⑤审议批准公司的年度财务预算方案、决算方案；⑥审议批准公司的利润分配方案和弥补亏损方案；⑦对公司增加或者减少注册资本作出决议；⑧对发行公司债券作出决议；⑨对公司合并、分立、解散、清算或者变更公司形式作出决议；⑩修改公司章程；⑪公司章程规定的其他职权。

召开年度股东大会会议，应当将会议召开的时间、地点和审议的事项于会议召开 20 日前通知各股东；临时股东大会应当于会议召开 15 日前通知各股东；发行无记名股票的，应当于会议召开 30 日前公告会议召开的时间、地点和审议事项。目前，公司公开发行并上市的股票均为记名股票。

699. 何种情况应该召开股东大会？

挂牌公司股东大会应当每年召开一次年会。有下列情形之一的，应当在两个月内召开临时股东大会：①董事人数不足《公司法》规定人数或者公司章程所定人数的2/3时；②公司未弥补的亏损达实收股本总额1/3时；③单独或者合计持有公司10%以上股份的股东请求时；④董事会认为必要时；⑤监事会提议召开时；⑥公司章程规定的其他情形。

700. 什么是股东大会的普通决议和特别决议?

在股东大会合法合规召开的情况下，经过出席会议的代表1/2以上表决权的股东通过的决议为普通决议；经过出席会议的代表2/3以上表决权的股东通过的决议为特别决议。

必须是以下6种事项之一才适用特别决议：

①修改公司章程；②增加或减少注册资本；③公司分立、合并；④公司解散；⑤变更公司形式；⑥公司章程规定的其他特别决议。

701. 挂牌公司董事会成员及选举有哪些规定？其职责有哪些?

挂牌公司设董事会，董事由股东大会选举产生，其成员为5～19人。

董事会成员中可以有公司职工代表。董事会中的职工代表由公司职工通过职工代表大会、职工大会或者其他形式民主选举产生。董事任期由公司章程规定，但每届任期不得超过3年。董事任期届满，连选可以连任。董事任期届满未及时改选，或者董事在任期内辞职导致董事会成员低于法定人数的，在改选出的董事就任前，原董事仍应当依照法律、行政法规和公司章程的规定，履行董事职务。董事会设董事长一人，可以设副董事长。董事长和副董事长由董事会以全体董事的过半数选举产生。

董事会对股东大会负责，行使下列职权：

①召集股东会会议，并向股东会报告工作；②执行股东会的决议；③决定公司的经营计划和投资方案；④制订公司的年度财务预算方案、决算方案；⑤制订公司的利润分配方案和弥补亏损方案；⑥制订公司增加或者减少注册资本以及发行公司债券的方案；⑦制订公司合并、分立、解散或者变更公司形式的方案；⑧决定公司内部管理机构的设置；⑨决定聘任或者解聘公司经理及其报酬事项，并根据经理的提名决定聘任或者解聘公司副经理、财务负责人及其报酬事项；⑩制定公司的基本管理制度；⑪公司章程规定的其他

职权。

702. 累积投票制的好处是什么？挂牌公司选举董监事一定要采取累积投票制吗？

累积投票制，是指股东大会选举董事或者监事时，每一股份拥有与应选董事或者监事人数相同的表决权，股东拥有的表决权可以集中使用，可以防止控股股东完全操纵选举，避免一股一票表决制度存在的弊端。

举例说明，某公司要选5名董事，公司股份共1000股。股东100人，其中5名大股东拥有51%的股权，其他195名股东共计拥有49%的股权。以一般的投票方法，5名大股东就可以让5名董事全部由自己认定的人当选，因为每名都可获得51票。但是按照累积投票制方式，每股的表决权是10票，大股东总票数为510票（51×10），其他股东是490票，这样，理论上其他股东可以选出2名董事（每名245票），大股东最多只能选出3名董事。

股东大会选举董事、监事，可以依照公司章程的规定或者股东大会的决议，实行累积投票制，但是不作强制性规定。

703. 拟挂牌公司是否要设独立董事？

新三板监管层对拟挂牌公司没有强制要求设立独立董事，拟挂牌公司可根据自身企业特点制定相关规定。

704. 谁能提议召开临时董事会？

挂牌公司董事会每年度至少召开两次会议，每次会议应当于会议召开10日前通知全体董事和监事。

代表1/10以上表决权的股东、1/3以上董事或者监事，可以提议召开董事会临时会议。董事长应当自接到提议后10日内，召集和主持董事会会议。公司可以制定临时董事会通知及方式。

705. 董事会举行及决议通过对董事人数有何要求？

董事会会议应有过半数的董事出席方可举行。董事会作出决议，必须经全体董事的过半数通过。

706. 董事长一定是公司的法定代表人吗？

挂牌公司的法定代表人依照公司章程的规定，不一定由董事长担任。根据《公司法》第十三条的规定，公司法定代表人依照公司章程的规定，由董事长、执行董事或者经理担任，并依法登记。公司法定代表人变更，应当办理变更登记。

707. 对董事会的换届时期有何规定？已到期但未换届的董事会决议还有效吗？

挂牌公司董事会应该在到期日前举行换届，因董事会换届还须股东大会确认，而此间有一定的时间间隔。

挂牌公司已到期但尚未换届的董事会通过的决议是有效的。

708. 董事会通过一项表决是以董事人数为准，还是以该董事委派股东所占的实际持股数为准？

出现这种或类似情形，一定要根据《公司法》规定来判断，即以董事人数为准。

709. 公司监事会如何组成？其职权范围是什么？

挂牌公司设监事会，其成员不得少于 3 人。监事会应当包括股东代表和适当比例的公司职工代表，其中职工代表的比例不得低于1/3，具体比例由公司章程规定。监事会中的职工代表由公司职工通过职工代表大会、职工大会或者其他形式民主选举产生。董事、高级管理人员不得兼任监事。

监事会的职责有：①检查公司财务；②对董事、高级管理人员执行公司职务的行为进行监督，对违反法律、行政法规、公司章程或者股东会决议的董事、高级管理人员提出罢免的建议；③当董事、高级管理人员的行为损害公司的利益时，要求董事、高级管理人员予以纠正；④提议召开临时股东会会议，在董事会不履行本法规定的召集和主持股东会会议职责时，召集和主持股东会会议；⑤向股东会会议提出提案；⑥对董事、高级管理人员依法提起诉讼；⑦公司章程规定的其他职权。

监事可以列席董事会会议，并对董事会决议事项提出质询或者建议。

监事发现公司经营情况异常，可以进行调查；必要时，可以聘请会计师事务所等协助其工作，费用由公司承担。

710. 挂牌公司董监事或高管人员发生变化，如何向全国股转系统报备？同时为公司股东的，是否要办理限售事宜？

根据全国股转系统公司《常见问答四》：有新任董事、监事及高级管理人员的，挂牌公司应当在2个转让日内联系相应监管员并填写《挂牌公司董监高人员变更报备表》；新任董事、监事应当在股东大会或者职工代表大会通过其任命后5个转让日内、新任高级管理人员应当在董事会通过其任命后5个转让日内签署《董事（监事、高级管理人员）声明及承诺书》并向全国股份转让系统公司报送。

若为公司股东的，离职董事、监事和高级管理人员所持股份应全部办理限售事宜，离职后半年内不得转让；新任董事、监事和高级管理人员所持股份的75%应办理限售事宜。

711. 什么是投资者关系管理？挂牌公司必须制定相关制度吗？

《非上市公众公司监管指引第3号——章程必备条款》规定：章程应当载明公司关于投资者关系管理工作的内容和方式。由此看来，挂牌公司必须制定投资者关系管理工作制度。

所谓投资者关系管理，是指公司通过信息披露与交流，加强与投资者及潜在投资者之间的沟通，增进投资者对公司的了解与认同，提升公司治理水平，同时综合运用金融、市场营销等方法，向已有的投资者和潜在的投资者介绍公司的经营和发展前景，以便其在获得充分信息的情况下做出投资决策，以实现公司整体利益最大化和保护投资者的合法权益。

712. 投资者关系管理的基本特点是什么？

投资者关系管理是公司治理的重要组成部分，基本特点是：

第一，充分的信息披露是投资者关系管理的前提和基础。由于信息的不对称，投资者关系管理首先要通过信息披露让投资者了解公司的经营和财务信息。充分信息披露要求公司尽可能地披露投资者关心的公司信息，以利于投资者了解公司，做出正确的投资决策。

第二，沟通是投资者关系管理的主要手段。在公司进行投资者关系管理的过程中，沟通是主要的手段。公司通过与投资者平等、诚恳、相互尊重的沟通，获得投资者的认同，从而提高公司价值，也让投资者获得投资决策的依据。

第三，提高投资者对公司的认同度，进而提高公司价值是投资者关系管理的目标。通过投资者关系管理，公司可以向投资者宣传自己的发展战略、管理风格、经营情况、企业文化、价值观等，提高投资者特别是机构投资者的认同度和忠诚度，从而提高企业价值。

713. 提升投资者关系管理的三级层次是什么？

一是日常层面的投资者关系管理。从接好每个电话、回答每一家媒体的提问，到解决每一个投资者关心的问题，踏踏实实、点点滴滴地建立公司友善型、和谐型的投资者关系。

二是策略层面的投资者关系管理。更多地着眼于公司一个个具体的重大事件，如公司的业绩提升、季报年报、融资投资、兼并重组等，在市场的主导下，实现投资者之间的良好沟通，达到友善的引导，获得良好的认同和参与以推动公司的前行。

三是战略角度的投资者关系管理。这里更多是着眼于战略管理。为了实现公司市值最大化的目标，在保护投资者利益的情况下，公司要考虑如何让投资者理性、客观地将资源、资本有效地整合成为公司战略要素的组成部分，最终实现公司的良性发展。

三个层次从微观到宏观、从策略到战略，其构建的多元立体化的投资者关系管理能够帮助公司与投资者、媒体和公众更好地沟通，实现公司效益的最大化。

714. 挂牌公司加强投资者关系管理有哪些措施？

投资者关系管理是公司治理的重要组成部分，推动并加强投资者关系管理可以从以下几方面着手：

（1）普及投资者关系管理理念，重视与投资者的沟通。当公司成为新三板挂牌或上市的公众公司后，要向持股的广大投资者负责，股东的积极参与对公司的持续发展显得至关重要。

（2）结合诚信建设，推动投资者关系管理的发展。投资者关系管理的核心是公司董事及高级管理人员履行自己的诚信义务。投资者关系管理与挂牌公司董事诚信建设相辅相成，都是监管部门以及投资者评价公司治理结构是否科学、完善，企业发展理念是否健康、合理的重要指标。

（3）强化信息披露，增强公司透明度。投资者关系管理不仅仅是一般意义上的强制信息披露，它所披露的信息量也远远超过强制信息披露的要求，披露的领域不仅包括经营和财务信息，还包括企业战略、企业文化等各方面的真实信息。

（4）拓宽投资者关系管理渠道。目前挂牌公司投资者关系管理的工作主要集中在信息披露、路演、互动平台等方面，还有很广阔的发展空间。与投资者沟通的渠道可以包括公告、股东大会、网站、一对一沟通、广告、媒体报道、邮寄资料、电话咨询、现场参观等多种形式，扩大投资者对公司的知情权，能够增强其对公司的认同感。

（5）建立健全投资者关系管理机构。投资者关系管理是一项长期而系统的工作，涉及金融、市场营销、公共关系等多方面的专业知识，不要仅仅依靠董秘办公室或者证券办公室进行。

715. 独立董事有何作用？挂牌公司必须设立独立董事吗？

公司大股东持股比例占2/3以上后拥有了对公司的绝对控制权，而这种控制权往往为大股东谋求种种不正当利益提供了便利，为了避免这种情况，引入独立董事，其主要作用如下：

一是有利于公司的专业化运作。独立董事们能利用其专业知识和经验为公司发展提供有建设性的建议，为董事会的决策提供参考意见，从而有利于公司提高决策水平，提高经营绩效。

二是有利于检查和评判。独立董事在评价总经理、高级管理人员等的绩效时能发挥非常积极的作用。独立董事相对于内部董事容易坚持客观的评价标准，并易于组织实施一个清晰的、形式化的评价程序，从而避免内部董事“自己为自己打分”的行为，最大限度地谋求股东利益。

三是有利于监督约束，独立董事在监督总经理和高级管理人员等方面也有重要的作用。

四是平衡大小股东之间的利益。独立董事由于在公司董事会中处于独立地位，不代表任何利益主体的利益，同时在表决中被赋予了一定的特别权力，对利益主体之间的关系有一定的平衡作用。

挂牌公司不是上市公司，现行新三板制度没有强制要求设立独立董事。

716. 董事会秘书有何职责？挂牌公司必须设置董事会秘书吗？

《非上市公众公司监管指引第 3 号——章程必备条款》规定：“如公司设置董事会秘书的，则应当由董事会秘书负责信息披露事务。”由此看来，现行制度没有强制要求新三板挂牌公司设置董事会秘书这一职位。

董事会秘书对公司和董事会负责，履行如下职责：

（1）负责公司和相关当事人与交易所及其他证券监管机构之间的及时沟通和联络，保证全国股转系统公司可以随时与其取得工作联系。

（2）负责处理公司信息披露事务，督促公司制定并执行信息披露管理制度和重大信息的内部报告制度，促使公司和相关当事人依法履行信息披露义务，并按规定向全国股转系统公司办理定期报告和临时报告的披露工作。

（3）协调公司与投资者关系，接待投资者来访，回答投资者咨询，向投资者提供公司披露的资料。

（4）按照法定程序筹备董事会会议和股东大会，准备和提交拟审议的董事会和股东大会的文件。

（5）参加董事会会议，制作会议记录并签字。

（6）负责与公司信息披露有关的保密工作，制定保密措施，促使公司董事会全体成员及相关知情人在有关信息正式披露前保守秘密，并在内幕信息泄露时，及时采取补救措施并向全国股转系统公司报告。

（7）负责保管公司股东名册、董事名册、控股股东及董事、监事、高级管理人员持有公司股票的资料，以及董事会、股东大会的会议文件和会议记录等。

(8) 协助董事、监事和高级管理人员了解信息披露相关法律、行政法规、新三板相关制度和公司章程，以及挂牌协议对其设定的责任。

(9) 促使董事会依法行使职权；在董事会拟做出的决议违反法律、行政法规、新三板相关制度和公司章程时，应当提醒与会董事，并提请列席会议的监事就此发表意见，如果董事会坚持做出上述决议，董事会秘书应将有关监事和其个人的意见记载于会议记录上，并立即向全国股转系统公司报告。

(10)《公司法》和全国股转系统公司要求履行的其他职责。

717. 挂牌公司是否像上市公司那样要求强制分红？

2012 年 5 月，中国证监会发布《关于进一步落实上市公司现金分红有关事项的通知》要求上市公司强制分红。

《非上市公众公司监管指引第 3 号——章程必备条款》规定：章程应当载明公司的利润分配制度。章程可以就现金分红的具体条件和比例、未分配利润的使用原则等政策做出具体规定。也就是说，挂牌公司可以根据公司自身情况决定分红事宜。不过，分红是受到鼓励的，尤其对中小股东众多的挂牌公司。

718. 对公众公司股东合法权有何规定？

根据《非上市公众公司监督管理办法》的规定：

公众公司的治理结构应当确保所有股东，特别是中小股东充分行使法律、行政法规和公司章程规定的合法权利。

股东对法律、行政法规和公司章程规定的公司重大事项，享有知情权和参与权。公众公司应当建立健全投资者关系管理，保护投资者的合法权益。

公众公司董事会应当对公司的治理机制是否给所有的股东提供了合适的保护和平等权利等情况进行充分讨论、评估。

719. 对公众公司内部管理及关联交易有何规定？

根据《非上市公众公司监督管理办法》的规定：

公众公司应当强化内部管理，按照相关规定建立会计核算体系、财务管理和风险控制等制度，确保公司财务报告真实可靠及行为合法合规。

公众公司进行关联交易应当遵循平等、自愿、等价、有偿的原则，保证交易公平、公允，维护公司的合法权益，根据法律、行政法规、中国证监会的规定和公司章程，履行相应的审议程序。

公众公司应当采取有效措施防止股东及其关联方以各种形式占用或者转移公司的资金、资产及其他资源。

第二节　挂牌公司的并购与督导

720. 证监会出台的关于新三板并购重组的政策简况是怎样的?

并购重组对优化市场资源配置功能、推动产业结构调整、实现产业升级、促进实体经济发展，具有非常重要的意义和作用。

2014 年 6 月 27 日，中国证监会发布了《非上市公众公司收购管理办法》和《非上市公众公司重大资产重组管理办法》（分别简称《收购办法》和《重组办法》）。两办法围绕简便、透明、高效和降低成本的价值取向做了探索和创新，突出了市场化约束与导向机制，进一步放松了管制，构建了有别于交易所和上市公司的并购重组体系。这些特点具体体现在：

简化了发行股份购买资产的重大资产重组程序，不设重组委，缩短审核期限；充分发挥市场主体作用，允许交易各方自主协商定价；丰富了重大资产重组支付手段，除发行股份外，还可使用优先股、可转换债券等支付方式；减少申报文件，精炼信息披露内容；简化申报文件，不强制要求提供评估报告和盈利预测及编制备考报告；大幅简化权益变动的报告书类型，除控制权发生变更的要求须披露收购报告书外，其他权益变动只须披露权益变动报告书等。另外，非上市公众公司不实施强制全面要约收购制度；对自愿要约价格、支付方式、履约保证能力进行适度放宽，给予收购人多种选择等。

《收购办法》和《重组办法》，前者设置了 6 章 47 条，分为总则、权益披露、控制权变动披露、要约收购、监管措施与法律责任和附则；后者设置了 5

章41条，分为总则、重大资产重组的信息管理、重大资产重组的程序、监督管理与法律责任和附则。

721. 目前新三板的并购资源与机会有多大?

虽然新三板市场正在进行基础建设，各类制度还在不断完善，目前新市场的并购案例不多，但是可以看到并购意向正在逐渐活跃，应该说新三板未来将会是寻找并购资源的一个好平台。原因如下：

（1）新三板挂牌企业规模较小，公司治理和业绩相对其他小企业来说更好，而且进入这个市场后定价也比较透明，所以并购成功的概率会更大一些。

（2）新三板挂牌企业的市盈率普遍与主板市场存在差价，据数据显示，目前大部分新三板挂牌企业市盈率分布在10~30倍之间，平均市盈率大概维持在20倍左右。而目前中小板、创业板企业的市盈率仍维持在40倍左右。无论是投行还是PE机构都有动力去做这件事。

（3）随着新三板挂牌企业的增多，在新三板市场内，一是好的挂牌企业想做大做强会有并购冲动，二是挂牌企业之间也有可能出现并购的意向。这些都会给投行带来好业务。

（4）沪深上市公司可以把新三板作为并购资源的储备库，而且一些面临退市压力的企业为了保壳，也会有注入新资源的需求。目前已有上市公司主动找券商洽谈新三板挂牌企业的并购事宜。

（5）目前已有部分券商正在搭建场外市场并购重组制度，券商不仅可以做新三板挂牌企业的承销商，还能做并购顾问。

新三板的资源配置功能正在逐步体现，已经有新三板企业挂牌之后通过并购竞争对手和定向融资，实现了较快的成长。企业挂牌新三板之后的资源整合很值得关注。未来三五年新三板达到4000~5000家后，并购机会将会蜂拥呈现，到时，会给并购重组业务带来丰厚的资源与机会。

722. 行业老大为何认为新三板正在酝酿并购重组的大机遇?

至2014年1月24日，申银万国总共推荐了81家新三板挂牌企业，2013年有8家企业实施定向增发，两项数据均排名业内第一，可谓行业老大。

2014年2月28日新华网刊载的题为“蒋曙云：新三板并购重组酝酿大机

遇”的关于申银万国场外市场业务的一篇报道，对未来新三板的并购重组给出如下观点：

（1）新三板是一个发展潜力巨大的市场，目前的推荐上市只是第一步，未来做市、转板，以及跨板块的并购活动，才是其真正的活力与机遇所在，也是券商专业价值得以彰显的更重要的舞台。

（2）新三板上下游市场的连通将会为并购重组带来绝佳的机会。作为一个具有爆发式增长前景的市场，新三板不是孤立存在的个体，保持与上下游市场的互通互联，才能够孕育更大的机会。把企业比作一个池子，那么流到其他股转中心去的，就不会到新三板来。因为企业有自身的发展路径，规模小的时候在区域型股交中心挂牌，通过规范化成长到一定规模，这时可能新三板这个市场更适合其未来的发展，作为原来的股交中心应该是抱着一种鼓励的心态，因为这个市场本来就是互联互通的。不少业内人士均认为，新三板与上下游市场连通性的增强，也会给企业并购提供绝佳的舞台。

（3）并购重组将会随着新三板的成长而层出不穷。现在这个市场刚刚起步，很多公司的估值还没体现出来，短期内并购行为可能还不会大规模出现。未来新三板企业的横向纵向并购会层出不穷，单看新三板挂了那么多家IT企业，就可以预计将来会生出很多并购案例。未来新三板的资产重组会比挂牌更有意义。

（4）注重未来兼并重组人才的培养。正是看中了新三板这块难得的价值蓝海，申银万国在对人才的培养上也格外重视。由于场外业务这一块要求较强的专业基础，公司对新招人员素质有非常高的要求。他们认为：新招进来的一般都很年轻，硕士毕业工作一两年，这样的新人可塑性很高。在同一个行业做了3~5家企业之后，他们对这个行业的认识够了，那么以后做并购重组是自然而然的事情。

（5）创新赋予新三板包括兼并重组在内的多种业务以持续活力。新三板企业规模比较小，老板不愿意稀释股权，可以拿一部分股权来做市，在二级市场上制造一个流动性。未来新三板挂牌企业在交易制度上也可能会分层。交易比较活跃的、股东比较分散的，适合连续竞价；规模比较小的、股权不想稀释的，可以选择做市。别的券商很难复制申银万国走过的道路，每个券商找自己的突破口都是非常正常的事情，或者在债券上，或者在优先股上，或者在发行过程中找突破，市场本身是多元化的，当然需要业态的多元化。

723. 新三板挂牌或拟挂牌企业并购重组须注意哪些事项？

《非上市公众公司监督管理办法》第十五条至第十七条及第二十六条对并购重组做出如下规定：

公众公司实施并购重组行为，应当按照法律、行政法规、中国证监会的规定和公司章程，履行相应的决策程序并聘请证券公司和相关证券服务机构出具专业意见。任何单位和个人不得利用并购重组损害公众公司及其股东的合法权益。

进行公众公司收购，收购人或者其实际控制人应当具有健全的公司治理机制和良好的诚信记录。收购人不得以任何形式从被收购公司获得财务资助，不得利用收购活动损害被收购公司及其股东的合法权益。在公众公司收购中，收购人持有的被收购公司的股份，在收购完成后12个月内不得转让。

公众公司实施重大资产重组，重组的相关资产应当权属清晰、定价公允，重组后的公众公司应治理机制健全，不得损害公众公司和股东的合法权益。

公众公司实施并购重组的，相关信息披露义务人应当依法严格履行公告义务，并及时准确地向公众公司通报有关信息，配合公众公司及时、准确、完整地进行披露。参与并购重组的相关单位和人员，在并购重组的信息依法披露前负有保密义务，禁止利用该信息进行内幕交易。

724. 什么是持续督导，主办券商持续督导有何意义？

持续督导是指主办券商遵循勤勉尽责、诚实守信的原则，对与之签订《持续督导协议》的新三板挂牌公司的日常经营、持续运营特别是公司治理、信息披露等方面进行专业的规范、引导和督促，使之符合国家法规和监管部门的要求，同时便捷、快速且自律地熟悉、遵循并适应新三板市场的运行规范，更好地与投资者互动和成长。

其意义主要有两个方面，一是发挥市场的培育功能，帮助挂牌公司尽快熟悉资本市场，为其持续发展奠定基础；二是主办券商通过持续督导可以优先为挂牌公司提供融资、做市、并购重组等资本市场服务，建立主办券商权责利相统一的市场化激励约束机制，促使主办券商推荐有发展潜力的企业挂牌，与中小企业共成长。

725. 主办券商持续督导内容的要点有哪些?

在全国股转系统主办券商制度下，主办券商在公司挂牌期间履行持续督导的义务，其要点有5个方面：

（1）指导和督促挂牌公司规范履行信息披露义务，对其信息披露文件进行事前审查。

（2）指导和督促挂牌公司完善治理机制，提高规范运作水平。

（3）对挂牌公司董事、监事、高级管理人员及其他信息披露义务人进行培训。

（4）对挂牌公司信息披露和公司治理情况进行现场检查。

（5）在发现挂牌公司存在不规范行为时，及时向全国股份转让系统公司报告，并视情况发布风险警示公告。

全国股份转让系统公司将发布主办券商持续督导工作指引，明确和细化主办券商持续督导职责。

726. 主办券商持续督导的职责和义务有哪些?

（1）主办券商应与所推荐挂牌公司签订持续督导协议，勤勉尽责、诚实守信地履行持续督导职责，不得损害挂牌公司的合法利益。

（2）主办券商应建立持续督导工作制度，明确持续督导工作职责、工作流程和内部控制机制。

（3）主办券商应至少配备2名具有财务或法律专业知识的专职督导人员，作为联络人履行督导职责。主办券商在任免专职督导人员时，应将相关人员名单及简历及时报送全国股份转让系统公司备案。

（4）主办券商应对挂牌公司管理人员及信息披露人员进行相应的培训和引导，使他们理解并熟悉相关业务知识和规则。

（5）主办券商应督促和协助挂牌公司及时按照规则要求办理信息披露、股份转让、定向发行、限售登记及解除登记等事宜。

（6）主办券商特别是具体督导人员不得泄露挂牌公司尚未披露的或机密的信息，更不得利用信息取得的优势为自己或他人谋取利益。

主办券商应持续督导所推荐挂牌公司恪守诚实守信原则、规范履行信息披露义务、完善公司治理机制。

主办券商应配备合格专业人员，建立健全持续督导工作制度，勤勉履行审查挂牌公司拟披露的信息披露文件、对挂牌公司进行现场检查、发布风险警示公告等督导职责。

727. 挂牌公司能与主办券商解除持续督导协议吗？应注意什么？

能。但是需要注意：

（1）挂牌公司与主办券商因特殊原因确须解除持续督导协议的，应当事前报告全国股份转让系统公司并说明合理理由。

（2）解除持续督导协议后，挂牌公司应与承接督导事项的主办券商另行签订持续督导协议，报全国股份转让系统公司备案并公告。

（3）承接督导事项的主办券商应当自持续督导协议签订之日起开展督导工作并承担相应的责任。原主办券商在履行督导职责期间未勤勉尽责的，其责任不因主办券商的更换而免除。

（4）主办券商与挂牌公司解除持续督导协议，挂牌公司未能在股票暂停转让之日起3个月内与其他主办券商签署持续督导协议的，全国股转系统公司将终止其股票挂牌。

728. 《持续督导协议书》官方模板内容可以修改吗？

全国股转系统公司官网上的《持续督导协议书》模板为参考文本，主办券商与挂牌公司协商一致，可根据实际情况在不违反持续督导基本原则的基础上进行细化、丰富。

729. 挂牌公司接受持续督导的时间有多久？

挂牌公司实施终身督导制，只要在新三板挂牌，就得接受持续督导。另外，主办券商与挂牌公司解除持续督导协议，挂牌公司未能在股票暂停转让之日起3个月内与其他主办券商签署持续督导协议的，全国股转系统公司将终止其股票挂牌。

730. 新规是如何彰显主办券商对企业挂牌推荐和持续督导的重要地位的?

新的挂牌规则将主办券商等中介机构的作用提升到了一个非常重要的位置上，包括:

（1）若一定期限内无主办券商为挂牌公司持续督导的话，系统公司将对企业做出终止挂牌的处理。

（2）公司须经主办券商推荐方可挂牌，双方签署《推荐挂牌并持续督导协议》。

（3）主办券商应完成尽职调查和内核程序，对公司是否符合挂牌条件发表独立意见，并出具推荐报告。主办券商内核机构根据项目小组的申请召开内核会议。每次会议须 7 名以上内核机构成员出席，其中律师、注册会计师和行业专家至少各 1 名。内核会议应对是否同意推荐申请挂牌公司股票挂牌进行表决。表决应采取记名投票方式，每人一票，2/3 以上赞成且指定注册会计师、律师和行业专家均为赞成票为通过。主办券商应根据内核意见，决定是否向全国股份转让系统公司推荐申请挂牌公司股票挂牌。决定推荐的，应出具推荐报告。

第三节 自律监管与监管措施

731. 主办券商开展新三板业务的一般性管理规定有哪些?

根据《全国中小企业股份转让系统主办券商管理细则（试行)》，全国股转系统公司对主办券商开展新三板业务提出了一般性管理规定，其主要内容有:

（1）主办券商开展新三板相关业务，应当建立健全合规管理、内部风险控制与管理机制，严格防范和控制风险。

（2）主办券商及其业务人员应当对开展新三板业务中获取的非公开信息履行保密义务，不得利用该信息牟取不正当利益。

（3）主办券商应当加强业务人员的职业道德和诚信教育，强化业务人员的勤勉尽责意识、合规操作意识、风险控制意识和保密意识。

（4）主办券商应按全国股转系统公司要求在全国股份转让系统指定信息披露平台披露其执业情况、接受全国股转系统公司处分等信息。

（5）主办券商应当根据全国股转系统公司要求，调查或协助调查指定事项，并将调查结果及时报告全国股转系统公司。

（6）主办券商应按要求组织相关人员参加全国股转系统公司举办的业务和技术培训。未按规定参加培训的，全国股转系统公司可暂不受理主办券商及其相关人员出具的文件。主办券商首次推荐公司挂牌前，应接受全国股转系统公司的业务培训。

（7）主办券商应当按照全国股转系统公司要求建立开展相关业务所需的技术系统，包括交易系统、做市报价系统、行情系统和通信系统及其备份系统等，并制定相应的安全运行管理制度。

（8）主办券商应遵守全国股转系统公司有关转让信息管理的规定，按要求使用全国股转系统转让信息。

（9）未经全国股转系统公司许可，主办券商不得将转让信息提供给客户从事自身股票转让以外的其他活动，不得将转让信息提供给客户以外的其他机构和个人，不得在营业场所外使用转让信息。

732. 主办券商是否须指定一名高管和联络人负责新三板业务？对其职责等有何要求？

是的。根据《全国中小企业股份转让系统主办券商管理细则（试行）》的规定，主办券商应指定一名公司高级管理人员负责组织、协调主办券商与全国股转系统公司的各项业务往来，并指定业务联络人协助履行相应职责。指定高管及业务联络人的任职、变更应及时报告全国股转系统公司。

指定高管和业务联络人应履行下列职责：一是负责报送全国股转系统公司要求的文件；二是组织相关业务人员按时参加全国股转系统公司举办的培训；三是协调主办券商与全国股转系统公司相关技术系统的改造、测试等；

四是及时接收全国股份转让系统公司发送的业务文件，并予以协调落实；五是及时更新全国股转系统指定信息披露平台上主办券商相关信息；六是督促主办券商及时履行报告与公告义务；七是督促主办券商及时缴纳各项费用；八是全国股转系统公司要求履行的其他职责。

指定高管与业务联络人出现下列情形之一的，主办券商应当自该情形发生之日起5个转让日内予以更换并报告全国股转系统公司：一是指定高管不再分管全国股转系统相关业务或不再担任高级管理人员职务；二是连续3个月不能履行职责；三是在履行职责时出现重大错误，产生严重后果；四是全国股份转让系统公司认为不适宜继续担任指定高管或业务联络人的其他情形。

指定高管空缺期间，主办券商法定代表人应当履行指定高管的职责，直至主办券商向全国股转系统公司报备新的指定高管。

733. 主办券商的定期报告有哪些内容？

一是每年4月30日前报送上年度经审计的财务报表和从事新三板相关业务情况的报告；二是全国股份转让系统公司规定的其他定期报告义务。

全国股转系统公司可根据需要调整上述报告的报送时间及内容要求。

734. 哪些情况发生之日起5个转让日内，主办券商须向全国股转系统公司报告？

有下列情形之一的，主办券商应当自该情形发生之日起5个转让日内向全国股转系统公司报告：

（1）主办券商备案申请提交的材料文件所涉事项发生变更的。

（2）公司总部、分支机构发生设立、收购或者撤销分支机构，变更业务范围、注册资本或法定人代表，变更持有5%以上股权的股东、实际控制人，变更公司章程中的重要条款，合并、分立、变更公司形式、停业、解散、破产，必须经国务院证券监督管理机构批准。证券公司在境外设立、收购或者参股证券经营机构，必须经国务院证券监督管理机构批准。

735. 哪些情况发生，主办券商须立即并持续向全国股转系统公司报告进展？

主办券商发生下列情形的，应当立即向全国股转系统公司报告，并持续报告进展情况：

①重大业务风险；②进入风险处置；③重大技术故障；④不可抗力或者意外事件可能影响客户正常转让的；⑤其他影响公司正常经营的重大事件。

其中，第③、④项，还应当立即在其营业场所予以公告。

736. 哪些情况发生，主办券商须向全国股转系统公司报告原因、证监会措施及整改结果？

证券公司的净资本或者其他风险控制指标不符合规定的，国务院证券监督管理机构应当责令其限期改正；逾期未改正，或者其行为严重危及该证券公司稳健运行、损害客户合法权益的，国务院证券监督管理机构对其采取下列措施之一或多项：①限制业务活动，责令暂停部分业务，停止批准新业务；②停止批准增设、收购营业性分支机构；③限制分配红利，限制向董事、监事、高级管理人员支付报酬、提供福利；④限制转让财产或者在财产上设定其他权利；⑤责令更换董事、监事、高级管理人员或者限制其权利；⑥责令控股股东转让股权或者限制有关股东行使股东权利；⑦撤销有关业务许可。

在证券公司被责令停业整顿，被依法指定托管、接管或者清算期间，或者出现重大风险时，经国务院证券监督管理机构批准，可以对该证券公司直接负责的董事、监事、高级管理人员和其他直接责任人员采取以下措施：一是通知出境管理机关依法阻止其出境；二是申请司法机关禁止其转移、转让或者以其他方式处分财产，或者在财产上设定其他权利。

737. 对主办券商自查、投诉、依法托管或接管等有关报告有何规定？

全国股转系统公司可以根据审慎监管原则，要求主办券商对从事的全国股份转让系统相关业务情况进行自查，并提交专项自查报告。

主办券商被依法托管或接管的，托管方或接管方应当自中国证监会批准托管或接管方案之日起 2 个转让日内将托管或接管方案等文件报送全国股份转让系统公司。

主办券商应当指定部门受理客户投诉，并按要求将相关业务投诉及处理情况向全国股转系统公司报告。

主办券商之间、主办券商与挂牌公司之间、主办券商与客户之间发生的业务纠纷可能影响市场正常秩序的，相关主办券商应当自该情形出现之日起 2 个转让日内向全国股转系统公司报告。

738. 对主办券商的自律监管有哪些规定？

（1）全国股转系统公司可根据监管需要，对主办券商业务活动中的风险管理、技术系统运行、做市义务履行、推荐挂牌及持续督导等情况进行监督检查。

（2）主办券商应当积极配合全国股转系统公司监管，按照全国股转系统公司要求及时说明情况，提供相关文件、资料，不得拒绝或者拖延提供有关资料，不得提供虚假、误导性或者不完整的资料。

（3）全国股转系统公司对主办券商及从业人员执业情况进行持续记录，并可将记录信息予以公开。

（4）主办券商及相关业务人员违反《全国中小企业股份转让系统主办券商管理细则（试行）》的，全国股转系统公司可依据《业务规则》采取相应的监管措施或纪律处分。

（5）主办券商被终止从事相关业务的，全国股转系统公司将在终止其从事相关业务之日起 12 个月内不再受理其申请。

739. 全国股转系统公司监管的对象有哪些？

主要有 4 类：

①挂牌公司及申请挂牌公司；②挂牌公司及申请挂牌公司中的股东、实际控制人、董事、监事和高级管理人员；③挂牌公司及申请挂牌公司服务的主办券商、律师事务所、会计师事务所等中介，其他券商及相关人员；④各类投资者，包括自然人、机构和企业等。

740. 新三板采用的自律监管措施主要有哪些?

根据《全国中小企业股份转让系统公司业务规则(试行)》的规定，全国股转系统公司可以对监管对象采取下列自律监管措施:

①要求申请挂牌公司、挂牌公司及其他信息披露义务人或者其董事(会)、监事(会)和高级管理人员、主办券商、证券服务机构及其相关人员对有关问题做出解释、说明和披露;②要求申请挂牌公司、挂牌公司聘请中介机构对公司存在的问题进行核查并发表意见;③约见谈话;④要求提交书面承诺;⑤出具警示函;⑥责令改正;⑦暂不受理相关主办券商、证券服务机构或其相关人员出具的文件;⑧暂停解除挂牌公司控股股东、实际控制人的股票限售;⑨限制证券账户交易;⑩向中国证监会报告有关违法违规行为;⑪其他自律监管措施。

监管对象应当积极配合全国股份转让系统公司的日常监管，在规定期限内回答问询，按照全国股份转让系统公司的要求提交说明，或者披露相应的更正或补充公告。

741. 全国股转系统公司的纪律处分有哪些?

根据《全国中小企业股份转让系统公司业务规则(试行)》的规定:申请挂牌公司、挂牌公司、相关信息披露义务人违反本业务规则、全国股转系统公司其他相关业务规定的，全国股转系统公司视情节轻重给予以下处分，并记入证券期货市场诚信档案:①通报批评;②公开谴责。

申请挂牌公司、挂牌公司的董事、监事、高级管理人员违反本业务规则、全国股份转让系统公司其他相关业务规定的，全国股份转让系统公司视情节轻重给予以下处分，并记入诚信档案:①通报批评;②公开谴责;③认定其不适合担任公司董事、监事、高级管理人员。

主办券商违反本业务规则、全国股份转让系统公司其他相关业务规定的，全国股转系统公司视情节轻重给予以下处分，并记入诚信档案:①通报批评;②公开谴责;③限制、暂停直至终止其从事相关业务。

主办券商的相关业务人员违反本业务规则、全国股份转让系统公司其他相关业务规定的，全国股转系统公司视情节轻重给予以下处分，并记入诚信档案：①通报批评；②公开谴责。

会计师事务所、律师事务所、其他证券服务机构及其工作人员违反本业务规则、全国股转系统公司其他相关业务规定的，全国股份转让系统公司视情节轻重给予以下处分，记入诚信档案并向相关行业自律组织通报：①通报批评；②公开谴责。

742. 全国股转系统公司如何做出处分决定？被处分者不服该怎么办？

全国股转系统公司设立纪律处分委员会对《业务规则》规定的纪律处分事项进行审核，做出独立的专业判断并形成审核意见。全国股份转让系统公司根据纪律处分委员会的审核意见，做出是否给予纪律处分的决定。

监管对象不服全国股份转让系统公司做出的纪律处分决定的，可自收到处分通知之日起15个工作日内向全国股份转让系统公司申请复核，复核期间该处分决定不停止执行。

743. 证监会对市场监管有权采取的措施有哪些？

《证券法》第一百八十条规定，国务院证券监督管理机构依法履行职责，有权采取下列措施：

①对证券发行人、上市公司、证券公司、证券投资基金管理公司、证券服务机构、证券交易所、证券登记结算机构进行现场检查；②进入涉嫌违法行为发生场所调查取证；③询问当事人和与被调查事件有关的单位和个人，要求其对与被调查事件有关的事项做出说明；④查阅、复制与被调查事件有关的财产权登记、通信记录等资料；⑤查阅、复制当事人和与被调查事件有关的单位和个人的证券交易记录、登记过户记录、财务会计资料及其他相关文件和资料，对可能被转移、隐匿或者毁损的文件和资料，可以予以封存；⑥查询当事人和与被调查事件有关的单位和个人的资金账户、证券账户和银行账户，对有证据证明已经或者可能转移或者隐匿违法资金、证券等涉案财产或者隐匿、伪造、毁损重要证据的，经国务院证券监督管理机构主要负责人批准，可以冻结或者查封；⑦在调查操纵证券市场、内幕交易等重大证券违法行为时，经国务院证券监督管理机构主要负责人批准，可以限制被调查

事件当事人的证券买卖，但限制的期限不得超过15个交易日；案情复杂的，可以延长15个交易日。

744. 对公众公司的监督，证监会可采取的措施有哪些规定？

《非上市公众公司监督管理办法》第五十六条规定：中国证监会依法对公司进行监督检查或者调查，公司有义务提供相关文件资料。对于发现问题的公司，中国证监会可以采取责令改正、监管谈话、责令公开说明、出具警示函等监管措施，并记入诚信档案；涉嫌违法、犯罪的，应当立案调查或者移送司法机关。

第六十二条规定：信息披露义务人及其董事、监事、高级管理人员，公司控股股东、实际控制人，为信息披露义务人出具专项文件的证券公司、证券服务机构及其工作人员，违反《证券法》、行政法规和中国证监会相关规定的，中国证监会可以采取责令改正、监管谈话、出具警示函、认定为不适当人选等监管措施，并记入诚信档案；情节严重的，中国证监会可以对有关责任人员采取证券市场禁入的措施。

745. 证监会36个月内不受理公司股票转让和定向发行申请的属于什么情况？

根据《非上市公众公司监督管理办法》第五十七条的规定：公司以欺骗手段骗取核准的，公司报送的报告有虚假记载、误导性陈述或者重大遗漏的，除依照《证券法》有关规定进行处罚外，中国证监会可以采取终止审核并自确认之日起在36个月内不受理公司的股票转让和定向发行申请的监管措施。

第六十二条规定：公司向不符合本办法规定条件的投资者发行股票的，中国证监会可以责令改正，并可以自确认之日起在36个月内不受理其申请。

746. 证监会3～12个月内不接受中介出具专项文件的属于什么情形？

根据《非上市公众公司监督管理办法》第五十九条的规定：证券公司、证券服务机构出具的文件有虚假记载、误导性陈述或者重大遗漏的，除依照《证券法》及相关法律法规的规定处罚外，中国证监会可视情节轻重，自确认之日起采取 3 ~ 12 个月内不接受该机构出具的相关专项文件、36 个月内不接受相关签字人员出具的专项文件的监管措施。

747. 中国证监会采取监管措施是否举行听证会？

《中国证券监督管理委员会行政处罚听证规则》规定，为了保障中国证监会依法实施行政处罚，维护公民、法人和其他组织的合法权益，中国证监会对当事人依法做出下述一项或一项以上行政处罚以前，当事人要求举行听证的，应当按照本规则组织听证：

①责令停止发行证券；②责令停业整顿；③暂停或者撤销证券、期货业务许可；④撤销任职资格或者证券从业资格；⑤对个人处以罚款或者没收违法所得人民币 5 万元以上；⑥对法人或者其他组织处以罚款或者没收违法所得人民币 30 万元以上；⑦法律、法规和规章规定的可以要求听证的其他情形。

748. 什么是诚信档案？

《证券期货市场诚信监督管理暂行办法》2012 年 9 月 1 日开始实施，其中对诚信档案给出这样的诠释：

中国证券监督管理委员会建立全国统一的证券期货市场诚信档案数据库，简称诚信档案，记录证券期货市场诚信信息。诚信档案力求构建“一处失信，处处受限”的诚信监管体系。

749. 诚信档案的诚信信息指什么？

根据《证券期货市场诚信监督管理暂行办法》的规定，诚信档案的诚信信息包括：

①公民的姓名、性别、国籍、身份证件号码，法人或其他组织的名称、住所、组织机构代码等基本信息；②中国证监会、国务院其他主管部门等其他省部级及以上单位和证券期货交易所、证券期货市场行业协会、证券登记结算机构等全国性证券期货市场行业组织（以下简称证券期货市场行业组织）做出的表彰、奖励、评比，以及信用评级机构做出的信

用评级；③中国证监会及其派出机构做出的行政许可决定；④发行人、上市公司及其主要股东、实际控制人，董事、监事和高级管理人员，重大资产重组交易各方，及收购人所做的公开承诺的未履行或未如期履行、正在履行、已如期履行等情况；⑤中国证监会及其派出机构做出的行政处罚、市场禁入决定和采取的监督管理措施；⑥证券期货市场行业组织实施的纪律处分措施和法律、行政法规、规章规定的管理措施；⑦因涉嫌证券期货违法被中国证监会及其派出机构调查及采取强制措施；⑧因涉嫌证券期货犯罪被中国证监会及其派出机构移送公安机关、人民检察院处理；⑨因证券期货犯罪或其他犯罪被人民法院判处刑罚；⑩因证券期货侵权、违约行为被人民法院判决承担较大民事赔偿责任；⑪因违法开展经营活动被银行、保险、财政、税收、环保、工商、海关等相关主管部门予以行政处罚；⑫违背诚实信用原则的其他行为信息。

750. 诚信档案信息采集的对象有哪些？

根据《证券期货市场诚信监督管理暂行办法》的规定，下列从事证券期货市场活动的公民、法人或其他组织的诚信信息，记入诚信档案：

①证券业从业人员和期货从业人员；②发行人、上市公司及其董事、监事、高级管理人员、主要股东和实际控制人；③证券公司、基金管理公司、期货公司及其董事、监事、高级管理人员、主要股东和实际控制人；④会计师事务所、律师事务所、保荐机构、财务顾问机构、资产评估机构、投资咨询机构、信用评级机构等证券期货服务机构及其从业人员；⑤独立基金销售机构、基金评价机构及其相关业务人员，非公开募集基金管理人、合格境外机构投资者、合格境内机构投资者及其主要投资管理人员，境外证券类机构驻华代表机构及其首席代表；⑥为证券期货业提供信息技术服务或者软硬件产品的供应商；⑦为发行人、上市公司提供投资者关系管理及其他公关服务的服务机构及其人员；⑧其他有与证券期货市场活动相关的违法失信行为的公民、法人或其他组织。

751. 什么是证券市场禁入？主要针对哪些人？

我国2006年7月10日实施了《证券市场禁入规定》的规定，市场禁入是指因进行证券欺诈活动或者有其他严重违反证券法律、法规、规章以及中国证券监督管理委员会发布的有关规定的行为，被中国证监会认定为市场禁入者，在一定时期内或者永久性不得担任上市公司高级管理人员或者不得从事证券业务的制度。其中，从事证券业务是指为证券发行人和投资者进行证券发行、交易及相关活动提供中介服务或者专业服务的行为。

根据《证券市场禁入规定》的规定，下列人员违反法律、行政法规或者中国证监会有关规定，情节严重的，中国证监会可以根据情节严重的程度，采取证券市场禁入措施：

①发行人、上市公司的董事、监事、高级管理人员，其他信息披露义务人或者其他信息披露义务人的董事、监事、高级管理人员；②发行人、上市公司的控股股东、实际控制人或者发行人、上市公司控股股东、实际控制人的董事、监事、高级管理人员；③证券公司的董事、监事、高级管理人员及其内设业务部门负责人、分支机构负责人或者其他证券从业人员；④证券公司的控股股东、实际控制人或者证券公司控股股东、实际控制人的董事、监事、高级管理人员；⑤证券服务机构的董事、监事、高级管理人员等从事证券服务业务的人员和证券服务机构的实际控制人或者证券服务机构实际控制人的董事、监事、高级管理人员；⑥证券投资基金管理人、证券投资基金托管人的董事、监事、高级管理人员及其内设业务部门、分支机构负责人或者其他证券投资基金从业人员；⑦中国证监会认定的其他违反法律、行政法规或者中国证监会有关规定的有关责任人员。

752. 证券市场禁入的内容及时间规定是什么？

根据《证券市场禁入规定》的规定：被中国证监会采取证券市场禁入措施的人员，在禁入期间内，除不得继续在原机构从事证券业务或者担任原上市公司董事、监事、高级管理人员职务外，也不得在其他任何机构中从事证券业务或者担任其他上市公司董事、监事、高级管理人员职务。被采取证券市场禁入措施的人员，应当在收到中国证监会做出的证券市场禁入决定后立即停止从事证券业务或者停止履行上市公司董事、监事、高级管理人员职务，并由其所在机构按规定的程序解除其被禁止担任的职务。

违反法律、行政法规或者中国证监会有关规定，情节严重的，可以对有关责任人员采取3~5年的证券市场禁入措施；行为恶劣、严重扰乱证券市场秩序、严重损害投资者利益或者在重大违法活动中起主要作用等情节较为严重的，可以对有关责任人员采取5~10年的证券市场禁入措施；有下列情形之一的，可以对有关责任人员采取终身的证券市场禁入措施：

①严重违反法律、行政法规或者中国证监会有关规定，构成犯罪的；②违反法律、行政法规或者中国证监会有关规定，行为特别恶劣，严重扰乱证券市场秩序并造成严重社会影响，或者致使投资者利益遭受特别严重损害的；③组织、策划、领导或者实施重大违反法律、行政法规或者中国证监会有关规定的活动的；④其他违反法律、行政法规或者中国证监会有关规定，情节特别严重的。

违反法律、行政法规或者中国证监会有关规定，情节严重的，可以单独对有关责任人员采取证券市场禁入措施，或者一并依法进行行政处罚；涉嫌犯罪的，依法移送公安机关、人民检察院，并可同时采取证券市场禁入措施。

753. 证券市场禁入的听证、诚信档案等是如何规定的？

根据《证券市场禁入规定》的规定，中国证监会采取证券市场禁入措施前，应当告知当事人采取证券市场禁入措施的事实、理由及依据，并告知当事人有陈述、申辩和要求举行听证的权利。

被采取证券市场禁入措施者因同一违法行为同时被认定有罪或者进行行政处罚的，如果对其所作有罪认定或行政处罚决定被依法撤销或者变更，并因此影响证券市场禁入措施的事实基础或者合法性、适当性的，依法撤销或者变更证券市场禁入措施。

被中国证监会采取证券市场禁入措施的人员，中国证监会将通过中国证监会网站或指定媒体向社会公布，并记入被认定为证券市场禁入者的诚信档案。

第四节 挂牌公司信息披露概述及流程

754. 信息披露的定义和责任要求是什么?

信息披露指挂牌公司或者相关信息披露义务人按法律、行政法规、部门规章、规范性文件、《全国中小企业股份转让系统挂牌公司信息披露细则(试行)》和全国股转系统公司其他有关规定在全国股转系统公司网站上公告信息。

责任要求是:

①公司及其他信息披露义务人应当按照法律、行政法规和中国证监会的规定,真实、准确、完整、及时地披露信息,不得有虚假记载、误导性陈述或者重大遗漏。公司及其他信息披露义务人应当向所有投资者同时公开披露信息。②公司的董事、监事、高级管理人员应当忠实、勤勉地履行职责,保证公司披露信息的真实、准确、完整、及时。③质疑澄清:非上市公众公司应当建立与股东沟通的有效渠道,对股东或者市场质疑的事项应及时、客观地进行澄清或说明。④及时性:是指自起算日起或者触及细则规定的披露时点的2个转让日内,另有规定的除外。

755. 新三板信息披露制度的基本思想、例外规定与风险警示是什么?

根据新三板信息披露制度,做出如下归纳:

基本思想:全国股转系统公司对披露信息梳理披露逻辑,披露信息应突出重点、模板化展示(定期、临时等披露都有标准模板)。

例外规定:凡是公司认为对投资者决策有重大影响的信息,不论制度是否有明确规定,公司均应主动披露;由于商业机密、国家机密等特殊原因导致某些信息不便披露的,可申请豁免披露。

风险警示:挂牌公司出现下列情形之一的,全国股份转让系统公司对股票转让实行风险警示,在公司股票简称前加注标识并公告:一是最近一个会计年度的财务会计报告被出具否定意见或者无法表示意见的审计报告；二是最近一个会计年度经审计的期末净资产为负值；三是全国股份转让系统公司规定的其他情形。

756. 新三板挂牌公司信息披露体系的基本要点是什么?

根据新三板新规则体系，归纳挂牌公司的信息披露，主要有6个要点：

（1）主办券商角色：一是持续督导；二是督导挂牌公司完善公司治理和履行持续信息披露义务；三是主办券商对公司拟披露信息进行事前审查。

（2）挂牌公司角色：一是制定信息披露事务管理制度；二是要设有董事会秘书或指定具有专业知识的人员负责相关事务且该人员应列席公司董事会和股东大会；三是公司披露的内容经董事会审议通过。

（3）适用适度信息披露原则，定期报告只须披露年度报告、半年度报告及临时报告。

（4）按照《企业会计准则》的要求编制财务报告；年度报告须经审计，不要求披露季报。

（5）电子化披露方式，降低企业披露成本。

（6）全国股份转让系统对已披露的信息进行事后审查。

757. 挂牌公司信息披露的主要内容、文件及基本要求是什么?

挂牌公司信息披露包括挂牌前的信息披露及挂牌后持续信息披露，其中挂牌后持续信息披露包括定期报告和临时报告。

信息披露文件主要包括公开转让说明书、定向转让说明书、定向发行说明书、发行情况报告书、定期报告和临时报告等。具体的内容与格式、编制规则及披露要求，由中国证监会另行制定。

新三板相关制度对挂牌公司信息披露的基本要求是：

（1）非上市公众公司及其董事、监事、高级管理人员应当保证披露的信息真实、准确、完整，不存在虚假记载、误导性陈述或者重大遗漏，并对其真实性、准确性、完整性承担相应的法律责任。

（2）非上市公众公司应当建立与股东沟通的有效渠道，对股东或者市场质疑的事项应当及时、客观地进行澄清或者说明。

758. 对挂牌公司的信息披露渠道相关制度有什么规定？

对挂牌公司的信息披露渠道，新三板相关制度的规定归纳如下：

《非上市公众公司监督管理办法》第二十九条和第三十条相关规定有三点：一是公司及其他信息披露义务人依法披露的信息，应当在中国证监会指定的信息披露平台公布。公司及其他信息披露义务人可在公司网站或者其他公众媒体上刊登依本办法必须披露的信息，但披露的内容应当完全一致，且不得早于在中国证监会指定的信息披露平台披露的时间。二是股票向特定对象转让导致股东累计超过200人的公众公司可以在公司章程中约定其他信息披露方式；在中国证监会指定的信息披露平台披露相关信息的，应当符合前述要求。三是公司及其他信息披露义务人应当将信息披露公告文稿和相关备查文件置备于公司住所供社会公众查阅。

《非上市公众公司监管指引第1号——信息披露》规定：非上市公众公司应当本着股东能及时、便捷获得公司信息的原则，并结合自身实际情况，自主选择一种或者多种信息披露平台，如非上市公众公司信息披露网站（nlpc. csrc. gov. cn）、公共媒体或者公司网站，也可以选择公司章程约定的方式或者股东认可的其他方式。无论采取何种信息披露方式，均应当经股东大会审议通过。股票在依法设立的证券交易场所公开转让的非上市公众公司，应当通过证券交易场所要求的平台披露信息。

按照《全国中小企业股份转让系统业务规则（试行）》的规定：挂牌公司在其他媒体披露信息的时间不得早于指定披露平台的披露时间。申请挂牌公司、挂牌公司及其他信息披露义务人、主办券商依法披露的信息，应当第一时间在全国股份转让系统指定信息披露平台（www. neeq. com. cn 或 www. neeq. cc）公布。

759. 挂牌公司信息披露的一般性制度内容有哪些？

根据《全国中小企业股份转让系统挂牌公司信息披露细则（试行）》的规定，其内容主要有：

（1）挂牌公司及相关信息披露义务人应当及时、公平地披露所有对公司股票及其他证券品种转让价格可能产生较大影响的信息（以下简称重大信息），并保证信息披露内容的真实、准确、完整，不存在虚假记载、误导性陈述或重大遗漏。

（2）挂牌公司应当制定信息披露事务管理制度，经董事会审议后及时向全国股份转让系统公司报备并披露。公司应当将董事会秘书或信息披露事务负责人的任职及职业经历向全国股份转让系统公司报备并披露，发生变更时亦同。上述人员离职无人接替或因故不能履行职责时，公司董事会应当及时指定一名高级管理人员负责信息披露事务并披露。

（3）挂牌公司应当在挂牌时向全国股份转让系统公司报备董事、监事及高级管理人员的任职、职业经历及持有挂牌公司股票情况。有新任董事、监事及高级管理人员或上述报备事项发生变化的，挂牌公司应当在两个转让日内将最新资料向全国股份转让系统公司报备。

（4）董事、监事及高级管理人员应当在公司挂牌时签署遵守全国股份转让系统公司业务规则及监管要求的《董事（监事、高级管理人员）声明及承诺书》（以下简称承诺书），并向全国股份转让系统公司报备。新任董事、监事应当在股东大会或者职工代表大会通过其任命后5个转让日内，新任高级管理人员应当在董事会通过其任命后5个转让日内签署上述承诺书并报备。

（5）挂牌公司披露重大信息之前，应当经主办券商审查，公司不得披露未经主办券商审查的重大信息。挂牌公司在其他媒体披露信息的时间不得早于指定披露平台的披露时间。

（6）挂牌公司发生的或者与之有关的事件没有达到本细则规定的披露标准，或者本细则没有具体规定，但公司董事会认为该事件对股票价格可能产生较大影响的，公司应当及时披露。

（7）主办券商应当指导和督促所推荐挂牌公司规范履行信息披露义务，对其信息披露文件进行事前审查。发现拟披露的信息或已披露信息存在任何错误、遗漏或者误导的，或者发现存在应当披露而未披露事项的，主办券商应当要求挂牌公司进行更正或补充。挂牌公司拒不更正或补充的，主办券商应当在2个转让日内发布风险揭示公告并向全国股份转让系统公司报告。

760. 挂牌公司信息披露的形式是什么？

挂牌公司信息披露形式只有两种，即董事会公告和监事会公告，根据为：

《非上市公众公司监督管理办法》第二十七条规定：公众公司应当制定信息披露事务管理制度并指定具有相关专业知识的人员负责信息披露事务。

761. 股票转让、定向发行累计超 200 人股东的挂牌公司应披露哪些内容？

根据《非上市公众公司监管指引第 1 号——信息披露》的规定：

股票公开转让、股票向特定对象发行或者转让导致股东累计超过 200 人的公司，应当在公开转让说明书、定向发行说明书或者定向转让说明书中披露以下内容：

（1）公司基本信息、股本和股东情况、公司治理情况。

（2）公司主要业务、产品或者服务及公司所属行业。

（3）报告期内的财务报表、审计报告。

（4）定向发行说明书还应当披露发行对象或者范围、发行价格或者区间、发行数量。

非上市公众公司也可以根据自身实际情况以及投资者的需求，更加详细地披露公司的其他情况。

762. 新三板挂牌企业持续信息披露业务的流程是什么？

根据《全国中小企业股份转让系统挂牌公司持续信息披露业务指南（试行）》（以下简称《信披指南》）对流程的规范，主要包括思想内容：

①挂牌公司准备披露文件并报主办券商审查；②主办券商事前审查并提交信息公司；③信息公司公告处理及披露；④公告披露后的事后处理。

763. “挂牌公司准备披露文件并报主办券商审查”的内容有哪些？

根据新三板《信披指南》：

（1）挂牌公司董事会秘书或者信息披露事务负责人应按照《业务规则》、《信息披露细则》、定期报告格式指引和临时公告格式模板等规定编写公告文稿，并准备备查文件。临时公告格式模板里没有明确给出格式的公告类型，由挂牌公司自行编制。

（2）挂牌公司准备好披露文件后，应将加盖董事会章的公告的纸质文件及相应电子文档送达主办券商。

（3）挂牌公司在遇到可能涉及暂停与恢复转让的事宜时，应提前告知主办券商，主办券商在办理信息披露业务的同时应当协助挂牌公司办理暂停与恢复转让。办理暂停与恢复转让业务按照《全国中小企业股份转让系统挂牌公司暂停与恢复转让业务指南》执行。

（4）进行定期报告披露的，挂牌公司应与主办券商商定披露日期，主办券商应于商定日期前将挂牌公司书面预约申请报送全国股转系统公司进行披露预约。因特殊原因需变更披露预约时间的，应于原预约披露日5个转让日前向全国股份转让系统公司申请，经全国股份转让系统公司同意后方可变更。在5个转让日内需要变更预约披露时间的，经全国股份转让系统公司同意，主办券商协助挂牌公司发布《关于变更××年度（半年度）报告披露日期的提示性公告》后方可变更。

全国股份转让系统公司根据均衡披露原则统筹安排披露时间，并由深圳证券信息有限公司（以下简称信息公司）在全国股转系统信息披露平台公布预计披露日期、变更情况及最终披露日期。

（5）挂牌公司申请豁免披露涉及国家机密或商业秘密信息的，应通过主办券商向全国股份转让系统公司申请并提出豁免披露的充分依据。豁免定期报告相关信息披露的，应于申报预约披露日期的同时申请；豁免临时公告披露的，应及时向全国股份转让系统公司提出申请。

（6）进行临时报告披露的，应按照《信息披露细则》规定的披露时点之后的2个转让日内发布临时公告。

764. “主办券商事前审查并提交信息公司”的内容有哪些？

根据新三板《信披指南》：

（1）主办券商对拟信息披露文件进行事前审查，发现拟披露文件与全国股份转让系统公司相关规定不相符合的，主办券商应与挂牌公司沟通，了解相关情况，督导挂牌公司进行更正或补充，直至符合全国股份转让系统公司有关规定的要求。拟信息披露文件存在虚假记载、误导性陈述、重大遗漏、不正当披露信息的，主办券商应要求挂牌公司及时改正，挂牌公司拒不改正的，主办券商应向全国股份转让系统公司报告并在2个转让日内发布风险揭示公告。

（2）主办券商事前审查无异议后，应最迟于T日（T日为公告披露日，且需为转让日）20时前将加盖主办券商公章的《信息披露业务流转表》（以下简称流转表）传真至信息公司，将披露材料的电子文档（Word格式或PDF格式，如非特别要求，公告不用影印形式）上传至信息公司业务平台或发送至信息披露专用邮箱（ssi@cninfo.com.cn），并与信息公司电话确认收悉。如T+1为非转让日，则T日下午收市后披露T+1公告。若流转表无法传真送达信息公司，可以将已盖章流转表的影印电子版随公告电子文档上传至业务平台或发送至邮箱。

765. “信息公司公告处理及披露”的内容有哪些？

根据新三板《信披指南》，主要内容主要有：①信息公司对披露资料采编整理完成后，于T日非股票转让时段上载至全国股份转让系统信息披露平台（www.neeq.com.cn或www.neeq.cc）公布。②披露完成后，信息公司回传流转表给主办券商作为回执。

766. “公告披露后的事后处理”的内容有哪些？

根据新三板《信披指南》主要有3方面的内容：

（1）更正或补充公告的处理。

公告在全国股份转让系统公司网站披露后，挂牌公司或主办券商如发现有重大错误或遗漏需要更正或补充的，挂牌公司须发布更正或补充公告，并重新披露相关公告。原已披露的公告不做撤销。

全国股份转让系统公司监管人员在信息披露平台审阅挂牌公司公告，若发现公告不符合全国股份转让系统公司信息披露有关规定，或公告存在重大错误或遗漏的，通知主办券商督促挂牌公司进行更正或补充处理。

（2）撤销或替换公告的处理。

一经披露，公告不得随意被撤销或替换。

挂牌公司或主办券商确有理由认为已披露的信息需要被撤销或者全文替换的，应向全国股份转让系统公司递交盖有挂牌公司及主办券商公章的书面申请，经全国股份转让系统公司同意的，可联系信息公司进行撤销或替换。

(3) 补发公告的处理。

挂牌公司不能按照规定的时间披露公告，或发现存在应当披露但尚未披露的公告的，挂牌公司应发布补发公告并补发披露文件。

全国股份转让系统公司若发现挂牌公司存在应披露但未披露公告的，通知主办券商督促挂牌公司补发公告处理。

767. 新三板信息披露业务流转表什么样？

表 10－1　信息披露业务流转表

存档编号：

挂牌公司名称					
证券简称			证券代码		
主办券商名称					
主办券商经办人		联系电话		传真号码	
申请披露时间					
公告类别	公告编号				
挂牌公司公告					
主办券商公告					
公告总数合计	______份				

主办券商确认	全国股份转让系统公司确认
经办人：______（签名） 电　话：______ 手　机：______ （主办券商公章）	经办人：______（签名） 电　话：______ 手　机：______

注：一张《信息披露业务流转表》只用于一家挂牌公司的信息披露。

资料来源：《全国中小企业股份转让系统挂牌公司持续信息披露业务指南（试行）》。

第五节　挂牌公司定期报告与临时报告披露

768.《非上市公众公司监督管理办法》删除了定期报告披露时间要求后，公司该怎么做？

修订前的《非上市公众公司监督管理办法》对半年报和年报的披露时间要求与上市公司一致。一些中介机构如会计师事务所反映两者审计时间重合，审计压力较大。2013 年 12 月证监会修订《非上市公众公司监督管理办法》时删除了相关要求。按照证监会的要求：公开转让的非上市公众公司可以执行新三板的相关规定，其他非上市公众公司可以在公司章程中自行规定披露时间。

769. 挂牌公司定期披露的报告主要有哪些？

根据全国股转系统公司相关制度，主要有 3 类报告：

①年度报告：挂牌公司应当在每个会计年度结束之日起 4 个月内编制并披露年度报告。②半年度报告：在每个会计年度的上半年结束之日起 2 个月内披露半年度报告。③可以披露季度报告。

770. 挂牌公司年度报告应包括哪些内容？

挂牌公司年度报告应包括以下内容：

①公司基本情况。②最近两年主要财务数据和指标。③管理层讨论与分析本年度内的主要经营情况，对持续经营能力进行评价，对下一年度经营计划或目标进行说明。④重要事项。本年度内发生的所有诉讼、仲裁事项，本年度内履行的及尚未履行完毕的对外担保合同，股权激励计划，关联交易，股东及其关联方以各种形式占用或者转移公司的资金、资产及其他资源。⑤股本变动及股东情况。⑥董事、监事、高级管理人员及核心员工情况。

⑦公司治理及内部控制情况。⑧财务报告。⑨备查文件目录。

771. 挂牌公司可以不披露季度报告吗?

可以，新三板对季度报告的披露不做强制要求。如要披露的话，须注意：

在每个会计年度的前3个月、9个月、结束后的1个月内披露季度报告。披露季度报告的，第一季度报告的披露时间不得早于上一年的年度报告。

772. 高层及董事对定期报告有异议怎么办?

《非上市公众公司监督管理办法》第二十三条规定：公众公司董事、高级管理人员应当对定期报告签署书面确认意见；对报告内容有异议的，应当单独陈述理由，并与定期报告同时披露。公众公司不得以董事、高级管理人员对定期报告内容有异议为由不按时披露定期报告。

公众公司监事会应当对董事会编制的定期报告进行审核并提出书面审核意见，说明董事会对定期报告的编制和审核程序是否符合法律、行政法规、中国证监会的规定和公司章程，报告的内容是否能够真实、准确、完整地反映公司实际情况。

773. 挂牌公司信息披露的临时报告主要有哪些内容?

主要有3方面的内容：

①召开董事会、监事会、股东大会会议；②须及时报送的重大事项；③关联交易。

774. 挂牌公司怎样披露董事会决议?

按照相关制度要求，董事会会议结束后公司应及时将经与会董事签字确认的决议，包括所有提案均被否决的董事会决议，向主办券商报备。

董事会决议涉及《全国中小企业股份转让系统挂牌公司信息披露细则（试行）》规定的应当披露的重大信息，公司应当以临时公告的形式及时披露；决议涉及根据公司章程规定应当提交经股东大会审议的收购与出售资产、对外投资（含委托理财、委托贷款、对子公司投资等）的，公司应当在决议后及时以临时公告的形式披露。

主办券商和全国股转系统公司可要求提供董事会的相关记录，公司应按要求提供。

775. 挂牌公司怎样披露监事会决议？

按照相关制度要求，监事会会议结束后公司应及时将经与会监事签字确认的决议向主办券商报备，并在决议后及时以临时公告的形式披露。

主办券商和全国股转系统公司可要求提供监事会的相关记录，公司应按要求提供。

776. 对挂牌公司股东大会的通知及信息披露有何要求？

挂牌公司应当在年度股东大会召开 20 日前或者临时股东大会召开 15 日前，以临时公告方式向股东发出股东大会通知。挂牌公司在股东大会上不得披露、泄露未公开重大信息。

挂牌公司召开股东大会，应当在会议结束后 2 个转让日内将相关决议公告披露。年度股东大会公告中应当包括律师见证意见。

主办券商和全国股转系统公司可要求提供股东大会的相关记录，公司应按要求提供。

777. 挂牌公司须及时报送披露哪些重大事项？

据《信息披露细则》第四十六条的规定，挂牌公司出现以下情形之一的，应当自事实发生之日起 2 个转让日内披露：

①控股股东或实际控制人发生变更；②控股股东、实际控制人或者其关联方占用资金；③法院裁定禁止有控制权的大股东转让其所持公司股份；④任一股东所持公司 5% 以上股份被质押、冻结、司法拍卖、托管、设定信托或者被依法限制表决权；⑤公司董事、监事、高级管理人员发生变动，董事长或者总经理无法履行职责；⑥公司减资、合并、分立、解散及申请破产的决定，或者依法进入破产程序、被责令关闭；⑦董事会就并购重组、股利分派、回购股份、定向发行股票或者其他证券融资方案、股权激励方案形成决

议；⑧变更会计师事务所、会计政策、会计估计；⑨对外提供担保（挂牌公司对控股子公司担保除外）；⑩公司及其董事、监事、高级管理人员、公司控股股东、实际控制人在报告期内存在受有权机关调查、司法纪检部门采取强制措施、被移送司法机关或追究刑事责任、中国证监会稽查、中国证监会行政处罚、证券市场禁入、认定为不适当人选，或收到对公司生产经营有重大影响的其他行政管理部门处罚；⑪因前期已披露的信息存在差错、未按规定披露或者虚假记载，被有关机构责令改正或者经董事会决定进行更正；⑫主办券商或全国股份转让系统公司认定的其他情形。发生违规对外担保、控股股东或者其关联方占用资金的公司应当至少每月发布一次提示性公告，披露违规对外担保或资金占用的解决进展情况。

778. 如发生《信息披露细则》第四十六条所列重大事项，已经披露了董事会决议，是否还要就此事宜发布临时公告？

需要。需要注意的是，临时公告的披露时间应当在董事会作出决议之日起2个转让日内。依据是《信息披露细则（试行）》第二十二条第一款的规定，“挂牌公司应当在临时报告所涉及的重大事件最先触及下列任一时点后及时履行首次披露义务，（一）董事会或者监事会作出决议时”。

779. 挂牌公司应披露哪些权益变动？

投资者包括股东和实际控制人，通过新三板或其他如协议转让、司法裁决、仲裁、继承等方式取得的某挂牌公司股票达到该公司已挂牌股份的5%后，应在该事实发生之日起3个转让日内编制并披露权益变动公告，报告全国股份转让系统，同时通知该挂牌公司；在上述期限内，不得再行买卖该挂牌公司的股票；前述投资者拥有权益的股份达到挂牌公司已发行股份5%后，其拥有权益的股份占该挂牌公司已挂牌股份的比例每增加或减少5%，应当依照前述规定进行报告和公告；在披露公告后2个转让日内，不得再行买卖该挂牌公司的股票。

780. 挂牌公司如何披露股票异常波动？

如出现全国股转系统公司认定为异常波动的股票转让或交易，挂牌公司应在次一个股票转让日披露异常波动公告。如该日无法披露公告，公司应当向全国股转系统公司申请股票暂停转让直到披露后为止。

781. 公众公司如何披露并购重组事宜？

按照相关规定，公众公司实施并购重组的，相关信息披露义务人应当依法严格履行公告义务，并及时准确地向公众公司通报有关信息，配合公众公司及时、准确、完整地进行披露。

参与并购重组的相关单位和人员，在并购重组的信息依法披露前负有保密义务，禁止利用该信息进行内幕交易。

782. 挂牌公司承诺事项未履行该如何披露？

未履行承诺的，应当及时披露原因及相关人可能承担的法律责任；相关信息披露人未履行承诺的，公司应当主动询问，并及时披露和董事会等拟采取的措施。

783. 挂牌公司需要披露哪些诉讼、仲裁？

（1）涉案金额占公司最近一期经审计的净资产绝对值 10% 的诉讼、仲裁事项应及时披露。

（2）未能达到上述比例，但董事会认为可能对公司证券及相关品种价格产生较大影响，或者主办券商、全国股转系统认为有必要的，以及涉及公司董事会、股东大会决议被申请撤销或宣告无效的诉讼，公司也应当及时披露。

784. 挂牌公司如何应对市场传闻？

如果市场传闻可能或已经对公司股票价格产生较大影响，挂牌公司应当及时提供甄别传闻有关的资料给主办券商，商量并决定是否发布澄清公告。

785. 什么是关联交易？挂牌公司该如何披露？

关联交易是指挂牌公司与关联方之间发生转移资源或者义务的事项。挂牌公司的关联方及关联关系包括《企业会计准则第 36 号——关联方披露》规定的情形，以及挂牌公司、主办券商或全国股份转让系统公司根据实质重于形式原则认定的情形。挂牌公司董事会、股东大会审议关联交易事项时，应当执行公司章程规定的表决权回避制度。

对每年发生的日常性关联交易，挂牌公司应当在披露上一年度报告之前，对本年度将发生的关联交易总金额进行合理预计，提交股东大会审议并披露。对预计范围内的关联交易，公司应当在年度报告和半年度报告中予以分类，列表披露执行情况。如果在实际执行中预计关联交易金额超过本年度关联交易预计总金额的，公司应当就超出金额所涉及事项依据公司章程提交董事会或者股东大会审议并披露。

除日常性关联交易之外的其他关联交易，挂牌公司应当经过股东大会审议并以临时公告的形式披露。

786. 哪些内容可以免于按照关联交易的方式进行审议和披露?

挂牌公司与关联方进行下列交易，可以免于按照关联交易的方式进行审议和披露：

①一方以现金认购另一方发行的股票、公司债券或企业债券、可转换公司债券或者其他证券品种；②一方作为承销团成员承销另一方公开发行的股票、公司债券或企业债券、可转换公司债券或者其他证券品种；③一方依据另一方股东大会决议领取股息、红利或者报酬；④挂牌公司与其合并报表范围内的控股子公司发生的或者上述控股子公司之间发生的关联交易。

787. 新三板临时公告的模板有哪些?

全国股转系统公司于2013年7月发布了《全国中小企业股份转让系统临时公告格式模板》供挂牌公司参照执行，共有15类模板，可在全国股转系统公司网站上下载，目录如下：

第1号：挂牌公司关联交易公告格式模板；

第2号：挂牌公司股票解除限售公告格式模板；

第3号：挂牌公司召开股东大会通知公告格式模板；

第4号：挂牌公司股东大会决议公告格式模板；

第5号：挂牌公司董事、监事及高级管理人员变动公告格式模板；

第 6 号：挂牌公司权益变动公告格式模板；

第 7 号：挂牌公司涉及诉讼、仲裁公告格式模板；

第 8 号：股份交易异常波动公告格式模板；

第 9 号：挂牌公司澄清公告格式模板；

第 10 号：挂牌公司对外提供担保公告格式模板；

第 11 号：挂牌公司收购、出售资产公告格式模板；

第 12 号：挂牌公司对外投资公告格式模板；

第 13 号：挂牌公司分红派息、转增股本实施公告格式模板；

第 14 号：挂牌公司股权质押、司法冻结公告格式模板；

第 15 号：挂牌公司会计师事务所变更公告格式模板。

案例分享

案例 35 拓川股份该如何处理“董监商”人员亲属在公司任职的问题？

北京拓川科研设备股份有限公司（简称拓川股份，股票代码：430219），成立于 2004 年 8 月 6 日，2012 年 6 月 5 日整体改制为股份有限公司并于 2013 年 5 月 17 日挂牌新三板，注册资本 650 万元。公司主要经营销售机械设备、自行开发的产品、计算机、软件及辅助设备、电子产品、化工产品（不含危险品及一类易制毒化学品），技术开发、技术转让、技术咨询、技术服务、技术培训、技术推广，货物进出口、技术进出口、代理进出口。

存在公司实际控制人及部分高层人员的亲戚担任董事、监事事宜。

解决方案：

①建立包括董事、监事回避表决等严格的制度；②公司董事、监事就对外担保、重大投资、委托理财、关联方交易等事项必须遵守法规和公司章程制度等做出书面声明和承诺；③如实披露相关信息。

披露信息内容：

公司董事刘柏荣为公司控股股东、董事长兼总经理刘柏青之弟。公司监事马小骥为董事兼副总经理马捷之子。公司监事刘绵贵为公司董事长兼总经理刘柏青之姐夫，为董事刘平之父。

为了保障公司权益和股东利益，确保监事及监事会有效履行职责，公司建立了相应的治理机制。《公司章程》明确规定了监事及监事会的职责、权利和违法违规处罚机制，同时公司制定了《监事会议事规则》、《关联交易管理办法》等制度，要求公司监事严格按照有关规定监督董事及高级管理人员的行为，并建立了关联监事回避表决机制。此外，公司的董事、监事及高级管理人员均就公司对外担保、重大投资、委托理财、关联方交易等事项的情况是否符合法律法规和公司章程及其对公司有何影响发表了书面声明。

案例36 挂牌公司九恒星是如何通过定向增资并购的?

新三板挂牌企业北京九恒星科技股份有限公司（简称九恒星，股票代码：430051）曾在2010年11月以1.73元/股的价格定向发行450万股，收购深圳市思凯科技开发有限公司100%股权，使思凯科技成为其100%控股的全资子公司。这一并购使九恒星利用思凯科技的业务资源，迅速提高了市场占有率，增强了整体竞争实力和竞争优势，为其创造了新的盈利增长点，进一步推动了公司主营业务的发展。

并购重组管理实务性非常强，对于企业来说难以把握，而且企业并购整合包括资产剥离和资产重组等方面，哪些资产要剥离、哪些资产要转移、人员如何处理等问题都非常棘手，尤其是在整合过程中的人员安置问题更是加大了并购整合管理的难度。九恒星依托新三板优势，通过定向发行，借用外来资金对思凯科技进行全面并购，无疑属于一次很好的资本运作案例。

案例37 公司被罚款30万元，影响公司挂牌吗?

A公司曾被罚款30万元，是否影响公司挂牌新三板，这要分4种情况考虑：

一是如果处罚已经距离申请挂牌日超过24个月，不影响。

二是处罚机关不属于经济管理部门，如安检等部门做出的，不影响。

三是处罚书明确标明为“不属于重大违法违规”内容的，不影响。

四是看主办券商与律师能否“依法合理说明”此行为非重大违法违规行为，这一点无客观标准，具有很大的弹性空间。

如果是与公司经营有明显关联，特别是与主营业务有关的违规违法罚款，则肯定会影响挂牌。

案例38 挂牌新三板能促成公司的兼并重组吗？

新三板市场挂牌企业可以通过定向增资方式实现并购重组，从而进一步加强场外市场资源配置功能，帮助新三板挂牌企业做大做强。实际上，公司的兼并和重组，是企业“从加法到乘法”式的跨越成长模式，是未来的重点发展方向。

(1) 2012 年 1 月，凯英信业（430032）定向增资 1650 万股，其中的 1250 万股收购了北京中电亿商网络技术有限责任公司 100% 股权。

(2) 2012 年 2 月，中海纨元（430059）定向增资 1270 万股，其中的 693 万股用于收购北京光码软件有限公司 100% 股权。

(3) 2012 年 6 月，东方生态（430091）成功完成定向增资 1408 万元。其中，656.48 万元用于收购北京泽升设备安装工程有限公司 100% 股权（542.08 万元）和北京三通四联灌溉科技有限公司 100% 股权（114.4 万元）。

案例39 华宿电气如何处理控股股东、实际控制人占用公司资金问题？

上海华宿电气股份有限公司（简称华宿电气，股票代码：430259），成立于2008 年 3 月 24 日，2013 年 1 月 7 日整体改制为股份有限公司并于 2013 年 7 月 23 日挂牌新三板，注册资本 1000 万元。公司主要经营电气防火产品的研发、生产、销售与服务。

存在公司控股股东、实际控制人余龙山向公司借款近 1000 万元事宜。

解决方案：

①控股股东、实际控制人在公司挂牌前归还占用借款，资金占用利息等费用可由公司酌情处理；②如实披露相关信息。

披露信息内容：

公司控股股东、实际控制人余龙山，截至2012年12月31日，向公司的借款总额为985821.68元，截至本公开转让说明书签署日，余龙山已经全部偿还以上欠款。公司控股股东、实际控制人余龙山控制的上海研科，截至2012年12月31日，公司其他应收上海研科款余额为499877.83元，截至本公开转让说明书签署日，上海研科已经全部偿还以上欠款。公司控股股东、实际控制人余龙山控制的上海攻之成，截至2012年12月31日，公司的其他应收上海攻之成款项余额为453079.80元，截至本公开转让说明书签署日，已经全部偿还以上欠款。公司控股股东、实际控制人余龙山控制的上海之立，截至2012年12月31日，公司应收上海之立款项余额为450174.10元，截至本公开转让说明书签署日，已经全部偿还以上欠款。

CHAPTER11
第十一章

新三板的分层、转板与介绍上市

第一节　新三板的市场分层与创新

788. 266 家公司同时登陆新三板带来的只是结构化冲击吗？

2014 年 1 月 24 日，俗称“新三板”的全国中小企业股份转让系统迎来一次史无前例的大扩容，266 家公司集中挂牌。至此，股转系统挂牌公司达到 621 家，超过创业板，接近中小板挂牌公司数量。

这一事件不仅仅是数据的体现，更是以“吹响号角”般的震撼之势开启了我国场外市场各方面建设的局面，也从操作层面上将资本市场与数以亿计国内中小微型企业的发展与推动国家经济转轨变型连接了起来。就目前这批挂牌企业来说，首先对新三板带来的是结构化问题的冲击。这些冲击因素主要来自如下几个方面：

（1）容量上的冲击。据统计，上述 266 家公司 2012 年共计实现营业收入 221.29 亿元，扣除非经常性损益后净利润为 18.86 亿元。

（2）资本盛宴的冲击。据申万研究数据，截至 2013 年 11 月初，新三板平均市盈率在 20 倍左右，以此计算这 266 家新三板企业的估值高达 377 亿元。

（3）规模悬殊的冲击。从 2012 年扣除非经常性损益的净利润情况来看，规模在 1000 万元以上的有 57 家，占比超过两成；100 万～1000 万元区间的有

128 家，约占一半；值得注意的是，其中还有 32 家公司亏损，但它们也悉数进入了新三板，新三板没有财务门槛的特点得以充分体现。

（4）行业多元化的冲击。这 266 家公司中，80% 以上为省级高新技术企业。其中信息技术和计算机类共计 95 家，占比超过 1/3；而另外 171 家公司有从事环保产业的星火环境、晓沃环保，也有券商湘财证券，甚至有从事体育行业的欧迅体育、从事茶叶种植的谢裕大等。

（5）区域差异化的冲击。在 266 家企业中，苏州 25 家、上海 17 家、深圳 16 家、北京 15 家、无锡 13 家、郑州 12 家、成都 11 家、大连 11 家，其他地区均未达到 10 家。

结构化问题是一把“双刃剑”，将带来其他方面的连带冲击。新三板扩容在带来丰富市场资源、巨大希望和前景的同时，也会给新三板市场结构体系、制度规则体系以及服务体系带来严峻的考验。另外，设计者、运营者的创新思维、变革跨越与持续经营也面临着考验。

789. 结构化问题初显，市场对新三板分层与差异化服务的需求强烈吗？

我们以 2014 年 5 月 21 日之前新三板挂牌的 740 家公司为样本来谈这个问题。数据显示，从股本规模看，739 家挂牌公司股本平均数为 3376.18 万股，比扩容前股本平均数增加 25.67%；其中最小股本 500 万股，最大的则是 52 亿元，股本在 5000 万股以下的挂牌公司占比为 82%。

从盈利能力看，挂牌企业中，既有盈利能力较强的成熟企业，也有处于成长期的微利企业，还有处于初创期的亏损企业。数据显示，挂牌公司总资产在 5000 万元以下的占比 52%，年营收在 5000 万元以下的占比 59%，净利润在 1000 万元以下的占比 78%。

从行业跨度看，截至 2014 年 5 月底，挂牌公司涉及的行业覆盖了证监会 2012 年行业分类 19 个大类中的 15 个，其中制造业挂牌企业占比 52.7%，居第一，其次为信息传输、软件和信息技术服务业，占比高达 31.08%，这些都是容易发生并购重组的行业。其中物流、融资担保、基因药物、涉农、区域经济等领域的挂牌企业数量实现较大增长。如涉农企业数已达 25 家，增长 127%，覆盖中西部地区。

由上分析，目前新三板呈现出创业期或成长期的中小微企业与成熟企业并存的现状，挂牌公司从股本规模、盈利能力和行业分布情况等方面都体现出很大的差异化。在实际中，一些规模大、利润很高的企业发现自己与很多收入较小甚至亏损的企业同批挂牌，表达了需求上的不满。另外，一份在网络上流传出的新三板组织的某次券商讨论会纪要，也以较为特殊的例子表明了差异性背后的迫切制度建设需求。

由此看来，新三板结构性问题初显，对市场分层设计与差异化服务的需求越来越强烈。

790. 目前新三板最大的前瞻性问题在哪里？

目前，新三板公司数量增长较快，后备资源丰富。公司特点不一，股本、营业收入、利润和股权分散度的差异都很大。企业的差异化必然带来市场的差异化，这是结构性的问题。

显然，现行统一制度模式不能满足不同类型企业的需要，如何结合企业特点、市场评价、信息披露等多维度制度安排，创新实践以建立起新三板分层市场体系，是目前新三板发展最大的前瞻性问题，这已是不争的事实。看来，刚刚建立起来的制度体系中，又要融入新的特色了，我们拭目以待。

791. 哪三大问题展现了新三板分层设计的难度？

新三板的差异性日渐凸显，制定市场分层方案以适应差异化服务这一目标的实现却不是一件很容易的事情，需要细致的论证与设计考量。主要有 3 个方面的问题需要解决：

一是鉴别差异性划分标准的问题。目前的挂牌公司体现了初步的差异化，如股本、营收情况、行业、股权分散度等的差异。到 2014 年 5 月 20 日，虽然新三板挂牌企业已达 800 家，但这些样本显然还不足以体现全面的差异性情况，或还须进一步考察更多样本。另外，市场上公司的情况还体现得不够全面，不足以代表这个市场将来的公司结构特点。

二是在样本充足的条件下指标筛选的问题。如何划分和采用鉴别差异化标准的指标是下一步需要研究推进的重要工作。

三是分层之后如何架构差异化监管服务体系的问题。分层设计的目的是为了更好地向中小企业提供有针对性的服务，面对市场挂牌企业差异性较大的情况，信息披露、转让交易、融资监管、投资者适当性管理等制度的设计，都得科学、合理和可操作。

792. 目前美国纳斯达克市场分层体系是怎样的?

纳斯达克（NASDAQ）市场汇集了现今世界上代表新兴产业与高科技领域最伟大的公司，它在1982年将市场内部分层为纳斯达克全美市场体系和纳斯达克小市场体系。前者的上市标准高，汇集了一批顶尖级公司，而后者则是由2000多家小公司组成的上市条件较低的市场。

2006年1月，纳斯达克在获得美国证券交易委员会（SEC）批准同意其转型为证券交易所的1个月后，便迫不及待（同年4月才以交易所名义正式运行）地宣布将其股票市场分为三个层次并修订了详尽灵活、操作性极强的转板制度。其市场三层次是：纳斯达克全球精选市场（增加的新层次）、纳斯达克全球市场以及纳斯达克资本市场。这三层次的设置进一步优化了市场体系结构，吸引了不同层次的企业上市。

（1）纳斯达克全球精选市场在财务和流通性方面的要求标准高于世界上任何其他市场，列入纳斯达克精选市场是优质公司成就与身份的体现。

（2）纳斯达克全球市场，即原来的纳斯达克全国市场，作为纳斯达克最大而且交易最活跃的股票市场，有近4400只股票挂牌。要想在纳斯达克全国市场折算，这家公司必须满足严格的财务、资本额和共同管理等指标。在纳斯达克全球市场中有一些世界上最大和最知名的公司。

（3）纳斯达克资本市场，即原来的纳斯达克小额资本市场，是专为成长期公司提供挂牌的市场，有1700多只股票挂牌。执行小型资本额等级的上市标准，财务指标要求没有全球市场上市标准那样严格，但共同管理的标准是一样的。当小资本额公司发展稳定后，通常会提升至纳斯达克全球市场。

详情可参看《场外市场掘金系列三部曲之一：场外掘金360问》相关章节的解读。

793. 目前美国最大场外市场OTC Markets的市场分层体系是怎样的?

美国OTC Markets，前身为粉单市场（Pink Sheets Market）。粉单市场于20世纪初创设，已有100多年的历史了，其间三次易主三次易名，2010年1

月更名为 OTC Markets，是目前美国最大的场外交易市场。

粉单市场原则上没有最低挂牌标准，挂牌公司也不需要向 SEC 报告。粉单市场只有很少的交易规则，但美国金融业监督局（FINRA）对做市商监管十分严格，同时根据 SEC Rule 10b－17 条款要求，粉单市场的所有挂牌公司以下行动发生时，至少应在登记日前 10 天向 FINRA 通报：公司名称变化、分红、拆股、缩股、并购、解散、破产、清算等。据数据统计，目前有超过 1 万家公司通过 OTC Markets 进行报价；78% 的 OTC 公司只通过 OTC Markets 的 Link 系统进行报价，只有十几家公司（占全部 OTC 公司的 0.1%）仅通过 OTCBB 进行报价，其余的公司利用两个系统同时报价。

2007 年，粉单市场第三次易主后，开启了它的辉煌之路。这期间，最重要的变革之一就是多层次体系的建设。该市场主人 Coulson 将数千家在粉单市场上挂牌的公司按其信息披露程度区分为三个层次，这三个层次从上至下依次是 OTCQX（分为国际和美国版）、OTCQB 和 OTC Pink（分为三层）。其中 OTCQX 主要为已在境内外交易所上市或符合上市条件但不愿履行 SEC 报告义务的公司服务，分为国际板与美国板；OTCQB 的报价公司为向 SEC 注册并履行持续信息披露要求的公司，该层次的公司基本就是曾经在或者正在 OTCBB 报价的公司；OTC Pink，即为最初的粉单市场（Pink Sheets），该层按照报价公司信息披露的程度再分为正常信息（Current Information）、有限信息（Limited Information）、无信息（No Information）三个层次。

挂牌公司在 OTC Markets 的三级板之间，建立有完善的转板机制，可以自觉、自动地进行上下转层，在市场认可时，OTCQX 的挂牌公司也可升级到纳斯达克等市场上市。有关 OTC Markets 市场层次与转板机制详情可参看《场外市场掘金系列三部曲之一：场外掘金 360 问》相关章节的解读。

794. 我国台湾场外市场三层次垂直构架体系和丰硕的转板成果是怎样的?

我国台湾场外市场分为 3 个层次，即兴柜市场、创柜板市场和盘商市场。

第一层的兴柜市场，由推荐券商承担做市商义务，是唯一使用议价交易的市场。兴柜市场股票发行的公司规模小、成长性高，且易于转板上市或上柜市场。

第二层的创柜板，2014 年 1 月设立，主要为创新技术、创意型微型企业提供股权筹资，但无交易功能。

第三层的盘商市场，即非公开的私人股权交易市场，以盘商（专门从事未上市股票交易经纪业务，但不具备券商资格的商人）为中介进行。经纪人接受委托，通过电话、互联网等从事非上市（柜）股票交易活动。兴柜市场设立以后，盘商市场明显缩小。在盘商市场买卖的股票虽然流通性低、交易成本高、筹资效果有限，但它一直是中小企业筹资渠道之一。

从2002年兴柜市场成立截至2013年底，累计申请进入兴柜市场的企业达到1302家，其中有577家企业转入上柜市场，181家企业成功上市，另外有283家企业退出兴柜市场，盘存企业为261家。

在这11年间，兴柜市场挂牌企业要么上市（柜），要么下柜，始终在223家（2009年数）~285家（2012年数）之间保持一个很稳定的流动性数量，正是市场结构体系、运营机制与上下转板制度等因素的综合作用保证了兴柜市场活跃的流动性和高效的孵化效应。这或许是我们需要认真研究和学习的地方，详情可参看《场外市场掘金系列三部曲之一：场外掘金360问》相关章节的解读。

第二节　新三板转板现状及分析

795. 什么是转板？

转板是指根据公司规模、财务指标、股份构成和信息披露等不同要求，公司在证券市场之间转换上市或挂牌进行股份转让、交易。

其包括3层意思：一是在不同证券市场之间转板，如沪市B股转到香港股市上市；二是在交易所与场外市场之间转板，如新三板挂牌股票转移到深市，沪市股票退市到新三板中的退市交易板块；三是在场外市场之间转板，如天津股权交易所挂牌股份转板到新三板，或新三板股票转换到前海股权交易中心等。

796. 转板对场外市场的作用是什么？

转板能够使企业在资本市场的不同层级之间自由流通、优胜劣汰。主要有3方面的作用：

一是增强场外市场的流动性。只有流动性良好的市场，才能满足挂牌企业融资和投资者投资获利的双重目的，即挂牌企业可通过增发、股权转让等方式进行融资，同时投资者能够获取退出渠道，也有了投资获利的机会。转板机制和制度，就是促进企业在不同层次的证券市场间流动的制度，显然，它可以促进更多的企业到新三板等场外市场挂牌，也会吸引更多的投资者投资新三板等场外市场企业，这样一个繁荣的市场才能被建立起来。

二是加强融资功能。寻找到一条有利于持续发展的、稳定的长期融资渠道，是大多数企业的梦想。完善的转板机制，能够为新三板等场外市场带来更为强大的融资功能，使企业能够在新三板等场外市场持续稳定地融资，这无疑能够吸引更多企业到新三板等场外市场挂牌。

三是实现板块间的自由流动。如果新三板等场外市场与创业板或中小板之间能够自由流动，即它们之间存在一条绿色通道，通过这条通道，新三板等场外市场转到创业板或中小板市场比直接在某一证券市场IPO要容易一些，新三板等场外市场必定能吸引更多的企业和投资者。这样，新三板等场外市场的繁荣就会得到重大突破。

797. 在新三板挂牌的公司转板上市具有哪些优势？

行业优势	目前新三板绝大多数挂牌公司为高新技术企业，行业多集中于信息产业、生物医药、先进制造等行业，符合战略性新兴产业的行业要求
信息披露	通过在新三板挂牌，企业完善公司治理、规范公司运营，建立了定期披露与临时披露制度，能迅速适应中小板、创业板等的信息披露制度
规范运作	在主办券商督导与会计师、律师等中介机构的协助下，企业的规范运作意识得到了提高，税收、社保、公积金、环保、质量等方面相对到位
公众形象	新三板挂牌企业一般拥有自己的网站，并通过在新三板的挂牌与交易提升了在公众当中的知名度，转板后较易吸引机构投资者前来询价
高速成长	新三板挂牌企业大多数为创业后期或成长初期中的企业，规模尚小，但发展潜力巨大，企业成长明显，具有较高的投资价值

图11－1　新三板挂牌公司具备上市的优势简图

798. 新三板挂牌公司如何向沪深交易所直接申请上市交易？

根据全国股转系统公司发布的《常见问答五》：按照国务院决定的精神，全国股转系统挂牌公司可以直接申请到证券交易所上市，但上市的前提是挂牌公司必须符合《证券法》规定的股票上市条件，在股本总额、股权分散程度、公司规范经营、财务报告真实性等方面达到相应的要求。

全国股转系统坚持开放发展的市场化理念，充分尊重企业的自主选择权。企业可以根据自身发展的需要和条件，自主选择进入不同层次的资本市场。根据股份转让系统业务规则，如果挂牌公司向中国证监会申请公开发行股票并在证券交易所上市，或向其他证券交易所申请股票上市，挂牌公司应向全国股转系统公司申请暂停转让；如果中国证监会核准挂牌公司公开发行股票并在证券交易所上市，或其他证券交易所同意挂牌公司股票上市，全国股转系统公司将终止其股票挂牌。上述规则已为挂牌企业转板做出了相应的程序安排。全国股转系统公司将积极协调有关方面，充分创造便利条件，进一步畅通与交易所市场的有机衔接机制。

799. 新三板转板成功的8家公司的转板简况如何？

表11-1　成功转板企业简况

股票代码	公司名称	挂牌时间	转板板块	转板时间	发行股份（万股）	融资额（亿元）
002279	久其软件	2006.09.07	中小板	2009.08.11	1530	3.87
300016	北陆药业	2006.08.28	创业板	2009.10.30	1700	2.72
300150	世纪瑞尔	2006.01.23	创业板	2010.12.22	3500	11.02
300213	佳讯飞鸿	2007.10.23	创业板	2011.05.05	2100	4.62
300271	紫光华宇	2006.08.30	创业板	2011.10.26	1850	5.70
300318	博晖创新	2007.02.16	创业板	2012.05.23	2560	3.84
300353	东土科技	2009.02.18	创业板	2012.09.27	1340	2.78
300370	安控科技	2008.08.20	创业板	2014.02.23	1345	1.76

截至2014年5月，新三板共有8家企业成功过会或发行上市，其中久其软件登陆中小板，东土科技、博晖创新、紫光华宇、佳讯飞鸿、世纪瑞尔、北陆药业登陆创业板，安控科技2012年5月过会尚未发行。合纵科技、康斯

特、世纪东方、双鑫电气4家企业正在落实反馈意见，另有18家企业股东大会已通过决议授权董事会办理公司首次公开发行股票及上市工作具体事宜。

800. 8家转板企业耗时情况如何？

转板企业从暂停股份报价转让日至过会历时差异较大，过会的8家企业中，北陆药业历时2个月，久其软件与世纪瑞尔历时6个月，紫光华宇与佳讯飞鸿同月提交同月过会，历时20个月，博晖创新历时23个月，东土科技历时27个月，安控科技历时36个月。

北陆药业历时最短的原因是其在2009年创业板开闸时第一批递交材料并首批上市；久其软件与世纪瑞尔历时也较短，在审时间符合常规6个月左右的审核时间；紫光华宇与佳讯飞鸿历时较长，或与其成长性不高存在一定关系，经查，上述两家企业的年增长率均在20%左右，此外，佳讯飞鸿与紫光华宇历史沿革均较为复杂。博晖创新、东土科技与安控科技历时最长，或与其募集项目风险较大、融资必要性不充分以及2009年与2012年暂停IPO有一些关系。

801. 新三板转板企业的行业明细情况分布如何？

除久其软件外（上市时创业板尚未开），所有企业均申报创业板，均符合创业板对战略性新兴产业的要求。转板企业主要分布于农林牧渔、生物医药、信息技术与先进制造业，其中信息技术企业为转板主力军，而软件企业又占其中大半。

表11－2　行业明细情况

序号	代码	简称	所属行业
1	430008	紫光华宇	信息技术业——计算机应用服务业
2	430023	佳讯飞鸿	信息技术业——通信及相关设备制造业
3	430001	世纪瑞尔	信息技术业——计算机应用服务业
4	430006	北陆药业	制造业——医药、生物制品，医药制造业——化学药品制剂制造业
5	430007	久其软件	信息技术业——计算机应用服务业
6	430045	东土科技	信息技术业——通信及相关设备制造业
7	430012	博晖创新	制造业——机械、设备、仪表，专用设备制造业——医疗器械制造业
8	430030	安控科技	信息技术业——计算机相关设备制造业

802. 新三板转板审批重点关注哪些事项？

表 11－3 审批重点关注事项

序号	关注事项	主要内容	案例
1	无形资产出资	无形资产出资比例超标 无形资产出资权属不清晰 无形资产评估值不合理 无形资产评估程序瑕疵	久其软件 佳讯飞鸿
2	验资程序瑕疵	按照2004年北京市工商局的相关规定，只须由银行出具《资金交存凭证》即可办理工商变更登记，无须验资报告。该行为违反上位法，应予重点说明	
3	股权比例分散	控股股东股权比例较小，控制力较弱，须采取补充锁定措施	
4	关联交易重大	与股东存在金额较大的经常性关联交易，应予消除	
5	同业竞争明显	与股东存在明显的同业竞争，或者与主要股东一起设立公司	
6	存在股份代持	名义持有人与实际持有人不一致，须核查代持原因并予清理	紫光华宇 世纪瑞尔
7	整体变更未缴个税	整体变更时须按照20%的财产所得税率缴纳个人所得税，可与地方税务局沟通申请缓缴	世纪瑞尔
8	红筹架构拆除	曾经有过海外上市动议的企业必须将境外特殊目的公司设立及注销情况予以详细说明	佳讯飞鸿
9	关联方非关联化	关联企业注销情况，关联企业非关联化交易的真实性	
10	关联方资金占用	披露关联方资金占用情况，报告期内解除并制定措施预防	
11	募投产品资质	募投项目所投产品须取得的行业准入资质应在申报前获取	
12	募投项目的业务模式变化	募投项目实施采用的业务模式与现有模式是否相同，不同应予重点说明	佳讯飞鸿
13	股份报价转让情况	披露股份报价转让情况，对特殊交易进行详细核查	佳讯飞鸿、紫光华宇、久其软件、世纪瑞尔、北陆药业

续表

序号	关注事项	主要内容	案例
14	中介机构持股情况	核查为上市服务的各中介的持股或委托持股情况，如有须清理	紫光华宇 佳讯飞鸿
15	核查参股企业	若存在参股企业，须核查其与发行人的交易往来、同业竞争情况，以及参股原因	佳讯飞鸿
16	高毛利率的持续性	须详细解释高毛利产品的获利原因，并说明未来是否能继续保持；如不能保持，对公司经营会产生何种影响；公司是否有替代或应对措施	紫光华宇
17	税收优惠依赖	中关村高科技企业往往能享受多类大额税收优惠，须说明公司对税收优惠是否存在依赖，报告期内的变化趋势如何	紫光华宇 久其软件
18	控股股东与实际控制人是否受到行政处罚	重点关注控股股东与实际控制人的纳税情况、证券市场违法违规情况	紫光华宇
19	历次股权转让的个税缴纳情况	溢价转让须缴纳个税，平价转让须说明其合理性。对通过代办股份转让系统转让股权的股东的个税缴纳情况因法律条件所限，可以不予核查；但对董监高的股权转让须详细核查	紫光华宇 世纪瑞尔
20	房屋产权证齐全	是否获取所有房屋产权证，若未获取，须解释说明存在的法律风险	久其软件
21	应收账款余额较大	须说明应收账款余额较大原因、坏账准备计提情况、坏账实际发生情况	世纪瑞尔
22	突击入股核查	申报前6个月、前1年内突击入股的股东将予以重点核查	世纪瑞尔

第三节　转板与绿色通道

803. 新三板挂牌公司如何进行转板？

就目前来看，新三板挂牌企业转板与公司直接IPO，在程序上没有任何区别。对挂牌公司转板的需求，新三板坚持开放发展的市场化理念，充分尊重企业的自主选择权，企业根据自身发展的需要，可以自主选择进入不同层次的资本市场。

（1）关于转板的条件。挂牌公司成功转板的关键是能够满足交易所市场的准入条件，而交易所市场的准入条件将在很大程度上与首次公开发行核准条件相衔接。因此，新三板正逐步完善市场功能体系，满足挂牌公司发展的需求，同时将与有关方面沟通协调，进一步促进与其他市场的有机衔接。

（2）关于转板的操作。挂牌公司向中国证监会申请首次公开发行股票并上市，或向证券交易所申请股票上市之前，应向全国股转系统公司申请暂停股份转让。如中国证监会核准挂牌公司首次公开发行股票申请，或证券交易所同意挂牌公司股票上市，全国股份转让系统公司将终止其股票挂牌。

804. 全国股转系统成立以来第一家获准转板的公司是谁？

北京安控科技股份有限公司（简称安控科技）于2014年2月23日正式登陆创业板，其首次向社会公众发行人民币普通股（A股）1345万股，每股面值1元，每股发行价格为人民币35.51元，其中发行新股495.57万股，募集资金总额为人民币175976907.00元，发行费用为人民币26912438.59元，实际募集资金净额为人民币149064 468.41元。

安控科技成立于1998年，2008年8月20日在新三板挂牌。2011年安控科技向证监会申请首次公开发行并在创业板上市，并于2011年7月6日停牌。2014年1月3日，安控科技首次公开发行并上市取得证监会核准。根据全国股份转让系统业务规则的规定，安控科技从2014年1月9日起终止挂牌。

安控科技成为第8家向中国证监会申请首次公开发行股票并成功上市的新三板挂牌公司，也是全国股份转让系统2012年9月正式成立以来第一家通过IPO上市的挂牌公司。

805. 上市公司与挂牌公司的哪些联系为转板奠定了基础？

除挂牌公司直接申请转板外，上市公司与挂牌公司建立了很重要的连带关系，这些关系主要表现在如下几个方面：

①上市公司参与发起设立新公司挂牌；②上市公司参与挂牌公司的定向增发；③上市公司参股挂牌前的公司；④子公司先挂牌，母公司后上市；⑤母公司先上市，子公司后挂牌；⑥上市公司间接控股挂牌公司。

806. 什么是新三板转板的绿色通道？

绿色转板通道，就是指新三板等场外市场的挂牌企业，在自愿的前提下，可以通过一条专属于新三板等场外市场挂牌企业而有别于普通企业的途径，进行 IPO，最终达到在创业板、中小板、主板上市的目的。鉴于目前普通企业 IPO 通道中排队的企业非常多，因此，为新三板等场外市场挂牌企业开辟新的途径完成发审程序，无疑会大大提高新三板等场外市场挂牌企业 IPO 的效率，进而促进新三板等场外市场的繁荣，使新三板等场外市场真正成为高新企业“上市”的孵化器。

这样，新三板等场外市场挂牌企业的“转板通道”与其他普通企业的首次公开发行通道并行，成为连接场外市场与场内市场“升板”和“退市”企业流通的重要渠道。

转板通道的建立，既体现了新三板等场外市场区别于其他资本市场的独特之处，又为新三板等场外市场挂牌企业提供了在场内资本市场公开发行上市的便捷途径。随着新三板扩容及其挂牌企业数量的增长，这条转板通道将会在资本市场发挥重要的作用。另外，由于转板通道目前是完全建立在现行的转板制度之上的，其基本原理与现行的升板制度没有本质区别，因此，在改革实施的过程中只需做出较小的修改即可完成，并与现行转板制度的对接相当便捷，成本较低。

807. 目前打通新三板绿色转板通道的障碍是什么？

在现行状况下，打通新三板转板通道还需要解决如下几方面的问题。

（1）监管机构与市场平台职能的转换与界定。

打通转板通道的关键在于如何重新界定政府监管机构、市场平台和其他市场中介的职责和义务，如何推动“监审分离，下放发审，程序核准，保留否决”以及如何保证挂牌企业能够真实、准确、充分、完整地披露相关信息等。

（2）转板机制配套制度的完善。

转板配套制度中，最重要的就是做市商等制度要跟上。做市商应利用其研究、资金、人才、信息等优势，在强制性、竞争性的公开双向报价制度的约束下，对上市公司价值、股票二级市场走势作出准确的判断，为公司股票进行报价并买卖。同时，做市商可利用其承担做市所需的资金，随时应付任何买卖，买卖双方不必等到对方出现，只要由做市商出面，承担另一方的责任，交易即可进行，这样可以提高市场活跃度。另外，做市商所报价格是在综合分析市场所有参与者的信息以衡量自身风险和收益的基础上形成的，因此投资者可以在报价基础上进行决策，并反过来影响做市商的报价，促使证券价格逐步靠拢其实际价值，以此实现市场的价格发现功能。当然，如何避免做市商的暗箱操作等违纪违法现象也必须要考虑。

（3）建立起恰当的转板规则。

与转板机制相关的制度设计完成后，转板规则标准的设计就很重要了，这是实际操作层面的东西。借助美国场外市场的转板机制的建设经验，当上市公司满足了主板、创业板市场的相应标准后，就可以从场外柜台交易系统直接转板到相应板块，流程应较为顺畅，成本也相对低廉，这是很多尚未达到相关上市标准的企业借助三板市场进行升板、转板的很重要的价值渠道。

808. 新三板挂牌公司直接转板的法律障碍是否已消除？

《证券法》第十条规定：公开发行证券，必须符合法律、行政法规规定的条件，并依法报经国务院证券监督管理机构或者国务院授权的部门核准；未经依法核准，任何单位和个人不得公开发行证券。第五十条规定：股份有限公司申请股票上市，应当符合下列条件：①股票经国务院证券监督管理机构核准已公开发行；②公司股本总额不少于人民币3000万元；③公开发行的股份达到公司股份总数的25%以上；公司股本总额超过人民币4亿元的，公开发行股份的比例为10%以上；④公司最近3年无重大违法行为，财务会计报告无虚假记载。证券交易所可以规定高于前款规定的上市条件，并报国务院证券监督管理机构批准。

同时《证券法》第四十八条规定：申请证券上市交易，应当向证券交易所提出申请，由证券交易所依法审核同意，并由双方签订上市协议。证券交易所根据国务院授权的部门决定安排政府债券上市交易。

而《非上市公众公司监督管理办法》的出台改变了这一切，其第三十四条规定：股东人数超过200人的公司申请其股票公开转让，应当按照中国证监会有关规定制作公开转让的申请文件，申请文件应当包括但不限于：公开转让说明书、律师事务所出具的法律意见书、具有证券期货相关业务资格的会计师事务所出具的审计报告、证券公司出具的推荐文件。公司持申请文件向中国证监会申请核准。

显然，这里的核准，实际上更带有备案的性质。由此可见，《非上市公众公司监督管理办法》的出台，解决了超过200人股东公司在新三板挂牌的问题，同时明确了公众公司的含义，也基本扫清了新三板挂牌公司直接申请到沪深股市上市的法律障碍。等做市商制度出台后，新三板绿色转板通道或许将会打开。

809. 新三板为挂牌企业未来转板奠定了哪些基础？

新三板为挂牌企业未来转板上市奠定了基础，主要体现在如下3个方面：

推荐挂牌过程中，证券公司对企业进行全面调查，对企业历史进行梳理，发现并解决问题，为未来上市扫清障碍。

挂牌后，证券公司通过持续督导帮助企业规范运作，协作企业按照证监会要求履行信息披露义务，为后续上市积累证监会予以认可的规范运行记录。

绿色转板通道——新三板挂牌企业未来可通过“介绍上市”（非交易所之间介绍上市的概念）方式登陆沪深交易所，多层次市场互通互联，并不需要证监会审核。

810. 在区域性股权交易市场挂牌的公司转板到新三板有什么要求？

在区域性股权交易市场进行股权非公开转让的公司可以申请在新三板挂牌公开转让股份，但必须满足两个条件：一是区域性股权交易市场必须符合国发〔2011〕38号文的规定；二是股份公司必须符合新三板的挂牌条件。

第四节　介绍上市与新三板制度革新

811. 介绍上市的概念是什么？

所谓介绍上市，就是指已发行证券申请上市所采用的方式，该方式无须做任何销售安排，因为寻求上市的证券已有相当数量，且被广泛持有，故可推断其在上市后会有足够的市场流通性。一般来说，公司选择介绍上市的情况有：一是该公司的股份在一家交易所上市；二是公司股份由一家交易所转到另一家交易所。

在英国、中国香港、新加坡和菲律宾等海外资本市场存在介绍上市的情况。

812. 介绍上市有哪些形式？

主要有3种形式：

（1）申请上市的证券已在一家证券交易所上市，争取在另一家交易所上市，或为同一交易所的“转板上市”。

（2）“分拆上市”，即发行人的证券由一名上市发行人以实物方式，分派给其股东或另一上市发行人的股东。

（3）换股后介绍上市。

813. 怎么理解分拆介绍上市？

母公司股份已经在一家交易所上市，然后通过实物分派的形式，将该公司持有子公司的股份分派给股东，再将子公司通过介绍上市的方式在交易所上市，而母公司仍然保留在原交易所的上市资格。

所谓实物分派，就是以实物而非现金形式进行股息分派，所分派的实物可以是该公司的任何资产，当然也包括该公司持有的另一家公司的股份。实物分派一般需要按照该公司注册地的法律及公司章程规定的程序进行。实物分派在国外比较常见。2012 年 9 月中国手游集团在纳斯达克上市便属于分拆后介绍上市的例子。

814. 什么是换股介绍上市？

换股介绍上市，是指首先成立一家控股公司发行股票，然后与一家或多家上市公司的证券交换，从而使控股公司实现上市的一种方式。

由于换股后原来的上市公司的资格要被撤销，因此，换股方案必须事先经其股东大会特别决议通过。

如 2010 年 8 月，广汽集团便是采用与其在港上市的骏威汽车换股的方式介绍上市的。

815. 换股介绍上市与分拆介绍上市有什么区别？

有 3 个方面的不同：

（1）前者介绍上市的公司是原来公司的子公司；而后者介绍上市的公司往往是控股公司即母公司。

（2）前者重组的核心手段是实物分派；而后者重组的核心手段是换股。

（3）前者的母公司上市资格一般保持不变，分拆后介绍上市完成，旗下又多了一家上市公司；而后者，原来的子公司往往要通过退市撤销上市资格，换股后介绍上市完成，旗下上市公司的数量不变。

816. 介绍上市与 IPO 的区别是什么？

介绍上市和普通 IPO 都是境外较为常见的上市模式，只是国内 A 股市场还没有类似的模式。两者最直接的区别在于介绍上市没有“公开招股”一环，所以：

（1）IPO 需要发行新股，而介绍上市的股份为公司已经发售的股份，不需要发行新股。

（2）IPO 需要募集资金，而介绍上市不需要募集资金。

（3）IPO 需要为新股发行做大量的市场推广和宣传；而介绍上市都是已

发行的股份，且股份有一定的数量，并通过其他交易所而为投资者广泛持有，因此其股份已经具备条件在公开市场进行交易，且介绍上市活动也无须再作市场推广。

817. 我国有必要引入介绍上市吗？

现在，国内A股市场上还没有介绍上市的案例，各类制度都未涉及介绍上市的内容。不过，引入这一制度还是很有必要的，理由如下：

（1）整体上市可以很好地消除同业竞争，减少关联交易。我国当前资本市场鼓励的上市和重组政策，不一定硬要通过定向增发、并购重组等形式来实现公司的整体上市。

（2）在现实中，大多数公司都是采用多元化经营的模式，业务的不同性决定其通过分拆介绍上市成为一种选择，并非一定要IPO。

（3）资本市场国际化趋势下，允许一家上市公司在多家证券交易所上市或上市公司谋求第二次上市不一定非得先在当地IPO，推行介绍登陆第二市场的方式很有必要。

（4）随着我国多层次资本市场建设的深入，市场各个板块之间的互动与流通更加必要，介绍上市应该成为一种推进转板的重要手段。

所以，我国引入介绍上市还是很有必要的。

818. 介绍上市工具能否为新三板制度创新带来重大改变？

介绍上市从其定义来看，只是交易所之间的事情，似乎与场外市场的新三板没有多少关系。

但是，笔者不这么认为，因为介绍上市的根本思想就是不需要IPO，可以将其核心思想与新三板的转板机制结合起来，打破介绍上市的“交易所”专有属性，改造、创新出可以跨越包括新三板、区域股权交易市场在内一切转板安排的制度。也就是说，介绍上市不仅存在于证券交易所的场内市场，也可以将它嫁接、移植于场外市场的各个板块之间，而成为交易所与新三板、新三板与区域层次股权市场以及新三板内部层次等进行多板块市场转换的工具。

819. 注册制与介绍上市能够联系到一起吗？它对新三板建设的意义是什么？

十八大三中全会后，股票发行注册制的改革逐步推进。不过，就目前来看，太快变成注册制或许并不适合中国资本市场。

以美国为例，其证券市场股票发行实行注册制是有前提的：一是美国有强大的诉讼文化，很多纳税人都有自己的律师；二是美国股市机构投资者居多，比较理性；三是它的事后惩罚很严格，公司一旦发生问题需要追索，保荐人有的要终身取消保荐资格。而这三点我国资本市场一条都不具备。

笔者认为，可以从两方面着手来解决这一问题，一方面当然就是尝试监审分离，变实质性的核准为程序上的核准，然后把审核的权力下放到交易所，逐步推进改革的进程。

另一方面很重要，就是由市场来培养拟上市公司，培养规范并引导公司成长的中介以及围绕它们的一切金融力量。这里“培养”的意思是：所有希望到沪深证券交易所上市的公司，先到新三板等场外市场区锤炼一至数年，具备各方面条件后，结合介绍上市的一些特点，再到沪深证券市场注册上市。

这或许是一条既能规避我国实施注册制发行上市风险过大，又能促进场外市场发展壮大、推动市场转板的好途径。同时，注册制发行与介绍上市这两个风马牛不相及的工具，就会因为新三板场外市场的壮大与创新而结合起来，使得交易所、新三板与区域股权市场中上市或挂牌公司的数量及相关业务大增，市场市值与市场内部及之间的流动性增强，这不仅有利于不同企业在不同资本市场上实现各自的需求，也有利于企业和中介不论在牛市还是熊市都能进行资本运作，进行金融创新，增强市场的活力。

案例解读

案例40 金和软件和紫光华宇是如何促进公司股权激励并吸引人才的？

新三板挂牌后，由于股份可以自由流动，公司业绩与核心团队的自身利益息息相关，公司利益与个人利益一致。公司挂牌，融资是一方面，融“人”融“队伍”才是更重要的，通过挂牌能够吸引优秀的管理和技术人才加盟公司共同发展。

金和软件（430024），2007年12月27日挂牌新三板，2009年6月18日参与新三板首次最大规模的集体路演活动，2009年9月便吸引了“打工皇帝”唐骏以董事职位加盟公司。

紫光华宇（430008）的股权激励（股权激励，财富增值）：

2006年，紫光华宇挂牌前以1.03元/股的价格面向公司员工实施股权激励，并于当年2006年8月30日挂牌新三板；2011年创业板首次公开发行时，价格为30.8元/股。公司员工收获了财富，更增加了公司的凝聚力

案例41 佳星慧盟挂牌新三板是如何处理关联方借款问题的？

北京佳星慧盟科技股份有限公司（简称佳星慧盟，股票代码：430246），成立于2005年4月7日，2011年8月8日整体改制为股份有限公司并于2013年7月23日挂牌新三板，注册资本3000万元。公司主要经营技术开发、技术咨询、技术转让、技术服务、计算机系统服务，经济贸易咨询，投资管理，数据处理，应用软件服务，销售自主研发的产品。

关联方北京朝瑞博科技有限公司曾因资金周转紧张向公司及其全资子公

司拆借资金。

解决方案：

①挂牌前归还借款，未要求收取资金占用费；②说明公司完善治理结构的情况。

披露信息内容：

因刘波任公司副总经理，为公司高级管理人员，他实际控制的北京朝瑞博科技有限公司与公司构成关联方。北京朝瑞博科技有限公司曾因资金周转紧张向公司及其全资子公司拆借资金，借款双方未约定借款利息。2011 年共借款 175 万元，截至 2012 年 12 月 31 日，上述款项已经还清。

公司在有限公司阶段由于规模较小，治理不够健全，没有针对关联交易进行具体的制度规定，拆借款项都是无息借出，该拆借行为不影响公司利润总额。主办券商进场后，对公司进行了辅导，此累计借出款项于本公开转让说明书出具之日，已经全部还清。

《贷款通则》（中国人民银行令 1996 年第 2 号）第六十一条规定，企业之间不得违反国家规定办理借贷或者变相借贷融资业务；第七十三条规定，企业之间擅自办理借贷或者变相借贷的，由中国人民银行对出借方按违规收入处以 1 倍以上至 5 倍以下罚款，并由中国人民银行予以取缔。公司上述资金拆借行为违反了规章的规定，但是，公司用于拆借的资金属于自身经营所得的合法收入，北京朝瑞博科技有限公司从公司拆借的资金也用于正常的、合法的生产经营活动，双方的资金拆借行为没有进行公开宣传，拆借对象指向特定、单一，并且双方没有约定利率，实际上也没有支付利息，因此，上述资金拆借行为不存在损害公司及其他非关联股东利益的情况。

由于发生上述关联交易之时，公司治理结构和内控制度还未进行严格规范，还未制定相应的关联交易管理办法，存在关联交易决策程序不规范的问题。公司于 2011 年 10 月 26 日召开第三次临时股东大会审议通过了《北京佳星慧盟科技股份有限公司关联交易管理制度》，对关联关系、关联交易的认定进行了明确，并规定了关联交易的相关决策程序。公司今后可能发生的关联交易将严格按照相关制度进行。

为进一步规范公司关联方资金拆借问题，公司在主办券商协助下，制定了《北京佳星慧盟科技股份有限公司防范控股股东及关联方资金占用管理办法》，自然人股东、董事、高级管理人员向公司出具了《规范关联交易承诺函》。公司今后将避免关联方资金拆借情况。